Alexander Lowen · Freude

Alexander Lowen

Freude

*Die Hingabe an den Körper
und das Leben*

Kösel

Übersetzung aus dem Amerikanischen: Karin Petersen, Berlin.
Das Originalmanuskript trägt den Titel »Joy. The Surrender
to the Body«.

ISBN 3-466-34300-3

Copyright © 1992 by Alexander Lowen.
© 1993 für die deutsche Ausgabe by Kösel-Verlag
GmbH & Co., München.
Printed in Germany. Alle Rechte vorbehalten.
Druck und Bindung: Kösel, Kempten.
Illustrationen: Eva Amode, München.
Umschlag: Elisabeth Petersen, Glonn.
Umschlagmotiv: Alfred Gockel, Lüdinghausen.

1 2 3 4 5 6 · 98 97 96 95 94 93

*Gedruckt auf umweltfreundlich hergestelltem Werkdruckpapier
(säurefrei und chlorfrei gebleicht)*

Inhalt

Vorwort 7

1. Die Entwicklung der Bioenergetik 11
2. Die Hingabe an den Körper 29
3. Oh Gott! 53
4. Widerstand gegen das Weinen 80
5. Ich bin so zornig 107
6. Die Hingabe an die Liebe 142
7. Der Verrat an der Liebe 174
8. Sexueller Mißbrauch 201
9. Du machst mich noch verrückt 225
10. Die Angst vor dem Tod 258
11. Die Beziehung zwischen dem Ich und der Sexualität . . 293
12. Übertragung und Gegenübertragung 319
13. Sich auf den Körper einlassen 356
14. Die Hingabe an Gott 376

Anhang
Anmerkungen 411

Vorwort

Im Laufe der Jahre habe ich zahlreiche Bücher über die seelischen Probleme geschrieben, von denen die meisten Menschen in unserer Gesellschaft betroffen sind. Für manche ist das Leid so groß, daß ihre Fähigkeit, in der Welt zurechtzukommen, davon beeinträchtigt wird. Andere erfüllen ihre täglichen Aufgaben, ohne zusammenzubrechen, aber auch sie leiden bis zu einem gewissen Grad körperlich oder seelisch und fühlen sich entsprechend depressiv. Nur wenige Menschen haben das Gefühl, daß es ihnen wirklich gut geht. Nur wenige erleben Freude oder betrachten ihr Leben in bezug auf Liebe als sinnvoll und erfüllt. Viele dieser Menschen haben sich Hilfe in Form einer Psychoanalyse oder anderer Therapien gesucht, in der Hoffnung, ihre Konflikte und Probleme verarbeiten zu können, um den Frieden und die Lust zu finden, die sie tief in ihrem Herzen für möglich halten. In den fast fünfzig Jahren, die ich jetzt als analytischer Therapeut arbeite, habe ich versucht, meinen Patientinnen und Patienten dabei zu helfen, ihre Hoffnungen und Träume zu verwirklichen. Das war kein leichtes und auch nicht immer erfolgreiches Unterfangen. Und auch wenn zahlreiche Patienten mir erzählt haben, sie hätten viel aus unserer gemeinsamen Arbeit gewonnen, war ich nicht immer ganz zufrieden mit dem Resultat. Von vielen meiner Patienten, die bei anderen Analytikern in Therapie waren, habe ich erfahren, daß die Ergebnisse der Therapie oft enttäuschend sind.

Wenn wir akzeptieren, daß dieser Stand der Dinge die tatsächliche Situation dieses Berufsfeldes darstellt, müssen wir aber auch wissen, daß es keine wirkliche Alternative zur Therapie gibt. Drogen können uns vorübergehend von unserem Kummer befreien und unseren Schmerz lindern, aber sie sind kein Weg zu Freude, Befriedigung oder Erfüllung. Manche Menschen finden vielleicht Trost in der Religion und brauchen keine Therapie. Aber für viele – und das gilt auch für mich – ist eine Therapie, wenn sie gelingt, der einzige Weg zur Selbstverwirklichung. Deswegen habe ich meine ganze Kraft für das Ziel eingesetzt, als Therapeut effektiver zu sein, indem ich die unterschwelligen Konflikte besser verstehen lerne, die den therapeutischen Prozeß und damit seine Wirksamkeit behindern. Das war verbunden mit einer rückhaltlosen Auseinandersetzung mit meinen eigenen Ängsten und Befürchtungen, die in meiner Therapie mit Wilhelm Reich nicht vollständig verarbeitet wurden. Es ist eine generelle Regel, daß der Therapeut den Patienten auf dem Weg zu Selbstentdeckung und Erfüllung nicht weiter bringen kann, als er selbst gekommen ist.

Wer Bücher von mir gelesen hat, weiß, daß ich an die Einheit von Körper und Geist glaube. Unser Selbst ist an erster Stelle und vor allem ein körperliches Selbst. Unsere psychischen Probleme sind physische Probleme, weil unsere Emotionen auf Regungen oder Bewegungen innerhalb des Körpers des Organismus beruhen. Unsere Gefühle und unser Verhalten werden bestimmt durch das selbständige Bewegungsvermögen unseres Körpers. So ist zum Beispiel ein depressiver Mensch körperlich depressiv, ein ängstliches Individuum körperlich verängstigt. Von einem Menschen, der sich sehr fürchtet, sagen wir, er sei »vor Angst erstarrt«. Wir machen uns aber nicht klar, daß diese Starre ganz real ist. Der Körper ist rigide, weil er durch die Angst bewegungsunfähig gemacht wurde. Die Persönlichkeit eines Individuums kann sich nicht ändern, solange keine entsprechende Veränderung seiner körperlichen Dynamik stattfindet. Die Veränderung eines Verhaltensmusters ist nicht identisch damit, daß wir unsere Einstellung ändern. Verhaltensmuster haben sich der Körpermuskulatur als chronische Verspannungen eingeprägt. Diese Verspannungen müssen verstanden und aufgelöst werden, damit es zu einer bedeutenden und sinnvollen Veränderung der Persönlichkeit kommt. Aber da diese Befreiung nicht durch das Bewußtsein bewerkstelligt werden kann, benötigt der Therapeut spezielle Körpertechniken, mit deren Hilfe diese tiefgreifenden Veränderungen herbeigeführt werden können.

Durch meine fast 50jährige Arbeit auf diesem Gebiet war ich in der Lage, solche Techniken zu entwickeln. Als ich erlebte, daß sie die gewünschten Veränderungen in der Persönlichkeit bewirken können, beschloß ich, dieses Buch zu schreiben. Da diese Techniken jedoch Werkzeuge sind, gilt für sie wie für andere Werkzeuge auch, daß ihre Wirksamkeit auf dem Verständnis und den Fähigkeiten des Benutzers beruht. Ich möchte sagen, daß ein schlechtes Werkzeug in kompetenten Händen besser ist, als ein gutes Werkzeug in inkompetenten Händen. Am besten für die Arbeit ist natürlich ein gutes Werkzeug in dafür geeigneten Händen.

Dieses Buch beschreibt nicht nur die schweren und tiefgehenden Probleme, mit denen wir alle in unserem Leben zu kämpfen haben, sondern bietet darüber hinaus eine leichte Methode zu ihrer Lösung an. Es ist möglich, daß wir durch Therapie unsere seelische Gesundheit wiederherstellen und erneut lernen, uns am Leben zu freuen. Die bioenergetische Analyse bietet diese Möglichkeit. In diesem Buch beschreibe ich den Prozeß dieser Form von Therapie, wie er sich in meiner Arbeit mit Patienten entwickelt hat, die nunmehr fast ein halbes Jahrhundert umfaßt. Für den fachlich interessierten Leser oder den Laien, der Hilfe sucht, macht dieses Buch deutlich, welchen Problemen ein Patient auf seiner Reise zur Selbstentdeckung – denn das ist die Therapie – gegenübersteht. Auch wenn es kein Selbsthilfebuch ist, können die Übungen, die es enthält, und das Verständnis, das es vermittelt, genutzt werden, um den Schmerz und die Verzweiflung zu mindern, unter denen so viele Menschen leiden.

1. Die Entwicklung der Bioenergetik

Der Hintergrund

In diesem Buch geht es um Therapie. Ich lege hier mein Verständnis des therapeutischen Prozesses dar, das auf meiner nunmehr fast 50jährigen Erfahrung als Therapeut beruht. Mein erster Patient suchte mich 1945 auf, nachdem ich meine eigene Therapie bei Wilhelm Reich abgeschlossen hatte. Seine Methode, charakteranalytische Vegetotherapie genannt, bezog sowohl den Körper als auch den Geist mit ein und konzentrierte sich vor allem auf die Atmung als dynamischen Faktor im therapeutischen Prozeß. Reich hatte in seiner Arbeit als Psychoanalytiker beobachtet, daß neurotische Patienten ihre Gefühle und Erinnerungen verdrängen, indem sie ihren Atem zurückhalten. Die Aufforderung, ihren Atem frei und tief fließen zu lassen, führte oft dazu, daß ihnen ihre verdrängten Erinnerungen und Emotionen wieder bewußt wurden, was die Patienten bis zu einem gewissen Grad vom Zugriff der Vergangenheit befreite. Gleichzeitig achtete er auf das Verhalten des Patienten in der analytischen Situation, denn ihm war klar, daß sich infolge von Kindheitserfahrungen Verhaltensmuster als Charaktereinstellungen niederschlagen und festsetzen. Da Reich die Einheit von Körper und Geist erkannte, sah er, daß sich diese charakterologischen Verhaltensstrukturen auch in Körperhaltung und -ausdruck des Individuums manifestieren. Wenn er dem Patienten half, sich die eigene Charaktereinstellung bewußt zu machen, führte das oft dazu, daß dieser sich leichter der spontanen Lebendigkeit seines Körpers, vor allem der Atmung und den Gefühlen, überlassen konnte.
Ich war etwa drei Jahre bei Reich in Therapie und erlebte in dieser Zeit einige bedeutende Durchbrüche von Erinnerungen und Gefühlen aus der frühen Kindheit.[1] Langsam wurde meine Atmung tiefer und freier, bis die Wellen des Atems, die mit den Bewegungen des Einatmens und des Ausatmens einhergehen, meinen ganzen Körper

durchliefen. Bei jeder vollen Ausatmung schob mein Becken sich spontan vor, beim Einatmen ging es zurück. Da diese Bewegung der ähnelt, die beim Höhepunkt des sexuellen Aktes auftritt, wenn wir uns dem Körper hingeben, nannte Reich sie den Orgasmusreflex, auch wenn mit diesen Bewegungen keine sexuelle Erregung einhergeht. Sie vermitteln insgesamt ein Gefühl von Freude, denn sie verkörpern die innere Freiheit, einfach da zu sein und zu fühlen. Reich betrachtete den Orgasmusreflex als Zeichen für emotionale und sexuelle Gesundheit. Er glaubte, daß diese Freiheit sich auf das Leben insgesamt übertragen und in der Fähigkeit des Patienten zeigen würde, beim sexuellen Akt einen vollständigen und befriedigenden Orgasmus zu erleben. Deswegen war der Orgasmusreflex auch ein Hinweis auf den erfolgreichen Abschluß der Therapie.

Von 1945 bis 1947 praktizierte ich als reichianischer Therapeut und benutzte dabei die Technik, die ich in meiner eigenen Therapie mit Reich gelernt hatte. Mir gelang es jedoch in keinem Fall, meinen Patienten so weit zu Entspannung und Hingabe an den Körper zu verhelfen, daß sich der Orgasmusreflex entwickeln konnte. Ich besaß weder Reichs Erfahrung noch seine Autorität und seine starke Persönlichkeit, die meine eigene Hingabe ermöglicht hatten. Während dieser Zeit wurde ich von zwei Patienten zu Rate gezogen, die bei Reich Therapie gemacht und innerhalb weniger Monate die Fähigkeit erlangt hatten, sich dem Orgasmusreflex hinzugeben, ohne sie aber nach Abschluß ihrer Therapie bei Reich halten zu können. Das gleiche erlebte auch ich. Für mich war offensichtlich, daß wir die Erlebnisse in der Therapiesitzung – vom Therapeuten ermutigt und darin unterstützt, uns unseren Gefühle zu überlassen – nicht zwangsläufig auf Lebenssituationen übertragen können, in denen wir dem Druck von anderen ausgesetzt sind. Trotz dieses Mißerfolgs verdankte ich meiner Therapie bei Reich vieles und war vom Wert seiner Auffassungen überzeugt.

Im Jahre 1947 ging ich in die Schweiz, um an der Universität von Genf Medizin zu studieren, und kehrte 1951 mit meinem Abschluß als Arzt in die Staaten zurück. Als ich meine therapeutische Arbeit wieder aufnahm, wurde mir klar, daß Reichs Methode, obwohl sie wertvoll war, doch viele Verspannungen in meinem Körper nicht

ausreichend hatte lösen können. Seine Analyse meines Charakters und meines Hintergrundes war nicht tief genug gegangen oder intensiv genug gewesen, um mich mit meinen sämtlichen neurotischen Tendenzen zu konfrontieren. Eine wirkungsvollere Therapie würde ein tieferes Verständnis der Themen, die mit dem Charakter zusammenhängen, sowie eine aktivere und intensivere Konzentration auf die chronischen Muskelverspannungen des Körpers erfordern. Nachdem ich das erkannt hatte, begann ich an der Entwicklung dieser Therapie zu arbeiten. Dieses neue Vorgehen, das ich bioenergetische Analyse nannte, sollte auf den Auffassungen und Prinzipien beruhen, die Reich formuliert hatte. Diese grundlegenden Prinzipien sind:
1. die funktionale Identität von psychischen und somatischen Prozessen. Trotz der Spaltung zwischen Körper und Geist, die bei den meisten Menschen existiert, arbeiten geistige und physische Prozesse zusammen, um das *Überleben* des Organismus zu fördern;
2. die Einsicht, daß sowohl den geistigen als auch den physischen Aktivitäten energetische Prozesse zugrundeliegen;
3. die Erkenntnis, daß die Atmung für die Gesundheit des Individuums eine grundlegende Funktion hat;
4. das Akzeptieren der wichtigen Rolle, die die Sexualität für die Entwicklung des Selbst einnimmt.

In den vierzig Jahren seit den Anfängen der bioenergetischen Analyse habe ich viel erfahren über den menschlichen Zustand und die Probleme, die auf dem Nährboden einer Gesellschaft entstehen, die der grundlegenden menschlichen Natur Schaden zufügt. Die moderne Gesellschaft beruht auf Wissen und Macht, die beide auf die Kontrolle natürlicher Prozesse abzielen. Im Gegensatz dazu glauben die sogenannten »primitiven« sowie orientalische Gesellschaften, daß der Mensch im Einklang mit der natürlichen Ordnung leben sollte. Macht zerstört diese Harmonie und erzeugt Ungleichheiten, die wiederum dazu führen, daß die schwächere von der stärkeren Kraft unterworfen wird. Uns sind die destruktiven Auswirkungen, die der Einsatz von Macht und Maschinen auf die natürliche Umwelt haben können, heute vertraut; aber wir ignorieren den Schaden, der der menschlichen Persönlichkeit durch diesen Verlust an Harmonie zugefügt wird. Wenn in zwischenmenschlichen Beziehungen, vor allem in denen zwischen Eltern und Kindern, Macht vorherrscht, verschwinden Liebe und Respekt. Das Gefühl, dem Willen eines anderen Menschen unterworfen zu sein, führt zu Feindseligkeit, die in den meisten Fällen nicht zum Ausdruck kommen kann. Wir werden später in diesem Buch noch erfahren, welche tragischen Konsequenzen sich aus dieser Situation ergeben. Der Verlust der Harmonie von Gesellschaft und Natur spiegelt sich wider in dem Verlust der Harmonie oder des Zusammenspiels von Geist und Körper. Der Geist wird als Kraft betrachtet, der Körper und Gefühle unterworfen sind. Wir erhöhen den Geist, bewundern den Willen und schätzen Leistung und Erfolg hoch ein. Das sind die Werte des Ichs, nicht die des Körpers. Die Werte des Körpers sind Lust und Frieden, Liebe und Freude. Wir vertrauen unseren Gefühlen nicht, wir glauben, die Liebe sei blind und der Körper hilflos und unwissend. Wir spalten uns vom Körper ebenso ab wie von der Natur. Während Macht also unser Überleben zu sichern scheint, bedroht sie dieses zugleich, denn durch Macht wird die physische Grundlage des Seins, die in Körper und Natur besteht, untergraben. Wir werden immer stärker zum Kampf um das Überleben gezwungen. Wenn dieser Kampf zum Lebenssinn wird, können wir keine Freude empfinden.

Wenn Patienten mit ihren zahlreichen verschiedenen Beschwerden wie Kummer, Depression, Unzufriedenheit und Selbstentfremdung in die Therapie kommen, besteht das unmittelbare Ziel darin, sie von diesen störenden und schwächenden Symptomen zu befreien. Aber wenn wir uns auf die Symptome konzentrieren, gehen wir an der Tatsache vorbei, daß sie auf einer allgemeineren und tieferliegenden Störung beruhen, die ich als Verzweiflung bezeichnen würde – Verzweiflung darüber, keine Liebe, Erfüllung und Freude im Leben zu finden. Auf diese Qualitäten hinzuarbeiten, ist das eigentliche Ziel von Therapie, denn dann verschwinden die Symptome und Beschwerden im Verlauf des therapeutischen Prozesses. In den folgenden Kapiteln werde ich den Prozeß, die Probleme des Patienten durchzuarbeiten und dieses Ziel zu erreichen, beschreiben und illustrieren. Hier möchte ich gern erläutern, was Freude ist und ganz allgemein darüber sprechen, welche Kräfte es sind, die uns die Freude nehmen.

Freude

Sämtliche religiösen Praktiken haben den Zweck, dem Menschen zu helfen, Freude zu erleben, denn Freude wird in der Religion damit gleichgesetzt, daß wir uns Gott hingeben und seine Gnade annehmen. In der deuteronomischen Gesetzessammlung des Alten Testaments findet sich die Weisung: »Ihr sollt fröhlich sein, ihr und eure Familien, aus Freude über alles, was eure Hände geschafft haben...« (5. Mose 12,7) Der hebräische Ausdruck für Freude ist *gool*, was ursprünglich bedeutet, unter dem Einfluß einer heftigen Emotion herumzuwirbeln. Dieses Wort, das auch der Psalmist benutzt, umschreibt Jahwe als einen Gott, der sich in hehrem Entzücken dreht.

In seinen Abschiedsreden sagt Jeses zu seinen Jüngern: »Dies alles habe ich euch gesagt, damit meine Freude in euch ist und damit eure Freude vollkommen wird.« (Joh. 15,11)

Eine andere Sicht der Freude wird in Schillers Gedicht *An die Freude* vermittelt, in dem Freude als Gestalt des Götterfunken beschrieben wird, der die Macht besitzt, Blumen aus den Keimen zu locken, die Sonne vom Firmament zu holen und Sphären in den Räumen zu rollen.[2]

Diese Bilder weisen darauf hin, daß wir Gott im Himmel mit den kosmischen Kräften gleichsetzen können, die die Planeten erschaffen und zum Kreisen bringen. Der wichtigste Planet für das Leben auf der Erde ist unsere Sonne. Ihre Strahlen befruchten die Erde, so daß Leben sich entwickeln und wachsen kann. Sie ist der Götterfunke, die rollende Sphäre. Wenn sie scheint, erhellt und wärmt sie die Erde und bringt den Lebenstanz in Gang. Viele Geschöpfe empfinden Freude, wenn sie an einem strahlenden Sonnentag aufwachen, und der Mensch ist besonders empfänglich für diesen göttlichen Funken. Deswegen überrascht es nicht, daß die alten Ägypter die Sonne als Gott anbeteten.

Rabindranath Tagore, der indische Gelehrte und Weise, bringt die Freude ebenfalls mit natürlichen Abläufen in Verbindung. »Nicht der Zwang, sondern die Freude ist der endgültige Appell an den Menschen. Und die Freude ist überall; sie ist im grünen Gras der Erde und im heitern Blau des Himmels, in der sorglosen Üppigkeit des Frühlings und in der strengen Enthaltsamkeit des grauen Winters, in den pulsierenden Adern unseres Körpers, in der edlen aufrechten Haltung der menschlichen Gestalt, in allen Funktionen des Lebens, in der Übung all unserer Kräfte.« Und: »Denn Freude ist vollkommene Erkenntnis, Erkenntnis durch unser ganzes Wesen.«[3]

Aber, könnten wir jetzt fragen, was ist mit dem Leid? Wir alle wissen, daß das Leben auch Leiden bringt, das uns trifft, wenn wir einen geliebten Menschen oder, infolge eines Unfalls oder einer Krankheit, unsere Lebenskraft verlieren, und wenn unsere Hoffnungen enttäuscht werden. So wie der Tag nicht ohne die Nacht und das Leben nicht ohne den Tod existiert, so gibt es auch keine Freude ohne Leid. Das Leben hält sowohl Schmerz als auch Vergnügen für uns bereit, aber wir können den Schmerz annehmen, solange wir nicht in ihm verharren. Wir können Verluste akzeptieren, wenn wir wissen, daß wir nicht zu fortwährendem Kummer verdammt sind. Wir können die Nacht akzeptieren, weil wir wissen, daß der Tag sich seine Bahn brechen wird, und wir können das Leiden annehmen, wenn wir wissen, daß wieder Freude aufkommt. Aber Freude kann nur dann aufkommen, wenn unsere Seele frei ist. Leider wurden viele Menschen gebrochen, so daß sie erst dann wieder Freude erleben, wenn sie Heilung erfahren.

Wenn das so ist, wie hat der Mensch dann die Fähigkeit zur Freude verloren? Die Bibel gibt einige Hinweise. In der Geschichte, die hier erzählt wird, heißt es, daß Mann und Frau einmal im Garten Eden, dem Paradies, lebten. Wie sämtliche Tiere in diesem Garten lebten auch sie im Zustand seliger Unwissenheit. In diesem Garten gab es zwei Bäume, deren Früchte zu essen verboten war, den Baum der Erkenntnis des Guten und Bösen und den Baum des Lebens. Die Schlange führte Eva in Versuchung, die Frucht vom Baum der Erkenntnis zu kosten, indem sie sagte, diese würde gut munden.

Eva protestierte, sie würde sterben, wenn sie die verbotene Frucht äße. Aber die Schlange wies sie darauf hin, daß sie nicht sterben, sondern sein würde wie Gott und wissen würde, was gut und böse ist. Daraufhin aß Eva die Frucht und überredete Adam, das gleiche zu tun. Und sobald sie das taten, wurden sie wissend.
In der Bibel heißt es, daß sie das Wissen erlangten, nackt zu sein. Sie begannen, sich zu schämen, bedeckten sich und verbargen sich vor Gott. Dieser konfrontierte sie mit ihrer Tat, und sie bekannten sich zu ihrer Sünde. Gott war zornig, vertrieb sie aus dem Garten und verfluchte sie. Zum Mann sagte er: »Im Schweiße deines Angesichts sollst du dein Brot essen«, und zu der Frau: »Unter Mühen sollst du Kinder gebären«. Dann ließ er einen Engel mit flammendem Schwert vor dem Garten Wache halten, so daß sie nicht dorthin zurückkehren konnten.
Die Geschichte zeigt auch, wie der Mensch sich als Geschöpf seiner selbst bewußt wurde. Jedes Tier ist nackt, aber keines schämt sich deswegen. Das verbotene Wissen bezog sich auf das Bewußtsein von der Sexualität. Alle Tiere sind sexuelle Geschöpfe, aber sie sind sich ihrer Sexualität nicht bewußt. Dieses Selbstbewußtsein nimmt der Sexualität ihre Natürlichkeit und Spontaneität und dem Menschen seine Unschuld. Der Verlust der Unschuld führt zu Schuld, die wiederum die Freude zerstört.
Auch wenn diese Geschichte ein Gleichnis ist, beschreibt sie die Erfahrung, die jedes menschliche Wesen im Laufe seiner Sozialisation macht. Jedes Kind wird im Zustand der Unschuld und Freiheit geboren und hat damit die Möglichkeit, Freude zu empfinden. Man könnte sagen, daß Freude der natürliche Zustand von Kindern und sämtlichen jungen Tieren ist. Ich hatte einmal Gelegenheit, Schottland im Frühling zu besuchen, kurz nachdem die neuen Lämmer geboren worden waren. Ich beobachtete sie, wie sie über die Hügel sprangen. Sie sprangen vor Freude, wie ich es auch bei anderen jungen Geschöpfen gesehen habe. Ich habe auch meinen kleinen Sohn vor Freude springen sehen, als er fröhlich und aufgeregt war. Und ich kann mich daran erinnern, wie ich als kleines Kind mit meinen Freunden bei Schneefall um einen Laternenpfosten getanzt bin, wobei wir gesungen haben: »Es schneit, es schneit,

ein kleiner Junge wächst hoch und breit!« Offensichtlich brauchte ich zu jener Zeit nicht viel, um Freude zu empfinden. Es reichte aus, daß ich frei war, das hieß, mit meinen Freunden draußen auf der Straße spielen durfte. Mein Zuhause konnte man kaum als fröhlichen Ort bezeichnen. Ich kann mich nicht daran erinnern, meine Mutter jemals singend oder lachend erlebt zu haben. Meine erfreulichsten Kindheitserinnerungen beziehen sich auf meinen Vater. Er spielte Karten mit mir, las mir und meiner Schwester Comic-Hefte vor, ging mit mir Schlitten fahren und spielte Ball mit mir. Die Strafe, die ich am meisten fürchtete, war, im Haus bleiben zu müssen, wenn die anderen Kinder draußen spielten. Als ich dann mit sechs Jahren in die Schule kam, verlor ich den größten Teil meiner Freiheit und Freude. Das Leben wurde ernst, denn es stellte Anforderungen an mich. Wenn ich mit meinen Freunden Ball spielte, spürte ich gelegentlich noch diese Woge von Erregung in meinem Körper aufsteigen und konnte auch wieder Freude empfinden. Aber das Wunderbare einer sorgenfreien Kindheit, das ich manchmal gespürt hatte, war ebenso dahin wie meine Unschuld.

Als Erwachsener habe ich in verschiedenen Situationen Freude erlebt, zum Beispiel wenn ich mich verliebte. Die Erregung, die dann meinen ganzen Körper erfaßte, versetzte mich aus der Alltagswelt voller Mühe und Kampf in einen Zustand von Glückseligkeit, den ich als Kind erlebt haben mußte, wenn meine Mutter mich stillte. Aber die Freude, die ich im Zusammensein mit meiner Mutter empfunden haben muß, verwandelte sich in Kummer, als sie mich im Alter von neun Monaten abstillte, und die Trauer über diesen Verlust ist niemals ganz von mir gewichen. Die Schmerzlichkeit dieser Erfahrung sowie weitere Enttäuschungen und Ängste haben mich dahingehend konditioniert, daß ich mich als Erwachsener dem Leben nicht ganz hingeben konnte. Die Freude, die die Liebe verspricht, wenn wir uns dem Leben hingeben, erfüllte sich also niemals ganz. Ich hatte nur einen Geschmack davon bekommen.

Fühlen – das Leben des Körpers

Freude gehört zu den positiven Körpergefühlen. Sie ist keine geistige Einstellung. Man kann nicht beschließen, Freude zu empfinden. Die positiven Körpergefühle beginnen auf einer Basis, die wir als »gut« bezeichnen können. Das Gegenteil wäre, sich »schlecht« zu fühlen; in diesem Fall tritt an die Stelle einer positiven Erregung die negative Erregung wie Angst, Verzweiflung oder Schuld. Nimmt die Angst oder Verzweiflung überhand, unterdrückt der Mensch sämtliche Gefühle, und in diesem Fall fühlt der Körper sich starr oder leblos an. Wenn wir Gefühle unterdrücken, empfinden wir wenig, ein Zustand, den wir als Depression bezeichnen und der leider zu einem Lebensstil werden kann. Wenn dagegen die lustvolle Erregung von der Basis eines guten Gefühls aufsteigt, verspüren wir Freude. Freude die überfließt, wird zur Ekstase.

Ist der Körper lebendig, stark und vibrierend, wechseln die Gefühle wie das Wetter. Wir können in einem Augenblick zornig sein, im nächsten liebevoll und gleich darauf weinen. Traurigkeit kann sich in Lust verwandeln, so wie auf Regen Sonnenschein folgt. Unser grundlegendes Gleichgewicht wird durch diesen Stimmungswechsel ebenso wenig beeinträchtigt wie durch einen Wetterumschwung. Die Veränderungen spielen sich an der Oberfläche ab, ohne die tieferen Pulsationen zu stören, die dem Menschen ein Gefühl von Wohlbefinden vermitteln. Die Verdrängung von Gefühlen stellt einen Prozeß des Abtötens dar, durch den die inneren Pulsationen des Körpers geschwächt werden und damit seine Vitalität und sein Erregungszustand insgesamt. Deswegen verdrängen wir mit einem einzigen Gefühl auch sämtliche anderen Gefühle. Wenn wir unsere Angst verdrängen, verdrängen wir unseren Zorn. Die Verdrängung von Zorn wiederum führt zur Verdrängung von Liebe. Uns Menschen wird bereits sehr früh im Leben beigebracht, daß bestimmte Gefühle »schlecht«, andere hingegen »gut« sind. Das steht wortwörtlich in den Zehn Geboten. Vater und Mutter zu ehren ist gut, sie zu hassen ist schlecht. Es ist eine Sünde, das Weib deines Nächsten zu begehren, aber wenn seine Frau attraktiv ist und ich ein lebenslustiger Mann bin, ist ein solches Begehren völlig natürlich. Es ist wichtig zu beachten, daß die Sünde nicht darin besteht, daß wir diese Gefühle haben. Was zählt ist, wie wir damit umgehen. Gefühle zu verdammen, wie immer sie aussehen mögen, heißt, das Leben zu verdammen. Im Interesse des sozialen Gleichgewichts müssen wir unser Verhalten kontrollieren. Gebote wie »Du sollst nicht töten« oder »Du sollst nicht stehlen« sind für das Zusammenleben von Menschen in größeren oder kleineren Gruppen notwendige Einschränkungen. Menschen sind soziale Wesen, deren Überleben vom kooperativen Verhalten der Gruppe abhängt. Verhaltenseinschränkungen, die das Wohl der Gruppe fördern, sind dem Individuum nicht abträglich.

Für Gefühle gilt etwas anderes. Da sie das Leben des Körpers sind, beurteilen wir das Individuum selbst und nicht sein Handeln, wenn wir seine Gefühle als gut oder schlecht hinstellen. Eltern tun das oft, indem sie dem Kind erzählen, es sei schlecht, weil es bestimmte Gefühle hat. Das gilt besonders für sexuelle Gefühle, aber auch für viele andere. Eltern sagen dem Kind oft, es solle sich schämen, weil es sich fürchtet, und zwingen es damit, seine Angst zu verleugnen und tapfer zu sein. Aber wenn wir unsere Angst nicht spüren, bedeutet das nicht, daß wir mutig sind, sondern lediglich, daß wir nicht fühlen. Kein wildes Tier kann zwischen richtig und falsch unterscheiden, empfindet Scham oder fühlt sich schuldig. Kein Tier beurteilt seine Gefühle, sein Handeln oder sich selbst. Kein Tier hat ein Über-Ich oder ist sich seiner selbst bewußt.

Ein Gefühl ist die Wahrnehmung einer inneren Bewegung. Ohne diese Bewegung gibt es kein Gefühl. Deswegen verlieren wir das Gefühl für unseren Arm, wenn wir ihn ein paar Minuten lang bewegungslos herunterhängen lassen. Wir sagen, er »stirbt ab«. Dieses Prinzip gilt für sämtliche Gefühle. Bei Zorn zum Beispiel spüren wir eine Woge von Energie im Körper, die die Muskeln aktiviert, welche den Zorn in die Tat umsetzen würden. Diese Woge ist ein Impuls, der, wenn er vom bewußten Verstand wahrgenommen wird, ein Gefühl erzeugt. Die Wahrnehmung jedoch ist ein Oberflächenphänomen, das heißt, ein Impuls führt nur dann zu einem Gefühl, wenn er die Körperoberfläche erreicht, die das willkürliche Muskelsystem einschließt.[4] Nicht jedes Pulsieren im Körper erzeugt Gefühle, manches ist auf das Körperinnere beschränkt. Gewöhnlich spüren wir den Herzschlag nicht, weil er nicht an die Oberfläche dringt. Pocht das Herz aber sehr laut, spüren wir sein Pochen an der Körperoberfläche, und wir werden uns unseres Herzens bewußt. Wenn ein Impuls einen Muskel erreicht, wird dieser zum Handeln bereit. Ist es ein willkürlicher Muskel, unterliegt das Handeln der Kontrolle des Ichs und kann vom bewußten Verstand eingeschränkt oder modifiziert werden. Durch Blockierung des Handelns erzeugen wir einen Spannungszustand im Muskel, der für die Aktion energetisch aufgeladen wurde, aufgrund der Anweisungen des Verstandes aber nicht aktiv werden kann. An diesem Punkt ist die Spannung bewußt, das heißt, sie kann aufgelöst werden, indem wir den Impuls zurücknehmen oder ihn in anderer Form freisetzen, indem wir zum Beispiel mit der Faust auf den Tisch schlagen, statt einen Menschen ins Gesicht. Wenn jedoch die Beleidigung oder Verletzung, die den Zorn provozierte, als störender Reiz bestehen bleibt, kann der zornige Impuls nicht zurückgenommen werden. Das gilt für Konflikte zwischen Eltern und Kindern, denn letztere können der Feindseligkeit von Vater oder Mutter nicht ausweichen. Und in den meisten Fällen hat das Kind keinerlei Möglichkeiten, den Impuls zu entladen, ohne bei den Eltern noch mehr Zorn und Feindseligkeit hervorzurufen. In diesem Fall wird die Spannung chronisch und schmerzhaft. Nur wenn wir den entsprechenden Körperteil erstarren lassen, bringt uns das Erleichterung, denn dann wird dieser unbeweglich, so daß sämtliche Gefühle verloren gehen. Die folgende Situation ist ein gutes Beispiel für dieses Phänomen. Vor einigen Jahren konsultierte mich ein Mann, der seine Arme nicht gerade nach oben strecken konnte. Seine Schultermuskeln, so stellte ich bei der Untersuchung fest, waren so zusammengezogen, daß er diese normale Bewegung nicht durchführen konnte. Im Gespräch über seinen persönlichen Hintergrund erfuhr ich, daß ihm als Kind streng verboten worden war, die Hand gegen seinen Vater oder seine Mutter zu erheben. Dieses Verbot hatte sich seinem Verstand eingeprägt und in seinem Körper als chronische Muskelverspannung niedergeschlagen. Er konnte sich nicht daran erinnern, auf seinen Vater jemals zornig gewesen zu sein. Er hatte den Zorn in sein Unterbewußtsein verdrängt. Gleichzeitig war auch der Impuls unterdrückt worden, so daß sowohl die Funktion des Schlagens als auch das Gefühl verloren gingen. Menschen, die ihren Zorn auf die Eltern aus Angst verdrängt haben, zeigen deutliche Verspannungen in den Muskeln des oberen Rückens. In vielen Fällen ist ihr Nacken rund wie bei einem Hund oder einer Katze, die sich zum Angriff bereitmachen. Um diese zornige Haltung deutlich zu machen, könnten wir von einem solchen Menschen sagen, daß er sich »zusammenreißt«. Aber das Individuum hat weder Kontakt zu seiner Körperhaltung noch zu dem potentiellen Zorn, der ihr zugrundeliegt. Der Körper ist wie erstarrt und das Individuum wie betäubt. Solch ein Mensch kann beim geringsten Anlaß in rasende Wut geraten, ohne zu spüren, daß er einen lange unterdrückten Zorn abreagiert. Leider befreit ihn ein solcher Wutausbruch nicht von der Spannung, weil er eine explosive Reaktion und nicht wirklich Ausdruck des zugrundliegenden Zorns ist.

Solche chronischen Muskelverspannungen finden wir überall im Körper als Zeichen für blockierte Impulse und verlorengegangene Gefühle. Die Kiefer sind bei den meisten Individuen ein Bereich, in dem die Muskeln chronisch verspannt sind. Bei manchen Menschen sind die Verspannungen hier so stark, daß sie sich in einer Krankheit niederschlagen, die als Kieferklemme bekannt ist. Die hier blockierten Impulse sind Schreien und Beißen. Man beißt die Zähne zusammen, um in Situationen, in denen man am liebsten zusammenbrechen und weinen oder vor Angst weglaufen möchte, die Selbstkontrolle zu wahren. Wenn diese Kontrolle bewußt ausgeübt wird und willentlich aufgegeben werden kann, dient sie dem eigenen Wohlbefinden. Chronische Verspannungen im Bereich der Kiefer können aber nicht allein durch bewußte Anstrengung aufgelöst werden, sondern erfordern tatsächlich ein Aufgeben des Willens. Jede Verspannung stellt eine Begrenzung der Ausdrucksfähigkeit des Individuums dar. Die meisten Menschen in unserer Gesellschaft weisen in ihrer Muskulatur beträchtliche chronische Verspannungen auf – im Nacken, Brustkorb, Kreuz und in den Beinen, um nur einige Bereiche zu nennen –, die sie behindern, die

Anmut ihrer Bewegungen einschränken und ihre Fähigkeit zerstören, sich völlig frei auszudrücken.

Chronische Muskelverspannungen sind die körperliche Seite von Schuld, denn in ihnen drückt sich ein Verbot des Ichs aus, das bestimmten Gefühlen und Handlungen gilt. Einige Menschen, die an solchen chronischen Verspannungen leiden, empfinden tatsächlich Schuld, obwohl die meisten nicht wissen, daß oder weshalb sie Schuldgefühle haben. Konkret ausgedrückt ist Schuld das Gefühl, kein Recht auf Freiheit zu haben und nicht tun zu können, was man will. Allgemeiner gesprochen bezeichnet sie einen Zustand, bei dem man in seinem Körper nicht zu Hause ist und sich nicht wohlfühlt. Wenn wir uns mit uns nicht wohlfühlen, glauben wir, daß wir »etwas falsch oder schlecht gemacht haben«. Lügt ein Mensch zum Beispiel, fühlt er sich schlecht oder schuldig, weil er sein wahres Selbst und seine wahren Gefühle verraten hat. Also hat er natürlich Schuldgefühle wegen der Lüge. Es gibt jedoch Menschen, die keine Schuld empfinden, wenn sie lügen, aber das ist nur deshalb der Fall, weil sie nicht fühlen. Sie haben ihre Gefühle verdrängt. Ein Mensch hingegen, der sich »gut« fühlt oder fröhlich ist, kann keine Schuld empfinden. Die beiden Zustände, »sich gut fühlen = fröhlich sein« und »sich schlecht fühlen = Schuldgefühle haben«, schließen sich gegenseitig aus. Eine meiner Patientinnen erzählte mir, daß sie als Kind täglich masturbiert habe. Als ich sie fragte, ob sie deswegen Schuldgefühle gehabt habe, antwortete sie: »Die anderen sagten, das sei nicht richtig, aber ich habe ihnen nicht geglaubt. Ich dachte, wie kann das denn falsch sein, wenn es sich so gut anfühlt?«

In den meisten Fällen rufen verbotene Früchte gemischte Gefühle hervor. Sie schmecken gut, das ist einer der Gründe, warum sie verboten sind. Es liegt auf der Hand, daß wir keine Verbote für Handlungen oder Dinge brauchen, die lästig und unangenehm sind. Aber wenn Dinge vom Über-Ich – das heißt von dem Teil des bewußten Verstandes, der elterliche Anweisungen verinnerlicht hat – verboten sind, können wir uns der Lust nicht hingeben. Das hinterläßt einen bitteren Geschmack, der zum Kern unserer Schuldgefühle wird. Natürlich ist in unserer Kultur Sexualität die verbotene Frucht, und fast sämtliche zivilisierten Individuen leiden unter einem gewissen Maß an Schuld oder Scham in bezug auf ihre sexuellen Gefühle und Phantasien. Beim narzißtischen Individuum finden wir die Verleugnung und Abtrennung von Gefühlen mit der Folge, daß es weder Scham noch Schuld, aber auch keine Liebe empfindet.[5] Diese Individuen scheinen ihre Sexualität völlig frei zu leben, aber ihre Freiheit ist eine äußere, keine innere. Sie gilt für ihr Handeln, nicht für ihre Gefühle. Ihr sexuelles Verhalten ist eine Aufführung, keine Hingabe an die Liebe. Für sie ist Sex ein Akt, keine beglückende Erfahrung. Ohne die innere Freiheit, tief zu fühlen und die eigenen Gefühle voll auszudrücken, kann es keine Freude geben.

Die innere Freiheit zeigt sich in der Anmut des Körpers, seiner Weichheit und Lebendigkeit. Sie geht einher mit der Freiheit von Schuldgefühlen, Scham und Befangenheit. Sie zeigt sich in der Qualität des Seins, die jedem wilden Tier zu eigen ist, den meisten zivilisierten Wesen aber fehlt. Sie ist der physische Ausdruck der Unschuld, eines spontanen Handelns ohne Falschheiten, das dem wahren Selbst entspricht.

Leider kann die verlorengegangene Unschuld nicht zurückgewonnen werden. Sind wir, weil wir das Wissen um richtig und falsch und um unsere Sexualität erlangt haben, dazu verdammt, Sünder zu sein? Müssen wir ein Leben voller Falschheit, Manipulation und Selbstbetrug leben? Sämtliche Religionen predigen die Erlösung. Wir sind nicht zur Hölle oder zum Fegefeuer verdammt, selbst wenn viele Menschen auf dieser Ebene existieren. Erlösung beinhaltet immer, daß wir uns Gott hingeben, unsere Selbstgefälligkeit aufgeben und uns einem sittlichen Leben verpflichten. Aber das ist leichter gesagt als getan. Wir haben die Verbindung zu Gott verloren, weil wir nicht mehr in Berührung mit dem Gott in uns sind, dem wirbelnden Lebensgeist, der unser Wesen beseelt, dem pulsierenden Zentrum unseres inneren Selbst, das unser Dasein durchstrahlt und unserem Leben Sinn verleiht. Diese Verbindung zu unserem inneren Gott ist das Ziel von Therapie.

Wenn Gott unsere Freude ist, wie und warum haben wir dann den Kontakt zu ihm verloren? Als kleine Kinder waren wir in Berührung mit ihm, denn er war das Leben, das in unserem Körper strömte.

»Er« sprach ganz deutlich zu uns durch unsere Gefühle, aber die Weisungen unseres inneren Gottes standen oft im Widerspruch zu dem, was unsere Eltern sagten. Wenn wir traurig waren, weinten wir. Damit drückten wir ehrlich aus, was wir fühlten, aber nur zu oft wurden unsere Eltern dann zornig. Man sagte uns, wir sollten aufhören zu weinen, wir hätten keinen Grund zu weinen, seien abstoßend, wenn wir weinen, und anderes mehr. Und da wir abhängig waren, mußten wir uns zwischen der Macht unserer Eltern und der Liebe zu Gott entscheiden. Das gleiche Problem entstand, wenn wir zornig waren oder auf unserem eigenen Willen und dem Gefühl von Gott in uns beharrten. Dann sagte man uns, wir seien schlecht und bestrafte uns wegen Ungehorsams. Wir konnten auf den Gott in uns nicht hören, weil die anderen uns dann einredeten, wir verhielten uns verkehrt, seien schlecht und nicht liebenswert. Also brachten wir den Gott in uns zum Schweigen und vergruben ihn so tief, daß wir seine Stimme nicht mehr hören konnten. Und außerdem ging diese auch im Tumult der äußeren Stimmen unter, die auf uns einredeten: »Tu dies, laß das, du sollst, du sollst nicht, du bist schlecht, schlecht, schlecht.« Manchmal quälte uns das so, daß wir auch diese Stimmen aussperrten und uns in unsere ureigene innere stille Welt der Phantasiebilder zurückzogen. Oder wir opferten unsere innere Welt völlig und leben nun ausschließlich auf der Bühne der Öffentlichkeit. Vielleicht werden wir sogar zu großartigen Schauspielern auf der Bühne des Lebens, aber wir empfinden keine Freude und noch nicht einmal Kummer. Unser Gehirn ist aktiv wie ein Computer, der unseren Roboter-Körper steuert. Wir werden wie die Maschinen in unserer Gesellschaft, produzieren Waren, verdienen Geld und gewinnen Macht, aber unser Leben ist leer und unsere Seele wie ausgetrocknet. Wir können nicht kommunizieren, denn wir haben nichts mitzuteilen außer bloßen Worten.

Diejenigen von uns, die unter dieser freudlosen Existenz leiden, sind in einer glücklicheren Lage als die anderen, denn sie fühlen zumindest den Schmerz und die Leere in ihrem Leben. Deswegen können sie motiviert werden, Hilfe zu suchen und die Wahrheit zu erfahren. Die Wahrheit kann sie befreien. Um sie zu finden, müssen

sie jedoch die Reise zur Selbstentdeckung antreten, und darum geht es in der Therapie. Wir reisen zurück bis zu den frühesten Jahren, als wir den Gott in uns noch fühlen konnten. Diese Reise ist schmerzlich, denn sie weckt beängstigende Erinnerungen und ruft leidvolle Erfahrungen wach. Aber wenn die Unterdrückung aufgehoben und die Verdrängung von Gefühlen gelockert wird, kann der Körper, den Gott schuf, allmählich wieder lebendig werden.
Die Reise zur Selbstentdeckung, die der therapeutische Prozeß darstellt, kann nicht alleine angetreten werden. Wie Dante in der *Göttlichen Komödie* ist der Reisende verloren und verwirrt. Dante wandte sich in seiner Not um Hilfe an seine Beschützerin, Beatrice im Himmel. Sie schickte ihm Virgil, den römischen Dichter, als Wegbegleiter, denn der Weg nach Hause führte durch die Hölle, in der der Reisende vielen Gefahren ausgesetzt war. Virgil konnte Dante helfen, dieses furchterregende Gebiet sicher zu durchqueren, da er selbst es in früherer Zeit schon einmal durchreist hatte. Mit Virgils Hilfe konnte Dante die Hölle sicher passieren. Anschließend ging er auch durch das Fegefeuer und betrat dann das Paradies. Im therapeutischen Prozeß ist der Wegbegleiter eine Person, die eine ähnliche Reise zur Selbstentdeckung gemacht hat und dabei ebenfalls durch die eigene Hölle gegangen ist. Der Wegbegleiter bei einer analytischen Therapie muß also selbst eine Analyse abgeschlossen haben, die zu seiner Selbstverwirklichung geführt haben sollte.
Für den Patienten in der Therapie ist die Hölle das unterdrückte Unbewußte, die Unterwelt, in der die Schrecken der Vergangenheit begraben liegen – Verzweiflung, Qual, Wahn. Wenn der Patient in diese dunkle Welt hinabsteigt, wird er den Schmerz seiner verschütteten Vergangenheit erfahren; er wird die Konflikte zum Leben erwecken, mit denen er nicht umgehen konnte, und er wird eine Stärke entdecken, von der er geträumt hat, ohne sie für möglich gehalten zu haben. Anfangs wird diese Stärke ihm durch die Anleitung, Unterstützung und Ermutigung des Therapeuten vermittelt, aber sie wird in dem Maße zu seiner eigenen, wie er herausfindet, daß seine Schrecken Kindheitsängste sind, mit denen er als Erwachsener umgehen kann. Die Hölle kann nur in der Dunkelheit der

Nacht und des Todes existieren. Im Licht des Tages, das heißt, bei vollem Bewußtsein, sieht man keine realen Monster. Böse Stiefmütter erweisen sich als zornige Mütter, die dem Kind Angst einjagten. Wir begreifen, daß Gefühle, derer wir uns schämten und die wir für gefährlich und unakzeptabel hielten, in Wirklichkeit natürliche Reaktionen auf unnatürliche Situationen sind. Ganz allmählich eignet der Patient sich seinen Körper wieder an und damit auch seine Seele und sein Selbst.

Ich habe an anderer Stelle ausgeführt, daß das Unbewußte der Bereich des Körpers ist, den wir nicht fühlen.[6] Das Bewußtsein ist wie die Spitze des Eisbergs, die über den Meeresspiegel ragt. Diese aber beinhaltet auch den Teil, der unter der Wasseroberfläche liegt. Wir können viele Bereiche des Körpers nicht fühlen. Wie unsere Blutgefäße, Nerven, endokrinen Drüsen, Nieren und so weiter funktionieren, ist uns nicht bewußt. Einige indische Fakire sind offenbar imstande, ihre Wahrnehmung so zu erweitern, daß sie diese Organe spüren können; aber so arbeitet das Bewußtsein natürlicherweise nicht. Bei Menschen mit emotionalen Problemen und Konflikten jedoch gibt es Körperbereiche, die im normalen Bereich des Bewußtseins liegen, ohne daß sie gespürt werden, denn sie wurden durch chronische Verspannungen bewegungsunfähig gemacht. Indem wir sie bewegungsunfähig machen, blockieren wir bedrohliche Impulse. Deswegen repräsentieren diese Bereiche emotionale Konflikte, die unterdrückt wurden und ins Unterbewußte abgewandert sind. So spüren zum Beispiel die meisten Menschen die Verspannung ihrer Kiefer nicht und sind sich nicht bewußt, daß sie die Verdrängung eines Beiß-Impulses anzeigt. Diese Konflikte stehen für das unterdrückte Unbewußte. Sie begründen die Unterwelt, in der Gefühle verschüttet sind, die das Ich oder der bewußte Verstand für gefährlich, unanständig und nicht akzeptabel hält.

Wie die Seelen in der Hölle leben diese Gefühle, die für den bewußten Verstand tot sind, in einer Unterwelt der Qualen weiter. Gelegentlich steigen diesen Qualen ins Bewußtsein, aber da sie das Überleben bedrohen, werden sie nach unten zurückgestoßen. Wir können überleben, wenn wir an der Oberfläche leben, wo wir unsere Gefühle und unser Verhalten kontrollieren können, aber damit opfern wir unsere tiefen Gefühle. Ein Leben an der Oberfläche nach den Werten des Ichs ist ein narzißtisches Leben, das sich als leer erweist und meistens zur Depression führt. Ein Leben aus der Tiefe des eigenen Wesens kann zunächst schmerzlich und beängstigend, aber auch erfüllend und voller Freude sein, wenn wir den Mut haben, die innere Hölle zu durchqueren, um ins Paradies zu gelangen.

Die tiefen Gefühle, die wir vergraben haben, sind die des Kindes, das wir einst waren, das Kind, das unschuldig und frei war und Freude kannte, bis sein Lebensgeist gebrochen wurde, indem man ihm Schuld einflößte und es sich seiner natürlichen Impulse zu schämen begann. Dieses Kind lebt immer noch in unserem Herzen und in unserem Bauch, aber wir haben den Kontakt mit ihm und damit den Kontakt mit dem tiefsten Teil von uns verloren. Um uns und damit das vergrabene Kind zu finden, müssen wir in diese tiefen Bereiche unseres Seins hinabsteigen, in die Dunkelheit des Unbewußten. Wir müssen uns den Ängsten und Gefahren, auf die wir bei diesem Abstieg stoßen, mutig stellen, und dafür brauchen wir die Hilfe eines therapeutischen Wegbegleiters, der diese Reise mit dem Prozeß seiner eigenen Selbstfindung bereits abgeschlossen hat.

Diese Ideen gleichen dem mythologischen Denken, bei dem die Erdoberfläche für das Zwerchfell steht. Die Körperhälfte oberhalb des Zwerchfells liegt im Tageslicht, der untere Teil, nämlich der Bauch, ist in der Dunkelheit der Nacht und des Unbewußten verborgen. Der bewußte Verstand hat eine gewisse Kontrolle über die Prozesse der oberen Körperhälfte. Wir haben aber wenig oder gar keine Kontrolle über die Prozesse der unteren Hälfte, die auch die Funktionen der Sexualität und der Reproduktion einschließen. Dieser Teil des Körpers ist eng verbunden mit der animalischen Natur des Menschen, während die Funktionen der oberen Körperhälfte eher kulturellen Einflüssen unterliegen. Am einfachsten läßt sich dieser Unterschied so beschreiben: Beim Essen sind wir Menschen, bei der Darmentleerung Tiere. Weil die untere Körperhälfte stärker mit unserer animalischen Natur verbunden ist, ermöglichen uns die hier gelagerten Funktionen – vor allem Sexualität und Bewegung – reiche Erfahrungen, die zutiefst beglückend, ja, sogar ekstatisch sind.

2. Die Hingabe an den Körper

Hingabe

Die Vorstellung von Hingabe ist dem modernen Menschen, für den das Leben Mühsal, Kampf oder zumindest eine Konkurrenzsituation ist, fremd. Viele betrachten das Leben als Aktivität, die auf bestimmte Errungenschaften und Erfolge aus ist. Die eigene Identität wird oft aus dem Handeln statt aus dem Sein bezogen. Du bist, was du tust. Das ist typisch für eine narzißtische Gesellschaft, für die das äußere Bild wichtiger ist als die Realität, ja diese sogar oft ersetzt.[1] In einer narzißtischen Gesellschaft verleiht Erfolg Selbstachtung, aber nur in dem Sinne, daß diese das Ich aufbläht. Versagen hat den gegenteiligen Effekt, weil es das Ich schrumpfen läßt. In diesem Umfeld wird das Wort »Hingabe« gleichgesetzt mit Niederlage, auch wenn es lediglich das narzißtische Ich ist, das die Niederlage erleidet.

Aber wenn wir das narzißtische Ich nicht aufgeben, können wir uns der Liebe nicht hingeben. Und ohne diese Hingabe ist Freude nicht möglich. Hingabe bedeutet nicht, daß wir das Ich preisgeben oder opfern. Hingabe heißt, daß das Ich seine Rolle als Diener des Selbst, als Augen und Ohren des Körpers erkennt, statt Meister des Körpers sein zu wollen. Wir müssen uns klar machen, daß der Körper eine Weisheit besitzt, die auf einer Evolutionsgeschichte von Milliarden von Jahren beruht, was der bewußte Verstand sich lediglich vorstellen, aber niemals ganz begreifen kann. Das Mysterium der Liebe, zum Beispiel, kann mit der Wissenschaft nicht erfaßt werden. Sie kann keinerlei Verbindung herstellen zwischen ihrer Sicht des Herzens als Pumpe, die Blut durch den Körper schickt, und dem Herzen als Organ der Liebe, die ein Gefühl ist. Weise Menschen hingegen haben dieses scheinbare Paradoxon verstanden. Pascal sagte: »Das Herz folgt seiner eigenen Logik, die die Logik niemals erfassen wird.«

Es stimmt nicht, daß Geist und Körper gleich sind, wie einige Menschen behaupten. Diese Auffassung ist lediglich Resultat der begrenzten Sicht des bewußten Verstandes, der nur die Oberfläche der Dinge sieht. Wie beim Anblick des sprichwörtlichen Eisbergs sehen wir nur etwas mehr als zehn Prozent der Gesamtmasse. Der Teil im Dunklen, der unbewußte Teil unseres Körpers, ist es, der unser Leben im Fluß hält. Wir leben nicht durch unseren Willen. Der Wille ist impotent, wenn es darum geht, die komplexen biochemischen und biophysischen Prozesse unseres Körpers zu regulieren oder zu koordinieren. Das ist wichtig in bezug auf den Stoffwechsel des Körpers, von dem unser Leben abhängt. Diese Vorstellung ist sehr beruhigend, denn wenn das Gegenteil der Fall wäre, würden wir beim ersten Versagen des Willens körperlich zusammenbrechen.

Schauen wir uns die Entwicklung des Embryos zu einem menschlichen Wesen an, ein Prozeß, der dem menschlichen Verstand Ehrfurcht einflößt. Dieser winzige Organismus, das befruchtete Ei, »weiß«, was er zu tun hat, um das ihm innewohnende Potential zu realisieren und ein menschliches Wesen zu werden. Das ist ehrfurchtgebietend. Und trotzdem besitzen wir Menschen die Arroganz zu glauben, wir wüßten mehr als die Natur. Ich setze meinen Glauben in die Macht des lebendigen Körpers, sich selbst zu heilen. Das bedeutet nicht, daß wir den Heilungsprozeß nicht unterstützen können, aber wir vermögen nicht, ihn zu ersetzen. Therapie ist ein Prozeß des natürlichen Heilens, bei dem der Therapeut die Heilungsfunktionen des Körpers unterstützt. Nicht der Arzt sagt dem Körper, wie er einen gebrochenen Knochen zusammenwachsen lassen muß. Und es ist auch nicht der Arzt, der die Haut anweist, sich bei einer Prellung oder Schnittwunde neu zu bilden. In vielen Fällen kommt es sogar ohne die Unterstützung durch eine medizinisch ausgebildete Person zur Heilung.

Ich habe mich gefragt, wieso das nicht auch für emotionale oder geistige Krankheiten gilt. Warum heilen wir nicht spontan, wenn wir depressiv sind? Ich muß sagen, daß einige Menschen ihre depressive Reaktion spontan überwinden. Leider zeigt sich in den meisten dieser Fälle die Tendenz, daß die Depression wiederkehrt, weil die zugrundliegende Ursache bestehen blieb. Die Ursache liegt in der Hemmung des Ausdrucks der Gefühle von Angst, Angst vor Ablehnung und Liebesverlust. Diese Angst prägt sich dem Körper in Form von chronischen Muskelverspannungen ein, durch die die Gefühle effektiv verdrängt werden. Die Verdrängung und die damit einhergehende Verspannung setzen das selbständige Bewegungsvermögen des Körpers herab, was zu einem Zustand verminderter oder eingeschränkter Lebendigkeit führt. Damit verbunden ist die Illusion, daß wir geliebt werden, wenn wir gut sind, immer nachgeben, Erfolg haben und so weiter. Diese Illusion dient dazu, den Schwung des Individuums in seinem Kampf um Liebe aufrechtzuerhalten. Aber weil wahre Liebe durch keine Leistung verdient oder errungen werden kann, wird diese Illusion über kurz oder lang zerstört, und das Individuum wird depressiv. Die Depression geht zurück, wenn der Mensch fühlen und diese Gefühle ausdrücken kann. Wenn wir einen depressiven Patienten bewegen können zu weinen oder zornig zu werden, holt ihn das – zumindest vorübergehend – aus seiner Depression. Das Ausdrücken von Gefühlen löst die Spannung, so daß der Körper seine Bewegungsfreiheit zurückgewinnt und lebendiger wird. Das ist die physische Seite des therapeutischen Prozesses. Auf der psychologischen Seite müssen wir die Illusionen aufdecken und begreifen, daß sie ihren Ursprung in der Kindheit haben und als Überlebensmechanismus dienten.

Alle Patienten leiden unter mehr oder weniger stark ausgeprägten Illusionen. Einige machen sich vor, daß Wohlstand Glück bringt, daß Ruhm ihnen Liebe sichert oder Nachgiebigkeit sie vor möglicher Gewalt schützt. Diese Vorstellungen werden uns bereits früh im Leben vermittelt und helfen uns, schmerzliche Kindheitssituationen zu überstehen. Als Erwachsene haben wir dann Angst, sie aufzugeben. Die größte Illusion überhaupt ist wahrscheinlich der Glaube, daß der bewußte Verstand den Körper kontrolliert und wir unsere Gefühle ändern können, wenn wir unser Denken ändern. Ich habe noch nie erlebt, daß das funktioniert, auch wenn die Illusion, daß der Verstand allmächtig ist, unseren Lebensgeistern vorübergehend Auftrieb geben kann. Aber diese Illusion wird, wie alle anderen auch, in sich zusammenfallen, wenn dem Menschen die Energie ausgeht, und die Folge ist Depression.

Illusionen sind Verteidigungswälle, die das Ich gegen die Realität errichtet, und wenn sie uns vielleicht auch den Schmerz einer beängstigenden Realität ersparen, machen sie uns doch zugleich zu Gefangenen der Unwirklichkeit. Emotionale Gesundheit zeigt sich in der Fähigkeit, die Realität zu akzeptieren und nicht vor ihr wegzulaufen. Unsere grundlegende Realität ist unser Körper. Unser Ich ist kein Bild, das wir uns im Kopf machen, sondern ein realer, lebendiger und pulsierender Organismus. Um uns selbst zu kennen, müssen wir unseren Körper fühlen. Der Verlust an Körpergefühl in irgendeinem Bereich ist identisch mit Selbstverlust. Selbstwahrnehmung, der erste Schritt im therapeutischen Prozeß der Selbstentdeckung, bedeutet, den ganzen Körper zu fühlen, vom Kopf bis zu den Zehenspitzen. Viele Menschen verlieren ihr Körpergefühl bei Streß. Wir sagen, daß sie sich vom Körper abtrennen. Das ist die Reaktion des schizophrenen Typs und bildet die Grundlage für eine schwere emotionale Störung. Aber fast alle Menschen in unserer Gesellschaft schneiden sich von Teilen ihres Körpers ab. Einige haben kein Gefühl für ihren Rücken. Das gilt besonders für Individuen, von denen wir sagen können, daß sie kein Rückgrat haben. Anderen fehlt das Gefühl im Bauch. Diesen Menschen mangelt es an Mut. Jeder Teil des Körpers trägt zu unserem Selbstgefühl bei, wenn wir in Berührung mit ihm sind. Und wir können nur in Berührung mit ihm sein, wenn unser Körper lebendig und beweglich ist. Wenn jeder Teil des Körpers energiegeladen ist und vibriert, fühlen wir uns sprühend lebendig und voller Freude. Aber damit das der Fall sein kann, müssen wir uns dem Körper und seinen Gefühlen hingeben.

Hingabe bedeutet zulassen, daß der Körper völlig lebendig und frei wird, ohne daß wir etwas tun oder ihn kontrollieren. Der Körper ist keine Maschine, die wir an- oder ausschalten müssen. Er besitzt Verstand und weiß, was er zu tun hat. In Wirklichkeit geben wir die Illusion von der Macht des Verstandes auf.

Dabei beginnen wir am besten mit der Atmung. Sie bildet die Grundlage für die Technik, die Reich in seiner Therapie mit mir

angewandt hat. Die Atmung ist vielleicht die wichtigste körperliche Funktion, denn von ihr hängt das Leben ab. Sie zeichnet sich dadurch aus, daß sie eine natürliche, unwillkürliche Aktivität ist, die aber auch der bewußten Kontrolle unterworfen werden kann. Unter gewöhnlichen Umständen sind wir uns unserer Atmung nicht bewußt. Haben wir aber Schwierigkeiten, Luft zu bekommen, nehmen wir unsere Atmung wahr. In großen Höhen zum Beispiel stellen wir fest, daß das Atmen anstrengend ist. Bei Patienten mit einem Emphysem (Luftansammlung im Gewebe) ist das Atmen ein mühsamer Kampf um genügend Luft. Emotionale Zustände beeinflussen die Atmung. Wenn ein Mensch sehr zornig ist, beschleunigt sich seine Atmung, damit er mehr Energie für aggressives Handeln sammeln kann. Angst hat den gegenteiligen Effekt. Sie bewirkt, daß wir den Atem anhalten, weil im Zustand der Angst das Handeln aufgehoben ist. Wird die Angst zur Panik, wenn ein Menschen zum Beispiel verzweifelt versucht, einer bedrohlichen Situation zu entkommen, wird seine Atmung schnell und flach. Bei Entsetzen können wir fast überhaupt nicht atmen, weil Entsetzen sich auf den Körper lähmend auswirkt. Im lustvollen Zustand ist die Atmung langsam und tief. Wenn die lustvolle Erregung sich jedoch zu Freude und Ekstase steigert, wie beim sexuellen Orgasmus, wird die Atmung sehr schnell, aber auch sehr tief.
Flaches Atmen ist sehr verbreitet. Gelegentlich fällt Menschen beim Seufzen auf, daß sie die Tendenz haben, ihren Atem anzuhalten. Meistens merken sie aber nicht, wie flach sie atmen, weil sie die Intensität ihres emotionalen Lebens gedrosselt haben und an der Oberfläche leben. Durch Reduzierung der Sauerstoffzufuhr nimmt die Energie im Körper ab, wodurch spontane Bewegungen und Gefühle eingeschränkt werden. Der Mensch unterdrückt seine Lebendigkeit, um schmerzvolle Gefühle nicht spüren zu müssen. Eine andere Auswirkung dieser Reduzierung von Energie ist ein Gefühl von Müdigkeit und Erschöpfung. Fast sämtliche Patienten, mit denen ich arbeite, leiden unter einem gewissen Maß an Erschöpfung, die sie nicht verstehen.
Meine Therapie bei Reich habe ich in einem meiner früheren Bücher beschrieben.[2] Ich werde einige Erfahrungen, die ich in dieser

Therapie machte, hier noch einmal beschreiben, um die Idee der Hingabe zu illustrieren. Ich lag auf einem Bett und trug lediglich Shorts, damit Reich meine Atmung beobachten konnte. Er saß mir gegenüber. Seine simple Anweisung lautete, ich solle atmen, und ich atmete normal weiter, während er meinen Körper eingehend betrachtete. Nach einiger Zeit, es mochten zehn bis fünfzehn Minuten vergangen sein, bemerkte er: »Lowen, Sie atmen nicht.« Ich widersprach ihm. »Aber«, sagte er, »Ihr Brustkorb bewegt sich nicht.« Das stimmte. Er bat mich, meine Hand auf seine Brust zu legen, um die Bewegung hier zu spüren. Ich fühlte das Heben und Senken seines Brustkorbs und beschloß, meinen Brustkorb bei jedem Atemzug zu bewegen. Das tat ich einige Zeit, durch den Mund atmend, und ich fühlte mich ziemlich entspannt. Dann bat mich Reich, meine Augen weit zu öffnen, und als ich das tat, gab ich einen lauten, anhaltenden Schrei von mir. Ich hörte mich schreien, ohne daß ich irgendein Gefühl dabei empfand. Der Schrei stammte von mir, aber ich war nicht in Verbindung damit. Reich bat mich, mit dem Schreien aufzuhören, weil die Fenster des Raumes zur Straße hin geöffnet waren. Ich atmete weiter, als sei nichts geschehen. Der Schrei hatte mich überrascht, ohne mich emotional zu berühren. Dann bat mich Reich, meine Augen erneut zu öffnen, und wieder schrie ich, ohne eine emotionale Verbindung zu dem Schrei zu spüren.

Wir sprachen nicht über meine Reaktion, und sie beunruhigte mich nicht weiter, auch wenn sie mich überraschte. Als ich seine Praxis verließ, hatte ich das Gefühl, emotional nicht so gesund zu sein, wie ich immer geglaubt hatte. Für mich war jetzt offensichtlich, daß es in meiner Persönlichkeit einige störende Elemente gab, von denen ich bislang nichts wußte. Ich hatte die Therapie in dem Glauben angefangen, eine lehrreiche Erfahrung zu machen, denn ich dachte keinesfalls, ich könnte irgendwelche neurotischen Probleme haben. Diese Illusion fiel durch die Erfahrung zusammen, die ich gerade gemacht hatte, auch wenn ich über diese Erkenntnis nicht schockiert oder verzweifelt war. Ich muß also eine schwache Ahnung davon gehabt haben, daß ich Hilfe brauchte, auch wenn ich das verneinte.

Wir trafen uns dreimal die Woche, ohne daß in den nächsten zwei, drei Monaten irgend etwas Dramatisches vorfiel. Reich ermutigte mich loszulassen und freier zu atmen, und ich versuchte, seinen Anweisungen nachzukommen. Mit meinen Bemühungen provozierte ich jedoch seine Kritik. Er sagte, meine Atmung sei nicht frei, und ich würde versuchen, das Atmen wie bei einer Übung bewußt zu steuern statt es geschehen zu lassen. Unbewußt kontrollierte ich meinen Atem, damit nicht mehr hochkommen konnte, aber damals wußte ich das nicht. Ich versuchte, die Kontrolle aufzugeben, mich meinem Körper und seinen unwillkürlichen Prozessen zu überlassen, aber das war schwierig für mich. Das vollere Atmen, wenn auch bewußt betrieben, führte zu Symptomen der Hyperventilation. Stark prickelnde Empfindungen, die als Parästhesie bekannt sind, breiteten sich in meinen Händen und Armen aus. Einmal erstarrten meine Hände in einem Parkinsonschen Krampf. Sie waren eiskalt und fühlten sich an wie gelähmt. Aber ich hatte keine Angst. Ich atmete langsamer, und allmählich löste sich der Krampf, und das Prickeln verschwand. Meine Hände wurden wieder warm. Nach mehreren Sitzungen, in denen die tiefere Atmung dieses Hyperventilationssyndrom hervorrief, verschwand diese Reaktion. Mein Körper hatte sich an die tiefere Atmung angepaßt und wurde entspannter.

Kurz darauf wurde die Therapie unterbrochen, weil Reich Sommerferien machte. Als wir sie im Herbst fortsetzten, ging es wieder darum, zuzulassen und spontan zu atmen. Im Verlauf dieses nächsten Therapiejahres kam es zu mehreren wichtigen Ereignissen. Einmal durchlebte ich eine Erfahrung aus der Kleinkindzeit noch einmal, die mir die Schreie in meiner ersten Sitzung verständlich machte. Während ich auf dem Bett lag und atmete, hatte ich den Eindruck, an der Decke ein Bild zu sehen. Nach mehreren Sitzungen wurde dieser Eindruck immer stärker, und schließlich zeichnete sich das Bild deutlich ab. Ich sah das Gesicht meiner Mutter. Sie schaute mit einem sehr zornigen Blick auf mich herunter. Ich hatte das Gefühl, ein etwa neun Monate altes Baby zu sein, das draußen vor der Tür unseres Hauses in einem Kinderwagen lag. Ich hatte nach meiner Mutter geschrien. Sie mußte irgend etwas Wichtiges zu tun gehabt haben, denn als sie herauskam, sah sie mich so zornig an, daß ich vor Entsetzen erstarrte. Die Schreie, die ich damals nicht von mir geben konnte, brachen sich dann 32 Jahre später in meiner ersten Therapiesitzung Bahn.

Bei einer anderen Gelegenheit machte ich die ungewöhnliche Erfahrung, von einer inneren Kraft bewegt zu werden. Mein Körper begann sich zu wiegen, und ich richtete mich aus meiner liegenden Position auf und stellte mich schließlich hin. Vor dem Bett stehend, begann ich, mit beiden Fäusten darauf einzuschlagen. Während ich das tat, sah ich das Gesicht meines Vaters und wußte, daß ich ihn schlug, weil er mich geschlagen hatte, als ich sieben oder acht Jahre alt gewesen war. Als ich ihn später nach diesem Vorfall fragte, bestätigte er ihn und erklärte, daß ich zu lange weggeblieben sei und damit meine Mutter in Sorge versetzt habe, die daraufhin verlangte, daß ich bestraft wurde. Das Erstaunliche an dieser Erfahrung war, daß ich die Bewegungen nicht bewußt machte. Ich hatte nicht beschlossen, aufzustehen und auf das Bett einzuschlagen. Mein Körper agierte völlig selbständig, genauso wie in der Sitzung, als ich geschrien hatte.

Im zweiten Jahr meiner Therapie mit Reich war meine Atmung viel freier. Auch wenn ich mich meinem Körper nicht völlig hingeben konnte, wuchs sein unwillkürliches Bewegungsvermögen doch beträchtlich. Sobald ich auf dem Bett lag, begannen meine Beine zu vibrieren, während ich sie sanft öffnete und schloß. Diese Vibrationen zeigten an, daß ein Energiestrom durch meine Beine floß, was sich sehr lustvoll anfühlte. Ich konnte diese Vibrationen auch in meinen Lippen spüren, und sie wurden lebendiger. Die Vibrationen resultierten zum Teil aus der Auflösung der Spannung in diesen Bereichen, sind aber auch ein natürliches Lebensphänomen. Lebende Körper sind Vibrationssysteme, tote Körper bewegen sich nicht. Doch trotz dieser beiden Durchbrüche und der zunehmenden Lebendigkeit meines Körpers konnte ich mich nicht so weit hingeben, daß der Orgasmusreflex einsetzte. An diesem Punkt schlug Reich vor, die Therapie zu beenden, da wir in eine Sackgasse zu geraten sein schienen.

Dieser Vorschlag hatte tiefgreifende Auswirkungen auf mich. Ich brach zusammen und schluchzte heftig. Die Therapie abbrechen hieß soviel wie versagen und bedeutete das Ende meines Traumes von sexueller Gesundheit. Ich teilte Reich diese Gefühle mit und sagte ihm auch, wie dringend ich mir seine Hilfe wünschte. Um Hilfe zu bitten fiel mir nicht leicht. Ich glaubte, das alles allein durchstehen und selbst machen zu müssen. Aber die Hingabe an den Körper und seine Gefühle war etwas, das ich nicht tun konnte. Tun ist das Gegenteil von sich hingeben. Tun ist eine Funktion des Ichs, während die Hingabe an den Körper erfordert, daß wir das Ich aufgeben. Ich würde mich damals nicht als selbstgefällig oder narzißtisch bezeichnet haben, obgleich diese Züge, wie ich inzwischen erfahren habe, ein wichtiger Aspekt meiner Persönlichkeit sind. Ich wollte oder konnte nicht zusammenbrechen und weinen (außer wenn ich ins Extrem gedrängt, das heißt, mir die Versagung meiner Herzenswünsche angedroht wurde), denn unbewußt war ich entschlossen, mein Ziel zu erreichen. Als Reich die Wichtigkeit meines Zusammenbruchs erkannte, war er einverstanden, die Therapie fortzusetzen. Nach diesem Vorfall war ich in der Lage, noch mehr loszulassen, und meine Atmung wurde freier und tiefer.

Als Reichs Sommerferien wieder nahten, schlug er mir vor, die Therapie ein Jahr zu unterbrechen und im nächsten Herbst wiederzukommen. Ich begrüßte diesen Vorschlag, denn ich wollte mich eine Weile von den Anstrengungen, es mir besser gehen zu lassen, ausruhen. Durch den Zusammenbruch, den mein Weinen darstellte, war es mir möglich, mich meinen Liebesgefühlen stärker hinzugeben als früher. Ich hatte mich vor einem Jahr in eine junge Frau verliebt, aber die Beziehung war nicht stabil. Als es schließlich so aussah, daß sie zu Ende gehen würde, brach ich erneut zusammen, weinte sehr heftig und zeigte der Frau meine Liebe zu ihr. Im Anschluß an diesen Vorfall machte ich die intensivste und lustvollste sexuelle Erfahrung meines bisherigen Lebens, und mir war klar, daß die Ursache dafür meine Hingabe an meine tiefsten Gefühle war. Im folgenden Jahr heiratete ich dann diese Dame, und bin, wie ich hinzufügen möchte, immer noch mit ihr verheiratet.

Als ich meine Therapie nach einem Jahr Unterbrechung wieder aufnahm, konnte ich mich den unwillkürlichen Aktionen meines Körpers allmählich viel besser hingeben, und schon bald entwikkelte sich auch der Orgasmusreflex. Ich war aufgeregt und voller Freude. Ich fühlte mich wie umgewandelt, aber das hielt nicht lange an, wie ich bereits erzählt habe. Transformationserlebnisse enthüllen uns die Möglichkeit der Freude und sind deswegen wichtig und kostbar, aber sie gehen selten tief genug, um eine anhaltende Wirkung zu haben. Um diese zu erreichen, muß man die Konflikte aus der Vergangenheit durcharbeiten, die die Persönlichkeit sowohl psychisch als auch körperlich tief geprägt haben. In meiner Therapie mit Reich waren zu viele meiner Probleme ungelöst geblieben, so daß es mir nicht möglich war, mich meinen Gefühlen frei und ganz zu öffnen. Trotzdem hatten die Erfahrungen, die ich in meiner Therapie machte, mich davon überzeugt, daß der Weg zur Freude nur durch die Hingabe an den Körper erreicht werden kann.

Als ich, nachdem ich meinen Abschluß als Arzt gemacht hatte, wieder als Therapeut arbeitete, benutzte ich die Technik, die ich von Reich gelernt hatte. Der Patient lag auf einem Bett, entspannte sich und atmete, während ich ihn ermutigte, sich seinem Atem zu überlassen und seinem Körper hinzugeben. Wir sprachen auch über sein Leben und seine Probleme. Aber es geschah nicht viel. Während ich auf einem Stuhl saß und ihn beobachtete, verspürte ich das Bedürfnis, mich über den Stuhlrücken nach hinten zu lehnen und zu strecken, um tiefer atmen zu können. Da kam mir, daß mein Patient diese Haltung einnehmen sollte. In der Küche der Praxis gab es einen dreistufigen Küchenhocker. Ich rollte eine Decke zusammen und band sie auf dem Hocker fest. Der Patient lag mit seinem Rücken auf dem Hocker, während er seine Arme nach hinten zu einem Stuhl ausstreckte, wie die Zeichnung auf Seite 39 zeigt.

Die Wirkung war sehr positiv. Die Atmung des Patienten wurde aufgrund dieser Dehnung deutlich tiefer. Ich konnte den Atemfluß beobachten und sehen, wo er blockiert war.

Seitdem ist der Einsatz des bioenergetischen Hockers regulärer Bestandteil dieser therapeutischen Methode. In den vierzig Jahren, die seit seiner ersten Verwendung in der bioenergetischen Analyse vergangen sind, habe ich gelernt, ihn noch wirksamer einzusetzen, indem ich den Patienten anweise, seine Stimme zu benutzen, wäh-

rend er auf dem Hocker liegt. Im nächsten Kapitel werde ich beschreiben, wie ich den Hocker bei bestimmten Patienten und speziellen Problemen einsetze.

Eine andere wichtige Abänderung der reichianischen Technik war die Einführung bestimmter Körperübungen, die darauf abzielen, dem Patienten zu einer besseren Körperwahrnehmung, mehr Selbstausdruck und Selbstbeherrschung zu verhelfen. Bevor ich Reich begegnet war, hatte ich bereits sehr viel Erfahrung mit Körperübungen, da ich Sportleiter gewesen war. Hier hatte ich erlebt, daß diese Übungen tiefgreifende Auswirkungen auf unsere Gefühle und unsere Geistesverfassung haben können. Sie mußten so konzipiert sein, daß sie sich an spezielle emotionale Probleme wandten, die man am Körper des Patienten ablesen konnte. Bei vielen dieser Übungen, die in den folgenden Kapiteln beschrieben werden, geht es um den Ausdruck von Gefühlen. Ich habe sie ursprünglich entwickelt, um das Bewegungsvermögen meines eigenen Körpers zu verbessern.

Die erste Übung, die ich machte, um meine Beine besser zu spüren und damit mein Gefühl von Sicherheit zu stärken, heißt der Bogen. Diese Position ist allgemein bekannt, da sie auch Teil einer chinesischen Körpermeditation ist, die Tai Ji Quan heißt. Als ich die Übung 1953 einsetzte, wußte ich das noch nicht. Ich stand mit den

Füßen weit auseinander, die Knie gebeugt, den Körper leicht nach hinten gelehnt. Um den Bogen zu halten, drückte ich mir beide Fäuste ins Kreuz. In dieser Position hatte ich das Gefühl, fest mit dem Boden verbunden und stärker in Berührung mit dem unteren Teil meines Körpers zu sein. Ich stellte fest, daß diese Haltung auch eine tiefere Atmung förderte. Meinem eigenen Gefühl folgend, veränderte ich die Position und beugte mich vor, wobei meine Finger den Boden berührten, meine Füße etwa 30 Zentimeter auseinander standen und leicht nach innen zeigten. In dieser Position fühlte ich mich eng mit dem Boden sowie mit meinen Beinen und Füßen in Kontakt. Wenn ich dann das Gewicht meines Körpers über den Füßen ruhen ließ und langsam die Knie streckte, ohne sie nach hinten durchzudrücken, begannen meine Beine meistens zu vibrieren. Folgende Abbildung zeigt diese Haltung.

Diese und andere Übungen werden ausführlich beschrieben in dem Buch *Bioenergetik für jeden*.[3] In diesem Buch wird auch die Idee der Vibrationen analysiert, um zu zeigen, wie wichtig sie für den Lebensprozeß ist.

Im Verlauf meiner Therapie mit Reich hatte ich, während ich auf dem Bett lag und atmete, Vibrationen in meinem Körper gespürt, vor allem in meinen Beinen und Hüften. Sie wurden durch sanfte Bewegungen hervorgerufen und führten immer zu lustvollen Empfindungen in diesen Bereichen. Aber in Reichs Therapie galten diese Bewegungen nicht als bewußt durchgeführte Übungen, die man im Rahmen des therapeutischen Prozesses regelmäßig anwenden konnte. Hingegen sind die oben beschriebene Übung und weitere regulärer Bestandteil des bioenergetischen Programms, das dem Individuum helfen soll, sich besser geerdet zu fühlen und mit seinem Körper und der Realität stärker in Kontakt zu kommen. Ich mache sie heute noch regelmäßig und setze sie auch in meiner Arbeit mit Patienten ein.

Erdung und Realität

Die Hingabe an den Körper ist die Grundlage dafür, daß wir Illusionen loslassen und »hinunter« auf den Boden der Wirklichkeit kommen. Die Richtung »nach unten« zeigt, daß die Realität mit festem Boden, nicht mit Raum verbunden ist. »Obenauf« zu sein, kann bedeuten, daß wir vom Boden abheben wie beim Fliegen oder »wegdriften«. Individuen in diesem Zustand riskieren Abstürze, die zu Depressionen führen können. Ähnlich kann man ein Individuum als »überängstlich« beschreiben. Wir sagen niemals »unterängstlich«, denn wenn der Körper sich vor Angst zusammenzieht, verlieren wir das Gefühl für ihn. Verspanntheit wird durch Angst und Schmerz verursacht. Unser Bewußtsein zieht sich, wenn diese Gefühle stark und bedrohlich sind, zurück nach oben. In dem Bemühen, beängstigenden und schmerzlichen Gefühlen im Körper aus dem Weg zu gehen, leben viele Menschen mehr in ihrem Kopf als in ihrem Körper. Einige spalten sich in Situationen, die extreme Angst hervorrufen, tatsächlich vom Körper ab und lösen sich von ihm. Ihr Bewußtsein verläßt den Körper, und sie erleben, wie sie ihren eigenen Körper von oben betrachten. Das ist eine Reaktion des schizophrenen Typs, die einen Bruch mit der Realität darstellt. Einer meiner Patienten berichtete, wie er spürte, daß er sich oben an der Zimmerdecke befand und auf seinen Körper, der auf dem Bett lag, hinunterschaute. Er war ein stark gestörter Mensch.

Der Kontakt mit der Realität ist kein Zustand von Ganz-oder-garnicht. Einige von uns sind stärker in Kontakt mit der Wirklichkeit als andere. Da Realitätsnähe geistige Gesundheit ausmacht, ist sie auch die Grundlage für emotionale und körperliche Gesundheit. Viele Menschen jedoch sind verwirrt und wissen nicht, was Realität ist, weil sie diese mit der gesellschaftlichen Norm gleichsetzen statt mit dem, was sie in ihrem Körper fühlen. Wenn man keine oder nur sehr schwache Gefühle hat, schaut man sich natürlich draußen nach dem Sinn des Lebens um. Menschen, deren Körper lebendig ist und vibriert, spüren die Realität ihres Seins, die in einem fühlenden Körper besteht. Die Lebendigkeit und Gefühlstiefe eines Menschen ist Maßstab für seinen Kontakt mit der Realität. Menschen mit einem fühlenden Körper stehen mit beiden Beinen fest auf dem Boden. Wir können sie als geerdet bezeichnen.

Geerdet sein heißt spüren, wie die eigenen Füße auf dem Boden stehen. Fast jeder erwachsene Mensch hat seine Füße auf dem Boden und wird von ihnen automatisch getragen und bewegt. Aber wenn der Kontakt automatisch verläuft, spürt man die Beziehung zur Erde nicht als lebendige und sinnvolle Verbindung und empfindet auch den eigenen Körper nicht als etwas Lebendiges und Sinnvolles. Ein solcher Mensch geht mit seinem Körper um wie mit seinem Auto, einem Ding, das für die eigene Aktivität und Beweglichkeit wichtig ist. Vielleicht pflegt er ihn, wie er auch einen Luxuswagen pflegen würde, aber er identifiziert sich nicht mit ihm. Vielleicht ist er sehr erfolgreich, aber sein Leben ist unwirklich. Vielleicht gewinnt er Befriedigung aus Macht und Geld, aber er kennt kein Gefühl von Freude. Er ist in der Wirklichkeit des Lebens nicht stärker verwurzelt als sein Auto. Die Fähigkeit, Freude zu empfinden, beruht auf unserer Erdung, was ganz konkret bedeutet, daß wir spüren, wie unsere Füße den Boden berühren.

Um den Boden fühlen zu können, müssen unsere Beine und Füße energetisch aufgeladen sein. Sie müssen lebendig und beweglich sein, das heißt spontane und unwillkürliche Bewegungen wie Vibrationen zeigen. Die Vibrationen müssen nicht stark sein. Sie können leise sein, nur gerade so wie das Surren eines hochwertigen Wagens. Wenn dieses Surren fehlt, wissen wir, daß der Motor nicht läuft. Sehen die Füße eines Menschen leblos aus und sind seine Beine still und unbeweglich, wissen wir, daß er keinen Gefühlskontakt zum Boden hat. Sind die Beine und Füße eines Menschen hingegen völlig lebendig, kann man spüren, wie ein Strom von Erregung in sie fließt, sie belebt, wärmt und zum Vibrieren bringt. Ich wurde einmal von einer schizophrenen jungen Frau konsultiert, die mit leichten Turnschuhen an den Füßen durch verschneite Straßen zu meiner Praxis gelaufen war. Ihre Füße waren kalt und blau angelaufen, aber sie spürte keinen Schmerz und war sich der Verfassung ihrer Füße, die taub und fast leblos waren, nicht bewußt. Natürlich war sie nicht geerdet und überhaupt nicht in Kontakt mit ihrem Zustand.

Die Erdung ist ein energetischer Prozeß, bei dem der Körper von Kopf bis Fuß von einem Erregungsfluß durchströmt wird. Wenn dieser Fluß stark und voll ist, spürt der Mensch seinen Körper, seine Sexualität und den Boden, auf dem er steht. Er ist in Kontakt mit seiner Realität. Dieser Erregungsfluß steht in Verbindung mit den Wellen der Atmung, und wenn diese frei und tief ist, fließt er entsprechend. Ist die Atmung oder der Lebensfluß hingegen blockiert, spürt der Mensch seinen Körper im Bereich der Blockade nicht. Wenn der Fluß behindert ist, sind auch die Gefühle reduziert. Da der Erregungsfluß pulsiert, das heißt wie beim Schwingen eines Pendels nach unten in die Füße und von dort nach oben in den Kopf fließt, nährt er die Körpersegmente, Kopf, Herz und Genitalien. Weil die Erregungswelle bei ihrem Abwärtsfluß den Beckenbereich durchquert, blockiert jede ernstere sexuelle Störung den Fluß zu Beinen und Füßen. Ein Individuum ohne Erdung ist auch in seinem sexuellen Verhalten nicht geerdet.

Geerdet sein heißt, auf seinen eigenen Füßen zu stehen, und das bedeutet, selbständig zu sein. Die Fähigkeit, auf eigenen Füßen zu stehen, ist ein Zeichen für Reife. Deswegen ist das Stehen eher die Haltung des Erwachsenen, wohingegen das Liegen auf einem Bett eine kindliche Qualität hat. Also kann der Patient im Liegen auch leichter in eine kindliche Haltung zurückfallen als im Stehen. Das erklärt auch, warum Erfahrungen in der Therapie, wie etwa der Orgasmusreflex, sich nicht zwangsläufig als verändertes Verhalten des Erwachsenen niederschlagen. Der Orgasmusreflex ist also kein absolutes Kriterium für Gesundheit, wenn das Individuum nicht gleichzeitig völlig geerdet ist. Wir müssen uns klar machen, daß die Gefühle des Kindes, auch wenn sie denen des Erwachsenen ähneln, doch nicht identisch mit diesen sind. Der Zorn eines Kindes ist nicht der gleiche wie der des Erwachsenen, und das gleiche gilt für Traurigkeit. Die Liebe des Erwachsenen sieht anders aus als die des Kindes, nicht in ihrer grundlegenden Qualität, denn diese geht vom Herzen aus, sondern in ihrer Weite und Ausdehnung, die vom ganzen Körper abhängt.

Diese Analyse hilft uns verstehen, daß ein Kult, der von seinen Anhängern verlangt, daß sie ihr Ich dem Führer dieses Kultes zuliebe aufgeben, auf Menschen einen besonderen Reiz ausübt. Diese Selbstaufgabe läuft auf eine Regression in die Kindheit hinaus und geht einher mit dem Verzicht auf Macht und Verantwortung. Beschützt vom Führer und unbelastet vom Zwang, zwischen richtig und falsch unterscheiden zu müssen, hat der Anhänger das Gefühl, frei und unschuldig zu sein. Infolgedessen empfindet er Freude, was ihn noch stärker an den Kult bindet. Dabei stellt sich die Frage, ob seine Freude Illusion oder Realität ist. Illusionen können reale Gefühle erzeugen, aber diese haben keinen Bestand, da die Illusionen eines Tages unweigerlich zerbrechen werden. Im Falle des Kults besteht die Illusion darin, daß der Führer der allumfassend liebende, allmächtige Vater ist, der sich seiner Anhänger so annimmt, wie ein guter Vater es mit seinen Kindern tun würde. In Wirklichkeit ist das Gegenteil der Fall, da Kultführer psychopathische Menschen sind, die ein Gefolge brauchen, um ihr großartiges Selbstbild zu stützen. Sie brauchen auch die Macht über andere, um ihre eigene Impotenz zu kompensieren. Natürlich können Kultführer nur solche Menschen anziehen, die unbewußt auf der Suche nach einem mächtigen Vater/Führer sind.

Elemente der Beziehung zwischen Kultführer und Anhänger gab es auch in meiner Verbindung mit Reich, obwohl ich nie zum Anhänger wurde. Als ich bei der Aussicht, daß meine Therapie mit ihm ohne erfolgreichen Abschluß enden sollte, zusammenbrach und weinte, war mir klar, wie sehr ich mir seinen Schutz wünschte und wie stark ich in ihm den guten und mächtigen Vater sah. Mit dem Mißlingen der Therapie wäre auch diese Hoffnung verlorengegangen. Mein Weinen galt dieser verlorenen Hoffnung, war aber auch Ausdruck meiner Traurigkeit darüber, nicht den Vater gehabt zu haben, der mir die Unterstützung hätte geben können, die ich brauchte, um frei zu sein und Freude zu empfinden. Meine Abwehr gegen den Schmerz und die Traurigkeit über diesen Mangel bestand in der Haltung, keine Hilfe zu brauchen und alles allein zu können. So agierte ich in der Welt. Dem äußeren Anschein nach schien das zu stimmen, aber auf einer tieferen Ebene funktionierte es nicht.

In den Jahren nach dem Abschluß meiner Therapie entwickelte sich ein Kult um Reich. Ich wurde niemals Mitglied der Gruppe, die Reich von 1947 bis 1956 umgab, und die ihn als allwissend und allmächtig betrachtete. Dabei half mir zum Teil meine Abreise nach Europa 1947, wo ich an der Universität von Genf Medizin studieren wollte; sie entführte mich diesem Kreis. Wichtiger aber war der Einfluß meiner Frau. Sie empfand ein starkes Mißtrauen gegen jede Form von Nähe, die auf Unterwerfung oder unkritischer Akzeptanz eines anderen Menschen beruhte, der als überlegen, allwissend und allgütig galt. Sie sah zu viele Menschen, die Reich zu dieser Zeit umgaben und ihm ihre Unabhängigkeit und ihr reifes Urteilsvermögen opferten, um dem großen Mann nahe zu sein. Auch ich konnte das sehen. Nachdem ich das geäußert habe, möchte ich hinzufügen, daß Reich aus meiner Sicht, damals wie heute, in vieler Hinsicht ein großer Mann war. Seine Auffassung von den emotionalen Problemen des Menschen, seine Wahrnehmung der Einheit, die der ganzen Natur zugrundeliegt, und die Klarheit seines Denkens erhoben ihn über sämtliche anderen Menschen auf seinem Gebiet. Aber er war nicht allwissend und hatte viele persönliche Probleme, die ihn in seiner Arbeit und in seinem Leben behinderten.[4]

Die therapeutische Situation fördert zwangsläufig die Bindung an den Therapeuten oder die Therapeutin, die legitimerweise als Ersatzvater oder -mutter betrachtet werden. Menschen suchen

Therapeuten auf, weil sie Hilfe in Form von Akzeptanz, Verständnis und Unterstützung brauchen. Wenn der Therapeut ein persönliches Interesse am Patienten hat, kann der Patient leicht eine Abhängigkeitsbeziehung zum Therapeuten entwickeln und sich in ihn verlieben. Man weiß, daß der Patient sämtliche Gefühle auf den Therapeuten überträgt, die er seinem eigenen Vater entgegenbrachte, sowohl positive als auch negative. Positive Gefühle fördern die Unterwerfung und ermöglichen dem Patienten, in einen kindlichen oder kindähnlichen Zustand zu regredieren. Das wiederum unterstützt ihn im Ausdruck von Gefühlen, die in der Kindheit verleugnet und verdrängt wurden, nämlich Liebesgefühle. Der Ausdruck dieser Gefühle kann dazu führen, daß der Patient sich frei und voller Freude fühlt, aber solange negative Gefühle wie Mißtrauen und Angst nicht ebenfalls geäußert werden, halten die positiven Gefühle nicht an. Sie werden boykottiert von der darunterliegenden Negativität und Verzweiflung, die nicht gelöst wurden. Wenn diese negativen Gefühle in der Therapie nicht vollständig durchgearbeitet werden, stören sie die anfängliche Hingabe und lassen den Patienten in einem Zustand der Bitterkeit und Frustration zurück. Das gleiche passiert in Liebesbeziehungen, in der die Freude der anfänglichen Hingabe an den geliebten Partner untergraben wird von der nicht aufgearbeiteten Feindseligkeit, die aus der Kindheit stammt. Wie wir in den nächsten beiden Kapiteln sehen werden, beinhalten diese negativen Gefühle eine tiefe Verzweiflung und mörderische Wut, die in der therapeutischen Situation erfahren und durchlebt werden müssen, wenn der Patient frei davon werden soll. Die Angst des Patienten vor diesen Gefühlen bildet das Rückgrat seines Widerstandes gegen die Hingabe an den Körper, das Selbst und das Leben.
In den meisten Fällen ist der Widerstand unbewußt, weil der Patient verzweifelt Hilfe braucht und sich abhängig fühlt. Wenn die Therapie anschlägt und der Patient stärker wird und ein besseres Selbstgefühl sowie ein gesünderes Ich entwickelt, wird der Widerstand offensichtlicher. Dann treten oft auch die negativen Übertragungsgefühle zutage und werden zum Ausdruck gebracht. Reich hatte die Angewohnheit, mich als seinen Patienten in jeder Sitzung zu

fragen, ob ich irgendwelche negativen Gefühle oder Gedanken gegen ihn hege. Ich weiß noch, daß ich das verneinte. Die Analyse des Widerstands ist wesentlich dafür, dem Patienten ein Gefühl von Unabhängigkeit zu vermitteln, das Gefühl, daß er einem Menschen, dessen Hilfe er braucht und den er für überlegen hält, die Stirn bieten und seine Gefühle zeigen kann, vor allem die negativen. Aber diese Sicherheit und Unabhängigkeit fehlt bei sämtlichen Patienten. Es ist Aufgabe der Therapie, ihnen dazu zu verhelfen. Wie früher schon bemerkt, ist das Erden ein wirkungsvoller Prozeß, um wieder Leben in Beine und Füße zu bringen, so daß man sich imstande fühlt, auf eigenen Füßen zu stehen.

Daß der Patient bei der Analyse und Körperarbeit steht, weist auf eine wichtige Entwicklung in der Therapie hin. Bei der klassischen Psychoanalyse liegt der Patient auf einer Couch, und wir konzentrieren uns auf die Worte, die er äußert. Gedanken stellen das Hauptmaterial für den analytischen Prozeß dar, wobei die Ruhe und Passivität der analytischen Situation sämtliche anderen Formen des Selbstausdrucks ausschließt oder beschränkt. Bei meiner Arbeit mit Reich lag ich ebenfalls auf dem Rücken, eine Position, die es mir durch ihre Passivität ermöglichte, in Stadien der Kleinkindzeit oder Kindheit zu regredieren und damit die Wiederentdeckung früher Erinnerungen förderte. Aber Worte sind nicht die wichtigste Form des Ausdrucks. Reich richtete seine Aufmerksamkeit vor allem auf meine Atmung und das Geschehen auf der körperlichen Ebene. Ich wurde sowohl gesehen als auch gehört, was das therapeutische Feld beträchtlich erweiterte. Während ich auf dem Bett lag, zog ich die Beine an, nahm also eine Position der Hilflosigkeit ein, bei der ich aber trotzdem spüren konnte, wie meine Füße Kontakt zum Bett hatten. Wenn ein Patient steht, nimmt er die Position des Erwachsenen ein, in der er sich auf die Gegenwart konzentrieren kann, wo seine Probleme im Augenblick liegen. Der Therapeut kann aus der Haltung des Patienten ablesen, wie dieser der Welt gegenübersteht und sich ihr präsentiert. In der bioenergetischen Therapie jedoch steht der Patient nicht immer. Zu Beginn einer Stunde sitzen Patient und Therapeut sich gegenüber, damit ersterer über sein Leben sprechen kann. Für die Arbeit mit den Gefühlen nimmt der Patient dann eine stehende oder liegende Position ein. Traurigkeit zum Beispiel läßt sich meistens besser im Liegen ausdrücken, während der Ausdruck von Zorn in dieser Position schwierig ist. Viele bioenergetische Übungen sind von anderen therapeutischen Schulen übernommen worden, um das Spektrum des therapeutischen Wechselspiels zu erweitern. Oft weisen nicht bioenergetisch geschulte Therapeuten ohne ausgereiftes Verständnis der Körpersprache ihre Patienten an, kniend auf ein Bett einzuschlagen, um ihren Zorn zu spüren und auszudrücken. Die kniende Haltung drückt jedoch Unterwürfigkeit aus und widerspricht damit der Intention dieses Handelns. Man kann zwar im Sitzen zornig werden, aber der Ausdruck von Zorn ist hier beschränkt auf Worte und Gesten.

Zu Beginn meiner therapeutischen Praxis arbeitete ich mit einem Psychologen, der schwer depressiv war. Er genas so vorbildlich, daß auch seine Frau mich wegen ihrer Probleme aufsuchte. Sie sagte: »Sie sind der einzige Therapeut, der meinen Mann wieder auf die Füße bringen konnte.« Ich erwiderte, ich habe ihn tatsächlich auf die Füße gestellt. Das heißt nicht, daß man einem Menschen tatsächlich bei der Überwindung seiner Depression helfen kann, wenn man ihn auf die Füße stellt, weist aber die Richtung. Läßt man einen Menschen auf dem Stuhl sitzen und nur reden oder auf der Couch liegen, behindert das meiner Meinung nach den therapeutischen Prozeß.

Wenn es wahr ist, daß das Gefühl der Freude zum Leben gehört, kann es nicht abhängig sein von bestimmten Erfahrungen. Ich bin sicher, daß jeder von uns Augenblicke der Freude erlebt hat, wenn starke Emotionen in uns zum Durchbruch kamen, was zu einem Gefühl von Befreiung oder Freiheit führt. In solchen Momenten ist es, als bräche die Sonne für kurze Zeit durch die Wolken, um dann wieder im Dunst zu verschwinden. Zugegeben, die Sonne kann nicht immer scheinen, aber wir hätten es doch gern meistens sonnig. Zu viele Menschen leben im dunklen Schatten ihrer Vergangenheit, der aus beängstigenden Bildern besteht, die sich nicht deutlich abzeichnen. Diese Bilder machen Jagd auf den unbewußten Verstand, erzeugen nachts beunruhigende Träume und tagsüber unbestimmte Ängste. Die Psychoanalyse hat eine Technik entwickelt, mit deren Hilfe wir diese unterdrückten Erinnerungen ins Bewußtsein bringen, wo wir sie abreagieren und entladen können. Ich glaube, das ist für jede Therapie wesentlich. Bevor die Sonne aufgeht, um uns zu erfreuen und zu wärmen, herrscht das Licht des Tagesanbruchs vor. Wenn das Licht des Bewußtseins die Dunkelheit in der Seele des Individuums vertreibt, sprechen wir in der Analyse von einer Einsicht.

Als analytische Therapie erkennt die Bioenergetik die Wichtigkeit des Leitsatzes »Erkenne dich selbst« an. Bei dieser Arbeit wird das Selbst nicht nur als geistiges Konzept, sondern auch als körperliches Selbst betrachtet. Da das körperliche Selbst greifbarer und objektiver ist als die subjektive Reflexion im Geist eines Menschen, heißt sich selbst erkennen in Berührung mit dem Körper kommen. Viele Menschen sind nicht in Kontakt mit ihrem Körper oder spüren ihn höchstens begrenzt.

Die Bereiche, mit denen wir nicht in Kontakt sind, bergen beängstigende Gefühle, die den beängstigenden inneren Bildern entsprechen. Die meisten Menschen spüren zum Beispiel ihren Rücken nicht, obwohl dieser für die Aufrichtung des Individuums und seine Unterstützung bei Druck eine wichtige Rolle spielt. Diese Funktion steht im Zusammenhang damit, daß wir ein Rückgrat haben, das heißt kein Wurm oder Schwächling sind. Das Rückgrat kann dieser Funktion nur nachkommen, wenn es vom Individuum als lebendige energetische Struktur erlebt wird. Wenn es zu schwach und zu nachgiebig ist, kann das Individuum für seine Haltung nicht »geradestehen« und wird von anderen für weichlich gehalten. Ist das Rückgrat eines Menschen zu unbeweglich, stellt er vielleicht fest, daß er in einer Widerstandshaltung erstarrt ist, die seine Fähigkeit blockiert, auf das Leben oder die Liebe einzugehen. Vor einigen Jahren begegnete ich einem Mann, der unter einer Wirbelversteifung litt. Das ist eine rheumatische Krankheit, bei der die Wirbelsäule fast so unbeweglich wird, als wäre sie ein einziger fester Knochen. Er konnte seinen Kopf nur um wenige Grade nach rechts und links drehen. Es tat weh, das mitanzusehen. Ich weiß nicht genau, ob er den Schmerz fühlte. Wenn ja, so weinte er jedoch nie deswegen. Er hatte als Kind einen sehr mächtigen, dominierenden

Vater gehabt, vor dem er vor Angst buchstäblich erstarrt war. Aber wie wurde sein Rückgrat da hineingezogen? Hätte er sich der Macht seines Vaters gebeugt, wäre er ein »Schwächling« (ohne Rückgrat) gewesen. Als Junge konnte er gegen seinen Vater aber nicht offen Widerstand leisten. Er konnte sich nur innerlich gegen ihn wehren, indem er seine Wirbelsäule versteifte. Durch dieses unbewußte Verhalten bewahrte er sich seine innere Integrität auf Kosten seiner Beweglichkeit und Lebensfreude. Das war traurig, aber er selbst empfand keine Traurigkeit.

Wenn ein Mensch auf dem bioenergetischen Hocker liegt und atmet, kann er seinen Rücken spüren und feststellen, ob dieser verspannt oder schwach ist. Chronische Verspannung ist die körperliche Seite von Angst. Da Angst das Individuum bewegungsunfähig macht, ist Bewegungsunfähigkeit mit Angst gleichzusetzen. Wenn ein Mensch diese Rigidität oder Verspannung spürt, kann er seine Angst wahrnehmen, wodurch seine unterdrückten Kindheitserinnerungen freigesetzt werden. Wenn sie nach hinten gedehnt auf dem Hocker liegen, äußern viele Menschen die Angst, ihr Rücken könne brechen. Und sie erinnern sich dann daran, daß sie als Kind befürchteten, ihr Vater könne ihnen den Rücken brechen. Wird ihnen das bewußt, können sie ihren Zorn spüren, der durch die Verspannungen in den Rückenmuskeln ebenfalls blockiert wurde. Wenn sie den Zorn ausdrücken, indem sie zum Beispiel auf ein Bett einschlagen, löst sich die Verspannung, so daß sowohl die Flexibilität als auch die Stärke des Rückens wieder hergestellt werden kann.

In dem Maße wie ein Mensch den Kontakt zu bestimmten Körperteilen verloren hat, fehlt ihm auch der Zugang zu den Gefühlen, die mit der Beweglichkeit dieser Körperteile verbunden sind. Verspannte Kiefer und ein enger Hals schneiden das Individuum von Traurigkeit ab, weil es nicht weinen kann. Wenn der Körper insgesamt eine rigide Struktur aufweist, zeigt der Mensch keinerlei zärtliche Gefühle. Vielen Menschen mangelt es auf einer tieferen Ebene an Liebesgefühlen, weil ihr Herz in einem starren Brustkorb eingesperrt ist, der sowohl die Wahrnehmung des Herzens als auch den Ausdruck von herzlichen Gefühlen blockiert.

Das Ziel von Therapie ist Selbstentdeckung, was die Genesung der Seele und die Befreiung der Lebensgeister beinhaltet. Drei Schritte führen zu diesem Ziel. Der erste ist die Selbstwahrnehmung, und das bedeutet, jeden Teil des eigenen Körpers sowie die hier auftauchenden Gefühle zu spüren. Es überrascht mich, wieviele Menschen nicht wissen, welchen Ausdruck ihr Gesicht und ihre Augen haben, obwohl sie sich jeden Tag betrachten. Natürlich liegt der Grund dafür darin, daß sie ihren Gesichtsausdruck nicht sehen wollen. Sie glauben, diesen Anblick nicht ertragen zu können und meinen, das gälte auch für die anderen. Also tragen sie eine Maske, ein erstarrtes Lächeln, das der Welt verkündet, alles sei in Ordnung, obwohl das nicht stimmt. Wenn sie ihre Maske fallen lassen, findet man darunter meistens den Ausdruck von Traurigkeit, Schmerz oder Angst. Solange sie die Maske tragen, können sie ihr Gesicht nicht spüren, denn es ist zu einem ständigen Lächeln erstarrt. Die Traurigkeit, den Schmerz oder die Angst zu spüren, ist kein Vergnügen, aber wenn diese verdrängten Emotionen nicht gefühlt werden, können sie auch nicht losgelassen werden. Der Mensch ist eingesperrt hinter einer Fassade, die die Sonne abhält, in sein Herz zu scheinen. Wenn er dann aus dieser düsteren Zelle ans Licht tritt, blendet ihn die Sonne vielleicht zuerst, aber hat er sich erst einmal an sie gewöhnt, möchte er niemals wieder im Dunkeln leben.

Der zweite Schritt besteht im Selbstausdruck. Wenn Gefühle nicht ausgedrückt werden, verdrängen wir sie und verlieren den Kontakt zu uns selbst. Verbietet man Kindern, gewisse Gefühle wie Zorn auszudrücken oder bestraft sie dafür, verstecken sie diese, so daß sie Teil der schattigen Unterwelt der Persönlichkeit werden. Viele Menschen haben entsetzliche Angst vor ihren Gefühlen und halten sie für gefährlich, bedrohlich oder verrückt. Viele Individuen tragen einen mörderischen Haß in sich, und da sie Angst vor dessen destruktivem Potential haben, glauben sie, sie müßten ihn verborgen halten. Diese Wut ist wie eine explosive Bombe, die niemand zu berühren wagt. Aber so wie man eine Bombe an einem sicheren Ort hochgehen lassen und damit entschärfen kann, kann man sich auch von mörderischen Gefühlen in einem therapeutischen Rahmen sicher befreien. Ich helfe Patienten ständig dabei. Sind sie erst einmal befreit davon, kann der darunter liegende Zorn rational gehandhabt werden.

Der dritte Schritt ist die Selbstbeherrschung, das heißt das Individuum weiß, was es fühlt. Es ist in Kontakt mit sich selbst und außerdem imstande, sich zu seinem eigenen Wohle angemessen auszudrücken. Der Mensch hat die Herrschaft über sich selbst. Vorbei ist es mit der unbewußten Kontrolle, die der Angst entspringt, er selbst zu sein. Und vorbei ist es auch mit der Schuld und der Scham über das, was er ist und fühlt. Auch die Muskelverspannungen in seinem Körper, die den Selbstausdruck blockieren und seine Selbstwahrnehmung behindern, sind verschwunden. Statt dessen kann er sich jetzt akzeptieren und fühlt sich frei, er selbst zu sein.

Ich werde in diesem Buch erklären, wie man dieses Stadium mit Hilfe des therapeutischen Prozesses erreicht. Das beinhaltet auch die analytische Erforschung der Vergangenheit des Individuums, um zu verstehen, warum und wie das Selbst verloren gegangen ist und Schaden genommen hat. Die Kindheitserfahrungen, die die Probleme und Schwierigkeiten des Menschen hervorgerufen haben, sind im Körper registriert worden und haben sich ihm eingeprägt. Das Wissen, das wir durch die Interpretation von Träumen, die Analyse des Verhaltens und das Gespräch mit dem Therapeuten erlangen, muß in Verbindung gebracht werden mit dem, was der Patient fühlt und körperlich empfindet. Nur dann bilden Geist und Körper eine Einheit, und der Mensch ist ganz.

Therapie ist eine Reise zur Selbstentdeckung. Sie verläuft weder schnell noch leicht und auch nicht ohne Ängste. Tatsächlich kann sie in manchen Fällen ein Leben lang dauern, aber sie belohnt uns mit dem Gefühl, daß unser Leben nicht vergeblich war. In der tiefen Erfahrung von Freude haben wir den Sinn des Lebens gefunden.

3. Oh Gott!

Ein Mensch beginnt eine Therapie, weil er in der einen oder anderen Weise leidet. Vielleicht ist er voller Ängste, depressiv, verwirrt, frustriert oder einfach total unglücklich mit seinem Leben. Er hofft, daß die Therapie ihn in die Lage versetzt, das zu ändern, damit er in der Welt besser zurechtkommt und sich wieder gut fühlt – vielleicht sogar Freude empfindet. Er leidet, weil er verletzt wurde. Seine Probleme und Symptome können direkt bis zu einer traumatischen Kindheit zurückverfolgt werden, in der sein Selbstgefühl untergraben und sein Lebensgeist gebrochen wurde. Auch wenn einige Patienten sich zu Beginn der Therapie darüber im klaren sind, daß ihre Kindheit unglücklich verlief und sie verängstigt und einsam waren, glauben die meisten doch, daß der Grund für ihr Leiden in einer persönlichen Schwäche oder Störung liegt. Sie erwarten von der Therapie Hilfe, um ihre Schwäche zu überwinden, so daß sie ganz konkret an Stärke gewinnen. Dieses Bild des Durchschnittspatienten hat sich in den letzten Jahren beträchtlich verändert, da wir heute mehr über Therapie wissen und erfahren haben, daß emotionale Probleme auf Kindheitstraumen zurückzuführen sind. Viele Menschen wollen jetzt ihre Vergangenheit kennenlernen, um zu verstehen, warum sie so fühlen und handeln, wie sie es tun, und sich mit Hilfe dieses Wissen verändern, damit das Leben ihnen mehr Erfüllung schenkt. Leider ist das nur in einem ganz geringen Maße möglich, weil die Auswirkungen der Vergangenheit sich dem Körper in Form von chronischen Muskelverspannungen eingeprägt haben, die sich dem Zugriff des Willens oder des bewußten Verstandes entziehen und von diesen nicht aufgelöst werden können. Tiefgreifende und sinnvolle Veränderungen können nur durch die Hingabe an den Körper geschehen, indem wir die Vergangenheit emotional noch einmal durchleben. Der erste Schritt in diesem Prozeß ist das Weinen.

Weinen bedeutet, die Realität von Gegenwart und Vergangenheit zu akzeptieren. Wenn wir weinen, fühlen oder spüren wir unsere Traurigkeit und begreifen, wie sehr wir leiden und wie tief wir verletzt worden sind. Wenn ein Patient – wie es bei einigen der Fall war – zu mir sagt: »Ich habe nichts zu beweinen«, kann ich nur entgegnen: »Warum sind Sie dann hier?« Jeder Patient hat »etwas« zu beweinen, und das gilt für die meisten Menschen in unserer Gesellschaft. Der Mangel an Freude in unserem Leben ist mit Sicherheit ein Grund zum Weinen. Einige Patienten haben gesagt: »Ich habe viel geweint, aber das führt zu nichts.« Das stimmt nicht. Durch Weinen verändert sich zwar die äußere Welt nicht, und es bringt uns weder Liebe noch Anerkennung. Aber es verändert die innere Welt. Es löst die Verspannung und den Schmerz. Das wird verständlich, wenn wir ein Baby beim Weinen beobachten.
Ein Baby weint, wenn es in Not ist. Sein Weinen ist ein Rufen nach der Mutter, damit diese den Grund für seine Not beseitigt. Der Kummer bewirkt, daß der Körper des Babys sich zusammenzieht und versteift; das ist eine natürliche körperliche Reaktion auf Schmerz und Unbehagen. Der Körper eines kleinen Kindes reagiert intensiver, weil er lebendiger, sensibler und weicher ist. Außerdem fehlt dem kleinen Kind die Fähigkeit des Ich, Schmerzen zu ertragen. Da es die Spannung nicht aushalten kann, beginnt es zu zittern. Es schiebt den Unterkiefer vor und schürzt die Lippen, und im nächsten Augenblick wird sein Körper von tiefem Schluchzen durchzuckt. Die Schluchzer sind Konvulsionen, die durch den Körper laufen, um die Spannung zu lösen, die durch die Not verursacht wurde. Ein Baby weint so lange, wie sein Kummer anhält, oder bis es erschöpft ist. An dem Punkt, wo seine Energie verausgabt ist und es nicht mehr weinen kann, schläft es ein, um sein Leben zu schützen. Ähnlich wirkt sich das Weinen auf Kinder aus, die übermüdet sind und nicht zur Ruhe kommen können. Dieser angespannte Zustand macht sie unruhig und gereizt. Das führt oft dazu, daß die Mutter zornig wird und das Kind schlägt, woraufhin es bitterlich weint. Das Weinen hat zwei Auswirkungen. Es löst die körperliche Anspannung des Kindes und läßt die Atmung tiefer und voller werden. Meistens fällt das Kind dann in Schlaf.

Es gilt allgemein als erwiesen, daß wir uns besser fühlen, wenn wir uns einmal richtig ausweinen. »Richtig ausweinen« heißt, daß wir tief und kontinuierlich genug weinen, um einen bedeutenden Teil der Spannung abzubauen, die die Folge eines emotionalen Kummers ist. Das Weinen von Tränen ist ein spannungslösender Mechanismus für die Augen und bis zu einem gewissen Grade auch für den Körper, der durch das Gefühl von Traurigkeit weicher wird. Augen erstarren vor Angst, ziehen sich bei Schmerz zusammen und trüben sich bei Kummer. Wenn die Tränen fließen, ist das ein Prozeß, bei dem wir schmelzen und weich werden wie das Eis, das im Frühling taut. Augen, die nicht weinen, werden hart, kalt und trocken, was ihre Sicht behindern kann.

In Tränen ausbrechen oder Tränen weinen ist ein sehr menschliches Verhalten. Tatsächlich weint kein Tier Tränen. In dieser Art des Weinens spiegelt sich die Fähigkeit des Menschen wider, die Traurigkeit, den Schmerz oder die Not eines anderen Menschen oder Geschöpfes zu sehen. Darum weinen die meisten Leute, wenn sie einen traurigen Film *sehen*. Nur selten bringt ein trauriger Film uns zum Schluchzen. Wenn wir schluchzen, bringen wir unseren eigenen tiefen Kummer und Schmerz zum Ausdruck. Deswegen glaube ich, daß die Fähigkeit, Tränen zu vergießen und zu weinen, grundlegend für die Fähigkeit des Menschen ist, Mitgefühl zu empfinden.

Schluchzen ist nicht der einzige stimmliche Ausdruck, der aus dem Gefühl von Traurigkeit, Kummer oder Not entsteht. Ist der Schmerz über die Not intensiv und scheinbar kein Ende abzusehen, kann das Weinen in Wimmern übergehen. Wimmern ist ein höherer, kontinuierlicherer Laut, der ein tiefes Leiden ausdrückt, das im Herzen gefühlt wird. Ein solches Leiden empfinden wir zum Beispiel beim Tod eines geliebten Menschen, deswegen ist das Wimmern eine typische Reaktion von Frauen, die einen nahen Angehörigen verloren haben. Ein anderer Laut, der in die Kategorie des Weinens gehört, ist Stöhnen. Das Stöhnen ist, im Gegensatz zum Wimmern, tiefer. Wir stöhnen, wenn unser Schmerz nicht aufzuhören scheint und lange anhält. Stöhnen beinhaltet eine gewisse Resignation, die beim Wimmern oder Schluchzen fehlt. All diese Äußerungen stehen im Zusammenhang mit Schmerz, Not, Leid und Verlust und drücken Traurigkeit und Kummer aus, nicht Freude. Die Freude hat ihre eigene Skala stimmlichen Ausdrucks. Lachen zum Beispiel ist sehr ähnlich wie Schluchzen, außer daß es eine positive Bedeutung hat und optimistisch ist. Wie Schmerzensschreie gibt es auch Freudenschreie. Menschen können also die ganze Skala von den glücklichsten bis zu den traurigsten Tönen von sich geben.

Da es hier um die Betrachtung von Gefühlen geht, ist es wichtig zu erkennen, daß die Stimme das Medium für den Ausdruck sehr vieler Gefühle ist. Wir können Gefühle auch durch unser Handeln ausdrücken, aber diese Form des Ausdrucks stammt aus einem anderen Bereich, nämlich dem Muskelsystem des Körpers und damit dem Handlungsmechanismus. Ein Lächeln, eine Umarmung, ein Stoß, ein Streicheln – das alles drückt Gefühle aus. Ein Mensch kann eine Handlung gefühlsmäßig nicht spüren, wenn sie mechanisch verläuft und er davon abgeschnitten ist. Das gleiche gilt für die Stimme. Viele Menschen sprechen in einem trockenen, mechanischen Tonfall, der keinerlei Gefühl ausdrückt. Auch hier haben wir es mit Individuen zu tun, die von ihrem Körper abgeschnitten sind und ihn der Kontrolle des Ich unterworfen haben. Viele Menschen können zum Beispiel beim Weinen nicht schluchzen, weil diese Form des Ausdrucks von Gefühlen durch chronische Verspannungen im Hals unterdrückt wurde. Andere können keinen Zorn spüren oder ausdrücken. Solche Individuen sind emotionale Krüppel, die keine Freude oder andere starke Emotionen empfinden können. Meiner Meinung nach hat eine Therapie, die dem Individuum nicht hilft, die natürliche Funktion des Selbstausdrucks wiederzugewinnen, versagt. In diesem Kapitel werden wir auf die Probleme eingehen, die Patienten mit dem stimmlichen Ausdruck haben.

Die Stimme entsteht durch die Vibrationen, die erzeugt werden, wenn der Luftstrom an den Stimmbändern entlangstreift. Tonvariationen entstehen durch den unterschiedlichen Umfang der Öffnung des Kehlkopfs, die Benutzung der verschiedenen Luftkammern, die die Resonanz erzeugen, und das wechselnde Luftvolumen. Die menschliche Stimme hat ein sehr großes Spektrum an Ausdrucksmöglichkeiten, die der Bandbreite von Emotionen entsprechen, die der Mensch empfinden kann. Die Stimme kann nicht nur sämtliche Emotionen ausdrücken, die vorhin erwähnt wurden, sondern auch die Intensität ihres Klanges der Intensität der Gefühle anpassen. Die Stimme ist eines der Hauptinstrumente zum Ausdruck von Gefühlen. Jede Beschränkung der Stimme behindert den Selbstausdruck und schwächt damit auch das Selbstgefühl. Die Redewendung, daß man, wenn es um die eigene Person geht, »nicht den Mund aufbekommt«, weist auf diesen Zusammenhang hin. Da sämtliche Patienten unter einer mehr oder weniger geringen Selbstachtung zu leiden haben oder an ihrem Recht zweifeln, laut zu werden und sich für sich einzusetzen, ist es in einer Therapie, die das Selbst stärken will, wichtig, mit der Stimme zu arbeiten.

Viele Kinder machen so schmerzliche und beängstigende Erfahrungen, daß sie ihre Stimme verlieren. Madeline bezeichnete sich selbst als überlebendes Inzestopfer. Sie wurde von ihrem Vater mißbraucht, als sie noch keine sechs Jahre alt war, wobei er in sie eindrang. Der Schmerz über dieses Erlebnis war so groß, daß sie ihren Körper verließ und vor allem im Kopf lebte. »Ihren Körper verließ« heißt, daß sie kein Gefühl für ihren Körper hatte und ihn nicht wahrnahm. Wenn sie sich ihre Füße anschaute, war sie erstaunt, daß sie mit ihrem Körper verbunden waren. Das galt auch für ihre Arme, wenn auch nicht ganz so ausgeprägt. Trotz dieser schweren Form von Dissoziation hatte sie überlebt. Sie war zweimal verheiratet gewesen, hatte drei Kinder großgezogen und war imstande, ihren Lebensunterhalt zu verdienen. Aber die Männer, die sie heiratete, mißbrauchten sie ebenfalls körperlich und sexuell, und sie konnte sich viele Jahre lang nicht dagegen wehren. Mit Unterstützung von Selbsthilfe-Inzestgruppen gewann sie den Mut, eine Therapie anzufangen, und sie begann mit der schwierigen Aufgabe, zu sich selbst zurückzufinden.

In einer Sitzung wies sie darauf hin, wie schwer es ihr fiel, sich für sich einzusetzen. Sie sagte: »Wenn ich den Mund aufmachen und sagen müßte: ›Was fällt dir ein? Was glaubst du eigentlich, wer du bist?‹, würgt es mich im Hals. Ich habe das Gefühl, erdrosselt zu werden, wenn ich diese Worte laut ausspreche. Vor etwa drei Jahren kam mir plötzlich eine Szene aus der Kindheit in Erinnerung. Ich stand an der Tür und hielt die Klinke in der Hand, weil ich den Raum gerade verlassen wollte. Ich war etwa neun Jahre alt. Ich stand meinem Vater gegenüber und weiß noch, wie ich zu ihm sagte: ›Wenn du nicht aufhörst, sage ich es Mutti.‹ Er packte mich am Hals und schüttelte mich. Ich hatte das Gefühl, sterben zu müssen. Aber er hat mich danach nie wieder angerührt.«

In der Therapie wies ich Madeline an, zu treten und zu schreien: »Laß mich in Ruhe!« Das gelang ihr nur mit meiner Ermutigung und fortgesetzten Unterstützung. Etwa eine Minute lang erlaubte sie sich einen hysterischen Ausbruch. Danach jedoch zog sie sich zurück, rollte sich in der Ecke des Bettes zusammen wie ein total verängstigtes Kind und wimmerte vor Furcht. Dann kam sie langsam aus dieser Haltung hervor und war stärker in Kontakt mit ihrem Körper und sich selbst. Sie machte auch die Erdungsübungen aus dem letzten Kapitel, die ihr Gefühl von Selbstverbundenheit stärkten. Ihre Stimme war beim normalen Sprechen kontrolliert und klang jung und hell. Sie kam aus dem Kopf, war fast ohne körperliche Resonanz und verriet wenig Gefühl. Es fiel ihr extrem schwer, sich mit Hilfe ihrer Stimme selbst zu behaupten. Wenn sie schrie: »Laß mich in Ruhe!«, wurde die Körperstimme laut, die zwar Gefühle ausdrückte, aber nicht mit dem Ich oder dem Kopf verbunden war. Und genau das macht die hysterische Reaktion aus, die auf eine Spaltung der Persönlichkeit hinweist. Sobald Madeline vom Kopf her sprach, hatte sie kein Körpergefühl. Wenn sie hysterisch schrie, war ihr Ich nicht mit dem Schreien in Kontakt.

Es liegt in der Natur des Schreiens, daß es immer etwas Hysterisches hat, weil es ein unkontrollierter Ausdruck ist. Man kann kontrolliert brüllen, aber nicht kontrolliert schreien. Schreien heißt, daß wir »an die Decke gehen« oder einen »Tobsuchtsanfall« bekommen, und das bedeutet, daß das Ich von dem emotionalen Ausbruch überwältigt ist. Es ist eine reinigende Reaktion, die der Spannungsabfuhr dient. In diesem Sinne funktioniert es wie das Sicherheitsventil an einer Dampfmaschine, das sich öffnet, wenn der Druck zu stark wird. Ein Mensch schreit im allgemeinen dann, wenn der Schmerz oder Streß einer Situation unerträglich wird.

Wenn man unter diesen Bedingungen nicht schreien kann, verliert man vielleicht tatsächlich den Verstand und wird verrückt. Weinen, das heißt Schluchzen, dient ebenfalls dem Abbau von Spannungen, aber im allgemeinen weinen wir erst dann, wenn das Trauma oder die Verletzung vorbei ist. Schreien hingegen ist ein Versuch, das Trauma zu verhindern oder zumindest den Angriff abzuschwächen. Es ist ein Ausdruck von Aggression, während das Weinen den Versuch des Körpers darstellt, den Schmerz aufzulösen, der durch eine Verletzung entsteht. Schreien und Weinen sind unwillkürliche Reaktionen, auch wenn wir diese meistens einleiten oder stoppen können. Manchmal gerät diese Reaktion außer Kontrolle, und das Individuum schreit oder weint hysterisch und kann scheinbar nicht aufhören. Aber wir hören immer auf, wenn der Zorn verraucht ist. Wir haben in dieser Gesellschaft ein so starkes Tabu gegen unkontrolliertes Verhalten errichtet, weil wir Angst davor haben. Es wird als Zeichen von Charakterschwäche oder Infantilismus betrachtet. Und in gewisser Weise kehren wir, wenn wir schreien oder weinen, auch tatsächlich zu einem kindlicheren Verhalten zurück. Aber diese Regression kann notwendig sein, um den Organismus vor den destruktiven Folgen zu schützen, die die Verdrängung der eigenen Gefühle hat.
Die Fähigkeit, die Kontrolle zur richtigen Zeit und am richtigen Ort aufzugeben, ist ein Zeichen von Reife und Selbstbeherrschung. Aber man könnte sich die Frage stellen: Wenn wir wirklich bewußt beschließen, loszulassen und uns dem Körper und seinen Gefühlen hinzugeben, sind wir dann wirklich außer Kontrolle? Welche Kontrolle hat ein Individuum, das entsetzliche Angst hat zu schreien und so blockiert ist, daß es nicht weinen und seine Gefühle nicht ausdrücken kann? Die Fähigkeit, die Ichkontrolle aufzugeben, beinhaltet auch die Fähigkeit, diese Kontrolle aufrechtzuerhalten oder wieder herzustellen, wenn es ratsam oder notwendig ist. Wenn ein Patient bei einer bioenergetischen Übung tritt und schreit und scheinbar außer Kontrolle geraten ist, weiß er meistens ganz genau, was er tut und kann willentlich damit aufhören. Das ist ähnlich wie beim Reiten. Wenn der Reiter Angst hat, sich dem Pferd zu überlassen und versucht, das Tier in jedem Moment zu kontrollieren,

wird er bald feststellen, daß er gar keine Kontrolle hat. Ein Mensch, der derart viel Angst hat, die Kontrolle aufzugeben, hat überhaupt keine Kontrolle; er wird von seiner Angst beherrscht. Wenn wir lernen, uns mit Stimme und Bewegung starken Gefühlen zu überlassen, verlieren wir die Angst, uns dem Selbst hinzugeben.

Wie wir wissen, können Babys so laut schreien, daß man sie aus großer Entfernung hören kann. Sie können auch hemmungslos weinen. Die Stimme eines Babys kann erstaunlich kräftig sein. Mein Sohn litt als Säugling unter einer Kolik. Wenn er einen Anfall hatte, schrie er so laut, daß man ihn zwei Häuserblocks weiter hören konnte. Nur mein Papagei kann noch lauter schreien; wenn er schreit, ist es, als würde sein ganzer Körper zu einem Klangkörper. Die Vibrationen seiner Stimme sind so stark, daß kein Druck ihnen standhalten kann. Von manchen Stimmen weiß man, daß sie Glas zum Zerspringen bringen. Eines meiner Probleme bestand darin, daß meine Stimme nicht frei war. Ich konnte sehr leicht in Tränen ausbrechen, aber es fiel mir enorm schwer zu schluchzen. Über 25 Jahre nach meiner Therapie mit Reich kam mir die Einsicht, warum meine Stimme nicht frei war. In einem Bioenergetik-Workshop schlugen zwei Teilnehmerinnen, die selbst Therapeutinnen waren, vor, mit mir zu arbeiten. Ich zögerte zunächst, aber dann ließ ich mich darauf ein. Während ich auf dem Boden lag, arbeitete eine der Frauen an meinen Beinen und Füßen und massierte sie, um Verspannungen zu lösen. Meine Beine waren immer ziemlich stark verspannt. Meine Waden schmerzten bei Druck. Die andere Frau arbeitete an meinem verspannten Hals. Plötzlich spürte ich einen scharfen Schmerz im vorderen Bereich meines Halses, als hätte man mir ein Messer in die Kehle gestoßen. Ich wußte sofort, daß dieses Erlebnis den körperlichen Aspekt dessen darstellte, was meine Mutter mir psychisch angetan hatte. Sie hatte mir die Kehle durchgeschnitten. Als Kind hatte ich auf einer ganz tiefen Ebene Angst, mich ihr gegenüber durchzusetzen, und diese Angst machte es mir schwer, mich als Erwachsener anderen gegenüber zu behaupten. Ich habe an dieser Schwierigkeit im Laufe der Jahre sehr viel gearbeitet und bin dabei auch ein ganzes Stück vorangekommen.

Eine andere Patientin, die ich Margaret nennen werde, erzählte mir von einem wiederkehrenden Traum, in dem ein Kissen auf ihrem Gesicht liegt und sie das Gefühl hat, erstickt zu werden und zu sterben. Margaret war ein weiteres Opfer, das überlebt hat, wenn auch nur knapp. Sie funktionierte anscheinend normal, befand sich aber ständig in einem Zustand von Besorgnis und Angst, der ihr Leben fast unerträglich machte. Margaret hatte selbst mit Ende 40, als sie zu mir in die Therapie kam, immer noch entsetzliche Angst vor ihrer Mutter. Sie beschrieb ihre Mutter als kaltherzige, harte und kontrollierende Frau. Margarets Form zu überleben bestand darin, sich emotional zurückzuziehen, während sie ihr Leben fast ohne Gefühle weiterlebte. Sie existierte vor allem im Kopf.
Margaret hatte enorme Schwierigkeiten, ihre Traurigkeit zuzulassen. Sobald sie anfing zu weinen, wurde ihr schlecht, und sie mußte aufhören. Das ging eine ganze Zeitlang so, bis die Übelkeit nachließ und sie weinen konnte. Aber ihr Schluchzen floß nicht frei. Es klang mehr wie ein gebrochenes Wimmern, wie ein Versuch, ihre Kehle zu öffnen und den Schmerz herauszulassen, der wieder und wieder mißlang. Ihre Stimme war beim Sprechen dünn, flach und kopfig. Sie sprach immer sehr schnell und ohne jeden emotionalen Ausdruck. Was sie sagte, machte Sinn, war aber ohne Gefühl.
Um ihr beim Schreien zu helfen und die Spannung zu lösen, preßte ich meine Finger seitlich gegen ihren Hals. Ihr Hals war so eng, daß es ihr fast unmöglich war zu schreien. Aber durch unsere Arbeit im letzten Jahr war sie etwas lockerer geworden. Statt kein Wort hervorzubringen, öffnete sich ihre Kehle, und zu meiner Überraschung ließ sie einen vollen Ton heraus. Als er verstummt war, sagte sie zu mir: »Diese Stimme habe ich noch nie gehört.« Es war die Stimme des Kindes, das in all diesen Jahren in ihr begraben war.
Kinder werden unschuldig geboren, ohne jede Hemmung oder Schuld in bezug auf ihre Gefühle. Viele empfinden in diesem frühen Zustand der Glückseligkeit Freude. Wenn ich kleine Kinder von ein, zwei Jahren anschaue und Augenkontakt mit ihnen aufnehme, sehe ich, wie ihre Augen aufleuchten und ein Ausdruck von Freude auf ihrem Gesicht erscheint. Gleich darauf wenden sie sich immer

vor Scheu oder Befangenheit ab, aber nach wenigen Minuten oder noch schneller schauen sie mich wieder an, um diesen angenehm erregenden Kontakt zu wiederholen. Dann schauen sie zwar wieder weg, aber nicht lange. Dieses Spiel könnte das Kind endlos lange spielen, während ich es abbreche, weil die Pflichten und Verantwortungen des Erwachsenenlebens mich rufen und auffordern, weiterzugehen. Ob das Leben dieser Kinder voller Freude ist, weiß ich nicht. Einige kleine Kinder haben so strahlende Gesichter und Augen, daß ich sicher bin, es gibt Freude in ihrem jungen Leben. Andere sehen traurig oder bedrückt aus, aber selbst die Augen dieser Kinder leuchten auf, wenn jemand freundlich Augenkontakt mit ihnen aufnimmt.

Ich habe auch die Augen von Erwachsenen aufleuchten sehen, wenn sie so angeschaut werden, aber dieses Leuchten ist so zögernd und verfliegt so schnell, daß man ihre Befangenheit und ihre Schuldgefühle spürt. Es gibt jedoch sehr viele Menschen, deren Augen nicht aufleuchten und auch nicht aufleuchten können, weil das innere Feuer ihres Lebensgeistes, das wir Leidenschaft nennen, fast ganz erstickt wurde. Man sieht das an der Dunkelheit um die Augen, der Traurigkeit des Gesichtsausdrucks, der Verbissenheit der Kiefer und der Verspanntheit des Körpers. Sie haben die Fähigkeit zur Freude schon früh in ihrer Kindheit verloren, als ihre Unschuld zerstört und ihre Freiheit ihnen genommen wurde. Martha ist solch ein Fall. Sie war eine 51jährige Frau, Mutter von drei erwachsenen Kindern und kürzlich erst geschieden, als sie mich aufsuchte, weil sie in ihrem Leben keinen Sinn sah. Damit meinte sie, daß es in ihrem Leben keine Freude und nur sehr wenig Angenehmes gab. Sie sagte, sie habe sich immer ängstlich gefühlt und geglaubt, das sei ganz normal.

Mir fiel bei unserer ersten Begegnung auf, wieviel Dunkelheit um ihre Augen war. Ihr Blick war ohne jedes Strahlen, und ihre Augen leuchteten auch während unseres Gespräches kein einziges Mal auf. Sie war klein, hatte aber einen wohlproportionierten Körper. Sie trat lebhaft auf, und trotz des grimmigen Ausdrucks um Mund und Kinn verhielt sie sich nicht depressiv. Nach vielen Ehejahren, in denen sie ihrem Mann treu gedient hatte, verließ er sie wegen einer

anderen Frau. Martha stand die Scheidung stoisch durch und lebte ihr leeres Leben weiter, bis ihr klar wurde, daß sie Hilfe brauchte. Martha wußte, daß sie Angst hatte. Sie hatte es nie fertiggebracht, sich gegen ihren Mann aufzulehnen. Durch die Scheidung war sie in eine unsichere Situation geraten, und sie hatte niemals ihren eigenen Lebensunterhalt verdient. Und als sie sich der Menopause näherte, fühlte sie sich ohne Hoffnung. Aber sie gab ihre Hoffnungslosigkeit nicht zu und weinte auch nicht. Martha hielt durch – wie viele Menschen heutzutage, die ohne jede Freude mit ihrem Leben weitermachen.
Ich habe einige Leute voll Stolz sagen hören: »Ich habe durchgehalten«. Ich weiß diese Haltung zu schätzen, wenn ein Mensch lebensbedrohliche Situationen wie ein Konzentrationslager der Nazis überstanden hat. Aber diese Äußerung verrät auch etwas über Gegenwart und Zukunft eines Menschen. In Wirklichkeit meint er damit: »Ich kann das hinnehmen. Ich kann in Situationen durchhalten, in denen andere zusammenbrechen würden. Ich kann feindseligen oder destruktiven ›Angriffen‹ standhalten.« Wenn ein Mensch sich darauf einstellt durchzuhalten, erwartet er kein Vergnügen im Leben und kann mit erfreulichen Ereignissen auch nicht umgehen. Erwartet man denn von einem Ritter in Rüstung, daß er Walzer tanzt? Wenn wir uns auf Katastrophen einstellen, sind wir nicht darauf vorbereitet, das Leben zu genießen. Das soll nicht heißen, daß sich Individuen, die sich als »Durchhalter« bezeichnen, kein Vergnügen im Leben wünschen. Aber sich erfreuliche Dinge wünschen und offen dafür sein ist nicht das gleiche. Menschen, für die das Leben vor allem eine Frage des Durchhaltens ist, sind nicht offen für schöne Erlebnisse. Wer sich panzert gegen mögliche Angriffe, ist nicht offen für die Liebe. Er fühlt sich zu verletzlich, um sich dem Leben zu öffnen, und die Angst veranlaßt ihn, sich wieder zu verschließen.
Martha war das jüngste von drei Kindern, alles Mädchen. Die Atmosphäre bei ihr zu Hause war potentiell gewalttätig. Ihre Eltern stritten sich ständig, meistens um Geld. Sie erinnerte sich an einen Vorfall, als sie fünf Jahre alt war. Ihre Eltern brüllten sich gerade im Wohnzimmer an, als ihr Vater plötzlich den Kaffeetisch umstieß

und drauf und dran war, den Geschirrschrank zu zertrümmern, hätten ihre Schwestern ihn nicht davon abgehalten. Als sie dieses Ereignis erzählte, erwähnte sie nicht, daß sie Angst hatte. Ich glaube, sie spürte ihre Angst nicht, weil sie unter Schock stand. Sie machte die Bemerkung, daß es »sehr beängstigend war«.

In dieser Atmosphäre zog Martha sich zurück und verschloß sich. Sie erzählte, daß sie sich unter dem Eßtisch versteckte, wo sie, verdeckt durch das Tischtuch, allein spielte. Diesen Ort betrachtete sie als ihr Haus. Aber er war keine wirkliche Zuflucht, denn sie war niemals ohne Angst. Sie sagte: »Ich habe in ständiger Furcht davor gelebt, was als nächstes passieren könnte. Es gab bei mir zu Hause weder Freude noch Leichtigkeit. Die Stimmung war bedrückend, als sei das Leben eine einzige Plackerei. Eine traurige Schwere lag in der Luft.«

In ihrer ständigen Not wurde Martha weder vom Vater noch von der Mutter Verständnis, Mitgefühl oder Unterstützung entgegengebracht. Als sie mit sechs Jahren in die Schule mußte, war das eine schreckliche Erfahrung. Ihre Mutter brachte sie in die Schule, und als sie sich umdrehte, um zu gehen, weinte Martha und bat ihre Mutter, sie nicht alleinzulassen. Aber diese ignorierte das Kind und ging trotzdem. Martha sagte, daß sie den ganzen Tag in einer Ecke verbrachte, wo sie ununterbrochen weinte.

Mir fiel auf, daß Martha ihre ganze Kindheit unter einer dunklen, bedrohlichen Wolke verbracht hatte. Da sie durchhalten mußte, war sie gezwungen, sich zusammenzureißen und in die Welt hinauszugehen, denn sie konnte ja ihr Leben nicht unter dem Tisch verbringen. Gleich nach Abschluß der High School heiratete sie einen Mann, den sie nicht liebte. Sie hatte gelernt, zurechtzukommen; wenn sie tat, was man von ihr erwartete, würde sie nicht verletzt werden. Sie würde ein braves kleines Mädchen sein. Ihr Mann war, wie sich herausstellte, ihrem Vater sehr ähnlich, ein zorniger, gewalttätiger Mensch, aber sie wußte, daß sie damit leben konnte.

Eine Therapie beginnen bedeutete für Martha, mehr von ihrem Leben zu wollen, als lediglich durchzuhalten. Das hieß, daß sie ihre Lebenseinstellung grundlegend ändern mußte, was mehr verlangen würde als eine bloße Entscheidung. Da ihre bisherige Einstellung sie in die Lage versetzt hatte durchzuhalten, würde sie das Durchhalten gefährden, wenn sie diese Einstellung aufgab. In ihrer augenblicklichen Situation war ihr Durchhalten nicht wirklich bedroht, wenn sie aber ihre Abwehr fallenließ und sich öffnete, würde das Gefühl von Verletzlichkeit und Bedrohung wachgerufen werden, das sie als Kind gekannt hatte. Trotz ihrer 51 Jahre und ihrer Weltklugheit war sie im Inneren immer noch das ängstliche kleine Mädchen. Sie litt immer noch unter dieser Ängstlichkeit, war bekümmert und unsicher.

Wenn der Weg zur Freude über die Hingabe an das Selbst führt, heißt das auch Hingabe an die eigenen Gefühle. Der erste Schritt im therapeutischen Prozeß besteht darin, die eigene Traurigkeit zu spüren und auszudrücken. Wenn ein Mensch 51 Jahre lang einfach immer nur durchgehalten hat, ist das eine traurige Geschichte. Um diese Traurigkeit auszudrücken, muß er weinen. Martha konnte die Traurigkeit in ihrem Gesicht zwar sehen, dennoch fiel es ihr sehr schwer zu weinen. Während sie auf dem bioenergetischen Hocker lag, den ich im vorigen Kapitel beschrieben habe, konnte Martha die Qual in ihrem Körper spüren. Als ich sie anwies, ihre Stimme zu benutzen und den Ton anzuhalten, weinte sie ein wenig und brachte die Worte hervor: »Oh Gott, oh Gott!«

»Oh Gott!« ist ein menschlicher Hilferuf, der spontan und zutiefst aus dem Herzen kommt. Wenn wir einen Punkt erreichen, wo wir das Gefühl haben, daß der Druck oder der Schmerz einfach unerträglich ist, stoßen wir alle manchmal diese Worte aus. Dieser Schrei ist nicht der eines Menschen, der durchhält und das Gefühl hat, unter keinen Umständen zusammenbrechen zu dürfen. Wir äußern diese Worte vielmehr dann, wenn wir das Gefühl haben, daß »etwas« einfach zuviel ist und wir nicht mehr können. Das Erstaunliche an diesen Worten ist, daß sie leicht zum Weinen führen können, wenn sie gefühlsmäßig geäußert werden. Das Wort »Gott« mit seinen zwei Konsonanten, g und t, vor und nach dem kurzen Vokal ähnelt dem Klang eines Schluchzers. Wenn Menschen in heftiges Weinen ausbrechen und zu schluchzen beginnen, sagen sie oft ganz spontan: »Oh Gott, oh Gott!«

Als Martha diese Worte äußerte, schlug ich ihr vor, Gott zu sagen, was sie empfand. Was immer wir von Gott halten mögen, ob wir ihn als religiöse Gottheit oder als übernatürliche Kraft betrachten, wir können ihm unser Herz ohne Angst vor Demütigung oder Zurückweisung ausschütten. Wenn wir die Erfahrung gemacht haben, daß andere Menschen von unserem Schmerz nichts wissen wollen, ist es leichter, Gott zu sagen, daß ich Kummer habe.
Martha sagte auf meinen Vorschlag hin folgendes: »Du bist gemein. Du bist nicht gut, du liebst mich nicht«, und dann: »Ich weiß nicht, was ich fühle – ich fühle, ich fühle, ich fühle... ich weiß es nicht.« Wenn ein Mensch nicht weiß, was er fühlt, zeigt das, daß er schrecklich verwirrt ist und es ihm an Selbstwahrnehmung und Selbstgefühl mangelt. Unter diesen Umständen muß er sich einfach schlecht fühlen. Ich fragte sie also: »Fühlen Sie sich nicht schrecklich?« »Ja«, antwortete sie, »ich fühle mich schrecklich.« Das war der Ausdruck, den ich gebraucht hatte. Ihre Worte waren: »Ich fühle mich nicht gut. Ich bin nicht glücklich. Ich bin traurig, sehr, sehr traurig.« Aber sie weinte nicht. Statt dessen machte sie die Bemerkung: »Ich kann nicht atmen.«
Anschließend sagte sie noch: »Ich bin auch zornig«. Ihre Stimme klang bei diesen Worten sehr dünn, wie die eines Kindes. Als ich sie darauf hinwies, sagte sie: »Es fällt mir sehr schwer, irgend etwas auszudrücken. Das geht mir mit anderen Menschen auch so. Ich kann nicht sprechen. Ich denke immer noch, Kinder soll man sehen, aber nicht hören können.«
Wenn das Weinen abgewürgt wird, kann man nicht atmen, weil man die einströmende Luft verschluckt. Damit einher geht eine Verengung des Kehlkopfes. Marthas Kehle war stark eingeschnürt, deshalb war ihre Stimme so dünn und kindlich. Diese Einschnürung war die Grundlage für ihre Unfähigkeit, tief und leicht zu atmen.
Im Verlauf einer weiteren Übung wurden ihre Schwierigkeiten zu atmen noch deutlicher. Folgende Übung ist ein zweiter Schritt im Prozeß des Selbstausdrucks: Er beinhaltet Treten, das ein Ausdruck von Protest ist. Treten heißt protestieren. Wir alle haben Gründe zu treten. Wir alle haben das Gefühl, zu Unrecht verletzt worden zu

sein. Wir haben ein Recht darauf zu protestieren, nach dem »Warum« zu fragen und zu treten.
Ich ließ Martha treten, während sie auf dem Bett lag. Die Anweisung lautete, mit ausgestreckten Beinen ziemlich schnell und heftig gegen das Bett zu treten und dabei zu sagen: »Warum?« Von mir ermutigt, trat sie sehr schnell, und ihre Stimme erhob sich zu einem Schrei. Ein paar Minuten lang erlaubte sie sich, wild zu sein. Als der Ausbruch vorbei war, lachte sie und sagte: »Ich fühle mich gut.« Dann kehrte ihre Ängstlichkeit zurück, und sie bemerkte: »Ich habe das Gefühl, wenn ich loslasse und die Kontrolle verliere, verliere ich mein Leben.« Damit erwähnte sie zum ersten Mal, daß sie Angst um ihr Leben hatte. Ich ging auf dieses Problem in dieser Sitzung nicht näher ein, aber mir war klar, daß sie um ihr Leben gefürchtet hatte, seit sie auf der Welt war. Wenn sie hysterisch schrie, würde sie umgebracht werden. Sie würde erwürgt werden. Die Verengung ihrer Kehle war direkter Ausdruck ihrer Angst, erwürgt zu werden. Es war, als hätte ihr jemand mit einer bedrohlichen Geste die Hand an den Hals gelegt.
Die Fähigkeit zu schreien und sich zu behaupten bildet die Grundlage für das Gefühl des Individuums, für die eigenen Belange den Mund aufmachen zu können. Gefangene und Sklaven haben kein Mitspracherecht bei ihren eigenen Angelegenheiten und sind keine freien Menschen. In die gleiche Kategorie können auch Kinder fallen, die so verängstigt wurden, daß sie keinen lauten Ton mehr von sich geben können. Auch wenn sie keine Sklaven sind, lernen solche Kinder, sich zu unterwerfen und still zu sein, um zu überleben. Diese Überlebenstechnik wird bis ins Erwachsenenalter beibehalten und kann erst dann aufgegeben werden, wenn der Mensch die Erfahrung macht, daß er für sein Brüllen und Schreien nicht bestraft wird. Es gibt aber auch Individuen, für die das Herumschreien – ein hysterisches Verhalten – fast ein Lebensstil ist. Ich glaube, daß sich beide Verhaltensmuster in Familien entwickeln, wo Gewalt oder potentielle Gewalt typisch für das Verhalten der Eltern ist. Wenn das Kind nicht völlig verschreckt ist, identifiziert es sich mit den Eltern und übernimmt deren Verhaltensmuster. Fühlt es sich hingegen durch dieses Verhalten bedroht

und verängstigt, zieht es sich innerlich zurück und wird still und nachgiebig.

Kleinkinder reagieren auf jede Not, indem sie schreien. Ihr Schreien ist ein Ruf an die Mutter, die Ursache für das Unbehagen des Kindes zu beseitigen. Alle kleinen Säugetiere schreien nach der Mutter, wenn sie in Not sind. Aber das Schreien des menschlichen Säuglings ist mehr als ein Hilferuf. Er kann selbst dann fortfahren zu schreien, wenn die Mutter auf ihn eingeht. Sein Schreien ist auch nicht ein durchgängiger Ton oder Ruf, der wiederholt wird, sondern ein ständig durchbrochener Klang, der mit dem Rhythmus der Atmung verbunden ist. In dieses Schluchzen brechen auch Erwachsene aus, wenn etwas sie quält. Das Schluchzen kann zwar auch als Hilferuf betrachtet werden, hat aber darüber hinaus noch eine tiefere Bedeutung für Erwachsene und Kinder. Es drückt Traurigkeit oder emotionalen Kummer aus. Traurigkeit empfinden wir auch, wenn die Tränen fließen, aber wenn ein Mensch in ein tiefes Schluchzen ausbricht, kommen oft keine Tränen. Dann wieder können Tränen fließen, ohne daß geschluchzt wird.

Weil Klang und Gefühl so eng zusammenhängen, haben wir gelernt, unsere Stimme zu kontrollieren, um unsere Gefühle nicht zu zeigen. Wir können in einem flachen, emotionslosen Ton sprechen, mit dem wir Gefühle verleugnen oder höher sprechen, das heißt die Stimme heben, um zu verbergen, daß wir niedergeschlagen sind. Die Regulierung unserer Stimme wird vor allem durch die Kontrolle der Atmung bewerkstelligt. Wenn wir frei und voll atmen, gibt unsere Stimme auf natürliche Weise unsere Gefühle wieder. Durch flaches Atmen bleiben wir an der Oberfläche unserer Gefühle und können so die Qualität unseres stimmlichen Ausdrucks kontrollieren. Eine Möglichkeit, den Patienten in Kontakt mit tieferen Gefühlen zu bringen, besteht darin, ihn tiefer atmen zu lassen. Hierfür benutze ich eine ganz einfache Technik. Der Patient liegt auf dem bioenergetischen Hocker und atmet normal. Dann bitte ich ihn, einen Ton von sich zu geben und ihn so lange wie möglich zu halten. Einige geben einen lauten, aber kurzen Ton von sich. Das kann darauf hinweisen, daß sie laut werden möchten, aber nicht können. Andere äußern einen leisen Ton und zeigen damit, daß sie

glauben, sie dürften sich nicht lauter ausdrücken. In beiden Fällen hat der Patient immer noch die Kontrolle. Ich schlage ihnen dann vor, sich die größte Mühe zu geben, den Ton zu halten. Dazu müssen sie die Ausatmung forcieren, und dabei bricht ihre Kontrolle zusammen. Gegen Ende des Tones kann man den Klang eines Weinens, eines Stöhnens oder einen Schrei der Qual hören. Wenn der Patient den Ton forciert, weiten die Vibrationen sich tiefer im Körper aus. Erreichen sie das Becken, kann man hören und sehen, daß der Patient kurz davor ist loszuweinen. Wenn wir die Übung häufig wiederholen und dabei den Patienten ermutigen, dem Klang seines Tones zu lauschen, wird damit oft ein Weinen ausgelöst.
In den meisten Fällen mußte der Patient jedoch angewiesen werden, den Stimmfluß wiederholt zu unterbrechen und dabei Grunztöne von sich zu geben – »uch, uch uch«. Ähnlich wie beim Schluchzen breiten sich auch durch diese Töne Vibrationen im Körper aus. Die meisten Patienten empfinden diese Töne nicht als Schluchzen, obwohl sie das tatsächlich sind, denn sie produzieren automatisch den gleichen Klang. Aber wenn ich sie kontinuierlich anweise, mit diesen Tönen fortzufahren, und vor allem, wenn ich sage, sie sollen schneller werden, werden die Laute unwillkürlich, und der Patient empfindet sie als wirkliches Schluchzen. Das funktioniert ähnlich wie eine Pumpe. Das bewußt eingesetzte Verhalten verwandelt die Bewegung in einen expressiven Akt. Das Wort Gott hat, wenn es hierfür als Laut benutzt wird, eine ähnliche Qualität und kann, wenn es schnell wiederholt wird, ebenfalls in Weinen übergehen.
Weinen heißt, unsere menschliche Natur akzeptieren und damit die Tatsache, daß wir aus unserem irdischen Paradies vertrieben worden sind und im Bewußtsein von Schmerz, Leiden und Kampf leben. Aber wir haben offensichtlich kein Recht, uns zu beschweren; denn da wir die Frucht vom Baum der Erkenntnis gegessen haben, sind wir Gott ähnlich geworden und können zwischen richtig und falsch, gut und böse unterscheiden. Dieses Wissen ist das Kreuz, das wir tragen, das Bewußtsein von uns selbst, das uns unsere Spontaneität und Unschuld raubt. Aber wir tragen dieses Kreuz voller Stolz, denn wir fühlen uns damit als etwas Besonderes – wir *allein* sind Gottes Geschöpfe, selbst wenn *wir* diejenigen sind,

die gegen Gottes erstes Gebot verstoßen haben. Der Mensch hat darüber hinaus noch weiteres Wissen erworben, das ihm heute die Macht verleiht, die Erde, seinen wahren Garten Eden, zu zerstören. Das Selbstbewußtsein des Menschen ist sowohl sein Fluch als auch sein Segen. Ein Fluch, weil es ihm die Freude raubt, die Freude seliger Unschuld. Sein Segen liegt darin, daß es ihm die Möglichkeit erschließt, Freude als Ekstase zu erleben. Ein Tier erfährt Schmerz und Lust, Kummer und Freude, ohne sich dieser Zustände bewußt zu sein. Freude kennen heißt Leiden kennen, auch wenn wir in unserem Leben gerade nicht leiden. Leiden ist das Wissen darum, daß wir nicht nur die Menschen, die wir lieben, sondern auch unser eigenes Leben verlieren werden. Wenn wir uns diesem Wissen verschließen, lehnen wir unsere Menschlichkeit ab und damit die Möglichkeit, Freude zu erleben. Dieses Wissen ist jedoch keine Frage von Worten, sondern von Gefühlen. Wenn wir wissen, daß das menschliche Leben einen tragischen Aspekt hat und das Leiden unvermeidlich ist, können wir eine Freude erleben, die transzendenter Natur ist. Wir haben und werden Verletzungen erfahren, aber uns wird auch Liebe und Achtung entgegengebracht – Achtung dafür, ein vollständiges menschliches Wesen zu sein.

Um das Leben als ganzer Mensch leben zu können, müssen wir frei und tief weinen können. Wenn wir so weinen können, ist in unserem Weinen weder Verwirrung noch Verzweiflung oder Qual. Unsere Tränen und Schluchzer reinigen uns und erneuern unseren Lebensgeist, so daß wir uns wieder freuen können. William James schreibt: »Die Steinmauer in seinem Inneren ist gefallen, die Härte in seinem Herzen ist zusammengebrochen... Dann ist es nämlich, als brächen unsere Tränen durch einen harten inneren Damm hindurch... und ließen uns dann auf diese Weise gereinigt und mit weichem Herzen und offen für jeden nobleren Antrieb zurück.«[1]

Aber Weinen bewirkt keine Wunder. So groß ist die Veränderung nicht, wenn wir uns einmal richtig ausweinen. Vielmehr geht es darum, frei und leicht weinen zu können. Ich bin im Laufe meiner Therapie bei Reich zweimal zusammengebrochen, und jedes Mal schien ein Wunder zu geschehen. Aber dieses Weinen, so tief es auch ging, wurde durch äußeren Druck ausgelöst. Wenn andere

Probleme aufkamen, biß ich die Zähne zusammen und machte mich so bereit, sie zu bekämpfen. Ich war nahe am Versagen gewesen, aber am Ende versagte ich doch nicht. Ich wußte, daß ich nicht leicht weinen konnte. Im Laufe meiner Arbeit mit Pierrakos bat ich diesen einmal, Druck auf meine Kiefer auszuüben. Während ich auf dem Bett lag, schob Pierrakos seine beiden Fäuste seitlich gegen meine Kiefer. Das tat weh, aber ich weinte nicht. Während er weiter zudrückte, sagte ich spontan: »Lieber Gott, bitte laß mich weinen!«, und brach in tiefes Schluchzen aus. Als ich aufstand, erzählte Pierrakos mir, daß mein Kopf von einem strahlenden Lichtschein umgeben sei.

Aber selbst dieses Erlebnis, so großartig es war, reichte nicht aus. Ziel der Therapie war nicht, mich zum Weinen zu bringen – das Weinen zu fördern, was manchmal sein muß –, sondern wieder frei und leicht weinen zu können. Dazu kam es viele Jahre später, als ich mit Patienten zu arbeiten begann, um ihnen beim Weinen zu helfen. Wenn ich, während ich auf dem Hocker lag, einen Ton lange genug anhielt, brach ich in schluchzende Laute aus, mit denen ich mich identifizieren und denen ich mich hingeben konnte. Um bei dieser Hingabe bleiben und sie halten zu können, trotz des Drucks meiner Persönlichkeit, die entschlossen ist, nicht nachzugeben, muß ich regelmäßig weinen. In manchen Zeiten habe ich jeden Tag geweint. Wenn mich dann jemand fragte: »Worüber bist du traurig?«, antwortete ich immer: »Über mich, über dich und den Rest der Welt.« Menschen, die mir tief in die Augen schauen, berichten, daß sie dort eine Traurigkeit sehen. Sie stammt aus der Zeit, als ich neun Monate alt war und meine Glückseligkeit verlor. Aber meine Augen können immer noch aufleuchten, wenn ich mit einem anderen Menschen herzlichen Augenkontakt habe.

Wenn Patienten mir erzählen, sie hätten genug geweint, weise ich sie darauf hin, daß das Weinen wie der Regen ist, der vom Himmel fällt und die Erde fruchtbar macht. Dürfen wir da jemals sagen: »Genug Regen, wir brauchen nicht mehr«? Vielleicht brauchen wir keinen Wolkenbruch, aber wir benötigen mit Sicherheit regelmäßig einen sanften Regen, damit unser Planet grün und unsere Seele rein bleibt.

Sowohl Traurigkeit als auch Freude werden durch Empfindungen im Bauch hervorgerufen. Im vorigen Kapitel haben wir darauf hingewiesen, daß der Orgasmusreflex ausgelöst wird, wenn die Atemwelle ungehindert in das Becken fließt. Diese Hingabe an den Körper beinhaltet ein Gefühl von Freiheit und Erregung, das Freude erzeugt. Bei Angst, loszulassen und sich der sexuellen Erregung hinzugeben, wird die Welle blockiert, so daß sie das Becken nicht erreicht. Diese Angst und der entsprechende Verlust an Freiheit rufen ein Gefühl von Traurigkeit hervor. Kann diese Traurigkeit im Weinen Ausdruck finden, wird die Spannung abgebaut, wodurch das Gefühl von Freiheit, Ganzheit und Wohlbefinden im Körper wieder hergestellt wird. Daß der Bauch sowohl bei Traurigkeit als auch bei Freude beteiligt ist, spiegelt sich in den Redewendungen »aus dem Bauch heraus weinen« oder »aus dem Bauch heraus lachen« wider. Beides führt dazu, daß der Mensch sich gut fühlt. Das Individuum, das bis in seinen Bauch atmen und aus einem tiefen Gefühl heraus weinen oder lachen kann, fühlt sich wohl in seiner Haut und braucht keine Therapie.

Wenn Weinen und Lachen sich als energetische und konvulsive Muster gleichen, wieso können wir uns dann durch Lachen nicht ebenso wie durch Weinen heilen, wie Norman Cousins es tat? Beide Ausdrucksformen haben eine kathartische Wirkung und dienen der Spannungsabfuhr. Aber einen Menschen durch Lachen von seiner Traurigkeit oder Verzweiflung befreien zu wollen, ist ein unwirksames und sinnloses Unterfangen. Vielleicht enthebt es ihn vorübergehend seiner Traurigkeit, aber er wird sofort in sie zurückverfallen, wenn er aufhört zu lachen. Es fällt uns sehr viel leichter zu lachen als zu weinen. Wir erleben schon früh im Leben, daß Menschen sich durch Lachen näherkommen, während wir mit unserem Weinen andere vertreiben. »Wenn du lachst, lacht die Welt mit dir«, lautet ein altes Sprichwort. Vielen von uns fällt es schwer, auf einen weinenden Menschen einzugehen, denn er bringt uns in Berührung mit unserem eigenen Schmerz und unserer eigenen Traurigkeit, die wir zu leugnen versuchen. Aber auf Freunde, die nur in guten Zeiten zu uns halten, ist kein Verlaß. Ein wahrer Freund ist jemand, dem wir unseren Schmerz anver-

trauen können und der damit umgehen kann, weil er seinen eigenen Schmerz und Kummer akzeptiert hat.
Viele Menschen verstecken sich hinter ihrem Lachen. Vielleicht hilft das Lachen ihnen, in einer Krise nicht den Lebensmut zu verlieren, aber es kommt nicht tief aus dem Bauch, wo wirkliche Freude aufsteigt. Im Verlauf der Arbeit mit der Stimme, wie sie oben beschrieben wurde, bricht der Patient, statt zu weinen, manchmal in Lachen aus. Es gibt jedoch in dieser Situation keinen Grund zum Lachen. Der Patient macht eine Therapie, weil er in seinem Leben ernste Probleme hat und es ihm schwerfällt – wie er zugibt –, sich ihnen zu stellen. In dieser Situation muß das Lachen als Widerstand gegen die Hingabe betrachtet werden, als Verleugnung der Realität der eigenen Gefühle. Wenn ich den Patienten darauf hinweise, entgegnet er: »Aber ich bin nicht traurig.« Statt ihn mit seinem Widerstand zu konfrontieren, schließe ich mich ihm an, lache mit ihm und ermutige ihn, noch lauter zu lachen. Wenn das Lachen stärker wird, bricht der Patient in den meisten Fällen in Schluchzen aus und spürt die Traurigkeit, die unter der Oberfläche seines Bewußtseins verborgen liegt. Ein Mensch, der so geweint hat, fühlt sich hinterher sehr erleichtert und befreit.
Frauen fällt es leichter zu weinen, das heißt zu schluchzen, als Männern. Ich glaube, das ist ein gesellschaftliches Phänomen, da Männern oder Jungen eingeredet wird, sie müßten sich für ihr Weinen schämen. Aber die Fähigkeit von Frauen zu weinen hängt auch mit ihrer Körperstruktur zusammen, die im allgemeinen weicher ist als die des Mannes. Man kann generell sagen, daß der männliche Körper rigider ist. Männer brechen nicht so leicht zusammen. Ist diese Rigidität unbewußt und beruht auf einer Charakterhaltung, führt sie dazu, daß das Individuum nicht auf das Leben eingehen kann und stellt damit einen Verlust an Spontaneität und Vitalität dar. Tote Männer weinen nicht. Meiner Meinung nach leben Frauen länger, weil sie weicher sind. Ich glaube, daß Männer, die weinen können, ebenfalls länger leben. Weinen schützt das Herz.[2] Nur so können wir uns vom Schmerz des Liebeskummers befreien und über einen Liebesverlust hinwegkommen. Das Leben

ist ein fließender Prozeß, der beim Tode völlig und bei verschiedenen Formen von Rigidität, das heißt bei Spannungszuständen, teilweise zum Stillstand kommt. Wenn wir weinen, tauen wir auf. Die konvulsiven Schluchzer beim Weinen sind wie ein Aufbrechen des Eises bei der Schneeschmelze im Frühjahr. Sie bewirken, daß die Tränen fließen.

Die meisten von uns sind jedoch zu tief und zu heftig verletzt worden. Wir tragen zuviel Schmerz in unserem Körper, um uns dem Selbst hingeben zu können. Unsere Traurigkeit grenzt an Verzweiflung, und diese müssen wir verleugnen, um durchhalten zu können. Unsere Angst ist vielleicht so lähmend, daß wir nur funktionieren, wenn wir sie verdrängen und verleugnen. Wir schneiden uns vom Fühlen ab, indem wir den Körper verspannen und nicht richtig durchatmen. Aber damit nehmen wir uns auch die Möglichkeit, Freude zu empfinden. Um meinen Patienten zu helfen, weise ich sie darauf hin, daß die Verzweiflung nicht aus der Gegenwart, sondern aus der Vergangenheit stammt. Die Angst beruht nicht auf einer gegenwärtigen Bedrohung, sondern einer früheren. Es stimmt, daß das Gefühl von Verzweiflung und Angst präsent ist, aber nur, weil wir die Vergangenheit in unserem Körper gespeichert haben. Sie lebt fort in den Verspannungen. Wenn wir diese lösen, können wir uns auch von der Vergangenheit befreien.

Aber wir können uns von dieser Spannung nur befreien, wenn wir das Gefühl ausdrücken, das in ihr gebunden ist. Entspannungstechniken helfen nur vorübergehend. Sobald eine Lebenssituation auftaucht, die das blockierte Gefühl wachrufen könnte, zieht die Muskulatur sich erneut zusammen, um festzuhalten. Aber die Entladung des Gefühls in einem hysterischen Ausbruch führt, auch wenn dieser kathartisch ist, nicht zu einer anhaltenden Befreiung. Wenn wir unseren Patienten helfen wollen, frei zu werden, müssen wir die Dynamik des Selbstausdrucks verstehen. Das Ich ist integraler Bestandteil des Selbstausdrucks. Soll ein Gefühlsausdruck das Selbst bestätigen, müssen Geist und Körper dabei immer zusammenwirken. Deswegen hat Weinen oder sogar Schreien keine therapeutische Wirkung, solange wir nicht wissen, warum wir weinen und nicht darüber sprechen können. Ich habe Patienten erlebt, die

beim Atmen auf dem Hocker ins Weinen geraten und dann zu mir sagen: »Ich weiß nicht, worüber ich weine.«
Wenn Laute Gefühle vermitteln, drücken Worte das Bild oder die Idee aus, die dem Gefühl Bedeutung verleihen. Die bioenergetische Analyse ist eine therapeutische Technik, die Geist und Körper anspricht sowie mit Gefühlen und Ideen, Tönen und Worten arbeitet. Die meisten Patienten sagen oft und wiederholt »Oh Gott!«, wenn sie sich einem tiefen Weinen überlassen. Diese beiden Worte werden oft spontan geäußert und sind eine unwillkürliche dringende Bitte um Hilfe, denn das Individuum leidet unter irgendeiner Not. Wenn das Weinen ein Hilferuf ist, tragen Worte diesen Ruf auf der erwachsenen Ebene nach außen. Drückt ein Mensch ein Gefühl sowohl durch Worte als auch durch Töne oder Handlungen aus, ist sein Ich mit dem Gefühl identifiziert. Oft weint ein Patient im Verlauf einer kathartischen Entladung spontan los und sagt dann: »Ich habe mich wohl weinen hören, aber hatte keinen Bezug dazu«. Wenn wir das Gefühl in Worte kleiden, hilft uns das, diesen Bezug herzustellen.
Wenn Menschen beim Weinen »Oh Gott!« sagen, schlage ich ihnen vor, Gott zu erzählen, was sie fühlen. Manche sagen: »Ich fühle gar nichts.« oder »Ich weiß nicht, was ich fühle.« In diesem Fall frage ich den Patienten vielleicht: »Sind Sie traurig?« »Ja«, lautet die Antwort. »Nun, dann erzählen Sie Gott, daß Sie traurig sind.« Dann sagen sie: »Ich bin traurig.« Da diese Worte oft flach klingen, frage ich sie wiederum: »Wie traurig?« Und sie antworten immer: »Sehr traurig.« Und das ist die Wahrheit ihres Selbst. Wenn ich ihnen helfen kann, die Worte mit Gefühl zu äußern, geht ihr Weinen tiefer. Einige Patienten öffnen sich leicht und sagen: »Ich bin verletzt, es tut so weh.« oder kleiden die Bilder und Vorstellungen, die mit ihrer Traurigkeit und ihrem Weinen einhergehen, in andere Worte. Je besser sie mit Worten ausdrücken können, worüber sie weinen, desto integrierter sind sie. Geist und Körper arbeiten dann zusammen, um ihnen ein stärkeres Selbstgefühl zu vermitteln.
Manchmal erhalte ich eine sehr negative Reaktion, wenn ich Patienten vorschlage, von Gott zu erzählen und was sie fühlen. Eine Patientin sagte zornig: »Rutsch mir den Buckel runter, Gott. Du

warst nie für mich da. Ich war dir immer egal. Ich hasse dich.« Diese Frau war in einer religiösen Familie aufgewachsen und hatte eine konfessionelle Schule besucht. Als ich versuchte, ihre Gefühle zu hinterfragen, sagte sie, so habe sie sich gefühlt und das sei sie nun einmal. Ihr Vater habe ein perverses Verhältnis zu Frauen und zur Sexualität gehabt. Er hatte an meiner Patientin sexuelles Interesse gezeigt und sie verführerisch berührt und angeschaut. Und gleichzeitig hatte er sämtliche Frauen für Huren gehalten. Er äußerte sich negativ und demütigend über jede Form des sexuellen Ausdrucks, aber gleichzeitig erzählte er bei Tisch schmutzige Witze. Er erwartete von seiner Tochter, daß sie ein Engel sei, hielt sie aber für eine Hure. Durch ihre Bemerkungen über Gott konnte meine Patientin die Scheinheiligkeit in ihrer Familie deutlicher spüren und fühlen, wie diese die Bitterkeit und den Ekel ausgelöst hatte, die sie in bezug auf Männer empfand.
Gott repräsentierte ihren Vater, was darauf hinweist, daß sie, bevor sich im Alter von drei oder vier Jahren das Gefühl in ihr festsetzte, etwas Besseres zu sein, ihren Vater angebetet hatte, wie die meisten kleinen Mädchen es tun. Die späteren Erfahrungen mit ihm empfand sie als Verrat an ihrer Liebe. Ihre Wut auf ihn war mit Worten nicht auszudrücken. Sie war geradezu mörderisch, denn die Patientin hatte das Gefühl, daß ihr Lebensgeist getötet worden war. All diese Gefühle projizierte sie auf mich als Gott, den Therapeuten, Ersatzvater und Mann. Ich werde auf die Themen Widerstand und Übertragung, die für jede Therapie von entscheidender Bedeutung sind, in späteren Kapiteln eingehen. Auf jeden Fall können wir diesen Themen nur mit Worten beikommen. Aber wenn diese Worte irgendeinen Wert haben sollen, muß der Patient mit seinen Gefühlen in Kontakt sein. Ein Patient, der seine Traurigkeit nicht empfindet und nicht weinen kann, kann mit Worten nicht erreicht werden.
Ein Grund dafür, daß wir uns in der bioenergetischen Analyse auf den Körper konzentrieren, ist, daß Worte allein selten die Kraft haben, verdrängte Gefühle wachzurufen. Die Verdrängung von Gefühlen ist das Werk des Ich, das unser Handeln und unser Verhalten beobachtet, zensiert und kontrolliert. Worte sind seine Stim-

me, so wie Töne die Stimme des Körpers sind. Mit Worten können wir uns verstellen, was mit Tönen schwierig ist. Man kann am falschen Klang hören, wenn Töne nicht wirklich ein Gefühl ausdrücken. In der bioenergetischen Analyse gilt der Grundsatz, daß der Körper nicht lügt. Leider sind die meisten Menschen blind für den Ausdruck des Körpers, da ihnen bereits in jungen Jahren beigebracht wurde, eher Worten als den eigenen Sinneswahrnehmungen zu glauben. Aber einige kleine Kinder bewahren sich die Unschuld, dem zu vertrauen, was sie sehen. Die Moral, daß nur der Unschuldige die Wahrheit sehen kann, wird deutlich in der Geschichte *Des Kaisers neue Kleider*. Kinder haben noch nicht die Kunst des Verstellens gelernt, bei der wir mit Worten spielen, um unsere wahren Gefühle zu verbergen. Ich werde niemals den Mann vergessen, der mich in den ersten Jahren meiner therapeutischen Arbeit aufsuchte und sagte: »Ich weiß, daß ich in meine Mutter verliebt war.« Es war, als wollte er damit sagen: »Mal sehen, Herr Doktor, ob Sie mir etwas Neues erzählen können.« Ich nahm die Herausforderung nicht an, und sein Vorhaben, eine Therapie zu machen, wurde nie in die Tat umgesetzt. Ich hätte sagen sollen: »Was Sie nicht wissen, ist, wie krank Sie tatsächlich sind.«

Die gleiche Blindheit zeigen Menschen, die auf meinen Hinweis, daß sie weinen müssen, antworten: »Es fällt mir nicht schwer zu weinen. Ich habe viel geweint.« Der zweite Teil der Antwort mag stimmen, der erste jedoch nicht. Ihre Schwierigkeit liegt in ihrer Unfähigkeit, so tief zu weinen, daß sie bis zum Grunde ihrer Traurigkeit gelangen. Ihr Weinen ist, als würde Wasser über den Damm fließen, ohne daß ihr Tränensee sich jemals leert. Die Tatsache, daß sie Hilfe brauchen, um im Leben zurechtzukommen, weist darauf hin, daß sie in Not sind und es ihnen an Freude mangelt. Das ist ein Grund zum Weinen. Vielen Menschen wird in ihrer Kindheit beigebracht, daß Weinen nur dann akzeptabel ist, wenn sie am Boden zerstört sind, nicht wenn man sie verletzt und sie Schmerzen haben. Kindern, die weinten, wenn man sie schlug, wurde gesagt: »Hör auf damit, oder ich gebe dir wirklich einen Grund zu weinen.« Und manchmal wurden Kinder doppelt bestraft, damit sie aufhörten zu weinen. Wie wir alle wissen, wird Kindern eingeredet, sie müß-

ten sich schämen, wenn sie weinen. Kleine Jungens weinen nicht, nur Mädchen tun das. Und bei Erwachsenen wird Weinen generell mißbilligt. Man muß tapfer sein. Weinen ist ein Zeichen von Schwäche und so weiter. Ich habe festgestellt, daß die Fähigkeit zu weinen ein Zeichen von Stärke ist, und daß Frauen deswegen das stärkere Geschlecht sind, weil sie leichter weinen können als Männer.
Wenn ein Mensch weint, ist jeder Schluchzer wie ein Pulsschlag des Lebens, der durch seinen Körper läuft, was man tatsächlich sehen kann. Erreicht dieser Pulsschlag das Becken, bewirkt er, daß dieses sich auf die Art und Weise vorschiebt, wie ich es an früherer Stelle bereits erwähnt habe. Der Weinende kann tatsächlich spüren, wie der Pulsschlag auf den Beckenboden trifft, nachdem er den inneren Tunnel des Körpers passiert hat. Das ist ein wirklich tiefes Loslassen. So ein tiefes Weinen ist ebenso selten wie ein entsprechend tiefes Atmen. Es gibt jedoch noch eine andere Dimension des Weinens, die den Umfang der Welle betrifft und sich in Lautstärke oder Fülle der Töne äußert, die wir von uns geben. Ein voller Ton bedeutet, daß Mund, Kehle, Brustkorb und Unterleib weit geöffnet sind. Der Umfang der Öffnung bestimmt, wie offen wir für das Leben sind: es aufnehmen und wieder herauslassen. Wenn wir von einem Patienten sagen, daß er in sich verschlossen ist, dann ist das eine konkrete Beschreibung seines körperlichen Zustands. Vielleicht sind die Lippen zusammengekniffen, die Kiefer verspannt, die Kehle zugeschnürt, der Brustkorb rigide, der Bauch flach und das Gesäß eingezogen. Bei einem solchen Menschen sind auch die Augen verengt.
Therapie ist der Prozeß, sich dem Leben zu öffnen. Das Öffnen ist ein physischer Vorgang. Es spiegelt sich wider in strahlenden Augen, einem herzlichen Lächeln, anmutigen Umgangsformen und einem offenen Herzen. Aber wenn wir unser Herz öffnen, ohne die Durchgänge zu öffnen, durch die Liebesgefühle in die Welt hinausfließen können, ist das eine leere Geste. Das ist, als würden wir den Safe in der Safekammer öffnen, die Tür zur Safekammer jedoch verschlossen halten.
Ich beginne das therapeutische Programm immer damit, daß ich dem Menschen helfe, seine Stimme zu klären, damit er laut spre-

chen kann, und seine Augen zu öffnen, damit er sehen kann, bevor er sein Herz öffnet. Aber dieser Prozeß, sich zu öffnen, verläuft weder schnell noch leicht. Er ähnelt dem Laufenlernen. Mit jedem Schritt, den der Patient macht, prüft er den Boden. Er muß lernen, zunächst sich selbst und dann dem Leben wieder zu vertrauen. Und wie das Kind, das hinfällt, aber aufsteht und es erneut probiert, wird auch der Patient hinfallen. Er wird seine Angst und seine Ohnmacht spüren, aber er wird auch wachsen, und damit nehmen auch sein Glaube, seine Zuversicht, seine Weisheit und seine Freude zu.
Tiefes Weinen kann zu einem Durchbruch führen, der uns befreit, so daß wir tiefe Freude empfinden. Solche Durchbrüche sind wie Wolkenfenster – kein sicheres Zeichen dafür, daß der Sturm vorbei ist. Aber jeder Durchbruch macht uns stärker, so daß wir offener werden für das Leben, und uns dem Körper besser hingeben können.
Im nächsten Kapitel werde ich die Widerstände gegen Hingabe besprechen. Sie sind enorm und tief in der Persönlichkeit verankert. Und wir können sie nicht aufgeben, wenn wir nicht verstehen, daß wir sie entwickelt haben, um zu überleben.

4. Widerstand gegen das Weinen

Menschen kommen in die Therapie, weil sie einige Aspekte ihres Verhaltens und ihres Charakters ändern müssen. Auf der bewußten Ebene wollen sie sich auch ändern, aber gleichzeitig sträuben sie sich dagegen. Dieser Widerstand entsteht vor allem aus ihrem Wunsch, den Änderungsprozeß unter Kontrolle zu haben. Wenn sie sich dem therapeutischen Prozeß anvertrauen, müssen sie diese Kontrolle jedoch aufgeben, und das – so glaubt der Patient – bedeutet, sich dem Therapeuten zu unterwerfen. Dadurch kommt im Patienten ein Gefühl von Wehrlosigkeit auf sowie die Vorstellung, wie damals in seiner Familie als hilfloses Kind mißverstanden und mißbraucht zu werden. Auf diesem Hintergrund betrachtet der Patient den Therapeuten als einen Menschen, der Macht über ihn hat, eine Macht, der er sich widersetzen muß, um seine eigene Integrität zu wahren. So wird die Therapie oft zum reinen Machtkampf, bei dem der Patient in Wirklichkeit dagegen ankämpft, sich hinzugeben.
Bei der traditionellen Psychoanalyse sieht der Analytiker seine Rolle darin, eine leere Leinwand zu sein, auf die der Patient seine Gedanken und Gefühle projiziert, in der Hoffnung, sie wahrnehmen und begreifen zu können. Ich glaube nicht, daß dieses Vorgehen tiefe und bedeutsame Veränderungen bewirkt. Die Probleme und Ängste des Patienten sind zu umfassend, als daß er damit allein zurechtkäme. Er braucht einen Begleiter, wenn er bei seiner Reise zur Selbstentdeckung in die Hölle des Unbewußten hinabsteigt. Aber ein guter Begleiter können wir nur dann sein, wenn wir dieses bedrohliche Gelände selbst durchquert und gelernt haben, den Weg hinaus zu finden. Leider sind die meisten Patienten nicht imstande, die therapeutische Kompetenz zu beurteilen, und fallen in die Hände von Menschen, die ihre eigenen Probleme mit Macht und Hingabe nicht bearbeitet haben. Wenn wir einen therapeutischen Wegbegleiter wählen, müssen wir uns von ihm führen lassen. Die Be-

kämpfung dieser Führung ist ein sinnloses Unterfangen, sie in Frage zu stellen hingegen positiv. Und trotzdem sind Widerstände unvermeidbar.

Die Vorstellung, sich hinzugeben, macht den meisten Menschen Angst. Loslassen oder sich dem Körper und dem Selbst überlassen scheint schon eher akzeptabel zu sein, aber die meisten Menschen wissen nicht, was das wirklich heißt; in der Praxis erweist es sich als ebenso angsterregend. Um zu überleben, haben wir neurotische Verhaltensmuster entwickelt, und selbst wenn diese sich im Erwachsenenleben als unproduktiv erweisen, halten wir daran fest, als ginge es um unser Leben. Außerdem haben diese Verhaltensmuster sich uns so tief eingeprägt, daß wir sie als Teil unseres Wesens erleben. Sie sind uns tatsächlich zur zweiten Natur geworden. Die erste war die des Kindes, das unschuldig und offen ist, aber sie ging uns scheinbar unwiederbringlich verloren. Als Erwachsene haben wir so lange mit dieser zweiten Natur gelebt, daß sie uns so vertraut ist wie ein Paar alter Schuhe. Wenn ein Mensch jedoch eine Therapie anfängt, gibt er stillschweigend zu, daß seine zweite Natur in wichtigen Bereichen versagt hat. Das bedeutet aber nicht, daß der Patient bereit ist, sie aufzugeben. Er möchte sich am liebsten dahingehend ändern, daß sein Charakter oder seine zweite Natur erfolgreicher funktioniert. Er zeigt sich aufgeschlossen, wenn es darum geht zu lernen, wie er mit dem Leben besser fertig wird, aber er ist nicht darauf vorbereitet, seine Überlebensstrategie aufzugeben.

Diese Haltung des Patienten ist als Widerstand bekannt. Manchmal zeigt sie sich bereits in den Anfangsstadien der Therapie, wenn der Patient dem Therapeuten sein Mißtrauen ausspricht oder dessen Kompetenz in Frage stellt. Ich persönlich begrüße es, wenn ein Patient sein Mißtrauen offen äußert. Da er als Kind von den Menschen, denen er vertraute, verletzt wurde, wäre er naiv, wenn er sein Vertrauen einem Fremden schenkte, von dem er wenig weiß. Diplome oder ein hoher Bekanntheitsgrad sind keine Garantie für therapeutische Kompetenz. Kein Therapeut ist in der Lage, einen Patienten mehr zu verändern, als dieser sich selbst ändern kann. Die therapeutische Veränderung ist ein Wachstums- und Integrationsprozeß, der auf dem beruht, was der Patient im Verlauf der Therapie lernt und erlebt. Diesen Prozeß kann der Patient selbst am besten beurteilen. Leider trauen die meisten Patienten ihren eigenen Wahrnehmungen und Gefühlen nicht, was Teil ihres Charakterproblems ist. Und da sie leiden, sind viele bereit, die Kontrolle an den Therapeuten abzugeben, in der Illusion, er könne sie verändern. Die Hingabe, von der ich spreche, gilt dem Selbst, nicht einer anderen Person. Der Patient folgt den Vorschlägen des Therapeuten, aber das heißt nicht, daß er sich ihm unterwirft.

Der therapeutische Prozeß beginnt mit der ersten Beratung. Wir sitzen uns gegenüber, und der Patient erzählt mir von sich, seinen Problemen und seinem persönlichen Hintergrund. Während er spricht, habe ich Gelegenheit, ihn zu studieren, das heißt, seine Haltung, den Tonfall seiner Stimme sowie den Ausdruck seines Gesichts und seiner Augen wahrzunehmen. Auf der Suche nach Informationen, die seine Schwierigkeiten erklären könnten, frage ich ihn nach seiner augenblicklichen Lebenssituation und seiner Kindheit. Ich erkundige mich danach, wie er seinen Körper erlebt, welche Muskelverspannungen ihm bewußt sind und an welchen Schmerzen oder Krankheiten er gelitten hat. Dann erkläre ich die Verbindung von Körper und Geist, wobei ich die funktionelle Identität des Physischen und Psychischen besonders hervorhebe. Viele von denen, die mich aufsuchen, sind mit dieser Betrachtungsweise bereits in irgendeiner Form vertraut, da sie meine Bücher gelesen, selbst Erfahrungen damit gemacht oder von anderen Therapeuten davon gehört haben. Wenn der Patient darauf eingestellt und entsprechend gekleidet ist, schaue ich mir dann seinen Körper an, um zu sehen, wie und wo er verspannt ist. Meistens steht der Patient dabei vor einem Spiegel, so daß ich zeigen und erklären kann, was ich sehe. Es ist wichtig für den Patienten zu verstehen, daß der Körper sich verändern muß, wenn der Mensch sich ändern soll. Vor allem die Verspannungen, auf die während dieser Untersuchung hingewiesen wird, müssen erkannt und gelöst werden, wenn der Mensch frei werden soll. Um diese Verspannungen abzubauen, muß der einzelne spüren, welche Behinderung sie darstellen. Es muß verstehen, wie sie sein augenblickliches Verhalten bestimmen, und warum und wie sie entstanden sind. Und schließlich müssen die Impulse, die durch die Spannungen blockiert werden, zum Ausdruck gebracht werden. An diesem Punkt ist von Hingabe nicht die Rede. Wir konzentrieren uns auf das Wahrnehmen und Verstehen. Das Individuum fördert seine Identität mit seinem Körper.

Folgendes Beispiel macht deutlich, wie wichtig es ist, die Probleme und die Verzweiflung des Patienten in ihrer ganzen Tiefe zu verstehen. Mary war eine junge Frau, die ich kennenlernte, als sie an einem Workshop für Therapeuten teilnahm. Als ich mir ihren Körper anschaute, sah ich eine starke Kontraktion im Bereich der Taille, durch die ihr Körper funktionell in zwei Hälften gespalten wurde. Das heißt, die Erregungswelle, die die Einatmung begleitet, drang nicht bis in die untere Körperhälfte vor. Diese Spaltung hatte zwei wichtige Auswirkungen auf ihre Persönlichkeit. Zum einen waren die Empfindungen ihres Herzens, die im Brustkorb angesiedelt sind, nicht mit ihren sexuellen Gefühlen, die im Becken lagern, verbunden. Diese Störung stellte eine starke Beeinträchtigung ihrer Beziehung zu Männern dar. Zweitens ließ sich an ihrem Körper ein Gefühl von tiefer Verunsicherung ablesen, das von mangelnder Empfindungsfähigkeit in der unteren Körperhälfte herrührte, die somit nicht als solide Basis funktionieren konnte. Ich wies Mary auf all das hin und ließ sie wissen, daß ihr Zustand sich verändern könnte, wenn sie ihre Probleme im Rahmen einer bioenergetischen Analyse, das heißt, sowohl psychisch als auch körperlich bearbeitete. Später begann Mary eine Therapie bei mir, weil ich, wie sie sagte, der einzige Therapeut sei, der ihr Problem in seiner ganzen Tiefe verstanden habe. Andere, mit denen sie therapeutisch gearbeitet habe, hätten sie nur als ausgeglichen, kompetent und erfolgreich wahrgenommen. Sie war selbst eine recht fähige Therapeutin mit einer gutgehenden Praxis und lebte mit ihrem Mann in einer scheinbar zufriedenstellenden Beziehung. Das Verhältnis zwischen den beiden war aber nur deswegen gut, weil sie immer nachgab. Sie konnte den äußeren Schein großartig wahren, so daß andere darauf hereinfielen. Sie aber geriet dadurch in Verwirrung. So viele Individuen wirken auf den ersten Blick ganz normal, aber wenn wir ihren Körper gründlich betrachten, erkennen wir, wie es eigentlich um sie bestellt ist. Der Körper lügt nicht, aber wenn wir seine Wahrheit erfahren wollen, müssen wir lesen können, was er uns zu sagen hat.

Mary arbeitete mehrere Jahre mit mir. Ich werde über ihren Fall in einem späteren Kapitel noch ausführlicher berichten. Als sie gefestigter wurde und ein stärkeres Selbstgefühl entwickelte, verließ sie ihren Mann und erlebte zum ersten Mal in ihrem Erwachsenenleben Freude.

Nicht jeder Patient, der mich konsultiert, will die Wahrheit über sich erfahren. Einige narzißtische Individuen verschließen sich dieser Wahrheit, aber sie sind selten. Natürlich kann ich nicht mit ihnen arbeiten. Ich erwarte nicht, daß sie akzeptieren, was ich erkannt habe, wohl aber, daß sie es sich unvoreingenommen anhören. Sie werden die Wahrheit erleben, wenn sie auf der körperlichen Ebene Erfahrungen mit sich machen. Zu Beginn ist es jedoch wichtig, daß der Therapeut eine gute Beziehung zum Patienten aufbaut. Die beste Basis dafür ist, daß der Patient das Gefühl hat, verstanden und als jemand angesehen zu werden, der sich bemüht, Erfüllung im Leben zu finden. Sein ganzes Leben lang hat man ihm gesagt, er müsse sich mehr anstrengen und dies oder das an sich ändern, um sich wohl zu fühlen. Wurde seine Angst sichtbar, erklärte man ihm, er könne sie überwinden. Er hat immer geglaubt, seine Schwierigkeiten existierten nur in seiner Einbildung. Jetzt erlebt er, daß sie auch in seinem Körper sind und daß die integrierte Arbeit mit Körper und Geist wirkungsvoller sein kann als eine rein verbale Therapie. Die Atem- und Ausdrucksübungen, die ich ihm zeige, haben eine sehr positive Wirkung auf ihn. Er bekommt dadurch mehr Energie, und seine Lebensgeister werden geweckt. Auch wenn diese anfänglichen Erfahrungen nicht zu wesentlichen Veränderungen in der Persönlichkeit des Patienten führen, sind sie doch wichtig. Sie tragen nämlich dazu bei, eine positive Beziehung zwischen uns aufzubauen und eine solide Verständnisbasis zu schaffen, die uns bei der schweren Aufgabe unterstützt, den Patienten von seinen Schwierigkeiten zu befreien.

Meistens beginne ich die Körperarbeit damit, daß ich den Patienten anweise, sich auf den bioenergetischen Hocker zu legen und zu atmen. Dabei kann ich die Atmung beobachten und die Qualität der Atemwelle einschätzen. Diese Position ist etwas anstrengend und zwingt den Patienten, wirklich tiefer zu atmen. Kein Patient atmet so voll oder so frei, wie es sein sollte. Damit der Atem tiefer geht, bitte ich den Patienten, einen lauten Ton von sich zu geben und ihn so lange wie möglich zu halten. Fast immer ist der Ton zu kurz und zu flach. Man hält den Atem an, um dem Körper und seinen Gefühlen nicht nachzugeben. Das geschieht unbewußt. Am Anfang glaubt der Patient meistens, wenn er sich anstrenge, könne er länger ausatmen und den Ton entsprechend halten. Ich ermutige ihn bei seinem Versuch, den Ton länger zu halten, denn dadurch kann die Atemwelle bis zum Bauch vordringen, wo die Gefühle sitzen. Wird der Ton lange genug gehalten, vernimmt man meistens eine unterschwellige Traurigkeit in der Stimme des Patienten. Manchmal versagt ihm die Stimme, und er stößt ein paar schluchzende Laute aus. Gelegentlich bricht der Patient auch in ein tiefes Schluchzen aus. Aber dieses Schluchzen geht in den Frühphasen der Therapie bei keinem Patienten so tief, daß es ihn von seinem Schmerz und Leid befreit. Trotzdem bietet diese Erfahrung uns Gelegenheit, darüber zu sprechen, wie der Patient dazu steht, seine Traurigkeit zu äußern.

Es ist erstaunlich, wie viele Menschen mit wirklich kräfteraubenden Problemen in die Therapie kommen und trotzdem jedes Gefühl von Traurigkeit leugnen. Das gilt vor allem für depressive Patienten, die ihre Emotionen unterdrückt haben und deswegen deprimiert oder emotional wie abgestorben sind. Wenn depressive Menschen weinen könnten, wäre ihre Depression behoben, denn dann würden sie sich wieder lebendig fühlen. Aber Traurigkeit ist nicht die einzige Emotion, die unterdrückt wird. Zorn wird ebenfalls unterdrückt. Menschen können gereizt sein, einen Wutanfall bekommen oder sogar gewalttätig werden, aber es fällt ihnen sehr schwer, eine klare Emotion wie Traurigkeit oder Zorn zu spüren und zum Ausdruck zu bringen. Wenn Menschen Gereiztheit oder gar Wut zeigen, dann nicht mit dem Ziel, ihre Situation wirklich zu verändern. Diese Ausbrüche sind kleinere Entladungen, um sich von der Spannung der Frustration zu befreien und Dampf abzulassen. Ist die Spannung abgebaut, fühlt der Mensch sich besser, aber seine Situation ist die gleiche geblieben. Zorn hingegen legt sich erst dann, wenn die schmerzliche Situation bereinigt ist. Das gleiche gilt für die Traurigkeit. Wenn wir zutiefst traurig sind, werden wir in unserem Leben Veränderungen vornehmen. Zu wissen, daß wir traurig oder zornig sind, hilft uns, reicht aber nicht aus. Um die Traurigkeit oder den Zorn zu spüren, müssen wir imstande sein, diese Gefühle auch auszudrücken. Babys und kleinen Kindern fällt das leicht. Wie kommt es, daß diese natürlichen Reaktionen bei einigen Menschen blockiert werden?

John war ein junger Mann Anfang dreißig, der mich wegen schwerer Depressionen zu Rate zog. Er sagte, er läge den ganzen Tag lang im Bett und könne sich zu nichts aufraffen. Trotzdem hatte er eine Ganztagsarbeit und eine Beziehung zu einer Frau. Außerdem machte er eine Therapie bei einem Psychologen, der ihm auch, wie John glaubte, schon geholfen hatte. John wollte gern Schauspieler werden. In seiner Schauspielklasse hatte er gehört, daß bei der bioenergetischen Analyse auch der Körper in den therapeutischen Prozeß mit einbezogen wird. Das erschien ihm einleuchtend, aber er wollte gleichzeitig mit der anderen Therapie weitermachen. Ich hatte nichts dagegen einzuwenden, denn ich konnte nur jede zweite Woche eine Stunde mit ihm arbeiten.

John war ein gutaussehender, etwa 32jähriger Mann von mittlerer Größe und muskulösem Körperbau. Auffallend war sein großspuriges Auftreten. Er kam in Cowboystiefeln zu den Sitzungen und war sich bewußt, daß er damit ein stark narzißtisches Element in seiner Persönlichkeit verriet. Einmal hatte er sich mit Gewichtheben verausgabt. Seine Atmung war flach, also arbeitete ich intensiv mit ihm daran, zu atmen, zu vibrieren und Gefühle auszudrücken. Er machte die Übungen, ohne viel zu empfinden und lächelte mich dabei an, als wollte er sagen: »Ich glaube nicht, daß das etwas bringt.« Trotzdem fühlte er sich nach den Sitzungen immer besser, und ich hoffte, daß ihm klar werden würde, wie gut sie ihm taten.

Zu der Zeit lebte er mit seiner Mutter zusammen, obwohl er schon zu Hause ausgezogen war und viele Jahre allein gewohnt hatte. Er hatte einen jüngeren Bruder, der glücklich verheiratet war und seine Arbeit liebte. Sein Vater war gestorben, als John noch ganz jung war. John konnte akzeptieren, daß seine Mutter und er ein enges emotionales Verhältnis hatten und daß auch sexuelle Gefühle bei ihnen im Spiel gewesen waren. Er erzählte einen Vorfall aus seiner Kindheit, der für sein Problem von großer Bedeutung war. Als er etwa sechs Jahre alt war, sperrte seine Mutter ihn im Badezimmer ein und schlug den ganzen Tag lang auf ihn ein. Erst als er völlig widerstandslos war und heftig schluchzte, hörte sie auf. In der ganzen Zeit, in der ich mit ihm arbeitete, konnte ich ihn nie zum Weinen bringen. Er atmete und gab Töne von sich, brach aber nie weinend zusammen. Eines Tages dann sagte er zu mir: »Sie werden mich nicht kriegen. Ich werde nicht weinen.« Und ich brachte ihn in den sechs Monaten, in denen ich mit ihm arbeitete, tatsächlich nicht zum Weinen. Seine Depression blieb bestehen, und er ging von sich aus, gegen den Rat seines anderen Therapeuten, in ein Krankenhaus.

Ich bin sicher, daß es John auch körperlich sehr schwerfiel zu weinen, aber dazu kam noch sein starker bewußter Wille, nicht zu weinen, der zum Abwehrsystem seines Ich gehörte. Wenn er sagte: »Sie kriegen mich nicht«, meinte er damit auch, daß man ihn nicht erreichen und brechen konnte. Seiner Mutter war das einmal gelungen, aber auch wenn sie ihn damals zum Weinen brachte, hatte sein innerer Kern sich so verhärtet, daß er sich ihr jetzt mit unnachgiebiger Festigkeit widersetzen konnte. Wir müssen anerkennen, daß er sich durch diesen Widerstand die Integrität seines Wesens bewahrt hat. Hätte seine Mutter ihn gebrochen, wäre er schizophren geworden. Sein Widerstand hatte ihm geholfen zu überleben, und er würde ihn nicht aufgeben. Er bewirkte aber auch, daß John in einer Trotzhaltung erstarrte, die ihm keine Energie für kreatives Handeln ließ. Kein Wunder, daß er depressiv war. Durch meine Erfahrungen mit John wurde mir klar, wie stark manche Menschen sich gegen das Weinen wehren.

Joan war eine verheiratete Frau in den Dreißigern, die mehrere Jahre Therapie hinter sich hatte, ohne daß sich an ihren Gefühlen der Frustration und Depression viel geändert hätte. Wenn ich mir ihren

Körper anschaute, konnte ich diese Gefühle verstehen. Ihr Kopf war klein und saß starr auf dem Körper. Das Gesicht war angespannt und hatte einen verbitterten Ausdruck. Ihr Körper war weich und harmonisch aber jungenhaft und unreif in seinen Formen. Die Trennung zwischen Kopf und Körper wies darauf hin, daß ihr Ich sich nicht mit ihrem Körper identifizierte. Das jungenhafte Aussehen ihres Körpers brachte den Wunsch zum Ausdruck, ihre Weiblichkeit zu verleugnen. Daß sie ihre wahre Natur nicht annehmen, ihr aber auch nicht ganz entkommen konnte, machte sie zu einer gequälten und frustrierten Frau. Es überrascht nicht, daß sie depressiv war. Wir hatten bereits in mehreren Sitzungen an ihrer Unfähigkeit gearbeitet, irgendein tiefes Gefühl auszudrücken. Durch die Atemübung auf dem Hocker und das Erden brachte sie ihre Beine zum Vibrieren, so daß sie ihren Körper etwas spüren konnte, aber ohne daß eine Emotion durchbrach. Ihre Frustration und Bitterkeit offenbarten sich ein Stück weit, als sie um sich trat und dabei schrie: »Laß mich in Ruhe!«

Zu Beginn der nächsten Sitzung beschrieb Joan eine Erfahrung, die sie eine Woche vorher in ihrer bioenergetischen Arbeitsgruppe gemacht hatte. Sie bemerkte, daß einige Leute in der Gruppe weinten. Andere äußerten sexuelle Gefühle. Joan fügte hinzu: »Mein Körper vibrierte, mein Becken bewegte sich, aber ich fühlte überhaupt nichts. Ich habe kein Vertrauen zu Menschen. Ich gebe nicht nach. Ich gebe mich auf keinen Fall hin. Ich nehme an, ich habe kein Selbstvertrauen.« Das war eine sehr klare Beschreibung ihres Problems. Sie überließ sich ihrem Körper nicht. In gewisser Weise war die Hingabe an ihren Körper lebensbedrohlich für sie. Sie mußte ihr Bewußtsein vom Körper abtrennen, und das führte zur Spaltung der beiden Bereiche. Die Therapie mußte ihr helfen, diesen Ablauf sowie die Gründe dafür zu verstehen.

Als sie auf dem Hocker lag und atmete, spürte Joan die Verspannung ihres Rückens, die Ausdruck ihrer Rigidität und ihrer unnachgiebigen Haltung war. Man würde sie nicht beugen und brechen. Sie spürte den Schmerz und sagte: »Es tut weh, aber ich werde nicht weinen. Nur Memmen weinen. Ich kann das aushalten.« Und dann: »Sie machen mich nicht mürbe, zum Teufel noch mal! Sie machen mich nicht mürbe. Ich werde nicht nachgeben. Und Sie werden eher den Stuhl kleinkriegen als mich. Es tut weh.« Etwas später sagte sie: »Sie wollen mich dahin bringen, daß ich nachgebe oder aufgebe, aber ich würde mich lieber umbringen, als das zu tun.«

Joan erkannte, daß sich dieser Konflikt nicht zwischen uns, sondern zwischen ihr und ihrer Mutter abspielte. Sie sagte: »Zwischen uns lief ein Machtkampf. Ich mußte etwas von mir behalten. Sie hatte fast ganz von mir Besitz ergriffen. Ich tat, was sie wollte. Ich gab ihr alles, nur nicht meine Gefühle. Wenn ich ihr die auch noch preisgegeben hätte, hätte ich ihr ganz gehört und wäre ihr Spielzeug geworden. Es machte sie verrückt, wenn ich ihr nicht gab, was sie von mir wollte.«

Mikes Geschichte glich in vieler Hinsicht der von John, nur daß Mike nicht unter Depressionen litt. Er war beruflich erfolgreich, hatte aber das Gefühl, daß sein Leben ohne Sinn und Freude war. Sein Körper war stark verzerrt. Die obere Hälfte paßte nicht zur unteren. Er hatte breite, gerade Schultern und einen großen Brustkorb. Seine Taille war eng und stark zusammengeschnürt. Die untere Hälfte seines Körpers war schmal und unterentwickelt. Auf seine breiten Schultern zeigend, machte ich die Bemerkung: »Sie sind gut vorbereitet, sich schwere Verantwortungen aufzuladen.« Er lächelte und sagte: »Ich habe mein ganzes Leben lang die Verantwortung für andere Menschen getragen.« Was ich Mike nicht erzählte, war, daß er mir wie ein gebrochener Mann vorkam. Er sprach mit einer schwachen Stimme, die überhaupt kein Gefühl verriet.

Er erzählte mir, daß er das älteste von drei Kindern gewesen sei. Seine Mutter bezeichnete er als verrückte Frau, die Angst vor dem Leben hatte. Er sagte: »Sie schlug mich, wo sie mich nur kriegen konnte. Ich durfte nicht weinen. Ich mußte es hinnehmen.« Seinen Vater beschrieb er als abwesend; entweder arbeitete er, oder er trank. Aber während John einen äußerst starken Widerstand gegen seine Mutter entwickelte, hatte Mike nachgegeben. Er wurde ihr kleiner Mann und tat für sie, was sein Vater verweigerte. Diese Unterwerfung führte dazu, daß er viel von seiner Männlichkeit und von sich selbst verlor. John hatte sich durch seinen Widerstand etwas von seiner Männlichkeit bewahren können und versuchte ihr durch seine Großspurigkeit, seine Cowboystiefel und seine schauspielerischen Ambitionen Ausdruck zu verleihen. Mike hingegen hatte seinen Widerstand aufgegeben. Das war seine Überlebensstrategie. Ein anderer wichtiger Unterschied bestand darin, daß John nicht weinen wollte, Mike hingegen nicht weinen konnte. Ihm fehlte die Stimme dafür.

Durch die Atem- und Stimmübungen auf dem bioenergetischen Hocker wurde seine Stimme zwar etwas kräftiger, aber nicht so, daß er weinen konnte. Anders als bei John oder Joan war sein Widerstand gegen das Weinen unbewußt. Sein Ich identifizierte sich mit seiner Fähigkeit, Dinge »hinnehmen« zu können und mit der Rolle, sich die Verantwortung für andere aufzuladen. Weinen hieße zugeben, daß er versagt hatte und sich auf der emotionalen Ebene eingestehen mußte, daß sein Leben leer und traurig war. Daß er bei mir Hilfe suchte, zeigte jedoch eine gewisse Bereitschaft, sich diesem Problem zu stellen.

Es ist für sämtliche Patienten von entscheidender Bedeutung, daß sie gegen die Art und Weise, wie sie als Kinder behandelt wurden, protestieren. Ohne starken Protest können wir uns von den Schrecken der Vergangenheit nicht befreien. Ich ließ Mike auf dem Bett heftig treten und dabei die Worte äußern: »Ich halte es nicht mehr aus!« Mit meiner Ermutigung ließ er los, trat wild um sich und schrie: »Ich kann es nicht mehr aushalten.« Dann fügte er hinzu: »Oh Gott! Es ist so traurig, so viel Schmerz!« Und dann begann er ein wenig zu weinen.

Man kann ein mütterliches Verhalten nicht begreifen, das so verheerende Auswirkungen auf ein Kind hat. Was war in Johns Mutter gefahren, daß sie so gnadenlos auf ihn einschlug? Welche fremde Macht trieb sie dazu, ihren Sohn gegen die eigenen innersten Gefühle zu zerbrechen und seinen Geist zu zerstören? Warum mußte Joans Mutter Körper und Seele ihrer Tochter besitzen? Wie man heute weiß, ist der psychische, physische und sexuelle Mißbrauch von Kindern weit verbreitet. Alle meine Patienten sind von Vater oder Mutter oder beiden in irgendeiner Form schlecht behandelt worden. Besonders deprimierend fand ich die Grausamkeiten der Eltern, welche selbst Opfer von Brutalitäten gewesen waren. Einige waren in Konzentrationslagern der Nazis gewesen. In diesem Verhalten scheint sich ein Gesetz der menschlichen Natur widerzuspiegeln: Tu anderen an, was man dir angetan hat. Eltern erziehen ihre Kinder so, wie sie selbst erzogen wurden. Viele Patienten haben mir erzählt, daß ihre Eltern ebenso grob behandelt wurden wie sie selbst. Ich bin sicher, daß Johns Mutter von ihrem Vater geschlagen wurde, und ich bin auch überzeugt, daß sie sich bei ihrem Angriff auf ihren Sohn im Recht fühlte. Damit dieses destruktive Abreagieren an den Kindern nicht ständig weitergeht, brauchen wir geistig wache Eltern. Was für diese geistige Wachheit erforderlich ist, wird im nächsten Kapitel besprochen.

Der Typ Mensch, der durchhält, hat meistens einen starken Willen, der ihm hilft, zu überleben. In vielen Fällen hat er dank dieses Willens auch einen gewissen Erfolg in der Welt. Ich habe mit zahlreichen Menschen gearbeitet, die durch den Einsatz von Strategien, die auf dem Willen zum Überleben beruhen, in der Berufs- und Geschäftswelt zu wichtigen Positionen aufgestiegen sind. Eine dieser Strategien besteht darin, Gefühle zu verleugnen und sich auf einen scharf kalkulierenden Intellekt zu verlassen. Das mag in einer Welt, die Gefühle als hinderlich betrachtet, als großer Gewinn gelten. Wo Macht, Geld oder Prestige als Werte vorherrschen und um Erfolg heftig konkurriert wird, werden Gefühle dem Drang nach Erfolg unterworfen. Aber auch wenn einige ihr Ziel erreichen im Sinne von Geld, Macht und Ansehen, ist ihr Leben emotional leer: keine engen, erfüllenden Beziehungen, keine wirkliche Lust an ihrer Arbeit und keine Freude. Diese Freudlosigkeit zeigt sich daran, daß ihre Augen ohne Glanz sind und ihren Bewegungen die energetische Aufladung fehlt. Viele leiden unter Depressionen, und die meisten beklagen sich über chronische Erschöpfung und Müdigkeit.

Die grundlegende Dynamik, die sich in diesen Individuen abspielt, besteht in der Entfremdung vom Körper. Eine Frau, die mich konsultierte, sagte von sich: »Ich habe mich mit meiner Arbeit identifiziert. Ich war Management-Beraterin in einer großen Firma. Mei-

ne Arbeit gab mir ein Gefühl von Macht, und ich trug viel Verantwortung, so daß ich glaubte, etwas wert zu sein. Aber ich habe zuviel gearbeitet und wurde depressiv.«
Eine andere Frau erzählte eine ähnliche Geschichte: »Nach dem College wollte ich Karriere machen. Eifrig arbeitete ich mich auf der Unternehmensleiter nach oben. Ich bekam eine leitende Position und konnte mit internationalen Fachleuten zusammenarbeiten. Alles war wunderbar, bis die einzige intime Beziehung, die ich zuließ, damit endete, daß der Mann mich verließ. Damals war ich 36. Zum ersten Mal in meinem Leben litt ich unter Depressionen.« Das war jedoch nur der Anfang ihres Zusammenbruchs. Sie kündigte ihre Stelle, um im helfenden Bereich einen neuen Berufsweg anzutreten. Sechs Monate später hatte sie einen schweren Autounfall, von dem sie zwar genas, aber ein nervöses Darmleiden zurückbehielt, dessen Symptome in Krämpfen und Durchfall bestehen. Diese Krankheit beruht auf einer chronischen Verspannung im unteren Darm, die mit Angst zusammenhängt.
Sie beschrieb die Auswirkungen dieser Störung auf ihre Persönlichkeit mit folgenden Worten: »Ich hatte mein Denken immer unter Kontrolle gehabt. Jetzt aber mußte ich erkennen, daß ich hilflos war, wenn es um die Kontrolle meines Körpers ging. Das war eine entsetzlich beängstigende Erfahrung. Während dieser Zeit schlief ich jede Nacht in einer ›fötalen‹ Position, weil mir die Vorgänge in meinem Körper so viel Angst machten. Zum ersten Mal in meinem Leben konnte ich meine Verletzlichkeit weder verleugnen noch verbergen.«
Alle »Durchhalter« leisten heftigen Widerstand gegen die Hingabe an den Körper, da diese die schmerzlichsten und erschreckendsten Gefühle erweckt. Wie kann man, wenn Verletzlichkeit das Problem ist, es wagen zu weinen, da dieses Weinen doch mit Hilflosigkeit einhergeht? Ann hatte im Alter von fünf Jahren ihre Mutter verloren. Damals war sie abhängig und hilflos. Nach dem Tode ihrer Mutter wurde sie von verschiedenen Ersatzmüttern großgezogen, die sie sowohl seelisch als auch körperlich mißhandelten. Dazu kam, daß ihr Vater in dieser schmerzlichen Phase des Verlustes, der Angst und Hilflosigkeit an ihr herumkritisierte. Er warf ihr vor,

nicht so hübsch, klug und liebenswert zu sein wie ihre Mutter. Sein Lebensmotto lautete: »Nur die Starken überleben«. Für ihn war klar, daß man seinen seelischen Kummer nicht zeigte.

Ann tat, was jeder Mensch, der sein Leid übersteht, zu tun lernt: sie spaltete sich von ihrem Körper ab und zog sich in ihren Kopf zurück. Wenn wir uns vom Körper abtrennen, fühlen wir uns nicht mehr verletzlich. Und wenn unser Selbst mit dem Ich identifiziert ist, bilden wir uns ein, Macht zu haben. Da der Wille ein Instrument des Ich ist, glauben wir wirklich: »Wo ein Wille ist, ist auch ein Weg«, oder: »Wir können tun, was wir wollen.« Das stimmt dann, wenn der Körper die Energie besitzt, die Anweisungen des Ich umzusetzen. Aber alle Willenskraft der Welt nützt nichts, wenn der Mensch nicht die Energie hat, nach dem Willen zu handeln. Gesunde Individuen agieren nicht auf der Basis von Willenskraft, außer in Notfällen. Das normale Handeln wird eher durch Gefühle als durch den Willen motiviert. Wir brauchen keine Willenskraft, um zu tun, was wir tun möchten. Wenn unsere Wünsche stark sind, müssen wir keine Willenskraft anwenden. Wünsche selbst sind eine energetische Aufladung, die den Impuls zu freiem und im allgemeinen befriedigenden Handeln aktiviert. Ein Impuls ist eine Kraft, die aus dem Kern des Körpers zur Oberfläche fließt, wo sie die Muskulatur zum Handeln bewegt. Der Wille hingegen ist eine Antriebskraft, die dem Ich und damit dem Kopf entspringt und uns motiviert, gegen die natürlichen Impulse des Körpers zu handeln. Wenn wir Angst haben, verspüren wir also den natürlichen Impuls, vor der bedrohlichen Situation zu flüchten. Das mag jedoch nicht immer die beste Reaktion sein. Wir können Gefahren nicht immer durch Weglaufen entkommen. Es kann klüger sein, sich der Bedrohung zu stellen, aber das ist schwierig, sobald wir Angst haben und den Impuls verspüren, wegzurennen. Wenn wir in solchen Situationen den Willen mobilisieren, um der Angst zu begegnen, ist das ein positives Verhalten.

Kinder, die von ihren Eltern bedroht und mißbraucht werden, sind meistens mit der oben beschriebenen Situation konfrontiert. Einige kleine Kinder versuchen tatsächlich, aus diesen Familien wegzulaufen, aber ihre Fluchtversuche sind hoffnungslos. Das Kind muß die Situation akzeptieren und sich den Eltern ausliefern, aber gleichzeitig muß es auch einen Weg finden, sich seine Integrität zu bewahren. Seine Unterwerfung darf nicht total sein, sein Wille nicht vollständig gebrochen werden. Um nicht zusammenzubrechen, versteift und verhärtet es sich körperlich, und dieses Verhalten wird ihm vom Ich über den Willen vermittelt. Das Kind bringt in sein Gesicht einen Ausdruck von Entschlossenheit, der besagt, daß es sich nicht aufgibt, die Kontrolle nicht verliert oder sich von der Angst nicht überwältigen läßt. Diese Situation ist direkte Ursache für die chronische Verspannung der Kiefer, die so verbreitet ist. Ist der Wille durch die chronische Rigidität und Verspannung im Körper erst einmal mobilisiert worden, wird er zur Antriebskraft, die auf Macht aus ist und zu einem Lebensweg führt, bei dem der Kampf um Macht das Grundmotiv im Leben des Menschen ist. Unter diesen Umständen gilt Weinen als Zusammenbruch des Willens, und Hingabe ist nicht möglich. Das Leben wird gelebt, als wäre es ein ständiger Notfall. Natürlich kann dabei keine Freude aufkommen.

Die Abwehrmaßnahmen des Ich sind nicht rein psychischer Natur. Wenn das so wäre, könnten sie leichter aufgegeben werden. Die meisten Patienten geben zu, daß ihre Abwehrmechanismen hinderlich sind und die Situation, in der sie entstanden sind, nicht mehr existiert. Die erforderliche Hingabe soll dem Selbst, dem Körper gelten und nicht einem bedrohlichen Elternteil oder einer feindseligen Situation. Das Problem ist jedoch, daß die Abwehrmechanismen sich dem Körper eingeprägt haben und dort die Funktion haben, Gefühle zu unterdrücken. Es sind Schutzwälle gegen bedrohliche Impulse, um diese zurückzuhalten und zu kontrollieren. Wir können einem Individuum nicht seine Lebensfreude nehmen, ohne daß es eine mörderische Wut bekommt. Wie geht man in einer zivilisierten Gesellschaft mit einem solchen Impuls um? Man reißt keine Gefängnismauern ein, hinter denen gefährliche Kriminelle sitzen, bevor man nicht einen Weg gefunden hat, ihre Feindseligkeit zu mildern. Dieses Thema werde ich im nächsten Kapitel untersuchen. Aber wir errichten auch Mauern, um uns dahinter zu verstecken, um uns vor Verletzungen zu schützen und unsere Tränenfluten zurückzuhalten. Leider machen wir uns damit auch selbst zu Gefangenen.

Patienten erlauben sich nicht zu weinen, weil sie sich vor der Tiefe ihrer Traurigkeit fürchten, die in den meisten Fällen an Verzweiflung grenzt oder damit identisch ist. Wie eine Patientin sagte: »Wenn ich erst einmal anfange zu weinen, höre ich vielleicht nie wieder auf.« Ich kann ohne zu zögern sagen, daß die meisten Menschen die verzweifelte Angst hegen, niemals wahre Liebe zu finden oder niemals glücklich und fröhlich zu sein. Als eine meiner Patientinnen ihrer Mutter sagte, daß sie unglücklich sei und sich nach etwas Glück sehne, entgegnete die Mutter: »Es geht im Leben nicht um Glück, sondern darum, seine Pflicht zu tun.« Aber ohne Freude ist das Leben leer, angsterregend und qualvoll. Der Hunger nach Verbundenheit ist ebenso schmerzhaft wie der Hunger nach Nahrung. Es ist verständlich, daß Patienten sich weigern, in diese Hölle hinabzusteigen. Aber sie zu verleugnen und die eigene Sehnsucht und den Schmerz zu betäuben, heißt zu akzeptieren, daß wir bei lebendigem Leibe begraben sind. Und das ist nicht notwendig.

Wenn wir uns selbst betäuben, hilft uns das vielleicht zu überleben, aber der Schmerz ist damit nicht ausgelöscht. Er wird von Zeit zu Zeit als rein körperliches Leiden zutage treten, und zwar in Form von chronischen Verspannungen in bestimmten Körperbereichen, die dem Menschen zu schaffen machen. Da dieses Leiden immer noch emotionaler Natur ist, können wir es durch Weinen und Hingabe lindern. Der Unterschied zwischen rein körperlichem Schmerz und seelischem Schmerz besteht darin, daß der erstere sich lokalisieren läßt und sich auf einen begrenzten Körperbereich auswirkt. Der seelische Schmerz ist ebenfalls im Körper angesiedelt, kann aber nicht eingegrenzt werden. Kopfschmerzen fühlen wir im Kopf, Zahnschmerzen im Bereich des kranken Zahns und Nackenschmerzen spüren wir nur im Nackenbereich. Den Schmerz der Einsamkeit hingegen fühlen wir im ganzen Körper. Der seelische Schmerz ist darauf zurückzuführen, daß der Körper sich als Reaktion auf den Verlust oder den Abbruch einer liebevollen Verbindung zusammenzieht. Solche Erlebnisse können einem Menschen das Herz brechen, vor allem, wenn sie einem Kind widerfahren und mit dem Gefühl einhergehen, abgelehnt und verraten zu werden.[1] Da das Kind diesen Schmerz als lebensbedrohlich empfindet, muß es diese Erfahrungen zusammen mit dem Schmerz und der Angst unterdrücken, um überleben zu können. Zu diesem Zweck wird der Körper durch Verhärtung betäubt, oder man spaltet sich von ihm ab. Beides trennt den Menschen von seinen Gefühlen, was wiederum zu einem Gefühl von Einsamkeit und Leere führt. Dieser Zustand wird als schmerzlich empfunden, wenn der Impuls aufkommt, sich zu öffnen und anderen zuzuwenden, aber durch die Angst vor Zurückweisung blockiert wird. Da diese Impulse, solange wir lebendig sind, nicht völlig unterdrückt werden können, weil sie wesentliche Faktoren des Lebensprozesses sind, befindet sich das Individuum im Kampf mit seiner eigenen Natur, das heißt, mit seinem Körper und seinen Gefühlen. In Wirklichkeit findet dieser Kampf zwischen dem Ich mit seinen Schutzmaßnahmen gegen Ablehnung und Verrat und dem Körper mit seinem eingesperrten Herzen statt. Die Spannung, die dieser Konflikt im Körper erzeugt, wird als Schmerz erlebt. Wenn wir uns unserer eigenen Natur hingeben und zulassen, daß der Impuls frei und ungehindert Ausdruck findet, läßt der Schmerz sofort nach, was zu einem lustvollen Gefühl von Fülle und Freiheit führt.

Da der seelische Schmerz den Konflikt zwischen einem Impuls und der Angst vor seinem Ausdruck anzeigt, kann er beseitigt werden, wenn wir den Impuls ganz unterdrücken oder die Angst überwinden, die den vollen Ausdruck des Impulses verhindert. Eine Patientin mit Namen Mary beklagte sich kürzlich bei mir darüber, daß sie sich nach einigen Monaten Therapie nicht gut fühle. Wir sprachen über ihre sexuelle Beziehung zu ihrem Mann, den sie als bedürftig erlebte. Seine Annäherungsversuche ließen sie kalt, und doch fühlte sie sich in anderer Hinsicht in der Ehe wohl. Ich hatte Mary immer ermutigt, ehrlich mit sich und ihren Gefühlen zu sein, und sie darin unterstützt, keinen sexuellen Kontakt zuzulassen, wenn sie kein Verlangen danach verspürte. Mit Hilfe dieser Unterstützung hatte sie bedeutende Fortschritte gemacht, aber sie befand sich immer noch im Konflikt. In dieser Situation äußerte sie: »Ich habe Angst, Ihnen zu beschreiben, was ich fühle. Ich habe Angst zu sagen, daß ich meinen Mann nicht liebe, denn dann erzählen Sie mir, daß ich ihn verlassen soll. Wenn ich erkläre, ich habe nicht das Gefühl, in der Therapie wirklich weiterzukommen, sagen Sie mir bestimmt, ich solle aufhören.« Genau diesen Konflikt hatte sie auch mit ihrer Mutter, die ihr – wie ich oben berichtet habe – sagte, daß es im Leben nicht um Glück (Freude) gehe.

Nach Ansicht ihrer Mutter war das Wichtigste im Leben, für andere da zu sein. Mary erzählte, daß sie Mutters Beste gewesen sei. »Sie sagte, ich sei ihr einziges Kind, ihr Schatz. Sie brauchte mich, und ich mußte für sie da sein. So verlor ich mich selbst.« Als Mary sich von ihren Gefühlen abschnitt, entstand ein leerer Raum, den ihre Mutter besetzte. Das begriff Mary. Diese Selbstaufgabe – nicht Hingabe *an* das Selbst – bewirkte, daß sie sich ständig einsam, leer, unbefriedigt und traurig fühlte. »Aber«, fügte sie hinzu, »ich habe eine große Abneigung, mich da hineinzubegeben, auch wenn ich weiß, daß es stimmt. Es tut so weh, daß ich sofort wieder in meinen Kopf wandere.« Mary zog sich aus ihrem Bauch zurück, wo sie die Traurigkeit über ihren Selbstverlust spüren würde, aber genau dieser Rückzug war ein Akt der Selbstaufgabe. Ich kann noch hinzufügen, daß sie sich mit diesem Rückzug nach oben auch weitgehend von ihren sexuellen Gefühlen abschnitt, was beträchtlich zu dem sexuellen Konflikt mit ihrem Mann beitrug.

Sämtliche Gefühle entstehen aufgrund von körperlichen Prozessen und sollten auf der Grundlage dieser Prozesse auch verstanden werden. Viele dieser Prozesse stammen aus der Vergangenheit und spiegeln Erfahrungen aus dieser Zeit wider. In Marys Traurigkeit zeigt sich der Schmerz über den Verlust ihres körperlichen Selbst. Als sie sagte, »Es tut so weh«, sprach sie über den Konflikt zwischen dem Bedürfnis zu weinen und dem Zurückhalten der Tränen. Der Schmerz über diesen Konflikt kann qualvoll sein. Sie sagte: »Ich fühle mich wie auf der Folterbank. Ich kann das nicht aushalten und habe trotzdem das Gefühl, es aushalten zu müssen. Wenn ich das nicht tue, werde ich allein gelassen.« Diese Angst übertrug sie auf mich. Wenn sie keine Fortschritte machte, würde ich sie wegschicken. Auch wenn Mary wußte, daß ihre Angst irrational war, war sie doch ein reales Gefühl, von dem sie sich nicht durch einen bloßen Willensakt befreien konnte, sondern nur, indem sie ihren Zorn ausdrückte. Nach diesem Gespräch fühlte sie sich sehr viel besser, weil sie ihre Angst geäußert und erkannt hatte, daß sie auf einem Kindheitskonflikt beruhte. Der einzige Zusammenhang zur Gegenwart bestand darin, daß sie diese Angst bislang nicht zum Ausdruck gebracht hatte.

Fast sämtliche Patienten haben die mehr oder weniger große Angst, verlassen zu werden. Sie beruht auf Kindheitserfahrungen. In den meisten Fällen wird diese Angst, die Panik gleichkommt, nicht bewußt wahrgenommen, da sie durch die Rigidität der Brustkorbwand blockiert wird. Indem man die normale Atmung auf ein Minimum reduziert, läßt man das Gefühl von Panik nicht an sich heran, aber mit dieser Atmung schneidet man sich von sämtlichen Empfindungen ab, so daß man sich als leer und unerfüllt empfindet. Andererseits ist es extrem beängstigend und qualvoll, Panik zu spüren. Wir können sie aber durch tiefes Atmen überwinden. Das Gefühl von Panik ist direkt mit der Empfindung verbunden, keine Luft zu bekommen. Aber der Grund für die Atemnot besteht darin, daß die Muskeln der Brustkorbwand sich aus Angst zusammengezogen haben, aus der Angst, verlassen zu werden. So geraten wir in einen Teufelskreis. Die Angst, abgelehnt oder verlassen zu werden, führt zu Atembeschwerden, so daß wir flach atmen und bei tiefer Atmung in Panik geraten. Das Individuum ist gezwungen, an der Oberfläche zu leben, das heißt, ohne Emotionen. Auf dieser Ebene gelingt es ihm, das unterschwellige Gefühl von Panik nicht an sich herankommen zu lassen, aber ein solches Leben ist, wenn auch scheinbar sicher, ziemlich tot. Genau dieser Mechanismus jedoch erhält die Angst vor dem Verlassenwerden lebendig. Wenn wir in die Angst hineinatmen, brechen wir in ein tiefes Weinen aus und spüren, daß sie ein Relikt aus der Vergangenheit ist. Wie ich früher bereits deutlich gemacht habe, löst das tiefe Weinen auch den Schmerz des Liebesverlustes auf. Indem wir uns dem Körper hingeben und tief weinen, gehen wir also durch die Angst und den Schmerz hindurch und gelangen dann in die ruhigen Gewässer inneren Friedens, wo wir die Freude erleben, frei zu sein.

Marys Fall hilft uns, den Schmerz der Einsamkeit zu verstehen, der die körperliche Seite der Angst vor dem Alleinsein darstellt. Diese Angst weckt das Bedürfnis nach anderen Menschen und nach Aktivitäten, die das Individuum von seinem Gefühl des Alleinseins ablenken sollen. Da die Ablenkung aber nur vorübergehend ist, wird der Mensch immer wieder mit seiner Angst vor dem Alleinsein konfrontiert. Diese Angst ist nicht rational, aber real. Natürlich hat nicht jeder Angst davor, allein zu sein. Menschen können allein sein, wenn sie mit sich selbst sein können. Aber ein Mensch, der kein starkes und sicheres Selbstgefühl hat, fühlt sich leer, wenn er allein ist. Das Gefühl von Einsamkeit beruht auf einer inneren Leere, die, wie bei Mary, die Folge davon ist, daß der Mensch sich von seinen Gefühlen abgeschnitten hat. Wir können nicht einsam sein, wenn wir emotional lebendig sind. Vielleicht sind wir allein, aber wir fühlen uns als Teil des Lebens, der Natur und des Universums. Viele Menschen sind lieber allein, als sich dem Gerangel auszusetzen, ohne das es in heutigen Beziehungen scheinbar nicht geht. Andere akzeptieren ihr Alleinsein, weil sie niemanden gefunden haben, mit dem sie ihr Leben teilen möchten. Diese Menschen sind nicht einsam; sie leiden auch nicht oder fühlen sich leer. Ohne die Fähigkeit, allein zu sein, ist man bedürftig und ständig auf der Suche nach jemandem, der die eigene innere Leere füllen soll. Ein solches Leben ist ohne Freude, denn es geht um das bloße Überleben nach dem Motto: »Ich kann ohne dich nicht leben.«

Die Irrationalität, die hinter der Angst vor dem Alleinsein steht, wird deutlich in der Äußerung: »Wenn ich akzeptiere, daß ich allein bin, werde ich immer allein bleiben.« Diese Angst macht uns blind für die Tatsache, daß der Mensch ein soziales Wesen ist, das in Gemeinschaft mit anderen leben und mit einem anderen eine intime Beziehung haben möchte. Wir fühlen uns zueinander hingezogen, weil wir durch Kontakt lebendiger werden. Aber dieser positive Effekt bleibt aus, wenn ein Mensch sich aufgrund seiner Depression oder Bedürftigkeit an einen anderen Menschen hängt. Einige neurotische Individuen brauchen es, gebraucht zu werden, aber Beziehungen, die auf Bedürftigkeit beruhen, führen früher oder später zu heimlichem Groll, aus dem leicht eine tiefe

Feindseligkeit wird. Sowohl die bedürftige als auch die gebrauchte Person verlieren ihre Freiheit, und damit geht die Freude an der Beziehung verloren. Die einzige Beziehung, in der Brauchen und Gebrauchtwerden gesund und angemessen ist, ist die zwischen Eltern und Kind. Der Vater oder die Mutter, die die Bedürfnisse des Kindes erfüllen, befriedigen damit auch die eigenen. Das Kind, dessen Bedürfnisse nicht erfüllt werden, wird zu einem bedürftigen Erwachsenen, der das Gefühl hat, jemanden zu brauchen, der für ihn »da« ist. Dieses Gefühl ist echt, obwohl es nicht in die Gegenwart gehört und hier auch nicht erfüllt werden kann. Wenn wir versuchen, auf dieses Bedürfnis einzugehen, machen wir den anderen zum Kind, ohne ihm zu helfen. Was das Individuum in seinem gegenwärtigen Alltag braucht ist die Fähigkeit, als reifer Erwachsener zu agieren, denn nur auf dieser Ebene kann es Erfüllung finden. Die Blockaden, sowohl psychische als auch physische, die es in dieser erwachsenen Haltung behindern, müssen beseitigt werden. Das geschieht, indem die Vergangenheit auf der Basis des gegenwärtigen Verständnisses noch einmal durchlebt wird. Wenn wir tief atmen und uns ausweinen, können wir spüren, wie weh es tat, als Kind die Unterstützung und Liebe der anderen zu verlieren. Dann können wir akzeptieren, daß dieser Verlust der Vergangenheit angehört, und sind frei, Erfüllung in der Gegenwart zu finden. Als Kind waren wir dazu nicht imstande, denn die Liebe und Unterstützung der Eltern war für uns lebenswichtig. Um überleben zu können, waren wir gezwungen, den Verlust zu verleugnen. Das Kind mußte glauben, es könne die Liebe durch eigenes Bemühen zurückgewinnen. Und so unterwarf es sich den elterlichen Forderungen bis zum Punkt der Selbstaufgabe, wie es bei Mary der Fall war. Aber wenn dieses Opfer vielleicht auch unser Überleben sichert, so führt es doch zugleich mit Sicherheit zu Unerfülltheit, innerer Leere und Einsamkeit. Die Verzweiflung wird tief im Bauch vergraben und niemals aufgelöst.

Der Versuch, den Verlust und den Schmerz der Vergangenheit mit Willenskraft zu überwinden, funktioniert nicht. Da er fehlschlägt, verfestigt sich die Verzweiflung. Wer die Verzweiflung akzeptiert, aber erkennt, daß sie nichts mit der Gegenwart zu tun hat, kann sie durchleben und hinter sich lassen. Dieses Prinzip wird bildhaft dargestellt in der Geschichte vom Bauern, dessen Pferd gestohlen wurde, und der sich daraufhin mit dem Gewehr in der Hand vor das Scheunentor stellt, um den Diebstahl des Pferdes zu verhindern. Da er die Realität der Vergangenheit leugnet, ist er wie alle Neurotiker dazu verdammt, sie zu wiederholen. Die Hingabe an den Körper ist die Grundlage dafür, daß wir die Realität von Vergangenheit und Gegenwart akzeptieren. Auch wenn das Prinzip klar ist, ist seine Anwendung nicht leicht. Hingabe erfordert mehr als einen bewußten Entschluß, denn der Widerstand ist größtenteils unbewußt. Er hat sich dem Körper in Form von chronischen Muskelverspannungen eingeprägt, von denen wir uns willentlich nicht befreien können. Zum Beispiel kann das harte, entschlossene Kinn vorübergehend weicher werden, kehrt aber zu seinem unnachgiebigen Ausdruck zurück, sobald das Bewußtsein sich zurückzieht. Diese Haltung ist eine altvertraute Gewohnheit, die in einem solchen Maße Teil der Persönlichkeit geworden ist, daß man sich ohne sie unsicher fühlt. Aber wenn man sich darauf einläßt, den harten, entschlossenen Ausdruck des Kinns aufzugeben, empfindet man den neuen entspannten Ausdruck als richtig und die alte Miene als unangenehm. Diese Umstellung erfordert jedoch beträchtlich viel Zeit und Arbeit, denn wenn wir eine bestimmte Lebensweise aufgeben, wirkt sich das auf unser gesamtes Verhalten in der Welt aus. Wir verändern unseren Lebensstil von Grund auf, gehen vom bloßen Handeln zum Sein über und werden, statt uns zu verhärten, weicher. Auch kann das Lösen chronischer Verspannungen erhebliche Schmerzen hervorrufen, denn wenn wir versuchen, verspannte Muskeln zu dehnen, so tut das weh. In der verspannten Muskulatur ist der Schmerz nicht spürbar. Verspannte Muskeln müssen gedehnt werden, bevor sie sich lockern können.

Viele Menschen mit verspannten Kiefern ziehen ihr Kinn zurück, anstatt es aggressiv vorzuschieben. Beide Haltungen blockieren die Hingabe, da das Kinn erstarrt und nicht mehr frei bewegt werden kann. Während das vorgeschobene Kinn die Haltung ausdrückt: »Ich lasse nicht los«, sagt das fliehende Kinn: »Ich kann nicht loslassen.« Das Kinn aus seiner starren Haltung zu befreien, kostet ziemlich viel Mühe und verursacht Schmerzen. Aber der Schmerz, der durch das Dehnen verspannter Muskeln hervorgerufen wird, verschwindet, wenn die Spannung sich löst, während der Schmerz bei der Kieferklemme, der durch eine chronische Verspannung des Unterkiefers verursacht wird, mit der Zeit zunimmt. Menschen, die an dieser Krankheit leiden, können ihren Mund nicht vollkommen öffnen, was sowohl ihre Atmung als auch ihre Stimme in Mitleidenschaft zieht.

Die chronische Verspannung der Kiefermuskeln ist kein isoliertes Phänomen. Bei verspannten Kiefern sind immer auch die Halsmuskeln verspannt, was es dem Betroffenen erschwert, seine Gefühle zum Ausdruck zu bringen. Ein verkrampfter Hals macht es uns extrem schwer, zu weinen oder zu schreien. Ich wende bei meinen Patienten spezielle Atemübungen an, um ihnen zu helfen, diese Verspannungen zu lösen, aber das geht nur langsam voran. Auch wenn der Mensch einen Durchbruch hat und aus tiefstem Herzen weint, ist die Befreiung nicht von Dauer. Muskeln sind elastisch und kehren schnell zu ihrem gewohnten Zustand zurück. Wir müssen wieder und wieder weinen, jedes Mal ein wenig tiefer und freier, bis uns das Weinen so leichtfällt wie das Gehen. Wir müssen das Schreien immer wieder üben, bis es sich so natürlich anfühlt wie das Reden. Wir können das Schreien gut im Wagen auf der Autobahn üben. Hier können wir uns bei geschlossenen Fenstern die Lunge aus dem Leib schreien, ohne daß uns jemand hört.

Die Preisgabe des Ich erfordert auch, daß die Nackenmuskeln weich sind, vor allem die, die Kopf und Hals miteinander verbinden. Die Verspannung dieser Muskeln ist in unserer Kultur so verbreitet, weil wir alle mit dem Kopf handeln und große Angst haben, ihn zu verlieren. »Nicht den Kopf verlieren!« lautet ein Grundsatz unserer Gesellschaft. Aber wie sollen wir uns dem Körper und dem Leben hingeben, wenn wir die Ich-Kontrolle nicht aufgeben? Wie sollen wir uns verlieben können, wenn wir unseren Kopf nicht verlieren? Menschen, die ständig in ihrem Kopf leben, fällt es schwer, sich zu verlieben oder einzuschlafen. Die Verspannung der Muskeln am Schädelrand, wo Kopf und Hals zusammentreffen, ist verantwortlich für jede Form von Spannungskopfschmerz. Sie ist auch die

Ursache für viele Augenprobleme, weil sie auch den Hinterkopf in Augenhöhe umfaßt. Außerdem breitet sich die Verspannung nach unten bis zum Nacken aus, wo sie uns hindert, den Kopf frei zu drehen. Ein steifer Nacken zeigt eine verbissene, sture Haltung an. Menschen mit dieser Haltung werden als »halsstarrig« bezeichnet. Hält diese Starre an, führt sie im Laufe der Jahre auch zu arthritischen Beschwerden in den Halswirbeln, die sehr schmerzhaft sein können.

Für die Auflösung dieser Verspannungen reichen Massage oder andere physiotherapeutische Verfahren nicht aus. Sie sind Ausdruck von Charakterhaltungen, die ein Mensch bereits früh in seinem Leben entwickelt hat, um durch Kontrolle und Abkehr von seinen Gefühlen mit schmerzlichen Situationen umgehen zu können. Diese Charakterhaltungen müssen sowohl von ihrer Geschichte her als auch in ihrer heutigen Funktion verstanden werden. Außerdem müssen die Gefühle, die sie bergen, zum Ausdruck kommen. Das Hauptgefühl, das durch diese Verspannungen unter Kontrolle gehalten wird, ist Traurigkeit. Das wird deutlich, wenn wir von einem Menschen sagen: »Er brach zusammen und weinte.« Wenn wir den Widerstand gegen das Weinen analysieren und dem Patienten helfen, »zusammenzubrechen und zu weinen«, können wir einen Großteil der Spannungen auflösen. Ein weiterer Teil kann durch Schreien entladen werden. Beim Schreien fließt eine enorm starke energetische Aufladung nach oben durch den Kopf, um durch den Schrei freigesetzt zu werden. Wenn wir schreien, gehen wir unter die Decke und verlieren den Kopf. Schreien ist ein Sicherheitsventil, das uns die gefahrlose Entladung großer, aufgestauter Kräfte erlaubt.

Die Kopfhaltung eines Menschen verrät viel über seine Charaktereinstellung. Im folgenden gebe ich zwei Fälle wieder, die das illustrieren. Larry war ein Unternehmer, der das Gefühl hatte, sein Lebenspotential nicht zu verwirklichen. Er hatte lange Analyse gemacht, ohne daß sich dadurch viel verändert hätte. Es war ein starker, wacher Mann, der mir da im Gespräch mit vorgeschobenem Kopf gegenübersaß. Während wir über seine Probleme sprachen, fiel mir auf, daß er ein gutes Abwehrsystem entwickelt hatte. Er akzeptierte meine Beobachtungen ohne weiteres, erklärte dann aber sein Verhalten logisch, und nichts veränderte sich. Was seinen Körper anging, so war sein Brustkorb verhärtet und dadurch seine Atmung stark behindert und auch das Weinen blockiert. Bei der Arbeit auf dem bioenergetischen Hocker fing er einmal fast an zu weinen, aber dann ging das Weinen in ein Lachen über, das über eine Viertelstunde anhielt. Sein Lachen war eine Schutzmaßnahme gegen das Weinen. Ich glaube, seine Abwehr brach zum ersten Mal zusammen, als ich plötzlich seine Kopfhaltung verstand. Während ich mir anschaute, wie er seinen Kopf weit vorschob, wurde mir klar, daß Larry *sich von seinem Kopf leiten ließ.* Das hieß, daß er jede Situation, noch bevor sie entstand, vorwegnahm und durch Denken, Kalkulieren und Planen herauszufinden versuchte, wie er am besten mit ihr umging. Diese Haltung war für ihn im Geschäftsleben von Vorteil, nahm ihm aber die Spontaneität und Freiheit, die uns im Leben Freude und Erfüllung schenken können. Er begriff schnell, was ich meinte, und das eröffnete ihm die Möglichkeit für einige Fortschritte in der Therapie.

Der zweite Fall betrifft einen Mann an die sechzig, der mich wegen seines Bluthochdrucks konsultierte. Robert war ein großer, schwerer Mann, beruflich erfolgreich und mit seiner Ehe zufrieden. Trotzdem stimmte etwas nicht in seiner Persönlichkeit, denn sein Blutdruck war so hoch, daß es für ihn zum ernsten Problem wurde. Wenn ich Roberts Körper betrachtete, konnte ich sehen, daß er sich zusammenriß. Sein Brustkorb war aufgebläht, seine Schultern hochgezogen, und er hielt seinen Kopf hoch und nach hinten geneigt, als wolle er über Menschen hinwegsehen, statt sie anzuschauen. Sein Oberkörper war größer als sein Unterkörper. Einfach interpretiert, zeigte seine Haltung, daß Robert sich normalen Menschen überlegen fühlte und sich für etwas Besseres hielt. Als ich ihm zeigte, wie er seinen Kopf hielt, fiel ihm auf, daß sein Großvater die gleiche Kopfhaltung gehabt hatte. Robert war in Norditalien aufgewachsen. Seine Familie hatte sich für etwas Besseres gehalten, weil sie mit einem Grafen verwandt war. Robert hielt sich nicht bewußt für überlegen, aber sein Körperausdruck verriet diese Einstellung. Als ich ihn darauf hinwies, bestätigte er meine Einschätzung.

Außer an Bluthochdruck litt Robert auch unter Kreuzschmerzen. Diese hingen zusammen mit einer Verspannung rund um die Taille, die den Abwärtsfluß der Erregung blockierte und den Druck oben hielt. Robert erhob sich auch über seinen Unterkörper, der die animalische Natur repräsentierte, die allen Menschen gemeinsam ist. Wir können uns nur durch die Funktionen des Kopfes überlegen fühlen, nicht durch die des Beckens.

Damit sich sein Blutdruck senkte, mußte Robert herunterschalten, und das heißt, sich loslassen. Er mußte weinen, denn er war nicht erfüllt und kannte trotz seiner scheinbaren Erfolge keine Freude. Er trug ein ständiges Lächeln zur Schau, das die darunterliegende Traurigkeit verbarg. Aber es fiel Robert nicht leicht zu weinen, denn dann hätte er die Fassade des überlegenen Mannes fallenlassen müssen. Auf der bewußten Ebene war Robert dazu bereit, aber seine Körperhaltung zu verändern, war nicht so leicht für ihn. Als ich ihn anwies, sich auf den Hocker zu legen, tief zu atmen und einen kontinuierlichen, lauten Ton von sich zu geben, war er nahe am Schluchzen. Ihm wurde bewußt, wie verspannt sein Brustkorb war und wie schwer es ihm fiel, ganz auszuatmen. Als er sich dann in der Erdungsposition nach vorne beugte, begannen seine Beine zu vibrieren, und ihm fiel auf, wie wenig Gefühl er hier hatte. Als wir die Atem- und Stimmübungen auf dem Hocker fortsetzten, brachen sich einige kontinuierliche Schluchzer Bahn. Erneut in der Erdungsposition, wurden die Vibrationen in den Beinen stärker. Ich ließ Robert auch treten, was ihm half, mehr loszulassen. Als er am Ende der Sitzung aufstand, sagte er, er fühle sich sehr viel entspannter und hätte besseren Kontakt zum Boden. Sein Blutdruck war fast normal.

Robert stimmte zu, daß es wichtig für ihn sei, einige der bioenergetischen Übungen zu Hause zu machen. Er ließ sich einen Hocker anfertigen, auf dem er regelmäßig arbeitete, um seine Atmung zu vertiefen und seine Traurigkeit herauszulassen. Er machte auch die Tretübung regelmäßig, und das alles half ihm, sich lebendiger zu fühlen. Auch sein Blutdruck ging herunter, blieb aber nicht unten. Robert benutzte die Übungen, um sein Problem zu überwinden, aber nicht, um sich damit auseinanderzusetzen. Da er in einem anderen Land lebte, sah ich ihn nur selten. Als sein Blutdruck trotz dieser Übungen nicht sank, suchte er mich wieder auf. Dieses Mal sagte ich ihm klar und deutlich, er wolle mit seiner überlegenen Haltung verleugnen, daß er ein gebrochener Mann sei. Das zeige sich deutlich in seinem Kreuz, wo starke Verspannungen im Bereich des Beckens ihn beim Liebesspiel von jedem leidenschaftlichen Gefühl abschnitten. Er wußte von diesen Verspannungen, ohne die Tatsache zu akzeptieren, daß sie einen Bruch in seiner Persönlichkeit bewirkten und ihn von der ganzen Fülle seiner sexuellen Natur abschnitten. Dieser Zustand kann nicht durch Weinen geheilt werden, obgleich ein Mensch weint, wenn er spürt, wie stark er dadurch verkrüppelt wird. Wenn wir den Schmerz und die Behinderung spüren, können wir nur mit einem intensiven, fast mörderischen Zorn reagieren. Robert hatte seinen Zorn ebenso unterdrückt wie seine Sexualität. Diese Unterdrückung mußte aufgehoben werden, wenn Robert wieder ganz er selbst werden wollte. Hier ist Zorn die heilende Emotion.

Die meisten Individuen haben starke Muskelverspannungen im oberen Rücken und in den Schultern. Diese Verspannungen hängen zusammen mit der Unterdrückung von Zorn und können erst dann aufgelöst werden, wenn wir die unterdrückten Impulse zum Ausdruck kommen lassen. Mit der Unterdrückung von Zorn werden wir uns im nächsten Kapitel beschäftigen.

5. Ich bin so zornig

Im letzten Kapitel habe ich die Emotion Traurigkeit erörtert und bin besonders darauf eingegangen, wie sie im Weinen Ausdruck findet. Die Konvulsionen des Schluchzens befreien den Körper aus dem Zustand der Verkrampfung, der durch einen Schock oder ein Trauma verursacht wurde. Weinen löst die Atemblockaden, die auf Streß beruhen. Durch Weinen entladen wir den Schmerz und die Traurigkeit, die Folge einer körperlichen oder seelischen Verletzung sind. Wie wir im vorigen Kapitel ebenfalls bemerkt haben, ist Weinen überwiegend ein Ausdruck des inneren Körperkanals, wo sich zum größten Teil die Atmungs- und Nahrungsfunktionen abspielen. Die Hauptfunktion des äußeren Kanals, der sich aus unwillkürlichen und willkürlichen Muskeln zusammensetzt, besteht darin, den Organismus im Raum zu bewegen. Auf dieser Ebene nimmt der Selbstausdruck die Form von Handlungen an, die sich im emotionalen Bereich als Zorn manifestieren können. Wenn wir den Ausdruck der Traurigkeit durch Weinen als eine befreiende Emotion betrachten, können wir den Ausdruck von Zorn als eine schützende oder stärkende Emotion ansehen. Im nächsten Kapitel werde ich das Gefühl der Liebe als eine erfüllende Emotion erörtern.

Der Zorn ist im Leben sämtlicher Geschöpfe eine wichtige Emotion, denn sie dient dazu, die körperliche und psychische Integrität des Organismus zu schützen. Ohne Zorn sind wir den Angriffen des Lebens hilflos ausgeliefert. Bei den Jungen der meisten entwickelten Arten ist die motorische Koordination noch nicht so weit entwickelt, daß sie Zorn ausdrücken können; deswegen brauchen sie den Schutz der Eltern. Das gilt vor allem für den menschlichen Säugling, der für die Entwicklung dieser Fähigkeit länger braucht als die meisten anderen Säugetierjungen. Aber das heißt nicht, daß ein Kleinkind nicht zornig werden kann. Hindern Sie einmal einen Säugling an seinen Bewegungen, und Sie werden spüren, wie er kämpft, um sich zu befreien. Dieses Kämpfen ist eine zornige Reaktion, auch wenn sie unbewußt verläuft. Versuchen Sie, einem saugenden Baby die Brustwarze zu entziehen, und Sie werden spüren, wie es zubeißt, um die Brustwarze zu halten, wenn es noch nicht bereit ist, sie loszulassen. Wie die meisten Eltern wissen, ist Beißen ein eindeutiger Ausdruck von Zorn. Wenn das Kind größer wird, bildet sich seine Fähigkeit, Zorn auszudrücken, noch mehr aus, da die motorische Koordination wächst. Es wird auf jede Bedrohung seiner Integrität und seines Raumes, was auch seinen persönlichen Besitz einschließt, mit Zorn reagieren. Wenn es seine Integrität durch Zorn nicht schützen kann, fängt das Kind an zu weinen, weil es sich jetzt angesichts des Traumas hilflos fühlt. Die Emotion Zorn ist Teil der umfassenderen Funktion der Aggression, was wörtlich heißt, »sich vorwärts bewegen«. Aggression ist das Gegenteil von Regression, was bedeutet, »sich zurück bewegen«. In der Psychologie gilt Zorn als das Gegenteil von Passivität, bei der wir bewegungslos dastehen oder warten. Wir können uns auf einen anderen Menschen mit Liebe oder Zorn zubewegen. Beide Handlungen sind aggressiv und positiv für das Individuum. Im allgemeinen werden wir nicht zornig auf Menschen, die uns nichts bedeuten oder die uns nicht verletzt haben. Sind sie negativ eingestellt, gehen wir ihnen aus dem Weg. Wenn wir böse auf Menschen sind, die uns am Herzen liegen, wollen wir die positive Beziehung zu ihnen wiederherstellen. Ich glaube, wir alle haben die Erfahrung gemacht, daß sich nach einem Streit mit einem geliebten Menschen wieder positive Gefühle einstellen.

In einem Seminar, das Reich 1945 bei sich zu Hause abhielt und an dem ich teilnahm, äußerte er die Ansicht, daß es nur dann zur Entwicklung der neurotischen Persönlichkeit komme, wenn die Fähigkeit des Kindes, einem Angriff auf seine Persönlichkeit mit Zorn zu begegnen, blockiert werde. Er wies darauf hin, daß der Impuls, sich auf etwas Lustvolles zuzubewegen, zurückgenommen werde, wenn er frustriert wird. Das führt zu einem Verlust an Integrität im Körper. Diese Integrität kann nur durch die Mobilisierung von aggressiver Energie wieder hergestellt werden, denn dadurch werden die Grenzen des Organismus erneuert, so daß er wieder imstande ist, sich nach außen zu wenden. Rückzug ist ein Zustand von Verkrampfung, auf den, wenn keine Angst da ist, normalerweise spontan eine expansive Handlung folgt. Ist die Handlung, die das Kind frustriert, von Feindseligkeit begleitet, bekommt es Angst, sich erneut nach außen zu wenden. Dann wird die Verkrampfung zum chronischen Zustand, der die somatische Grundlage von Angst bildet. Das angstauslösende Objekt muß angegriffen werden, damit die Angst verschwinden kann.

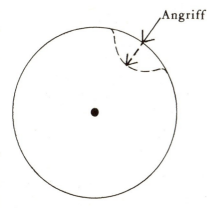

Ein Angriff verletzt die Integrität des Organismus, die durch den Kreis dargestellt wird.

Die Reaktion zielt darauf ab, die Integrität des Organismus wieder herzustellen = Zorn.

Der Mensch erlebt Zorn als eine Welle der Erregung, die im Rücken hochsteigt und in die Arme fließt, die jetzt energetisch aufgeladen sind, um zuschlagen zu können. Die Erregung fließt auch über den Kopf und von dort in die oberen Backenzähne, die energetisch aufgeladen werden, um zubeißen zu können. Wir sind fleischfressende Lebewesen, für die Beißen ein natürlicher aggressiver Impuls ist. Diesen Erregungsfluß in meine Backenzähne habe ich bei einer Übung zur Mobilisierung von Zorn tatsächlich gespürt. Wenn diese Erregung durch die Rückenmuskeln fließt, krümmen sie sich, um sich für das Angreifen bereitzumachen. Gleichzeitig kann man spüren, wie sich die Haare auf dem Kopf und im Rücken aufrichten. Bei Menschen bekommen wir das selten zu sehen, aber bei Hunden ist das Sträuben der Nackenhaare ein häufiger Anblick. Dieser Erregungsfluß bei Zorn wird auf Seite 111 (linke Abbildung) gezeigt. In der rechten Abbildung verläuft der Erregungsfluß in die umgekehrte Richtung, was dazu führt, daß wir die Augen weit aufreißen, die Augenbrauen hochziehen, den Kopf zurücklegen und die Schultern heben. So bewegen wir uns energetisch bei Angst. Wenn ein Individuum nicht zornig werden kann, erstarrt es in einer Position der Angst. Der Zorn wird unterdrückt, ist aber in den verspannten Muskeln des oberen Rückens und der Schultern potentiell verfügbar. So lange die Erregung in der chronischen Verspannung der Rückenmuskeln festgefroren ist, sind wir uns unseres Zornes nicht bewußt. Das Gefühl von Zorn beruht auf dem Erregungsfluß. Wir müssen nicht handeln, um Zorn zu spüren, aber die Muskeln müssen im Zustand der Handlungsbereitschaft sein. Wenn wir jedoch unseren Zorn lange Zeit unterdrückt haben, kann es notwendig sein, mit dem Handeln zu beginnen, um die Erregung freizusetzen und somit den Zorn spüren zu können.

Zorn ist keine destruktive Emotion. Wie oben bereits erwähnt, zielt er darauf ab, die Freiheit und Integrität des Organismus wieder herzustellen. Diese Freiheit beinhaltet die Fähigkeit, Zorn zu spüren und in jeder Situation angemessen zum Ausdruck zu bringen. Um diese Fähigkeit zu erlangen, muß der unterdrückte Zorn, der aus Kindheitsverletzungen stammt, die sowohl körperlicher als auch psychischer Natur waren, geäußert werden. In der Therapie gehen wir so vor, daß der Patient angewiesen wird, seinen Zorn an einem Bett auszulassen. Ich benutze die Technik, den Patienten mit den Fäusten auf ein Bett einschlagen zu lassen. Frauen nehmen hierfür einen Tennisschläger, was ihnen ein *größeres* Machtgefühl gibt. Geschlagen wird immer im Stehen (vgl. Abb. S. 112). Das spezielle Ziel dieser Übung ist, die Muskelverspannungen in den Schultern und im oberen Rücken zu lösen. Der Patient wird angewiesen, seinen Zorn, während er zuschlägt, auch mit Worten auszudrücken. Er kann zum Beispiel sagen: »Ich bin so zornig«, oder: »Ich könnte dich umbringen«, oder seinen Zorn anders formulieren. Wenn wir die körperliche Handlung mit Worten kombinieren, ist das Gefühl konzentrierter. Alle Patienten wurden in der Kindheit so behandelt,

 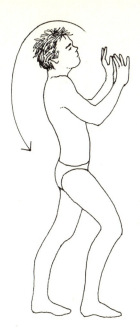

Der Erregungsfluß bei Zorn. Der Körper neigt sich vor, um anzugreifen.

Der Erregungsfluß bei Angst. Beachten Sie, daß der Körper sich zurücklehnt.

daß sie Grund haben, um sich zu treten und zornig zu sein. Meistens richtete sich der Zorn gegen Vater oder Mutter oder beide Elternteile. In all den Jahren, die ich diese Übung jetzt anwende, hat sich nie jemand verletzt und ist in meiner Praxis auch nichts zu Bruch gegangen. Wenn ich merke, daß der Patient außer Kontrolle gerät, stoppe ich ihn und zeige ihm, wie er sein Verhalten steuern und trotzdem seinen Zorn ausdrücken kann.

Wenn ich sage, daß Zorn nicht destruktiv ist, unterscheide ich zwischen Zorn, Wut und Raserei. Wut ist destruktiv. Sie ist darauf aus zu verletzen und einen anderen Menschen wirklich zu brechen. Wut ist blind, so daß sich der Angriff eines wütenden Menschen oft gegen eine unschuldige, hilflose Person oder gegen ein Kind richtet. Wir sagen, daß ein Mensch voll blinder Wut ist. Diese Wut ist explosiv, das heißt, sie kann nicht kontrolliert werden, wenn sie sich erst einmal Luft macht. Unseren Zorn können wir für uns

Mit den Fäusten schlagen

behalten, nicht aber unsere Wut. Wie ich in meinem Buch *Narzißmus*[1] ausgeführt habe, werden Menschen wütend, wenn sie das Gefühl haben, daß der Ausdruck ihrer Macht durchkreuzt oder frustriert wird. Ein Kind, das sich den Forderungen der Eltern beharrlich widersetzt, kann diese zu einem Wutanfall treiben. Damit soll der Widerstand des Kindes gebrochen und dieses zum Nachgeben gezwungen werden. Wenn das Kind nicht tut, was die Eltern befehlen, sind diese mit der Tatsache konfrontiert, daß sie als Kind ebenfalls gezwungen wurden, sich zu unterwerfen und den eigenen Zorn aus Angst zu unterdrücken. Dieser Zorn verwandelt sich jetzt in Wut und wird an einem Kind ausgelassen, vor dem sie keine

Angst haben. Alle meine Patienten wurden als kleine Kinder gezwungen, sich der Macht ihrer Eltern zu beugen. Schläge sind eine besonders demütigende Strafe, weil sie die persönliche Würde des Kindes verletzen. Viele meiner Patienten haben berichtet, daß sie die Gegenstände, mit denen sie bestraft wurden – einen Riemen, einen Birkenzweig – selbst holen mußten, was die Angst und Demütigung des Kindes noch verstärkte. Wenn das Kind schwer mißhandelt wird, vergräbt es den Zorn, den es normalerweise empfinden würde, unter einem Berg von Angst. Einmal freigesetzt, wird dieser Zorn zur mörderischen Wut. Diese Wut muß erst herausgelassen werden, bevor ein Mensch den ursprünglichen Zorn spüren und zum Ausdruck bringen kann.

Wenn ich meine Patienten bitte, mit den Fäusten oder einem Tennisschläger auf das Bett einzuschlagen, kommt oft Wut hoch, nicht Zorn. Zuerst zögern sie, in ihre Schläge irgendein Gefühl zu legen, und diese sind dann auch entsprechend kraftlos. Aber wenn sie sich den Bewegungen erst einmal überlassen, schlagen sie so wild und schnell drauflos, als wollten sie jemanden fertigmachen oder umbringen. Ihr Verhalten hat oft etwas Hysterisches, da es nicht mit dem Ich verbunden ist und sich daher auch nicht effektiv anfühlt. Wenn ich frage, worüber sie zornig sind, antworten sie häufig, sie wüßten es nicht. Trotzdem haben diese Ausbrüche eine kathartische Wirkung und dienen als Sicherheitsventil, mit dem man »Dampf ablassen« kann. Wenn die Therapie sowohl in analytischer als auch in körperlicher Hinsicht Fortschritte macht, kommt der Patient in Berührung mit den Gründen für seine Wut und schlägt konzentrierter zu. Da Wut eine destruktive Kraft ist, sollte sie mit der Vorstellung »Ich könnte dich umbringen« verknüpft werden. Wenn wir diese Worte beim Schlagen sagen und fühlen, ist unser Handeln mit dem Ich im Einklang. Sämtliche Patientinnen und Patienten, mit denen ich gearbeitet habe, sind so stark verletzt und gedemütigt worden, daß die Worte »Ich könnte dich umbringen« einen Sinn ergeben. Dabei ist der Patient sich völlig darüber im klaren, daß er diese Gefühle nicht ausagieren wird. An diesem Punkt zeigt sein Ausbruch vor allem die Heftigkeit seines Zornes.

Ein noch intensiverer Zorn als Wut ist die Raserei. Die Aussage »Ich rase vor Wut«, drückt ein extremes Zorngefühl aus. Für mich ist der Wirbelwind ein Bild für Raserei; ein Tornado zum Beispiel, der alles zerstört, was auf seinem Weg liegt. Eine meiner Patientinnen hatte einen Traum, in dem sie fühlte, wie ein Wind in ihr aufkam und sie vom Boden hob. Sie spürte, wie ihre Wangen durch den Wind gebläht wurden. Während sie über dem Boden schwebte, schüttelte sie ihre Hände drohend gegen einige Menschen, die mit ihr im Zimmer waren. Ich interpretierte den Traum als aufsteigende Blähung, die sich nicht löste und nie zum Wirbelsturm wurde. Susan, wie ich sie nennen will, hatte entsetzliche Angst vor ihrer mörderischen Wut. Sie hatte oft zornig auf das Bett eingeschlagen, ohne daß es sie befriedigte. Einmal, als sie auf das Bett losschlug und dabei an ihren Vater die Worte »Ich könnte dich umbringen« richtete, erstarrte sie vorübergehend in einer katatonischen Haltung und konnte keinen Muskel rühren. Einige Jahre zuvor hatte eine Patientin berichtet, daß sie einen katatonischen Krampf bekam, als sie mit einem Messer auf ihren Bruder losging. Sie sagte, irgend etwas habe sie aufgehalten, und sie zog sich in ein anderes Zimmer zurück, wo sie fast eine halbe Stunde unbewegt dastand. Mir war klar, daß die katatonische Reaktion die beste Möglichkeit war, sie vor dem Ausagieren ihrer mörderischen Impulse zu bewahren. Susan hatte mir erzählt, sie sei voller Haß und empfände oft einen erbitterten Zorn, ohne diese Gefühle jemals ausdrücken zu können. Ihr Körper war wie erstarrt, was sie als Betäubung erlebte.

Ich habe Haß als gefrorene Liebe beschrieben. Wir hassen nur die Menschen zutiefst, die wir einmal sehr geliebt haben, die uns aber unserem Empfinden nach betrogen haben. Haß kann jedoch auf andere, mit denen wir keine intime oder andere persönliche Beziehung haben, projiziert (übertragen) werden. Was aber Susans Fall betrifft, so war sie sich darüber im klaren, daß ihr Vater seit ihrer Kindheit ein sexuelles Interesse an ihr hatte. Auch wenn sie sich an keinen konkreten Vorfall von sexuellem Mißbrauch erinnern konnte, wußte sie, daß er sie von früher Kindheit an als Sexualobjekt betrachtet hatte. Selbst heute noch, wo sie erwachsen war, versuchte er bei ihren Familienbesuchen immer, sich an sie zu drängen. Sie erkannte, daß er verführerisch war, von Sex besessen und gleichzeitig Mädchen und Frauen verachtete, die irgendein sexuelles Gefühl zeigten. Infolge seines Verhaltens und ihrer katholischen Erziehung schämte sich Susan ihres Körpers, und jeder Ausdruck von Sexualität war ihr schrecklich peinlich. Sie konnte keine sexuellen Gefühle zulassen und schon gar nicht zeigen. Sie war depressiv und unfähig, sich zu irgendwelchen lustvollen Aktivitäten aufzuraffen. Die Wochenenden verbrachte sie größtenteils im Bett. Erst nach mehreren Jahren Therapie äußerte sie den Gedanken, daß sie so nicht weitermachen und sich umbringen könne. Mit dem Selbstmord hätte sie ihren mörderischen Haß gegen sich selbst gerichtet.

Aus diesem festgefrorenen Zustand können wir uns nur durch Hitze befreien, vor allem durch heißen Zorn. Im Gegensatz zu Zorn ist Wut kalt. Menschen, die spüren, wie im Alltagsleben oder beim Einschlagen auf das Bett Zorn in ihnen hochkommt, nehmen die Hitze des Zorns als Erregung wahr, die im Körper aufsteigt. Auch die Blutzufuhr zum Kopf wird verstärkt, so daß ein Mensch im wahrsten Sinne des Wortes »rot sehen« kann. Ein solcher Zorn ist eine positive Lebenskraft, die stark heilende Eigenschaften hat. Bei mir selbst brachte ein solcher Zorn einmal ein Ischiasleiden zum Abklingen, das mich seit Monaten geplagt hatte. Das habe ich auch bei einem meiner Patienten erlebt. Der Zorn ist eine Form von Hingabe an das körperliche Selbst und seine Gefühle.

Für mich besteht kein Zweifel daran, daß Susan aufgrund ihrer sexuellen Erziehung beinah verrückt geworden wäre. Auch wenn sie nicht körperlich mißbraucht wurde, stellte das väterliche Verhalten einen ständigen psychischen Mißbrauch ihrer Weiblichkeit dar. Sie überlebte, indem sie sich betäubte und von sämtlichen Gefühlen abschnitt. Jedes starke Gefühl hätte ihr verletzliches Ich überwältigen können. Als sie den Traum erzählte, in dem ein Wind in ihr aufstieg, fügte sie hinzu, daß er für sie einen Durchbruch bedeute. Zum ersten Mal wurde sie von ihrem Zorn weggetragen, und als er sie vom Boden hochhob, hatte sie keine Angst. In der Sitzung nach diesem Traum war sie in der Lage, mir zu erzählen, wie sehr sie meine Geduld und Unterstützung in den Jahren, in denen die Therapie nur so wenig Fortschritte machte, zu schätzen gewußt hatte. Sie konnte mir auch sagen, daß sie mir ganz warme Gefühle entgegenbrachte. Sie war zu kalt und betäubt gewesen, um die Entwicklung solcher Gefühle zuzulassen, und zu verängstigt und verletzlich, um sie zu äußern.

Es sollte betont werden, daß das Ziel von Therapie darin besteht, die Fähigkeit des Individuums, Zorn zu spüren und auszudrücken, wiederherzustellen, denn Zorn ist eine natürliche Reaktion auf Situationen, in denen man uns verletzt, bedroht oder uns unsere Freiheit nimmt. Alle Kinder haben diese Fähigkeit, um ihre Integrität und Freiheit schützen zu können. Leider zwingen die modernen Lebensumstände Eltern dazu, das Kind in seinen spontanen Impulsen zu frustrieren, was oft den Zorn des Kindes provoziert. Dann schlägt es nach den Eltern, aber trotz der Tatsache, daß seine Hiebe nicht wirklich verletzen, akzeptieren oder tolerieren nur wenige Eltern ein solches Verhalten. Die meisten Eltern halten ein zorniges Kind mit Gewalt davon ab, um sich zu schlagen, und viele bestrafen es für das ihrer Meinung nach ungehörige Verhalten. Da sie Macht über das Kind haben, weil es von ihnen abhängig ist, können sie es zwingen, seinen Zorn zu unterdrücken. Das ist äußerst traurig, denn ein Kind, daß Angst hat, seinen Eltern seinen Zorn zu zeigen, wird zum verkrüppelten Erwachsenen. Unterdrückter Zorn verschwindet nicht einfach. Kinder reagieren den verbotenen Impuls an kleineren Kindern ab und verletzen diese absichtlich. Oder das Kind, das seinen Zorn unterdrückt hat, läßt ihn als Erwachsener an seinen eigenen hilflosen Kindern aus.

Vielleicht glaubt man, die Bestrafung eines Kindes, das seinen Zorn zeigt, sei Erziehung zu sozialem Verhalten. Aber in Wirklichkeit bewirkt sie, daß die Lebensenergie des Kindes gebrochen wird und es sich Autoritäten unterwirft. Ein Kind muß die Spielregeln sozialen Verhaltens lernen, aber wir müssen dabei so vorgehen, daß seine Persönlichkeit keinen Schaden nimmt. In Japan sah ich einmal, wie ein dreijähriges Kind auf seine Mutter einschlug, die keinerlei Versuche machte, es abzuhalten oder zu maßregeln. In der traditionellen japanischen Kultur wird ein Kind bis zum sechsten Lebens-

jahr nicht kontrolliert, da sein Verhalten bis zu diesem Alter als natürlich und unschuldig gilt. Nach dem sechsten Lebensjahr wird es dann eher durch Beschämung als durch körperliche Strafen sozialisiert. Ähnlich gingen die amerikanischen Ureinwohner vor. Die Spartaner setzten ihre Kinder, die zu furchtlosen Kämpfern erzogen wurden, vor dem sechsten Lebensjahr keiner beängstigenden Situation aus, um ihre Lebensenergie zu schützen. Kinder, deren Fähigkeit, ihren Zorn auszudrücken, nicht untergraben wird, sind später keinesfalls zornige Erwachsene. Obwohl sie Temperament haben, sind sie meistens freundliche Menschen, es sei denn, sie werden mißbraucht oder angegriffen. Ihr Zorn ist im allgemeinen der Situation angemessen, weil er nicht durch ungelöste Konflikte und frühere Verletzungen angeheizt wird. Menschen, die jähzornig sind oder in die Luft gehen, haben eine ganze Menge unterdrückten Zorn in sich aufgestaut, der dicht unter der Oberfläche gärt und deswegen leicht provoziert werden kann. Zorn, der durch Provokation freigesetzt wird, trägt wenig dazu bei, den zugrundeliegenden Konflikt zu lösen, der in der Angst besteht, sich mit dem Zorn selbst zu identifizieren. Ein wirklich zorniger Mensch wird als wahnsinnig, das heißt, als verrückt betrachtet.
Viele Kinder wachsen mit der Vorstellung auf, daß Zorn moralisch verwerflich sei. Man soll verständnisvoll sein, den Standpunkt des anderen einsehen, die andere Wange hinhalten, Verzeihen üben und so weiter. Diese Philosophie hat vieles für sich, vorausgesetzt, sie macht uns nicht zum verkrüppelten oder gestörten Menschen. In den meisten Fällen bedeutet das Verständnis für den Standpunkt des anderen jedoch, sich selbst zu verleugnen, und zwar weil man Angst hat. Verzeihen ist ein Zeichen von Güte, aber wir müssen uns wirklich dafür entscheiden. Das Individuum, das nicht zornig werden kann, agiert nicht aufgrund von freien Entscheidungen, sondern aus Angst heraus. Patienten haben das Problem, daß sie ihren Zorn nicht voll und ganz ausdrücken können. William wuchs in einer religiösen Familie auf, wo man – wie er sagte – niemals zornig wurde. Auch er behauptete von sich, niemals in seinem Leben zornig gewesen zu sein. Seine Mutter hatte ihn dazu erzogen, ein Bilderbuchkind zu sein, engelhaft und lieb. Aber auch

wenn er mit seinen blondgelockten Haaren manchmal wirklich wie ein Engel aussah, war er keinesfalls lieb. Seine Persönlichkeit verriet eine verhaltene Bitterkeit. Er beklagte sich oft darüber, daß seine Arbeit und sein Liebesleben frustrierend seien. Er war enttäuscht darüber, daß er es nicht schaffte, etwas Besonderes zu werden, und als er dann das Scheitern seiner ehrgeizigen Bestrebungen akzeptierte, blieb seine Verbitterung, denn er war nicht frei von seiner Mutter, deren engelhafter kleiner Junge er immer noch war.

William hatte niemals in seinem Leben Freude empfunden. Man hatte ihm einen unmöglichen Traum aufgebürdet und ihm damit die Unschuld und Freude genommen, die normalerweise zur Kindheit gehören. Ihm kam niemals in den Sinn, daß er das Recht hatte, über diese Entbehrung zornig zu sein. Die Folge war, daß er darum kämpfte, in seiner Arbeit und seinem Sexualleben etwas Freude zu finden, aber das war unmöglich, weil Kämpfen und Freude nicht miteinander vereinbar sind.

William brauchte seinen Zorn, denn ohne die Fähigkeit, zornig zu werden, fühlte er sich zu verletzlich und hilflos, um seinen Kampf aufgeben, seine Menschlichkeit akzeptieren und seine Mutter von ihrem Thron stoßen zu können. Er mußte spüren, wie zornig er auf seine Mutter war, aber das wäre ein Sakrileg gewesen. Viele Patienten berichten, daß sie Schuldgefühle hätten, wenn sie auf die Eltern – und vor allem die Mutter – zornig wären und das auch zum Ausdruck brächten. Die meisten Mütter flößen ihren Kindern Schuldgefühle ein, wenn diese irgendwelche negativen Gefühle gegen sie hegen. Kinder spüren sehr genau, wenn ihre Mutter unglücklich ist und leidet und halten sich dann mit ihren eigenen Klagen zurück. Aber Schuld beruht auf Angst und der Unterdrückung von Zorn. Wenn einem Kind erlaubt wird, seine Gefühle frei zum Ausdruck zu bringen, behält es eine gewisse Unschuld. William war ein angepaßtes Kind gewesen, das seiner Mutter gegenüber niemals irgendwelche negativen Gefühle geäußert hatte. Nachdem seine dominierende Mutter, die sich in gewisser Weise selbst als göttlich betrachtete, ihn psychisch kastriert und impotent gemacht hatte, wurde er zu ihrem kleinen Engel.

Patienten, die ihren Zorn entdecken, berichten, daß sie ein Machtgefühl empfinden. Aber den Zorn eines Menschen zu aktivieren, ist in den meisten Fällen ebenso schwierig, wie ihm zu einem tiefen Weinen zu verhelfen. Beide Gefühle erfordern, daß wir uns dem Körper hingeben, und das steht der gesellschaftlichen Forderung entgegen, unsere Gefühle unter Kontrolle zu halten. Wir können uns dem Körper aber nicht durch Worte hingeben. Um Zorn zu spüren, müssen wir die Erregungswelle fühlen, die im Rücken hochsteigt und in die Arme fließt, die die wichtigsten körperlichen Instrumente für Aggression sind. Das erleben die meisten Patienten nur dann, wenn die Muskelverspannungen im oberen Rücken und in den Armen abnehmen. Diese Verspannungen können wir nur durch angemessene körperliche Aktionen abbauen, wie auf ein Bett einschlagen, ein Handtuch zusammendrehen oder hineinbeißen oder kratzende Bewegungen machen. Die wichtigste Aktion ist das Einschlagen auf ein Bett. Dazu leite ich die Patienten in meiner Praxis immer dann an, wenn sie sich darüber beklagen, was ihnen angetan wird, oder wenn sie spüren, wie sie als Kind gequält wurden. Ich empfehle ihnen auch, zu Hause mit dem Schlagen fortzufahren, um sich von ihren Aggressionen zu befreien. Ich habe diese Übung im Laufe der Jahre selbst immer wieder gemacht, damit meine Arme sich fließend bewegen und ich diese Beweglichkeit halten kann, denn sie ist für den freien und mühelosen Ausdruck von Zorn ganz wesentlich. Wir sollten immer im Stehen schlagen, damit wir spüren können, wie unsere Füße Kontakt zum Boden haben. Es ist absurd, im Knien zu schlagen, denn Knien ist eine Position der Unterwerfung.

In unserer Gesellschaft machen Kinder ihre Eltern oft verrückt, weil sie sich nicht bändigen lassen. Ursache für diese Situation ist einmal die Reizüberflutung der Kinder durch die Fülle von aufregenden Dingen im Supermarkt und zu Hause. Zum anderen beruht sie auf der Tatsache, daß Eltern unter einem beträchtlichen Druck stehen, um zu Hause oder in ihrem Leben überhaupt eine gewisse Ordnung aufrechtzuerhalten. Auch sie werden von den Reizen ihrer Umgebung überflutet. Die wachsende Spannung der Eltern entlädt sich oft dadurch, daß sie das Kind körperlich bestrafen. Wenn sie ihren

Zorn dann an den Kindern ausgelassen haben, tut es ihnen anschließend vielleicht leid, und sie haben Schuldgefühle, aber der Schaden ist nicht mehr rückgängig zu machen. Reich hat vorgeschlagen, Eltern sollten in solchen Situationen in ihr Schlafzimmer gehen und ihren Zorn herauslassen, indem sie auf das Bett einprügeln anstatt auf das Kind. Ich habe diesen Rat an alle meine Patienten weitergegeben. So können Eltern sich von ihrem Druck befreien und dabei das Kind verschonen.

Meine Patienten benutzen diese Übung auch zu Hause, um sich von dem Ärger zu befreien, den sie in einer akuten Situation nicht äußern konnten, oder den sie erst fühlten, nachdem die Situation schon vorbei war. Letzteres geschieht oft. Wir gehen aus einer Situation heraus, in der uns etwas gestört hat, und merken erst später, wie zornig wir über die stattgefundenen Ereignisse sind. Manchmal können wir das der Person, die unseren Zorn ausgelöst hat, auch anschließend noch sagen, aber in vielen Fällen ist es zu spät. Dann bleiben wir auf unserem Ärger sitzen, und er macht uns so lange zu schaffen, bis wir ihn herauslassen können. Wenn wir unserem Zorn Luft machen, indem wir auf ein Bett einschlagen, hilft uns das sehr, unsere Integrität und unser Gleichgewicht wieder herzustellen. Wir müssen unsere Gefühle nicht an anderen abreagieren, um den Druck loszuwerden. Wenn wir unseren Zorn ausdrücken, indem wir auf ein Bett einschlagen, stellt sich das Machtgefühl wieder ein, das uns in der akuten Situation verloren gegangen ist.

Zu Beginn der Therapie berichten viele Patienten, daß sie bei dieser Übung keinerlei Zorn verspüren. Ihre Bewegungen sind zu mechanisch. Und trotzdem hat jeder von ihnen berechtigte Gründe, zornig zu sein über das, was ihm als Kind angetan wurde. Aber auch wenn Patienten das erkennen, gerät ihr Blut nicht in Wallung, weil die Verspannungen, die den Ärger unterdrücken, nicht aufgelöst wurden. Das wiederum geschieht nur, wenn der Patient sich wirklich Mühe gibt, den ganzen Körper an der Aktion zu beteiligen. Es liegt in der Natur von Emotionen, daß wir sie nur spüren, wenn die Erregung den ganzen Körper durchflutet. Das bedeutet, daß die Arme so hoch über den Kopf gestreckt werden müssen, daß die Schultergelenke gedehnt werden. Ich sage meinen Patienten immer, sie sollen nach einem Blitzstrahl greifen. Aber damit der ganze Körper an der Dehnung beteiligt ist, muß sie vom Boden ausgehen. Dazu beugen wir die Knie, heben die Fersen leicht vom Boden, strecken von den Ballen aus den ganzen Körper nach oben und lehnen uns zurück. Dann ist der Körper gespannt wie ein Bogen, der unten in den Fußballen und oben in den Fäusten verankert ist.

Wenn wir diese Position einnehmen können, ist das Schlagen eine frei fließende Bewegung und nicht anstrengender als das Abschießen eines Pfeils. Die Kraft des Pfeils beruht auf der Spannung des Bogens. Und nach dem gleichen Prinzip hängt die Kraft des Schlagens vom Ausmaß der körperlichen Dehnung ab. Das deckt sich mit einem physiologischen Gesetz, welches besagt, daß die Stärke einer muskulären Kontraktion genau dem Ausmaß der muskulären Dehnung entspricht. Den meisten Menschen fällt es nicht leicht, beim Einschlagen auf das Bett zu dieser Beweglichkeit zu finden. Die Verspannungen der Schultermuskeln, zwischen Schultern und Schulterblättern sowie zwischen Schulterblättern und Wirbelsäule sind in vielen Fällen enorm. Sie weisen darauf hin, wie stark der Ausdruck von Zorn blockiert ist. Wenn wir diese Übung einsetzen, müssen wir die Verspannungen mit dem psychischen Problem der Schuld in Verbindung bringen. Dieser Zusammenhang kann jedoch leichter hergestellt werden, wenn ein Mensch seinen Zorn erst einmal erlebt hat. Joan zum Beispiel wurde im Verlauf ihrer Therapie bewußt, daß Männer sie mißbraucht haben. Sie hatten sie sexuell benutzt. Diese Tatsache konnte sie zurückverfolgen bis zu der Beziehung zu ihrem Vater, der sich ihr gegenüber wie ein Verführer verhalten und sie gleichzeitig seinen Freunden im örtlichen Club vorgeführt hatte. Diese Erlebnisse mit der körperlichen Ebene zu verbinden, zunächst durch Weinen und Atmen, dann durch Erden und Schlagen, vermittelte ihr ein Selbstgefühl, das den Zorn stützte. Als sie voller Zorn auf das Bett einschlug, erwähnte sie, daß sie spüren könne, wie die Wärme in ihrem Rücken hochstieg. Sie fügte hinzu: »Es fühlt sich gut an, einen Rücken zu haben und das Rückgrat zu spüren.«

Nach dieser Übung konnte sie verstehen, warum sie ihren Zorn unterdrückt hatte. Sie erzählte: »Wenn ich zornig wurde, geriet mein Vater in Wut, und meine Mutter machte mir Vorwürfe. So lernte ich, mir selbst Vorwürfe zu machen, wenn ich auf andere ärgerlich war oder mich gegen sie wandte. Ich wollte ein ›guter‹ Mensch sein. Das war die Idealvorstellung meiner Mutter. Ich war als junges Mädchen sehr religiös, und das Ziel, ein guter Mensch zu sein, gab meinem Leben einen Sinn. Wenn ich zu meiner Mutter frech war, hatte ich Schuldgefühle und bekannte meine Sünde. Das war meine Art zu überleben, aber ich wurde dabei zum Krüppel. Wenn ich auf das Bett einschlage, habe ich ein Machtgefühl.«

In Workshops, in denen sich die Gruppe an sämtlichen Aktivitäten beteiligt, können die Teilnehmerinnen und Teilnehmer ziemlich schnell dazu gebracht werden, ihre Wut herauszulassen. Hier werden alle Gefühle durch die Erregung verstärkt, die die ganze Gruppe erfaßt, wenn ein Mitglied nach dem anderen starke Emotionen zum Ausdruck bringt. Wenn also ein Individuum voll Zorn auf das Bett einschlägt, sind die anderen motiviert, es ihm gleichzutun. Einer nach dem anderen schlagen sie zu und geraten wegen all der traumatischen Erfahrungen in ihrer Kindheit in Wut auf ihre Eltern. In fast allen Fällen ist diese Wut mörderisch, aber sie verraucht schnell, und der einzelne fühlt sich erleichtert. Bei dieser kathartischen Erleichterung spürt man, wie zornig man ist, ohne daß der Zorn sich entlädt. Der Zorn wird erst dann ganz freigesetzt, wenn die Verspannungen in den Muskeln des oberen Rückens und der Schultern, die die Unterdrückung bewirken, aufgelöst sind.

Wir müssen verstehen, daß der Zorn, auch wenn er sich auf die Vergangenheit bezieht, direkt auf der chronischen Muskelverspannung beruht, die den Organismus behindert und in seiner Bewegungsfreiheit einschränkt. Zorn ist die natürliche Reaktion auf den Verlust von Freiheit. Das bedeutet, daß sämtliche chronischen Muskelverspannungen im Körper mit Zorn im Zusammenhang stehen. Wenn wir die Verspannungen nicht spüren, empfinden wir natürlich auch keinen Zorn. Wir akzeptieren die Einschränkung unseres Bewegungsspielraums und den Freiheitsverlust als etwas Normales, ganz ähnlich wie ein Sklave, der seine Sklaverei ohne Zorn hin-

nimmt. Wenn wir aber die Verspannungen erst einmal spüren und begreifen, wird uns bewußt, wie zornig wir wirklich sind. Uns wird auch klar, daß das Einschlagen auf das Bett keine einmalige Übung ist. Sie wird vielmehr sowohl in den Therapiesitzungen als auch – wenn möglich – zu Hause regelmäßig wiederholt, bis Arme und Schultern sich frei bewegen können und die Fähigkeit, unserem Zorn Ausdruck zu verleihen, vollkommen wiederhergestellt ist.
Zorn kann auch durch die Stimme und mit Worten oder durch einen Blick zum Ausdruck gebracht werden. Aber ihren Zorn in dieser Form zu zeigen, fällt den Menschen ebenso schwer wie zu schlagen. Damit unser Zorn durch einen Blick deutlich werden kann, müssen wir ihn im ganzen Körper spüren, so daß die Erregungswelle bis in die Augen steigt. Bei manchen Menschen funkeln die Augen, wenn sie sehr zornig sind. Kalte, böse Augen sind feindselig, nicht zornig, während dunkle, schwarze Augen eher von Haß als von Zorn zeugen. Wir können auch Worte benutzen, um zu vermitteln, daß wir zornig sind, aber solche Worte drücken nur dann Zorn aus, wenn sie in einem zornigen Ton geäußert werden. Wir können einen kurzen, scharfen Ton, ein lautes Brüllen oder einen Schrei von uns geben. Damit der Zorn wirklich zum Ausdruck kommt, muß der Ton der Situation angemessen sein. Schreien und Brüllen zum Beispiel drücken oft eher Wut und Frustration als Zorn aus. Wir sollten immer daran denken, daß Zorn kein legitimes Mittel ist, andere zu kontrollieren, sondern dazu dient, die eigene Integrität und das eigene Wohlbefinden zu sichern. Als Erwachsene brauchen wir im allgemeinen nicht zu schreien, zu brüllen oder auf jemanden einzuschlagen, um unseren Zorn auszudrücken. Wir können das ganz ruhig tun, vorausgesetzt, wir spüren unseren Zorn deutlich. Die oben erwähnte Übung wurde entwickelt, um Patienten zu helfen, ihren Zorn wahrzunehmen, so frei zu werden, daß sie ihn ausdrücken können, und dann zu lernen, ihn für sich zu behalten und zu kontrollieren. Bewußte Kontrolle beruht auf der bewußten Wahrnehmung von Gefühlen.
Bei meiner Arbeit mit Reich wurde mir klar, daß ich meinen Zorn nur begrenzt ausdrücken konnte. Ich neigte dazu, Konfrontationen aus dem Weg zu gehen und mich bei Streit zurückzuziehen, es sei

denn, ich wurde an die Wand gedrängt. Ich spürte, daß ich ziemlich viel Angst in mir hatte, von der ich nur frei werden konnte, wenn ich kämpfen lernte. Diese Angst war verantwortlich dafür, daß ich mir die Freude, die ich in meiner Therapie mit Reich erfuhr, nicht erhalten konnte. Als ich an der Universität von Genf Medizin studierte, machte ich es mir zur Gewohnheit, jeden Morgen auf das Bett einzuschlagen. Dieser Übung verdanke ich es, daß die Angst, die ich sonst vor dem Studium und den Prüfungen in einer fremden Sprache gehabt hätte, stark abnahm. Die Übung hatte auch insgesamt eine positive Wirkung auf meine Gesundheit und meine Stimmung und sorgte dafür, daß mein Aufenthalt in Genf erfreulich verlief.

Als ich in die Vereinigten Staaten zurückkehrte und mit der Entwicklung der bioenergetischen Analyse begann, setzte ich die Übung regelmäßig jeden Morgen fort. Ich schlug zu, wie bei der oben beschriebenen Übung, wo beide Arme über den Kopf genommen werden und der Schlag mit beiden Fäusten ausgeführt wird, begann aber auch, abwechselnd mit der einen und der anderen Faust zuzuschlagen, wie beim Boxen und Kämpfen. Bei dieser Übung spürte ich, daß mein rechter Arm stark war und gut zuschlagen konnte, während mein linker Arm diese Bewegung nur schwach und ungeschickt ausführte. Ich konnte die Verspannungen in meiner linken Schulter fühlen. Sie mußten aufgelöst werden, was nach und nach auch gelang. Ich brachte sogar einen Sandsack für Boxer im Keller meines Hauses an, damit ich wirklich kräftig zuschlagen konnte. Aber diese Übung half mir nicht viel weiter. Ich wollte ja niemanden verletzen und war auch nicht zornig. Ich wollte meine Arme lockern und wieder kämpfen lernen. Wenn ich das erreichte, würde es mir nicht schwerfallen, meinen Zorn angemessen auszudrücken.

Später erfuhr ich, warum ich meinen Zorn zu der Zeit nicht spüren konnte. Er saß in meinem oberen Rücken fest, einem Körperbereich, mit dem ich damals nicht in Berührung war. Das wurde mir bewußt, als ich mir einige Videos von meiner Arbeit mit Patienten anschaute. Ich sah, daß ich mich nach vorne beugte und mein oberer Rücken rund war. Ich war unglücklich darüber, daß ich nicht mit erhobenem Kopf gerade stehen konnte. Ich hatte mich gelegentlich als einen zornigen Menschen bezeichnet, aber ich rechtfertigte meinen Zorn mit der sinnlosen Zerstörung von Natur und Umwelt, die mich auch wirklich zornig machte. Es erfüllte mich mit Zorn, daß die Menschen gegenüber ihrer eigenen Lebenswelt so blind waren. Aber mein Zorn hatte noch tiefere Wurzeln, und ich hatte bislang gezögert, mich damit zu konfrontieren. Ich hatte versucht, der Welt zu beweisen, daß ich mit meiner Sicht der Dinge recht hatte, daß ich es besser wußte und andere das einsehen mußten. Aber Rechthaberei, Überlegenheitsgefühle und Erfolg führen nicht zu Freude, sondern nur zu fortgesetztem Kampf. Und ich war zornig darüber, daß ich, um überleben zu können, in diese Position gedrängt worden war.

Das war kein gesunder Zorn, und es war nicht nötig, daß ich jemanden schlug, etwas zerschmetterte oder herumwütete. Ich mußte mein Versagen akzeptieren, meinen Ehrgeiz aufgeben, mich erkennen und akzeptieren. Dann würde ich einer freier Mensch sein und kein zorniger. Nichts von alledem geschah über Nacht. Alte Verhaltensmuster und Lebensweisen verändern sich nur sehr langsam, aber auch dieser langsame Wandel kann dramatische Aspekte haben. Eines Abends, als ich massiert wurde, erklärte ich dem Masseur, daß ich im oberen Rücken ziemlich verspannt sei, was mit der Tatsache zusammenhinge, daß viel Zorn in mir stecke. Dann sagte ich, ohne weiter nachzudenken: »Aber ich muß nicht länger zornig sein.« Bei diesen Worten spürte ich, wie mein Rücken sich tatsächlich »fallen ließ«, als ob eine Last von ihm genommen würde. Das war eine erstaunliche Erfahrung, und seit dem Tag spüre ich, daß ich aufrechter stehe.

Seitdem ich mich nicht mehr ständig empöre, stelle ich fest, daß ich viel weicher, geduldiger und umgänglicher geworden bin. Aber so merkwürdig das scheinen mag, meine Fähigkeit, zornig zu werden und zu kämpfen, ist enorm gewachsen. Wenn ich den Zorn erst einmal zum Ausdruck gebracht habe, ist er verflogen. Ein zorniger Mensch ist ein angespannter Mensch, und das heißt auch, daß ein verspannter Mensch zornig ist. Wenn die Verspannungen chronisch sind, ist der Betroffene sich seines Zornes nicht bewußt, obwohl

dieser in Form von Gereiztheit bei der geringsten Frustration oder Wutausbrüchen bei größeren Anlässen zutage treten kann. Da jedoch, wo es nötig wäre, wird er nicht angemessen geäußert. Aber Zorn kann auch als selbstzerstörerisches Verhalten gegen die eigene Person gerichtet werden, oder er wird verleugnet, und dann verhalten sich Menschen passiv und unterwürfig.
Gesunde Kinder fühlen ihren Zorn schnell und schlagen um sich, wenn sie verletzt oder frustriert sind. Wenn wir älter werden, können wir unseren Zorn da, wo es angemessen erscheint, für uns behalten und müssen nicht sofort danach handeln. Außerdem können wir, wie oben bereits erwähnt, unseren Zorn mit Blicken oder Worten ausdrücken, ohne daß körperliche Aktionen notwendig sind. Die Fähigkeit, Zorn für sich zu behalten, ist das Gegenstück zur Fähigkeit, unseren Zorn wirksam auszudrücken. Die bewußte Kontrolle, die für die Bewahrung des Zorns notwendig ist, entspricht der Koordination und Beweglichkeit, mit der wir Zorn aktiv zum Ausdruck bringen. Deswegen kann ein Mensch die Fähigkeit zur Kontrolle von Gefühlen erst dann entwickeln, wenn er auch imstande ist, diese auszudrücken. Das Einschlagen auf das Bett ist eine Übung, die beiden Zwecken dienen kann.
Die Fähigkeit, Gefühle für sich zu behalten und zu kontrollieren, entwickelt sich, wenn wir lernen, die Erregung auf einer hohen Ebene zu halten, bevor wir sie entladen. Diese Fähigkeit haben nur Erwachsene. Kinder haben nicht die Ich-Stärke oder ein entsprechend entwickeltes Muskelsystem, um eine starke energetische Aufladung halten zu können. Wenn gesunde Kinder verletzt werden, flammt ihr Zorn sofort auf und wird direkt zum Ausdruck gebracht. Erwachsene sollten imstande sein, ihren Zorn solange für sich zu behalten, bis er zur richtigen Zeit und am richtigen Ort zum Ausdruck gebracht werden kann. Um den Zorn während des Schlagens zu halten, bleibt man zwei, drei Atemzüge lang in der Position des gespannten Bogens stehen. Das Kinn wird vorgeschoben, um die aggressiven Gefühle zu mobilisieren, und die Augen sind offen. In dieser Haltung atmet man tief durch den Mund, während die Ellenbogen und Arme für den Schlag nach hinten gezogen werden. Statt den Schlag jedoch auszuführen, atmet man leicht aus und löst

die Spannung in Armen und Schultern. Mit dem zweiten Einatmen streckt man sich noch etwas mehr und läßt beim Ausatmen wieder los. Wenn man dann zum dritten Mal einatmet, streckt man die Arme so weit es geht nach oben, hält den Atem und die Dehnung ein paar Augenblicke und läßt dann den Schlag nach unten wie von selbst geschehen. Wenn wir so zuschlagen, ist damit keinerlei Anstrengung verbunden. Bemühen wir uns aber, kräftig zuzuschlagen, verspannen wir uns, und die Bewegung verliert an Fluß und Wirksamkeit. Es ist wichtig, daß die Ellenbogen sich beim Strecken des Körpers so dicht wie möglich am Kopf befinden, damit die Muskeln zwischen den Schultern beteiligt und mobilisiert werden. Werden die Ellenbogen zu weit auseinander gehalten, bleibt die Bewegung auf die Arme beschränkt, und die Verspannungen im oberen Rücken lösen sich nicht. Fast alle Patienten brauchen viel Übung, um die Bewegungen so zu koordinieren, daß die Arme frei und leicht schwingen und der ganze Körper an der Bewegung beteiligt ist. Wenn sie dahin gelangen, empfinden sie das Schlagen als lustvoll und befriedigend.

Diese Übung ist meiner Meinung nach das effektivste Mittel zum Abbau der Muskelverspannungen in den Schultern und im oberen Rücken, über die so viele Menschen klagen. Ich habe sie mit Erfolg für die Behandlung der Taubheit und des Kribbelns in Armen und Händen eingesetzt, die Folge eines eingeklemmten Nervs im Arm sind. Dieser Nerv verläuft bei seinem Eintritt in den Arm durch ein Dreieck am unteren Ende des Nackens. Die Verspannung der Muskeln, die dieses Dreieck umschließen, vor allem im vorderen Scalenus, sind verantwortlich für ein Leiden, das oft als Scalenus-anterior-Syndrom (Kompression der Arterie unter dem Schlüsselbein und verschiedener Nerven aufgrund einer Verspannung des Scalenus-anterior-Muskels) bezeichnet wird. Man muß beim Zuschlagen keinen Zorn empfinden. So wie Preisboxer im Rahmen ihres Trainings Schlagen üben und Spaß daran haben, können auch wir es genießen, wenn wir unseren Körper für die Ausübung natürlicher Funktionen einsetzen. Ich ermutige meine Patienten, das Einschlagen auf ein Bett in ihr tägliches Körperübungsprogramm aufzunehmen. Fast alle berichten von positiven Reaktionen.

Wird die Übung jedoch therapeutisch eingesetzt, damit ein Mensch seinen Zorn wieder spüren und ausdrücken kann, sollte sie von Worten begleitet werden. Die Worte objektivieren das Gefühl und gestalten das Handeln konzentrierter. Wenn wir beim Einschlagen auf das Bett sagen: »Ich bin so zornig«, bringen wir Geist und körperliche Handlung in Einklang. Auch hier spiegelt der Tonfall der Stimme die Qualität der Erfahrung wider und bestimmt diese. Wenn ein Mensch heftig zuschlägt, aber leise spricht, weist das auf eine Spaltung in seiner Persönlichkeit hin. Durch Einsatz der Stimme kommt der zentrale Kanal des Körpers ins Schwingen, was die energetische Aufladung des Handelns beträchtlich verstärkt. Den Japanern ist dieser Effekt seit langem vertraut, und sie benutzen laute Töne, um eine kraftvolle Aktion noch wirksamer zu machen. So können sie ein massives Stück Holz mit einem Handschlag spalten, wenn sie im Augenblick des Zuschlagens ein kräftiges »Ha« von sich geben. Wie stark wir unseren Zorn spüren, hängt davon ab, mit welcher Kraft wir die Worte »Ich bin zornig« äußern. Diese Wirkung beruht nicht auf der Lautstärke des Tones, sondern auf seiner Vibration und Intensität. Wenn wir ruhig, aber intensiv sagen: »Ich bin zornig«, so hat das Gefühl eine stärkere Aufladung, als wenn wir laut brüllen.

Wenn ein Patient auf das Bett einschlägt und dabei sagt: »Ich bin so zornig«, frage ich oft: »Wie zornig?« »So« ist eine unbestimmte Bezeichnung. Wenn man so zornig ist, was könnte man dann tun? Die Reaktion von Patienten auf diese Frage sagt etwas über ihre Fähigkeit aus, Zorn zu spüren und auszudrücken. Einige sagen: »Ich könnte dich umbringen«, aber viele haben Angst, sich so heftig zu äußern. Manche benutzen diesen Satz spontan, wenn sie die Übung in meiner Praxis machen. Andere wichtige Äußerungen sind: »Ich könnte dich fertigmachen«, – »Ich könnte dich schlagen« und »Du hast mir weh getan.« Die Worte, die ein Patient ausspricht, während er diese Übung macht, sowie der Tonfall, in dem er sie äußert, sind Wasser auf die analytische Mühle. Wir können darüber sprechen, welche Gefühle sein Ausbruch bei ihm auslöst, und von seiner Angst erfahren, er könne in die Tat umsetzen, was er da sagt. Hatte er solche Ängste als Kind? Hat er sich jemals gewünscht, sein Vater oder seine Mutter wären tot? Die vollständige Analyse seines persönlichen Hintergrunds ist für die Verarbeitung seiner emotionalen Probleme von grundlegender Bedeutung.

Wenn Patienten auf das Bett einschlagen, sagen sie auch häufig: »Leck mich am Arsch.« Ich finde es merkwürdig, daß manche Menschen diesen Satz als Ausdruck von Zorn verstehen. Das empfinde ich nicht so. Für mich drückt er eher Verachtung und Hohn aus als Zorn. Zorn ist, wie oben bereits erwähnt, eine positive Emotion, die grundsätzlich darauf abzielt, die guten Gefühle in einer Beziehung wieder herzustellen. Durch Gemeinheiten aber wird der andere erniedrigt und der Weg zu positiven Gefühlen versperrt. Selbst die Äußerung »Ich könnte dich umbringen« besagt nicht zwangsläufig, daß danach auch gehandelt wird, sondern zeigt die Intensität des empfundenen Zornes. Von Gemeinheiten rate ich zwar ab, glaube aber, daß Flüche wie »Zum Teufel mit dir!« ein sinnvoller Ausdruck von Zorn sind.

Ein andere Übung, die ich in Gruppen mache, besteht darin, daß ich die Teilnehmerinnen und Teilnehmer auffordere, ihren Zorn gegen mich zu richten. Bei dieser Übung sitzt die Gruppe im Kreis. Während ich mich nacheinander vor jeden Teilnehmer hinstelle oder -hocke, fordere ich ihn auf, die Hände auszustrecken und zu Fäusten zu ballen, sein Kinn vorzustrecken, die Augen weit zu öffnen, seine Fäuste gegen mich zu schütteln und dabei zu sagen: »Ich könnte dich umbringen.« Diese Übung soll den Teilnehmern helfen, einen Ausdruck von Zorn in ihre Augen zu bringen, was den meisten Menschen sehr schwerfällt. Wenn jemand einwendet, er sei nicht ärgerlich auf mich, sage ich ihm, er solle die Sache nicht persönlich nehmen. Spielen wir doch einmal als ob, denn Schauspieler sollten imstande sein, reale Gefühle in ihr Spiel einzubringen. Mit meiner Ermutigung und Unterstützung der Gruppe können fast sämtliche Teilnehmer spüren, wie sie mehr oder weniger wirklich zornig werden. Ich bin niemals tätlich angegriffen worden, aber ich halte auch entsprechend Abstand und bin außerdem dadurch geschützt, daß die Gruppenmitglieder sitzen.

Wenn ich diese Übung allein mache, spüre ich sofort, wie sich meine Nacken- und Kopfhaare aufrichten. Meine Ohren legen sich zurück, mein Mund verzieht sich zu einem Knurren, und ich spüre, daß es mir leicht fiele, jemanden anzugreifen. Wenn ich diese Miene wieder loslasse, verblaßt auch das Gefühl sofort. Das bringt mich zu der Überzeugung, daß das Gefühl identisch ist mit der Aktivierung der entsprechenden Muskulatur. Die Unfähigkeit mancher Menschen, ihre Muskeln zu mobilisieren, ist verantwortlich dafür, daß sie keinen Zorn empfinden. Das gilt auch für das Weinen: Die Unfähigkeit, die Muskeln zu aktivieren, die weinende Töne produzieren, erschwert es ihnen sehr, ihre Traurigkeit zu fühlen.

Die Augen spielen eine wichtige Rolle beim Empfinden von Zorn. Ich habe festgestellt, daß Menschen, deren Augen relativ leblos, das heißt, trübe und ohne jedes Leuchten sind, große Schwierigkeiten haben, Zorn zu empfinden. Ich hatte einen Patienten, für den das zutraf. Es war sehr schwer, ihn zu irgendeinem starken Gefühl zu bewegen. Er war sehr klug und sehr kontrolliert in dem, was er tat oder sagte. Diese Eigenschaft verhalf ihm beruflich zwar zu Erfolg, führte aber dazu, daß er depressiv wurde. Er litt unter Kopfschmerzen und fühlte sich oft erschöpft. Grund dafür war die enorme Anstrengung, die eine solche Kontrolle erfordert. Als er einmal auf dem Bett lag, legte ich zwei Finger meiner rechten Hand auf seinen Hinterkopf und zwar in Höhe des visuellen Zentrums im Gehirn. Meine linke Hand lag auf seiner Stirn, um seinen Kopf zu stützen. Während ich mit meinen beiden Finger kräftig gegen seinen Schädelrand drückte, bat ich ihn, seine Augen weit zu öffnen und sich das Gesicht seiner Mutter vorzustellen. Als er meiner Aufforderung nachkam, begannen seinen Augen zu blitzen, und ein heißer Zorn stieg in ihm auf. Er wollte sie umbringen. Ich war erstaunt darüber, wie gewandelt er aus dieser Übung hervorkam. Er sah fünfzehn Jahre jünger aus, und sein Gesicht war so lebendig, wie ich es nie zuvor an ihm gesehen hatte. Seine Erschöpfung war wie weggeblasen. Er fühlte sich voller Energie. Er sagte mir, er habe, als er das Bild seiner Mutter betrachtete, einen Ausdruck von Haß in ihren Augen gesehen, und das hatte seinen Zorn ausgelöst. Er war voller Hoffnung, einen wichtigen Durchbruch erlebt zu haben, der zu einer dauerhaften Wandlung führte, aber das war nicht der Fall. Als er in der folgenden Woche zur nächsten Sitzung kam, war

er wieder erschöpft und kontrolliert. Er hatte eine Vorstellung davon bekommen, wie er sein konnte, wenn er seine Gefühle voll mobilisierte, aber die Verwirklichung dieser Vorstellung sollte noch viel Zeit brauchen. Er konnte immer noch nicht frei weinen.
Jeder kontrahierte Muskel, jede Erstarrung im Körper birgt Impulse von Zorn und damit, grundsätzlich gesehen, die Aggression, die nötig ist, um die Integrität und Freiheit des Körpers wiederherzustellen. Arme und Hände sind unsere wichtigsten aggressiven Organe, und das Kind lernt bereits sehr früh im Leben, sie zu benutzen, um seinem Zorn Ausdruck zu verleihen. Aber Schlagen ist nicht der einzige Ausdruck von Zorn. Wir können auch kratzen, was viele Kinder tun. Mädchen und Frauen drücken ihren Zorn eher durch Kratzen aus, was vielleicht einer der Gründe dafür ist, daß wir sie mit Katzen vergleichen. Um Patienten zu helfen, die Energie und das Gefühl in ihren Augen zu mobilisieren, beuge ich mich oft über sie, während sie auf dem Bett liegen, und weise sie an, mir in die Augen zu schauen. Ich kann den Ausdruck meiner Augen bewußt verändern und von einem weichen zu einem harten oder von einem spöttischen zu einem kalten Blick überwechseln. Die meisten Patienten gehen auf dieses Mienenspiel ein. Wenn ich einen verführerischen und höhnischen oder einen sehr feindseligen Ausdruck in meine Augen bringe, krallen die Frauen oft ihre Hände vor dem Gesicht und sagen: »Ich kratze dir die Augen aus.« Wir sollten niemals unterschätzen, wie sehr Blicke einem Kind Angst einjagen können.
Die dritte Möglichkeit für das Kind, seinen Ärger auszudrücken, ist Beißen. Einige kleine Kinder sind Beißer, was ihnen von seiten der Eltern fast immer strenge Verweise einbringt. Schlagen kann, auch wenn es nicht akzeptiert wird, noch toleriert werden, Beißen aber wird nicht geduldet, denn es löst bei Menschen eine ganz primitive Angst aus. Ein Kind, das beißt, gilt als wildes Tier, das gezähmt werden muß. Wir müssen jedoch begreifen, daß Beißen ein ganz natürlicher Impuls ist, und daß wir das Kind am besten durch Erziehung, nicht durch Strafe, anleiten, diesen Impuls zu beherrschen. Einige Eltern gehen so weit, das Kind ebenfalls zu beißen, damit es zu spüren bekommt, wie weh das tut. Aber sie

wollen dem Kind damit auch Angst einjagen, damit es nie wieder beißt. Die Angst, zuzubeißen, prägt sich dann der Persönlichkeit in Form von chronischen Kieferverspannungen fest ein. Wir haben in Kapitel III gesehen, daß auch die Unfähigkeit zu weinen mit dieser Verspannung zusammenhängt. Sie ist die bei Menschen am häufigsten auftretende Form von Verspannung, die verantwortlich ist für Kiefergelenkschmerzen, Zähneknirschen und meiner Meinung nach auch für Schwerhörigkeit. Eine starke Verspannung der Kiefermuskeln kann sowohl das Seh- als auch das Hörvermögen beeinträchtigen. Verspannungen in den Kiefern weisen darauf hin, daß wir festhalten. Wir drücken damit aus, daß wir entschlossen sind, nicht loszulassen, nicht aufzugeben und uns nicht hinzugeben. Bei manchen Patienten hat das Kinn einen grimmigen Ausdruck, als ob sie festhalten müßten, weil es um ihr Leben geht.

Entspannungsübungen können hier zwar lindernd wirken, aber die direkteste Lösung dieses Problems besteht darin, daß wir den Patienten ermutigen zu beißen. Ich lasse Patienten in ein Handtuch beißen. Manchmal löst das beträchtliche Schmerzen in den verspannten Kiefermuskeln aus, aber dieser Schmerz vergeht, sobald sie mit dem Beißen aufhören. Er ist kein negatives Zeichen. Der Patient versucht stark verkrampfte Muskeln zu bewegen, was zwangsläufig weh tut. Aber wenn er zu Hause seine Kiefermuskeln trainiert, indem er beißt und den Unterkiefer vor und zurück und hin und her bewegt, werden die Muskeln weicher, und der Schmerz klingt ab. Auch das nächtliche Zähneknirschen hört auf, und der Patient stellt fest, daß er seinen Mund weiter und freier öffnen kann als früher.

Manchmal spiele ich mit Patienten Tauziehen. Jeder von uns beißt mit den Backenzähnen fest in das Ende eines Handtuchs, und dann versuchen wir wie zwei Hunde, uns das Handtuch gegenseitig wegzuziehen. Wenn wir dabei mit den Backenzähnen zubeißen, besteht für die Zähne keine Gefahr. Bei dieser Übung können wir meistens spüren, wie sich die Verspannung vom Kiefergelenk bis zum unteren Bereich des Kopfes erstreckt. Diese Verspannung, die die Schädelbasis einkreist und bis in das Kiefergelenk reicht, bildet den Hauptwiderstand gegen Hingabe. Mit Hilfe dieses Mechanismus hält ein Mensch fest, um zu kontrollieren. Er hindert ihn daran, seine Kopflastigkeit und damit die Ich-Kontrolle aufzugeben. Wird diese Kontrolle bewußt ausgeübt, ist sie positiv, aber sie ist fast immer unbewußt, und das heißt, wir halten fest, weil wir Angst haben. Leider ist auch die Furcht unbewußt, so daß wir das Problem auf verbalem Weg nicht angehen können. Eine der Befürchtungen ist, man könnte, wenn man bei einem Kampf den Kopf verliert, seinen Gegner beißen oder vielleicht töten. Die Behandlung dieser Angst werde ich in einem späteren Kapitel erörtern.

Es dauert im therapeutischen Prozeß oft einige Zeit, bis der Patient spürt oder darauf stößt, daß er Probleme mit seinem Zorn hat. Menschen glauben, sie hätten keine Schwierigkeiten, zornig zu werden, weil man sie leicht reizen kann oder weil sie schnell einen Wutanfall bekommen. Nach einem Jahr Therapie stellte David fest: »Zorn kommt bei mir nicht leicht hoch. Ich muß erst heftig provoziert oder an die Wand gedrängt werden, bevor ich ihn herauslasse.« Vor dieser Bemerkung hatte er sich über starke Verspannungen in dem Bereich zwischen Schultern und Nacken beklagt. Da er ein aktiver junger Mann war, überraschte ihn das. Er sagte: »Beim Holzhacken habe ich diese Verspannungen nie gespürt.« Wenn ein Mensch in irgendeinem Bereich seines Körpers unter chronischen Muskelverspannungen leidet, bewegt er sich so, daß er dem Schmerz dieser Verspannungen ausweicht. Kommen wir dann durch die bioenergetischen Übungen mit unserem Körper in Berührung, werden uns diese Verspannungen bewußt. David sagte: »Diese Woche fühlen sich meine Kiefer an wie nach hinten gedrückt. Die Muskeln, die von meinen Kiefern zu Nacken und Schultern verlaufen, sind völlig verhärtet.« Ohne Überleitung fügte er noch hinzu: »Letzte Nacht habe ich geträumt, daß mir ein Bein abgenommen wurde. Ich nehme an, das war ein Kastrationstraum.« Dabei fiel ihm sein Vater ein, und er sagte: »Mein Vater zeigte sich niemals zornig. Er gab mir den Rat, bei einem Spiel nie zu kämpfen.« Davids Wahrnehmung, daß der Ausdruck von Zorn bei ihm blockiert war, hatte eine körperliche Grundlage. Er spürte die Blockade im Körper. »Mein Kopf und mein Nacken fühlen sich an, als wären sie am Rumpf festgeschraubt. Ich möchte sie herausziehen. Ich muß mal an die Decke gehen.«

David lag auf dem Bett, als er diese Beobachtungen machte. Ich wies ihn an, sein Kinn vorzuschieben und einen lauten Ton auszustoßen, der seine Kehle öffnete. Daraufhin begann er heftig zu weinen. Anschließend sagte er: »Meine Augen fühlen sich leichter an und mein Körper elastischer.«

In der nächsten Sitzung konzentrierte er sich auf seine Mutter. Als er auf dem Hocker lag und leise weinte, sagte er: »Ich spüre die Spannung im Kreuz. Es ist so hart, so zusammengedrückt. Es fühlt sich an, als ob meine Mutter mir etwas ziemlich eng zuknöpft.« Diese Empfindung mochte mit Wickelerlebnissen zusammenhängen, aber ich hielt mich mit dieser Interpretation zurück, um seinen Gedankenfluß nicht zu unterbrechen. Er erzählte von seiner Sehnsucht, seiner Mutter körperlich nahe zu sein, und sagte dann, daß sie niemandem erlaube, wirklich in Kontakt mit ihr zu kommen. Er beschrieb sie als »gesellig, aber nicht wirklich verbunden mit Menschen.« Er fügte hinzu: »Ich bin wichtig für sie, was meine Leistungen angeht. Ich muß für sie da sein.«

Bei einer Übung, die ihm helfen sollte, mit seinem Unterkörper Kontakt aufzunehmen, beobachtete er: »Der untere Teil meines Körpers ist wie erstarrt. Der obere Teil fühlt sich an wie eine geschlossene Tulpe, die sich öffnen möchte, aber noch nicht bereit ist. Ich fühle mich, als wäre meine Mutter auf meine Genitalien losgegangen, um aus mir ein Mädchen zu machen. Sie wollte gern ein Mädchen. Sie ließ nicht zu, daß ich ein Mann wurde. Sie hat mich psychisch kastriert. Sie verhielt sich mir gegenüber verführerisch, ließ aber nicht zu, daß ich ihr nahe kam. Ich fühlte mich körperlich wie gefoltert.«

Ich habe einige Aspekte dieses Falls detailliert aufgeführt, um den Zusammenhang zwischen Zorn und Sexualität darzustellen. Wir bekommen zu unserem Zorn keinen Zugang, wenn unsere sexuelle Aggression blockiert ist. Wenn ein Mann oder eine Frau psychisch kastriert wird, indem man ihre sexuelle Aggressivität beschneidet, sind sie auch im Ausdruck von Zorn gehemmt. Da Zorn, der sich in Schlagen, Beißen oder Kratzen äußert, eine Funktion der oberen Körperhälfte ist, können wir ihn nur dann effektiv zum Ausdruck bringen, wenn wir eine starke Basis in Form von Selbstbewußtsein

und Sicherheit haben. Von einem Menschen, der das Gefühl hat, nicht fest auf seinen Beinen zu stehen, können wir kaum erwarten, daß er sich wohl fühlt, wenn er starken Zorn empfindet. Verspannungen im Kreuz, die den Körper umgürten und uns von den sexuellen Gefühlen im Becken abschneiden, hindern die Energie auch daran, in Beine und Füße zu fließen.
Tatsächlich beginnt die bioenergetische Arbeit mit den Beinen bereits sehr früh in der Therapie. Wenn ein Patient in die Atemübung auf dem Hocker eingeführt wird, folgt unmittelbar danach eine Erdungsübung, bei der er sich nach vorne beugt, um mit den Fingerspitzen den Boden zu berühren. Diese Übung wurde bereits in Kapitel 2 beschrieben. Ich komme hier noch einmal darauf zurück, weil sie entscheidend dazu beiträgt, daß der Patient mit seiner Realität in Verbindung bleibt, das heißt, mit dem Boden, auf dem er steht, mit seinem Körper und mit der Situation, in der er sich befindet. Zorn ist ein aufbrausendes Gefühl und kann Menschen überwältigen, wenn ihr Ich die starke Aufladung nicht integrieren kann. Schizophrene Patienten können sich von zornigen Gefühlen abspalten, wenn sie davon überflutet werden. Borderline Patienten können in dieser Situation große Angst bekommen. Das alles kann vermieden werden, wenn wir die Erdung des Patienten ständig im Auge behalten. Immer wenn ich spüre, daß die emotionale Aufladung durch eine Übung so intensiv wird, daß der Patient Schwierigkeiten haben könnte, seinen Kontakt mit der Realität zu halten, unterbreche ich die Übung und weise den Patienten an, sich zu erden. Dadurch wird die Aufladung im Körper verringert, und zwar auf die gleiche Weise, wie der Erdungsdraht beim elektrischen Schaltkreis einen Kurzschluß verhindert. Ich würde aber mit Nachdruck empfehlen, in so gut wie jeder Sitzung, in der direkt mit dem Körper gearbeitet wird, die Erdung zu einem Teil des Übungsablaufs zu machen. Sie bringt den Patienten mit seinen Beinen in Kontakt, denn sie verstärkt das Gefühl in den Beinen. Durch das Erden bekommt er mehr Sicherheit und Unterstützung für sämtliche Übungen, bei denen es um Selbstausdruck geht.
Wir können die Beine auch benutzen, um zornig um uns zu treten, obwohl Erwachsene ihren Zorn im allgemeinen anders zum Ausdruck

bringen. Kleine Kinder treten nach ihren Eltern oder Freunden, wenn sie wütend sind, aber Erwachsene tun das selten. Treten ist eine der wichtigsten Körperbewegungen in den Kampfsportarten des Orients, wird hier aber eher defensiv als aggressiv eingesetzt, denn wenn wir ein Bein vom Boden heben, können wir unsere Position nicht mehr wechseln. Wenn Erwachsene andere Menschen treten, ist das eher ein Ausdruck von Verachtung als von Ärger, der deutlich macht, daß der andere unerwünscht ist und aus dem Weg gehen soll.

Treten hat jedoch noch eine weitere wichtige Funktion, nämlich zu protestieren. Ich habe dieses expressive Verhalten in Kapitel III besprochen. Es ist so grundlegend für meine bioenergetische Arbeit, daß ich zu seiner Anwendung hier noch mehr sagen will, denn Protest ist auch ein Ausdruck von Zorn. Der Ausdruck »wild um sich treten« bedeutet protestieren. Wir alle haben gegen vieles zu protestieren, was man uns angetan hat, und es ist wichtig, daß wir diesen Protest zum Ausdruck bringen. In der bioenergetischen Therapie tritt der Patient im Liegen. Er hat die Beine ausgestreckt und haut mit den Waden rhythmisch gegen das Bett, abwechselnd mit dem einen und dem anderen Bein. Meistens bitten wir den Patienten, seinen Protest beim Treten auch laut werden zu lassen. Die simpelste Form von Protest ist die Frage »Warum«. Diese einfache Übung zeigt ziemlich deutlich, wieweit der Patient seine Gefühle ausdrücken kann. Vielen neuen Patienten fällt diese Übung schwer, und andere wiederum können zwar treten und protestieren, aber ohne viel Gefühl. Diejenigen, die der ersteren Gruppe angehören, können auf Situationen nur dann emotional reagieren, wenn sie provoziert werden. Der spontane Ausdruck von Gefühlen ist ihnen fremd. Sie sehen in dieser Situation keinen Grund zu protestieren. Die zweite Gruppe hat Angst, negative oder aggressive Gefühle zu äußern. Die Unfähigkeit dieser Patienten, diese Übung mit Gefühl auszuführen, sollte auf dem Hintergrund ihrer persönlichen Geschichte analysiert werden. Wir können dem Patienten zeigen, daß diese Hemmung aus seiner Kindheit stammt, in der ihm nicht erlaubt wurde zu protestieren.

Dieses Treten aus Protest ist in der bioenergetischen Therapie eine grundlegende Übung. Wenn ein Individuum gegen die Verletzung seines natürlichen Rechts auf Selbstausdruck nicht protestieren kann, wird es zum Opfer, dem es ums Überleben und nicht um Freude geht. Wenn der Patient erst einmal akzeptiert, daß er das Recht hat zu protestieren, besteht der nächste Schritt darin, daß er lernt, diesen Protest stark und wirksam zu äußern. Einige Patienten haben eine starke Stimme, aber ihre Beinbewegungen sind schwach und unwirksam. Andere können gut zutreten, aber ihr Stimme ist schwach und ohne Überzeugungkraft. Die Schwierigkeit, Stimme und Bewegung zu koordinieren, verweist auf eine Spaltung in der Persönlichkeit zwischen Ich und Körper, zwischen den Funktionen der oberen Körperhälfte und denen der unteren. Keine andere einfache Übung eignet sich bei diesem Problem so gut wie das Treten. Es wird im Verlauf der Therapie regelmäßig eingesetzt, um dem Patienten zu helfen, diese Koordination zu entwickeln und die Freiheit zu erlangen, sein Protestgefühl deutlich zum Ausdruck zu bringen.

Das Problem der Stimmentfaltung wurde im zweiten Kapitel analysiert und erörtert, wo es hauptsächlich um die Fähigkeit zu weinen ging. Es ist für einen Menschen aber genauso wichtig, daß er schreien kann. Durch Weinen können wir Gefühle mobilisieren, die tief im Bauch sitzen – wirklich tief in den Eingeweiden. Dieses Weinen hat eine niedrige, tiefe Resonanz, was damit zusammenhängt, daß wir uns »hinunterlassen« oder uns hingeben. Schreien hingegen setzt sich aus hohen und sehr intensiven Tönen zusammen, welche die Luftkammern des Kopfes in starke Resonanz bringen. Schreien ist das Gegenteil von sich hingeben und gehört damit in den Bereich zorniger Gefühle.

Wenn wir schreien, gehen wir »in die Luft«. Die energetische Aufladung, die nach oben steigt und den Schrei auslöst, überflutet das Ich und überwältigt es vorübergehend. In gewisser Weise stellt sie die Umkehrung der Aufladung dar, die als sexuelle Erregung nach unten fließt und mit dem Orgasmus endet. Bei beiden Aktionen wird der Körper von der Ich-Kontrolle befreit, und somit stellen beide eine Form von Hingabe des Ich dar. Kleinen Kindern fällt es überhaupt nicht schwer zu schreien, weil ihr Ich noch nicht die volle Kontrolle über ihre Reaktionen übernommen hat.

Aus dem gleichen Grund können Frauen sehr viel leichter schreien als Männer, aber viele haben Angst, die Ich-Kontrolle aufzugeben. Schreien ist wie ein Sicherheitsventil, mit dem wir eine Erregung entladen, die wir rational nicht handhaben können. Wir können also durch Schreien eine unerträgliche Belastung mindern. Ich habe meine Patienten ermutigt, immer dann zu schreien, wenn sie das Gefühl haben, daß der innere Druck zu stark wird. Der beste Ort zum Schreien ist im Wagen auf der Autobahn. Bei geschlossenen Fenstern können wir uns hier die Lunge aus dem Leib brüllen, ohne daß uns jemand hört.

Ziel der Therapie ist aber nicht nur, die Stimme zu befreien, sondern den freien stimmlichen Ausdruck mit dem entsprechenden freien körperlichen Ausdruck durch Bewegung zu koordinieren. Für diese Zwecke ist die Protest-Übung ideal. Ich gehe dabei folgendermaßen vor: Ich bitte den Patienten, kontinuierlich rhythmisch und kräftig zu treten, während er fragt: »Warum?«. Der Ton dieses Wortes wird so lange wie möglich gehalten. Wenn dem Patienten die Luft ausgeht, fährt er fort zu treten, während er zwei- oder dreimal tief einatmet, um sich auf ein neues »Warum« vorzubereiten. Beim zweiten »Warum« wird die Stimme sowohl höher als auch intensiver, während der Patient auch kräftiger tritt. Und wieder fährt er am Ende des Ausatmens mit dem Treten fort, während er erneut Luft holt. Beim dritten Durchgang wird das »Warum« zu einem Schrei gesteigert und dabei so schnell und heftig wie möglich getreten. Der Patient versucht sich dem Ausdruck seines Protestes so weit wie möglich zu überlassen. Wenn ihm das gelingt, fühlt er sich völlig befreit, und die Folge ist, daß er Freude empfindet. Dahin gelangen wir jedoch nicht so leicht. Die meisten Menschen haben zuviel Angst, sich dem Körper ganz hinzugeben. Bei manchen ist das Ich zu schnell überwältigt, und auch wenn dem Patienten ein Schrei gelingt, so ist dieser von ihm losgelöst wie eine hysterische Reaktion, die ihn noch mehr verängstigt. In diesem Fall zieht er sich vielleicht vorübergehend zurück, rollt sich zusammen und weint wie ein Kind. Danach wird die Selbstkontrolle wieder errichtet. Diese Erfahrung ist aber nicht negativ, denn sie kann dem Patienten zeigen, daß die Regression und der Rückzug etwas Vorübergehendes sind und er weiter an sich arbeiten muß, um das Ich zu stärken. Patienten, die als Kind sexuell mißbraucht wurden, haben die Tendenz, sich zurückzuziehen oder ihren Körper zu verlassen, sobald ihre Gefühle sie zu überwältigen drohen. Wenn wir diese Protest-Übung regelmäßig machen, stützt sie unser Ich, indem sie es fester mit dem Körper verbindet und damit der Tendenz zur Abspaltung entgegenwirkt.

Wenn Treten und Schreien im Einklang sind, spaltet der Patient sich nicht von seinem Körper ab. Aber um ungehemmt und effektiv treten zu können, müssen die Beine relativ frei von Verspannungen sein, was selten der Fall ist. Die meisten Menschen haben nicht genug Gefühl in ihren Beinen und Füßen. Sie sind nicht gut geerdet. Sie werden energetisch nach oben in ihren Kopf gezogen und benutzen ihre Beine mechanisch. Sie gehen eher auf ihren Beinen und Füßen als mit ihnen. Ihre Beine sind entweder zu dünn oder zu schwer. Das Treten ist eine der besten Übungen, um mehr Energie und Gefühl in die Beine zu bekommen. Ich bitte jeden Patienten, zu Hause regelmäßig zu treten und zwar so, wie er es in meiner Praxis lernt. Auf dem Bett liegend, tritt der Patient hier mit jedem Bein rhythmisch zweihundertmal. Die Knie sollten dabei gerade aber nicht steif sein, so daß mit der Wade getreten und der Fuß locker gehalten werden kann. Vor jedem Tritt sollte das Bein senkrecht in die Luft gestreckt werden. Gezählt wird stumm. Beim Treten wird kein Laut geäußert, ausgenommen das Geräusch der eigenen Atmung. Die meisten Menschen können nicht zweihundertmal treten, ohne Pause zu machen. Einigen wenigen fällt es schwer, hundertmal zu treten. Ihnen geht die Luft aus, aber mit etwas Praxis wird ihr Atem tiefer und freier, und dann fallen ihnen auch die Bewegungen leichter.

Diese Übung fördert die Atmung und wirkt sich deswegen auf den ganzen Organismus aus. Aber anders als beim Laufen belasten wir den Körper hier nicht mit Gewicht und üben keinen Druck auf die Knie aus. Außerdem kann sie zu Hause gemacht werden. Menschen, die diese Übung regelmäßig machen, nehmen wahr, daß ihre Beine und ihr Körper sich enorm verändern. Dicke Oberschenkel, unter denen so viele Frauen leiden, werden schlanker und die Beine wohlgeformter. Auch die Atmung wird durch diese Übung sehr viel besser.

»Warum« ist nicht das einzige Wort, das wir beim Treten benutzen können. Ein »Nein«, im gleichen Tonfall geäußert, ist ebenfalls eine ausgezeichnete Hilfe zur Förderung des Selbstausdrucks. Vielen Menschen fällt es schwer, nein zu sagen, und das schwächt ihr Selbstgefühl. Wenn wir nein sagen, ziehen wir eine Grenze, die unsere Sphäre und unsere Integrität schützt. Ein weiterer Satz, mit dem wir unser Anliegen gut ausdrücken können, lautet: »Laß mich in Ruhe.« Diese Äußerung gibt das Gefühl vieler Patienten wieder, daß ihre Eltern ihnen nicht die Freiheit ließen, sich auf natürliche Weise zu entwickeln. In vielen Fällen verlangten die Eltern, daß die Kinder sich ihrem Willen unterwerfen. Weigerte sich das Kind, reagierten sie feindselig und mißbrauchten es. Die Eltern hielten den Widerstand ihres Kindes für Trotz gegen ihre Autorität und waren entschlossen, ihn zu brechen. In anderen Fällen hatten die Eltern eine übertrieben enge Beziehung zu ihren Kindern und betrachteten sie als Verlängerung der eigenen Person. Nur allzu häufig war diese Beziehung, wie wir später noch sehen werden, auch sexuell gefärbt. Patienten, die solche Erfahrungen durchgemacht haben, müssen ihren Protest mit Nachdruck laut werden lassen. Sätze wie »Laß mich in Ruhe« und »Was willst du von mir?« helfen dem Patienten, das Gefühl zurückzugewinnen, daß er das uneingeschränkte Recht hat, er selbst zu sein und die eigene Erfüllung zu finden, anstatt die Bedürfnisse der Eltern zu befriedigen.

Ohne dieses Recht ist ein Mensch in seiner Liebesfähigkeit stark behindert. Nur allzu häufig hängt die angebliche Liebe der Patienten zu ihren Eltern eher mit Schuldgefühlen zusammen als mit Vergnügen und Freude im Zusammensein mit den Eltern. Können wir in einer Beziehung nicht wirklich wir selbst sein, kommt auch keine Freude in uns auf. Wenn Eltern ihren Kindern diese Freiheit einräumen, werden sie dafür die Liebe der Kinder bekommen. Aber nur Eltern, die an der Beziehung zu ihren Kindern Freude haben, können den Kindern die Liebe geben, die sie in ihrem Wachsen so unterstützt, daß sie in ihrem Leben Erfüllung finden können.

Die Patienten werden eindringlich davor gewarnt, ihre negativen Gefühle an ihren Eltern abzureagieren. Ein solches Verhalten ist weder angemessen, noch hilft es ihnen weiter. Die Traumen, die Patienten erlitten haben, stammen aus der Vergangenheit und können durch heutige Aktionen nicht wiedergutgemacht werden. Wir können die Vergangenheit nicht ändern. Die Therapie zielt darauf ab, einen Menschen von den inneren Hemmungen und Behinderungen zu befreien, die eine Folge früherer Traumen sind. Auch wenn diese Blockaden weitgehend aufgelöst werden können, indem man die Impulse, die in ihnen gebunden sind, herausläßt und ausdrückt, sollte das nicht in Gegenwart der Eltern oder anderer Menschen geschehen. Das Individuum ist durch die erzwungene Verdrängung seiner natürlichen Impulse physisch und psychisch verkrüppelt worden, aber wenn es seine körperliche Freiheit und Anmut zurückgewinnt, wird auch sein Geist frei und fröhlich. Ein solcher Mensch kann wirklich lieben und empfindet vielleicht tatsächlich Liebe für die Eltern, die ihn mißbrauchten, ihm aber auch das Leben schenkten.

6. Die Hingabe an die Liebe

Fast jeder von uns hat in seinem Leben irgendwann die freudige Erfahrung gemacht, verliebt zu sein. Verliebtsein ist als das schönste und innigste Gefühl beschrieben worden. Die meisten Menschen kennen auch den Schmerz über die unerwiderte Liebe, die enttäuschte Liebe und den Liebesverlust. Dieser Schmerz kann ebenso tief und intensiv sein wie die Freuden der erfüllten Liebe, und der Schmerz hält viel länger an. Welches böswillige Schicksal waltet hier und zerschlägt die tiefsten Hoffnungen und Sehnsüchte so vieler Menschen? In diesem Kapitel werde ich die Dynamik dieses Problems untersuchen, denn es bildet den Kern sämtlicher Probleme, unter denen Menschen leiden und die sie dazu bewegen, eine Therapie zu machen.

Um uns zu verlieben, müssen wir unser Ich ausliefern, denn dann kann die positive Erregung der Anziehung in das Herz strömen und den Bauch überfluten. Leider ist diese Hingabe kurzlebig oder unvollständig, und wenn das Ich anfängt, seine Autorität zu behaupten, kommt es in der Liebesbeziehung zu Konflikten, die die Lust untergraben und die Erfüllung verhindern, welche die Liebe verspricht. Menschen verlieben sich ineinander, weil sie in irgendeiner Tiefe auf der gleichen Wellenlänge vibrieren und widerklingen. Zwei Herzen schlagen im selben Rhythmus, im Dreivierteltakt; zwei Körper tanzen nach derselben Melodie, aber leider ist das Leben nicht immer ein Tanz. Beim Tanzen ist vor allem der Körper gefordert, nicht der Einsatz des Ich. Die unzähligen Aufgaben und Herausforderungen des Alltags stellen eine Realität dar, in der wir Entscheidungen treffen und uns mit komplexen Handlungsabläufen auskennen müssen. Wir brauchen die Hilfe des Ich, um mit diesen Situationen zurechtzukommen, aber das Ich agiert auf der Grundlage erlernter Verhaltensmuster, die bei jedem der beiden Liebenden völlig anders aussehen können. Tatsächlich gehört dieser Unterschied zu den positiven Kräften in einer Beziehung. Einfach ausgedrückt: der Unterschied ist erregend, aber die Ähnlichkeit ist bequem. Es kommt zu Machtkämpfen, bei denen es darum geht, wer besser ist oder recht hat oder wer überlegen ist. Zwei Herzen mögen gleich sein, zwei Köpfe aber sind niemals gleich. In einem Machtkampf ist Hingabe identisch mit Niederlage, während sie in der Liebe Erfüllung bedeutet.

Je selbstsüchtiger ein Mensch ist, desto schwerer fällt es ihm, sich ganz hinzugeben. Wenn ein Mensch sehr egozentrisch oder narzißtisch ist, kann er sich natürlich gar nicht verlieben. Der Narzißt muß seine überlegene Position behaupten, was ausschließt, daß er sich wirklich hingibt oder sich von ganzem Herzen auf einen anderen Menschen einläßt. Aber da wir in dieser egoistischen Gesellschaft alle bis zu einem gewissen Grade narzißtisch sind, geben wir uns der Liebe nur zögernd hin. Zur narzißtischen Störung kommt es, wenn ein Kind in einer Familie aufwächst, wo Macht in den Beziehungen dominierender ist als Liebe. Das Individuum, das Macht hat, ist in der Lage, sie gegen andere zu benutzen, um eigene Bedürfnisse zu erfüllen. Eltern verlangen von ihren Kindern oft, daß diese für sie emotional da sind, statt selbst für ihre Kinder präsent zu sein. Natürlich haben Eltern Macht über ihre Kinder und mißbrauchen diese Macht. Jedes Kind, das der Macht eines Elternteils ausgeliefert war, wächst mit dem Gefühl der Demütigung auf und wird als Erwachsener versuchen, sich vor dieser Kränkung zu schützen, indem es in Beziehungen an einer überlegenen Position festhält. Die destruktivste Form von Machtmißbrauch ist die körperliche Strafe, aber kritische und abfällige Bemerkungen über das Kind sind ebenso vernichtend und demütigend. Kinder, die man ständig kritisiert hat, werden zu überkritischen Erwachsenen und agieren diese Haltung in ihren Liebesbeziehungen aus. Damit zerstören sie die Beziehung allmählich und bewirken, daß der andere sich verschließt und zurückzieht.

Diese negativen Verhaltensmuster, die Menschen in Beziehungen zeigen, werden geschürt von der tiefen Angst, verletzt, verlassen oder abgelehnt zu werden, die aus frühen Kindheitserfahrungen stammt. Wenn Vater oder Mutter das Kind nicht vorbehaltlos oder kritiklos annehmen wollen oder können, erfährt das Kind das elterliche Verhalten als Ablehnung und Liebesverlust. Kein Kind kann die Feindseligkeit seiner Eltern verstehen. Für ein kleines Kind ist Liebe entweder total, allumfassend und frei, oder es ist keine Liebe. Und da das nackte Überleben des Kindes von der Liebe seiner Eltern abhängt, empfindet es deren Liebesentzug als Bedrohung seiner Existenz, angesichts derer es sich hilflos fühlt. Ohne diese Liebe hat das Kind das Gefühl, es könne tatsächlich sterben. Wenn die Liebe verloren geht, und sei es nur für kurze Zeit, ist das für das Kind ein Schock, den es niemals ganz überwinden kann. Ein gebranntes Kind scheut das Feuer, lautet das Überlebensgesetz. Mit dieser Scheu gibt ein Mensch sich niemals ganz hin und erlaubt sich nie, völlig offen zu sein. Aber damit zerstört er allmählich die Möglichkeit, durch Liebe Erfüllung zu finden. Das führt unweigerlich zum Liebesverlust selbst, der die alte Wunde und die alte Angst erneut zum Leben erweckt.

Andererseits gibt es aber auch Menschen, die sich der Liebe ganz hinzugeben scheinen, ohne die erfüllende Freude zu finden, welche sie verspricht. Das Problem hier ist, daß sie sich der anderen Person hingeben und nicht ihrem Körper oder sich selbst. Ihre Hingabe ist die eines Kindes, nicht die des Erwachsenen, und sie beruht auf der Illusion, daß der andere alle ihre Bedürfnisse erfüllen wird. Diese Form von Hingabe finden wir auch in Kulten, wo die Mitglieder ihr Ich und ihr Selbstgefühl einem allmächtigen, allwissenden Führer überlassen. Bei dieser Form von Hingabe regredieren die Kultmitglieder in ein Kindheitsstadium und können sich so unschuldig und frei fühlen und deswegen auch Freude erleben. Aber bei dieser Hingabe wird die Realität verleugnet, daß die Mitglieder erwachsen und der Kultführer in Wirklichkeit ein emotionales Kind ist, dessen Ich sich aufgrund des Wahns, omnipotent und allwissend zu sein, aufbläht. Weil der Kult nicht in der Realität des Lebens wurzelt, muß er unweigerlich zusammenbrechen, so daß sämtliche Beteiligten zerstört und desillusioniert zurückbleiben. Das geschieht auch in Ehen und Liebesbeziehungen, in denen das Bedürfnis, im Partner oder in der Partnerin Erfüllung zu finden, vorherrschend ist. Solche Beziehungen beruhen auf Abhängigkeit und werden als »co-abhängig« bezeichnet.

Das heißt nicht, daß die Partner sich nicht lieben, aber ihre Liebe hat einen infantilen oder kindlichen Charakter.

Die Angst, sich der Liebe hinzugeben, beruht auf dem Konflikt zwischen dem Ich und dem Herzen. Wir lieben mit unserem Herzen, aber mit unserem Ich stellen wir in Frage, zweifeln und kontrollieren. Unser Herz mag sagen: gib dich hin, aber unser Ich sagt: sei vorsichtig, gib nicht nach. Du wirst verlassen und verletzt werden. Als Organ der Liebe ist das Herz auch das Organ der Erfüllung. Das Ich ist das Organ des Überlebens, und das ist gut so, aber wenn das Ich und das Überleben unser Verhalten beherrschen, wird wirkliche Hingabe unmöglich. Wir sehnen uns nach Kontakten, die unseren Geist beflügeln, unser Herz schneller schlagen und unsere Füße tanzen lassen, aber diese Sehnsucht wird nicht erfüllt, weil unser Geist gebrochen, unser Herz verschlossen und in unseren Füßen kein Leben ist. Die Erregung und Wärme der Liebe hat auf den Körper eine schmelzende Wirkung. Wir können dieses Schmelzen tatsächlich in der Magengrube spüren, wenn Liebe ein Hauptelement unseres sexuellen Begehrens ist. Durch Liebe wird ein Mensch weicher, aber weich sein heißt auch verletzlich sein. Menschen, die durch die Liebe nicht weicher werden, bezeichnen wir als hartherzig, aber das Herz kann nicht hart sein, wenn es Blut durch den Körper pumpen soll. Die Verhärtung betrifft das willkürliche Muskelsystem, das den Körper in eine Rüstung sperrt, ähnlich der, die die alten Ritter trugen. Diese Verhärtung verhindert, daß ein Mensch aus tiefstem Herzen weint, sich seiner Traurigkeit überläßt und der Liebe hingibt. Weil Kinder so intensiv weinen können, können sie auch uneingeschränkt lieben. Wir sind abgeschnitten von dem Kind, das wir einst waren, von dem Kind in uns. Wir sind abgeschnitten von der Fähigkeit zu lieben. Ich glaube jedoch nicht, daß es auch nur einen einzigen Menschen gibt, der völlig unfähig ist, Liebe zu empfinden. In einem früheren Buch habe ich vom Fall eines jungen Mannes berichtet, der sagte, er wisse nicht, was Liebe ist.[1] Er war ein narzißtischer Mensch, der mit sehr wenig Gefühl funktionierte. Sein Körper war so verspannt, daß Gefühle und Impulse nicht an die Oberfläche kommen und ins Bewußtsein treten konnten. Aber auch wenn es ihm sehr schwerfiel, sich seinem Körper oder der Liebe hinzugeben, war es nicht unmöglich. Solange das Herz schlägt, ist die Liebe im Menschen nicht gestorben. Vielleicht ist der Impuls zu lieben tief vergraben und stark unterdrückt worden, aber er kann nicht völlig verschwunden sein. Dieser Mann kam auf Drängen einer Frau, mit der er ein sexuelles Verhältnis hatte. Sie beklagte sich darüber, daß er nie irgendwelche Gefühle äußerte. Er sagte, er wüßte nicht, was Liebe sei, und fragte mich, ob es das sei, was manche Menschen für ihren Hund empfinden. Er behauptete, als Kind niemals Zuneigung bekommen zu haben, aber diese Verleugnung war ein defensives Manöver, um seine Verschlossenheit zu rechtfertigen und seine Verletztheit nicht spüren zu müssen. Er hatte sein Herz und das Kind, das er einmal war, in sich begraben, aber in seinem Unbewußten lebten beide weiter. Sie aus ihrem lebendigen Grab zu befreien, würde eine wichtige Aufgabe sein.

Der oben beschriebene Fall ist extrem. Die meisten Menschen verspüren den Wunsch nach Liebe und können sich bis zu einem gewissen Grade nach außen wenden, um Liebe zu bekommen. Das eröffnet ihnen die Möglichkeit, Liebe zu empfinden, aber weil ihr Wunsch begrenzt und ihre Hinwendung zu anderen zögernd ist, werden sie nicht überflutet von der Erregung, die uns zur Freude emporhebt. Sie haben zuviel Angst, sich ganz hinzugeben, spüren aber meistens ihre Angst oder ihre Beeinträchtigung nicht. Sie sind sich der Verspannungen in ihrem Körper, die sie in ihrer Liebesfähigkeit behindern, nicht bewußt. Was sie empfinden, ist Sehnsucht nach Liebe, aber das ist nicht das gleiche wie lieben zu können. Wenn sie einem Menschen begegnen, der auf diese Sehnsucht eingeht, können sie von ihm so abhängig werden, wie ein Süchtiger oder der Anhänger eines Kultes. Sie fühlen und glauben, daß er oder sie den Schlüssel für ihre Erfüllung in den Händen hat. Und trotz der Schmerzen oder Demütigungen, die sie in dieser Beziehung erleiden mögen, ist es sehr schwierig für sie, sich aus ihr zu lösen. Ich glaube, dieses Verhaltensmuster ist in unserer Kultur weit verbreitet, und das heißt, daß die meisten Liebesbeziehungen unsicher und unbeständig sind. Und weil sie nicht die Freude bringen, welche die Liebe verheißt, gehen sie allmählich zu Bruch und enden mit Enttäuschung und Vorwürfen.

Diese Sehnsucht nach Liebe ist Ausdruck des ungeliebten und unerfüllten Kindes, das tief in uns verborgen ist und wie Dornröschen darauf wartet, daß der Prinz es zum Leben und zur Liebe erweckt. Der Prinz oder die Prinzessin steht für den »guten« Vater oder die »gute« Mutter, mit dem oder der das Kind zum ersten Mal die Freuden der Liebe erlebte und dann verlor. Seine lebenslange Suche nach dieser Liebe ähnelt der Suche nach Shangri-la in James Hiltons Roman *Der verlorene Horizont* [2]. Der Sucher klammert sich meistens an einen Menschen, der in einigen Aspekten dem »guten« Vater oder der »guten« Mutter ähnelt, aber auch viele Züge des »bösen« Elternteils verkörpert, der das Kind abgelehnt oder mißbraucht hat. Regression kann uns zwar helfen, uns mit der Vergangenheit und dem inneren Kind zu verbinden, aber sie bringt uns keine Erfüllung. Ist dieses Kind erst einmal zum Leben erweckt und befreit worden, müssen wir es in unser Erwachsenenleben integrieren.

Für die meisten Menschen geht es nicht um die Frage, ob sie lieben oder nicht lieben, sondern ob sie von ganzem Herzen lieben können. Das wäre zuviel erwartet in einer Gesellschaft wie der unseren, in der die Hingabe an den Körper als Zeichen von Schwäche gilt. Diese halbherzige Hingabe an die Liebe ist es, die Menschen bedrückt, aber statt die Ursache ihres Versagens zu erkennen, machen sie ihrem Liebespartner Vorwürfe. Es stimmt, das dieser sich ebenso halbherzig eingelassen hat wie sie, und auch er wird ihnen deswegen Vorwürfe machen. Solche Beziehungen können unmöglich die Freude schenken, die jeder der beiden sich wünscht. Beziehungen blühen nur, wenn jeder der Partner seine Freude einbringt. Der Versuch, sie durch einen anderen Menschen zu finden, funktioniert nie, trotz der Liebesschlager, die diesen Traum verkünden. Lieben ist Teilen, nicht Geben. Ein Liebender läßt den geliebten Menschen vorbehaltlos an sich und seinem Leben teilhaben, in Freude wie in Leid. Da geteilte Lust doppelte Lust ist, steigert auch die Freude, die wir teilen, die Lust und kann in der sexuellen Umarmung zur Ekstase werden. Geteiltes Leid ist halbes Leid. Die

Freude, die wir miteinander teilen, entspringt der Hingabe an den Körper, nicht der Hingabe an den anderen.

Wenn Menschen sich verlieben, sind ihre Gefühle echt, und sie erleben kurzfristig die Freuden der Hingabe. Warum halten diese Gefühle nicht an? Manche Menschen sagen, es sei keine wahre Liebe gewesen, mehr Bedürfnis als Liebe. Das stimmt wahrscheinlich, erklärt aber nicht die Tatsache, daß die verliebte Person ihr Gefühl als echte Zuneigung erlebt. Meine Erklärung dafür ist, daß das Liebesgefühl eine regressive Komponente hat, die aus der Kindheit des Menschen stammt, wo diese Form von Liebe eine totale Überantwortung war. Der Verliebte erlebt erneut die Liebe, die er einst für Mutter oder Vater empfunden hat, aber dabei regrediert ein Teil seiner Persönlichkeit wieder zum Kind. Dieser Teil sucht nach dem Halt und der Unterstützung, die das Kind damals brauchte. Das Liebesgefühl ist zwar echt, entspringt jedoch nicht der Hingabe an den Körper und das Selbst, sondern beruht darauf, daß die Position des Erwachsenen aufgegeben wird, in der wir auf eigenen Füßen stehen, allein sind und selbst die Verantwortung für unser Wohlbefinden übernehmen.

Dieses Problem wird deutlich am Fall von Diane, einer vierzigjährigen attraktiven Frau, die in der Liebe immer bereit war, sich zu geben und sich um den Mann zu kümmern. Dafür erwartete sie, daß er sich auch um sie kümmerte. Nicht daß Diane schwach, hilflos oder unfähig gewesen wäre. Sie besaß einen kräftigen, gutgebauten Körper, war intelligent und gebildet und hatte immer für ihren Lebensunterhalt gesorgt; aber sie hatte keine richtige Beziehung zu ihrem Körper respektive zu sich selbst.

Das erste Mal kam sie in die Therapie, weil sie mit einem Mann verheiratet war, der sie körperlich mißhandelte und vor dem sie Angst hatte. Durch die Übungen, die im vierten Kapitel beschrieben wurden, entwickelte sie ein stärkeres Selbstbewußtsein, so daß sie sich gegen ihren Mann wehren und ihn schließlich verlassen konnte. Damit endete die erste Phase ihrer Therapie. Etwa vier Jahre später kam sie wieder, weil sie sich mit einem anderen Mann eingelassen hatte, der zwar weniger gewalttätig war als ihr Ex-Ehemann, sie aber dennoch schlecht behandelte. In der Zeit zwischen diesen beiden Beziehungen hatte sie allein gelebt, mehrere Stellen gehabt, von denen keine sicher gewesen war und die ihr nicht mehr eingebracht hatte als das Existenzminimum, und war mehrere Affären eingegangen. Nicht lange nachdem sie zu ihrem neuen Mann gezogen war, eröffnete er ein Geschäft und sie arbeitete dort für ihn. Er war älter als sie, hatte bereits eine Ehe hinter sich und zwei erwachsene Kinder. Diane bekam Schwierigkeiten mit der Tochter des Mannes, von der sie nicht akzeptiert wurde, was zu erwarten war, da sie Diane als Rivalin betrachtete. Diese Situation war eine Wiederholung von Erfahrungen aus ihrer Kindheit, wo ihre Mutter eine Konkurrentin in ihr sah. In beiden Fällen wurde sie von den Männern nicht unterstützt, weder von ihrem Vater noch von ihrem Geliebten. So hatte sie also wieder einmal das Gefühl zu versagen, trotz ihrer Liebesgefühle für den Mann und trotz ihres ernsthaften Bemühens, ihm zu helfen und für ihn zu arbeiten.

Irgend etwas stimmte nicht in Dianes Persönlichkeit, so daß ihre tiefsten Wünsche nach Erfüllung und Freude in der Liebe vereitelt wurden. Sie beklagte sich nicht über ihr Schicksal, brachte aber ihre Traurigkeit darüber zum Ausdruck, keine Kinder zu haben. In der Therapie versuchte sie alles zu tun, wovon sie glaubte, es könne ihr helfen, ein erfüllterer Mensch zu werden. Sie machte die Atemübungen auf dem bioenergetischen Hocker sowie die Erdungsübung. Sie trat um sich und protestierte, und sie brachte zum Ausdruck, wie zornig sie auf ihren Mann war, weil er sie so schlecht behandelte. Aber auch wenn sie sich dadurch besser fühlte und lernte, sich klarer zu äußern, bewirkten diese Bemühungen keine wirkliche Veränderung ihrer Persönlichkeit. Sie war ganz versessen darauf, alles richtig zu machen (in der Therapie, in der Arbeit, in der Liebe und im Leben), aber gerade das war der Grund dafür, daß bei ihr nichts funktionierte. Genau das Gegenteil war erforderlich. Sie mußte ihr Versagen akzeptieren, sie mußte aufgeben und einen Punkt erreichen, wo sie sich nicht mehr bemühen konnte. Sie mußte begreifen, warum und auf welche Weise ihre verbissenen Versuche zum Komplex geworden waren. Es ist keine Frage des Bemühens, ob das Leben oder die Liebe gelingt. Das liegt jenseits

unseres Bemühens. Wir müssen verstehen, warum unser Leben keine positive Wende genommen hat.
Meiner Erfahrung nach können wir uns nicht darauf verlassen, daß der Patient allein zu diesem Verständnis gelangt. Seine innere Haltung hat mehrere wichtige Funktionen in seinem Leben gehabt. Wie ich früher bereits erwähnte, hat er mit ihrer Hilfe überlebt, und sie hat ihm auch dazu gedient, seinem Leben Sinn und Hoffnung zu geben, die Hoffnung, Liebe zu finden. Diese mächtigen Kräfte schüren seine Entschlossenheit, sich für das Gelingen einzusetzen und erfolgreich zu sein. Aber wir können uns Liebe nicht verschaffen – Liebe geschieht, wenn wir für das Leben, das Leben des Körpers offen sind. Da der Patient nicht akzeptiert, daß seine Hoffnung unrealistisch und der Sinn, den er seinem Leben verliehen hat, illusorisch ist, wird er trotz ständiger Enttäuschungen, die seine Entschlossenheit nur zu verstärken scheinen, vorandrängen. Ich glaube, daß der Therapeut die Verpflichtung hat, den Patienten mit der Wahrheit über seine Haltung zu konfrontieren. Natürlich sollte das auf eine einfühlsame Weise geschehen, denn wir wollen dem Patienten ja helfen zu begreifen, was er tut.
Dianes Körper erzählte mir, daß sie als Kind keinen Mangel gelitten hatte. Ihr Körper war voll entwickelt und kräftig, was darauf hinweist, daß sie als Kleinkind angemessen versorgt und ernährt worden war. Ihr Problem stammte aus einer späteren Phase, als sie sich im Alter von drei bis sechs Jahren ihrer Sexualität und Unabhängigkeit bewußt wurde. Beim Mädchen konzentrieren sich die ersten sexuellen Gefühle auf den Vater, während der Junge sie auf die Mutter richtet. Das Kind liebt seine Eltern von ganzem Herzens und mit der ganzen Intensität seines jungen Lebens. Aber auch wenn seine Liebe sexuelle Untertöne hat, ist sie unschuldig, da ein Kind noch nichts von der sexuellen Vereinigung weiß. Es gibt sich der Erregung dieser Liebe für Vater oder Mutter vollkommen hin und verspürt dabei eine Freude, die seinem Leben Sinn verleiht.
Leider ist dieser unschuldige Zustand nicht von Dauer, und die Freude geht verloren. Die Eltern verwickeln sich in die Gefühle des Kindes. Vater und Mutter reagieren auf ihr Kind mit dem sexuellen Bewußtsein von Erwachsenen, das nicht unschuldig ist. Im allge-

meinen geht der gegengeschlechtliche Elternteil zu positiv auf das Kind ein, während der gleichgeschlechtliche Elternteil negativ reagiert. Der Vater erwidert die Liebe seiner Tochter nicht nur als Vater, sondern als Mann. Sein Ich fühlt sich durch ihre Bewunderung geschmeichelt, und ihre Wärme und Lebendigkeit erregt ihn körperlich. Weil er auf die Mutter nicht so reagiert, wird diese eifersüchtig und betrachtet das kleine Mädchen als Rivalin. Diese Eifersucht kann so heftig sein, daß die Tochter um ihre Existenz fürchtet. Um sich zu wehren, würde sie die Mutter am liebsten vernichten, aber sie ist hilflos. Ihr Vater könnte sie beschützen. Aber wagt er es, sich dem Ärger der Mutter zu widersetzen, da er doch weiß, daß er emotional an diesem Dreiecksverhältnis beteiligt ist? Da er nicht imstande ist, die Tochter zu beschützen, fühlt diese sich als hilfloses Opfer. Um zu überleben, muß sie sich von ihren sexuellen Gefühlen lösen, sich aus der Beziehung zu ihrem Vater zurückziehen und sich der Mutter unterwerfen. Und genau das tat Diane.

Für den Jungen sieht die Situation grundsätzlich nicht anders aus. Er ist gefangen in der ödipalen Situation und wird zum Rivalen seines Vaters. Wenn er sich der Liebe zu seiner Mutter ganz hingibt, riskiert er, von ihr vereinnahmt und ein Muttersöhnchen zu werden, was ihn seinem Vater entfremdet. Verweigert er sich ihr aber, besteht die Gefahr, daß sie feindselig reagiert und ihm ihre Liebe und Unterstützung entzieht, die er immer noch braucht. Wenn ein Sohn zum Rivalen seines Vaters wird, trifft ihn dessen Eifersucht und Zorn. Er bekommt Angst vor seinem Vater, denn er spürt, daß er dessen Feindseligkeit provoziert, wenn er mit ihm konkurriert. Konkurriert er jedoch nicht, verliert er die Liebe seiner Mutter. Ihr sexuelles Interesse schmeichelt seinem Ich, erregt ihn körperlich und macht es ihm sehr schwer, Widerstand zu leisten. Aber der Verführung nachgeben und sich seiner Erregung hingeben würde heißen, daß er eine sexuelle Beziehung mit seiner Mutter eingänge, was zu beängstigend und gefährlich wäre. Das geschah mit Ödipus, der, da er seine wahre Identität nicht kannte, seinen Vater tötete und seine Mutter heiratete. Sein Schicksal war tragisch. Um dieser Gefahr zu entgehen, muß der Junge sich von den sexuellen Gefühlen für seine Mutter lösen. Die Folge ist, daß er psychisch kastriert wird.[3]

Dianes Körper zeigte die Auswirkungen der ödipalen Situation in ihrer Kindheit. Auch wenn ihr Körper kräftig und wohlgeformt war, fehlte ihrem Unterkörper von den Hüften bis zu den Füßen die starke Aufladung. Ihre Beine vibrierten zwar, wenn sie die Erdungsposition einnahm, aber die Vibrationen erfaßten nicht ihr Becken, das sehr verspannt und verhärtet war. Die Wellen ihrer Atmung erstreckten sich nicht bis tief in ihren Bauch. Es bestand für mich kein Zweifel daran, daß sie Angst hatte, sich ihrer Sexualität hinzugeben. Diese Angst zeigte sich auch in den Verspannungen ihres Brustkorbs, die ihre Atmung und die Empfindungen ihres Herzens einschränkten. Ihr Gesicht hatte einen jungen, manchmal fast kindlichen Ausdruck, der ihrem Alter nicht entsprach. Diane hatte Angst, ganz Frau zu sein.

Ihr Bemühen war stark von dem Wunsch geprägt, anderen zu gefallen. Sie wollte mir ebenso gefallen wie den beiden Männern, auf die sie sich eingelassen hatte. Beide waren Vaterfiguren für sie, denn sie waren mindestens fünfzehn Jahre älter als sie. Mit ihrem Wunsch zu gefallen spielte sie die Rolle von »Vatis kleinem Mädchen« weiter. Sie hoffte, damit die Liebe und Freude zurückzugewinnen, die sie als kleines Kind mit ihrem Vater erlebt hatte. Aber genau diese Rolle verhinderte auch, daß sie als Frau Erfüllung fand. Diane konnte sich daran erinnern, wieviel Lust und Freude ihr das Zusammensein mit ihrem Vater bereitet hatte. »Jeden Abend vor dem Einschlafen las er mir etwas vor. Er las lange. Es kam mir wie eine ganze Stunde vor. Ich hörte ihm sehr gern zu. Ich konnte den Abend immer gar nicht abwarten, bis er mir wieder vorlesen würde. Nach dem Lesen bauten wir Luftschlösser, und dann schlief ich ein.« Er führte sie in die Literatur ein, und sie erinnerte sich an ihre gemeinsamen Spaziergänge, bei denen er ihr seine Gedanken mitteilte.

Als ich sie nach ihrer Beziehung zu ihrem Ehemann fragte, der sie mißbraucht hatte, sagte sie: »Ich hörte ihn gerne reden. Er war sehr klug.« Der Sex mit ihm, sagte sie, sei der beste, den sie jemals erlebt habe. Da sie ihn liebte, obwohl er sie körperlich mißhandelte, fragte ich sie noch eingehender nach ihrer Beziehung zu ihrem Vater, und sie berichtete von einem Erlebnis, das sie nie vergessen konnte. »Ich weiß noch, wie ich einmal mit etwa dreieinhalb Jahren im Bett lag und ganz gelöst und fröhlich war. Diese Gefühle waren nicht neu für mich. In meiner Erinnerung sehe ich meinen Vater über mein Bett gebeugt. Ich weiß noch, daß seine Hand mich schlug, aber ich hatte das Gefühl, daß er das gar nicht wollte. Ich weiß nicht, warum er mich schlug. Ich war so glücklich, ihn zu sehen. Das war ein solcher Schock. Es verwirrte mich, und seitdem bin ich immer noch verwirrt. Ich hatte das Gefühl, als ob er mir etwas anhängen wollte, und heute hängt man mir dauernd etwas an. Ich muß aufpassen, aber ich will nicht ständig aufpassen. Ich weiß nicht, wie ich mich schützen soll.«

Die Erinnerung an die Schläge ihres Vaters, die sie als Verrat erlebt hatte, beunruhigte sie von kleinauf. Sie hatte sich niemals davon freimachen können, denn sie war unfähig, wegen der Schläge zornig auf ihren Vater zu werden. In der Sitzung empfahl ich ihr, mit dem Tennisschläger auf das Bett einzuschlagen, um etwas von diesem unterdrückten Zorn zum Ausdruck zu bringen. Zunächst sagte sie, sie sei zornig, ich nehme an, um mir einen Gefallen zu tun; denn als sie versuchte, ihren Zorn gegen ihren Vater zu richten, fiel es ihr schwer, Zorn zu empfinden. Als sie erkannte, daß sie Probleme hatte, ihm ihren Zorn zu zeigen, gab sie zu, daß sie Angst hatte, seine Liebe zu verlieren, wenn sie zornig auf ihn würde. Da ihr Vater seit mehreren Jahren tot war, hing sie einer Illusion nach, wenn sie glaubte, daß er sie immer noch liebte.

Sie entschuldigte seinen Angriff, denn sie glaubte, er sei von ihrer Mutter dazu provoziert worden. Er fühlte sich zwischen den beiden weiblichen Wesen hin- und hergerissen. »Seine Vernarrtheit in mich machte sie extrem eifersüchtig, und er mußte sich entscheiden.« Dann begriff sie zum ersten Mal, daß seine abgöttische Liebe zu ihr sexuell war. »Er war scharf auf mich.« Aber das tat Dianes Liebe zu ihrem Vater keinen Abbruch. Sein sexuelles Interesse versetzte sie in einen Freudenrausch, so daß sie diesen Teil ihrer Kindheit zur Idylle verklärte. Die andere Seite, nämlich die Beziehung zu ihrer Mutter, war die Hölle. Sie hatte Alpträume.

Wenn sie wach war, schlug ihre Mutter sie häufig mit einem Holzlöffel.

Diane beschrieb ihre Mutter als eine Frau mit einem unglaublichen, eisernen Willen, der nicht zu brechen war. »Sie schlug auf meine schöne und lebenslustige Schwester ein, als sie im Haus auf hochhackigen Schuhen herumtanzte, die Haare schön frisiert und die Lippen geschminkt. Das war für meine Mutter zu aufreizend, und sie schlug sie mit einem Holzlöffel und sagte ihr, sie solle etwas anderes anziehen, oder sie würde sie zu Tode prügeln. Heute wiegt meine Schwester gut 110 kg, spricht sehr affektiert und lebt überhaupt nicht in der Wirklichkeit.« Diane hatte entsetzliche Angst vor ihrer Mutter. Äußerlich unterwarf sie sich ihr, aber innerlich rebellierte sie. Sie sagte: »Ich habe mich immer gefühlt wie ein Bild von Picasso – genau in der Mitte gespalten.« Ein gewisser Schutz kam von ihrer griechischen Großmutter, als diese noch lebte. Sie war die Mutter ihrer Mutter, und Diane betrachtete sie als ihre beste Freundin.

Man kann sich die Qualen vorstellen, die Diane als Kind erlitt, hin- und hergerissen zwischen der Liebe zu ihrem Vater, die mit sexueller Erregung einherging, und der Schuld und Angst aufgrund dieser Beziehung. Die Schuldgefühle waren überwältigend. »Ich fühlte mich verantwortlich für das, was geschah. Wenn etwas falsch lief, war es mein Fehler. Das machte mich fast verrückt. Ich wurde immer furchtbar zornig, aber das führte zu nichts. Ich schlug mit dem Kopf gegen die Wand und schrie und schrie. Mein Zorn wurde destruktiv. Ich wollte etwas kaputtschlagen, aber das machte mir noch mehr Schuldgefühle.«

Gegen Ende ihrer Teenagerzeit und nach dem Collegeabschluß agierte Diane ihre Rebellion aus, indem sie Drogen nahm und zahlreiche sexuelle Affären hatte. Sie schloß sich der Hippiebewegung an und wurde zum »Blumenmädchen«. Nach einigen Jahren wurde ihr klar, wie selbstzerstörerisch ihr Verhalten war, und sie ging nach Europa, um zu studieren. In Europa verliebte sie sich in einen netten jungen Mann in ihrem Alter, der ihre Gefühle erwiderte. Leider verlief die Beziehung im Sand, weil seine Familie Einwände gegen ihre Herkunft hatte, die ihr nicht gut genug war.

Sie hatte eine weitere intensive Liebesaffäre mit einem jungen Mann, aber auch diese entwickelte sich nicht zu einer festen Beziehung. Zu diesen Beziehungen sagte Diane: »Ich suchte mir immer Söhne aus, deren Mütter sie nicht gehen lassen wollten. Ich hatte mit sämtlichen Müttern Schwierigkeiten. Sie hatten Angst, daß ich ihnen ihren Sohn wegnehme.«

Aus meiner Sicht ist Diane eine tragische Figur, und sie sieht sich in gewisser Weise selbst so. Sie sagte: »Ich bin so unglücklich. Ich sehe keine Zukunft mehr für mich. Ich bringe einfach die Tage hinter mich.« Diese Äußerung löste ein intensives Weinen aus, das sie dann zu der Bemerkung veranlaßte: »Da ist immer eine große Traurigkeit in mir, und ich glaube nicht, daß die jemals verschwindet.« Gefühle verändern sich nicht dadurch, daß wir versuchen, sie zu überwinden. Ein Teil ihres Bemühens bestand darin, daß Diane immer ein strahlendes, glückliches Gesicht aufsetzte, einmal um sich als positiven, hilfsbereiten Menschen zu präsentieren, aber auch, um ihre Hoffnung zu nähren, eines Tages doch noch die Liebe ihres Lebens zu finden. Im Grunde war das eine Überlebenstechnik, denn ihre Traurigkeit kam einer Verzweiflung gleich, die sie als lebensbedrohlich empfand.

Und trotzdem war diese Verzweiflung nicht realistischer als die Hoffnung, das verlorene Paradies zurückzugewinnen, das sie als Kind durch die Liebe ihres Vaters gekannt und erlebt hatte. Sowohl ihre Hoffnung als auch ihre Liebe gehörten ihrer Kindheit an und hatten für ihre augenblickliche Situation als Erwachsene keine Bedeutung. Eine erwachsene Frau hat das Bedürfnis, einen Mann zu finden, der ihr Leben mit ihr teilt, nicht jemanden, der sein kleines Mädchen hätschelt und beschützt. Solch ein Mann wäre ein Partner für sie bei der gemeinsamen Aufgabe, ein Zuhause zu schaffen und eine Familie zu gründen. Im späteren Leben wären sie Gefährten, die ihre kostbaren Erinnerungen miteinander teilen. Eine solche Beziehung wäre keinesfalls ohne Liebe, Sex und Leidenschaft, denn die Liebe eines reifen, individuellen Menschen hat eine Tiefe und Intensität, die über die Liebesfähigkeit von »Vatis kleinem Mädchen« oder »Muttis Jungen« hinausgeht. Die Hoffnungen und Erwartungen, die auf diesem Verständnis von der Mann-Frau-Bezie-

hung beruhen, sind nicht unrealistisch, da beide Partner das gleiche brauchen: einen Menschen, mit dem sie ihr Leben teilen können. Aber diese Erwartungen können nur erfüllt werden, wenn Mann und Frau beide reife Menschen sind.
Diane war keine reife Frau. Ihre Persönlichkeit war zu stark geprägt von dem kleinen Mädchen, das immer noch auf der Suche nach einer Vaterfigur war, um die Kindheitssituation wiederherzustellen. Ein solcher Mann würde sie bewundern, ihr sagen, daß sie schön sei, ihre Unschuld bestätigen und sie gegen die böse Stiefmutter verteidigen. Natürlich kann das kein Mann einer Frau geben. Eine verlorengegangene Unschuld kann nicht wiederhergestellt, aber die Schuldgefühle können überwunden werden, indem der Mensch wieder zu einem freien und uneingeschränkten Selbstausdruck findet, was auch den Ausdruck sexueller Gefühle einschließt. Die Angst vor der Stiefmutter verschwindet, wenn der Zorn der Betroffenen aktiviert wird. Das passierte bei Diane gegen Ende der Therapie, als sie sich gegen ihre Mutter auf reife Weise behaupten und sie um Hilfe bitten konnte. Zu ihrer Überraschung stellte sich heraus, daß ihre Mutter sehr bereit war, ihr zu helfen.
Ihre Beziehung zu Männern war komplizierter, denn sie glaubte sich der Liebe hinzugeben, wenn sie sich den Männern hingab. So sieht sich die kleine Tochter in der Beziehung zu ihrem Vater. Er ist ihre ganze Welt, und emotional existiert sie vor allem in Hinsicht auf diese Beziehung. Wenn wir ein kleines, dreijähriges Mädchen beim Anblick seines Vaters voller Entzücken rufen hören: »Vati! Vati!«, wissen wir, wie uneingeschränkt es sich ihm überläßt. Dieses Verhalten ist typisch für ein Kind, dessen Ich oder Selbstgefühl noch nicht voll entwickelt ist. Es bildet auch die Grundlage für das tiefe Gefühl von Freude, das Kinder kennen. Aber wir bleiben keine Kinder. In den Jahren zwischen drei und sechs entwickelt sich das Ich, und damit wächst das Selbstgefühl, das allmählich zum dominierenden Aspekt der Persönlichkeit wird. In dieser Zeit, die als ödipale Phase bekannt ist, wird das Kind sich der erwachsenen Sexualität bewußt und verliert seine Unschuld. Wenn es dann mit sechs zur Schule kommt und sich mit anderen Kindern im gleichen Alter zusammenschließt, um

etwas über die weite Welt zu lernen, ist sein Selbstgefühl gefestigt oder sollte es sein.

Gesunde Sechsjährige haben ein starkes Selbstgefühl, das zwar noch nicht voll entwickelt oder reif ist, aber für die Situationen ausreicht, mit denen sie normalerweise zu tun haben. Wenn ein Kind in diesem Alter auf den Vater oder die Mutter fixiert ist, fällt es ihm schwer, Beziehungen zu Gleichaltrigen aufzubauen, die es auf das Erwachsenenleben vorbereiten. Es wird sich für etwas Besonderes halten, aber auch unsicher sein, sich erfahren und naiv, überlegen und unterlegen zugleich vorkommen. Als Erwachsener fühlt sich dieses Individuum unwiderstehlich zu Menschen hingezogen, die dem geliebten Vater oder der geliebten Mutter ähneln, und erleidet dann zwangsläufig das gleiche Schicksal wie in der Kindheit. Freud bezeichnete dieses Verhalten als Wiederholungszwang, und das ist es auch. Jedes Suchtverhalten beruht auf diesem Zwang – eine Situation oder Beziehung zu wiederholen, die einmal eine Quelle großer Erregung und intensiver Lust war, aber verlorenging. Der Versuch, die Vergangenheit wiederherzustellen, muß zwangsläufig scheitern, weil er anachronistisch ist und der augenblicklichen Lebensstellung des Individuums nicht entspricht. Menschen, die süchtig nach bestimmten Substanzen oder auf bestimmte Situationen fixiert sind, bleiben auf einer gewissen Ebene Kinder, die emotional nicht erwachsen geworden sind.

Dianes Beziehung zu den beiden Männern, die sie körperlich mißbrauchten, war kompliziert. Beide waren Vaterfiguren, auf die sie die Liebe übertragen konnte, die sie für ihren Vater empfunden hatte. Aber ihr Vater hatte sie niemals so mißhandelt wie ihre Mutter. Diese Männer repräsentierten nicht nur ihren Vater, sondern auch ihre Mutter. Grund dafür, daß sie sich dem Mißbrauch unterwarf, war die Schuld, die sie aufgrund der sexuellen Verbindung zu ihrem wirklichen Vater empfand. Als sie Kind war, wurden diese Schuldgefühle durch die Schläge ihrer Mutter ausgeglichen. Und dem gleichen Zweck diente auch der körperliche Mißbrauch, den sie als erwachsene Frau erlitt. Als Dianes Therapie dem Ende zuging, war ihr die Dynamik, die der Wiederholung ihrer Kindheitssituation zugrunde lag, ganz deutlich bewußt. Solange sie sich als »Vatis kleines Mädchen« ausgab, würde sie sich in einem Teufelskreis befinden, ob sie sich dessen bewußt war oder nicht. Wenn sie sich über diese Rolle aber im klaren war, konnte sie sie aufgeben, um reifer und sowohl emotional als auch finanziell unabhängiger zu werden. Sie konnte in sich selbst die Liebesfähigkeit finden, die auf der Hingabe an das Selbst und den Körper beruht und nicht auf der Hingabe an einen anderen Menschen.

Vor vielen Jahren wurde ich einmal von einem Mann, Ende fünfzig, konsultiert, der darunter litt und sich dafür schämte, daß er die kindliche Angewohnheit hatte, am Daumen zu lutschen. Er tat auch bei Konferenzen und hielt, um sein Verhalten zu verbergen, die andere Hand davor. Leider wird diese Gewohnheit sozial nicht genauso akzeptiert wie das Rauchen, obwohl sie dem gleichen Zweck dient und den Körper nicht so vergiftet. Ich bin sicher, er fühlte sich schon dadurch besser, daß er mit mir über sein Problem sprechen konnte, aber ich konnte ihm nur wenig Hilfe bieten. Die Veränderung von Verhaltensmustern, die in frühen Lebenserfahrungen verankert sind, ist keine leichte Aufgabe. Der Betroffene empfindet sein Suchtverhalten als Bereicherung für sein Lebens- und vor allem sein Körpergefühl, die ihm sonst fehlen würde. Die Erfahrungen mit Drogen sind der beste Beweis dafür. Durch die Droge fühlt der Körper sich innerlich lebendiger an, wobei aber das Ich oder der bewußte Verstand von diesem Gefühl getrennt ist. Die Droge spaltet die Persönlichkeit und sorgt so für eine vorübergehende Flucht aus der Realität. Jede praktizierte Sucht untergräbt das Selbstgefühl und wirkt sich deshalb destruktiv auf den betroffenen Menschen aus.

Die bioenergetische Therapie ist eine heilsame Methode, das Leben des Körpers zu steigern und die Entwicklung des Selbstgefühls zu fördern. Sie schließt das Verständnis für die Dynamik von Fixierungen oder Süchten auf dem Hintergrund der persönlichen Geschichte des Menschen ein und befreit ihn davon, indem sie ihm hilft, die unterdrückten Gefühle auszudrücken, die ihn an die Vergangenheit binden. Diane konnte ihr Verhalten im wesentlichen ändern und wurde zu einem reiferen Menschen. Ihr Weinen ging tief, als sie ihren Schmerz und ihre Traurigkeit spürte, die sie jetzt akzeptieren konnte. Dadurch wurde es ihr möglich, den heftigen Zorn auszudrücken, den sie gegen ihren Vater empfand, der sie geliebt, aber durch seine sexuellen Annährungen auch verraten hatte. Sie gab ihre eigenen Verführungsspiele mit Männern auf und stellte fest, daß sie auch allein leben konnte. Dadurch verschwanden ihre Schuldgefühle, und sie konnte sich gegen ihre Mutter wehren und zu einer Aussöhnung mit ihr finden. Sie wurde Lehrerin, die unter schwierigen Umständen mit Problemkindern arbeitete, und stellte fest, daß sie anstatt ihren feindseligen Schülern gefallen zu wollen, Forderungen stellen und sich Respekt verschaffen konnte. Und dafür liebten die Schüler sie.

Liebe ist keine Selbstaufgabe, sondern eine Hingabe an das Selbst. Wenn ich von der Hingabe des Ich gesprochen habe, dann meine ich, daß es sich dem Körper oder dem größeren Selbst hingibt. Aber diese Hingabe ist nur möglich, wenn das Selbst geschätzt und respektiert wird, was in der therapeutischen Situation der Fall ist. Das Ich ist nicht Kapitän unseres Schiffes, sondern lediglich der Lotse, aber in dieser Eigenschaft dient es zwei wichtigen Funktionen: zum einen das Schiff durch die Meerengen der Realität zu leiten, und zweitens, die Erregung zu halten, damit sie sich aufbaut und eine intensivere Ebene erreicht, bevor sie entladen wird. Das ist das Realitätsprinzip, auf dem das Leben des Erwachsenen basiert. Diese Funktion steigert die Lust und Befriedigung, die wir aus der Entladung gewinnen. Ist Liebe die Hingabe des Ich an das Herz, wächst sie, wenn ein größeres Ich sich hingibt.

Das Ich beginnt mit seinem Wachstum und seiner Entwicklung in der Familie, schließt sie aber außerhalb der Familie ab. Als kleine Kinder beziehen wir unsere Identität aus der Stellung, die wir zu Hause einnehmen. Diese Identität ist in der Schule, wo das Kind eines von vielen Kindern ist, die sich alle in der gleichen Lage befinden, relativ bedeutungslos. In der Schule geht das Kind neue Verbindungen mit einem oder mehreren Gleichaltrigen ein, die darauf beruhen, daß die Kinder in der gleichen Situation sind und ähnliche Interessen und Gefühle haben. Diese Verbindungen zwischen Kindern können sehr stark sein, ebenso stark kann die Liebe zwischen zwei Kindern sein. Das Kind hat immer noch eine feste Bindung an seine Familie, aber wenn diese Beziehung gesund ist, läßt sie das Kind frei und unterstützt es dabei, sich eine Beziehung zu Gleichaltrigen aufzubauen. Wenn das Kind, wie Diane, auf die Familie fixiert ist, kann es den Schritt zu Beziehungen mit Gleichaltrigen nicht leicht vollziehen. Wurde ihm zu Hause die Liebe vorenthalten, zeigt es sich im Verhalten mit seinen neuen Freunden abhängig und unsicher. Wenn ihm zu Hause vermittelt wurde, es sei etwas Besonderes, wird es mit seinen neuen Bekannten konkurrieren und versuchen, sie zu beherrschen. In beiden Fällen werden die neuen Freundschaften ihm nicht die Freude schenken, nach denen es sich sehnt. Die Liebe in einer gesunden Beziehung von zwei gleichaltrigen Kindern stärkt das Ich oder Selbstgefühl des Individuums. Anders als die Liebe, die das Kind für seine Eltern empfindet, beruht sie auf Gleichheit. Und sie unterscheidet sich auch von der Liebe für den gegengeschlechtlichen Elternteil, die mit Selbstaufgabe verbunden war. Diese Kindheitsbeziehungen haben auch eine sexuelle Komponente, denn Sexualität ist eine Realität des Lebens, aber der Trieb ist hier sehr vermindert, so daß das neue Selbstbewußtsein seine reifen Proportionen entwickeln kann.

Das Ich steht zur Sexualität in einer antithetischen oder polaren Beziehung. Wie die beiden gegensätzlichen Pole eines Magneten kann das Ich weder stärker sein als die Sexualität, noch kann die Intensität der sexuellen Gefühle stärker sein als das Ich. Die energetische Aufladung im Körper pulsiert zwischen dem Kopf mit seinen Ich-Funktionen und dem Becken mit seinen sexuellen Funktionen. Diesem Prinzip scheinen narzißtische Individuen zu widersprechen, weil bei ihnen übertriebene Ichbezogenheit mit geminderter sexueller Potenz einhergeht. Diese Großspurigkeit ist jedoch kein Zeichen für wahre Ich-Stärke, sondern eher für das Gegenteil. Mit dem überhöhten Selbstbild soll die sexuelle Impotenz kompensiert werden.[4] Die Qualität der Ich-Stärke eines Menschen manifestiert sich im Blick der Augen, der bei Individuen mit wahrer Ich-Stärke direkt, ruhig und kraftvoll ist. Solch ein Blick beruht auf der hohen energetischen Aufladung der Augen und entspricht einer ähnlichen Aufladung im Genitalbereich. Diese Entsprechung wird deutlich in dem Ausdruck »strahlende Augen, buschiger Schwanz«. [Im Deutschen nicht geläufig, heißt soviel wie quietschvergnügt, Anm.d.Ü.] Strahlende Augen weisen auf ein starkes Ich hin, das im Körper verwurzelt ist und auf den Lustgefühlen und der Freude des Menschen beruht. Daß ein Mensch verliebt ist, sehen wir immer an seinen strahlenden Augen.

Lassen Sie mich wiederholen, daß erwachsene Liebe keine Selbstaufgabe ist, sondern eine Hingabe an das Selbst. Das Ich gibt seine Vormachtstellung innerhalb der Persönlichkeit zugunsten des Herzens auf, aber dadurch wird es nicht ausgelöscht. Vielmehr wird es durch diese Hingabe stärker, weil seine körperlichen Wurzeln von der Freude genährt werden, die der Körper empfindet. In dem Bekenntnis »Ich liebe dich«, ist das »Ich« ebenso stark wie das Liebesgefühl. Man kann sagen, daß reife Liebe das Selbst bestätigt.

Diane steht als typisches Beispiel für viele meiner Patienten, die sich, wenn sie sich verlieben, dem anderen hingeben statt dem Selbst. In der Hoffnung, daß die andere Person sie versorgt, geben sie ihre Unabhängigkeit auf, regredieren tatsächlich in einen kindlichen Zustand und erhoffen sich davon die Erfüllung der Beziehung mit dem gegengeschlechtlichen Elternteil. Sie werden abhängig und sind in dieser Position anfällig für Mißbrauch, gegen den sie sich nicht wehren können. Natürlich sind solche Beziehungen nur sehr selten von Dauer, und am Ende leiden die Individuen unter dem gleichen Kummer, den sie als Kind erlebten.

Wir können keine reife Liebesbeziehung eingehen, solange wir keine reifen Menschen sind, die auf eigenen Füßen stehen, wenn nötig, auch allein sein können und imstande sind, ihre Gefühle frei und uneingeschränkt auszudrücken. Eine solche Liebe ist nicht egoistisch, denn der Mensch teilt sich rückhaltlos mit. Sie ist ichbezogen, aber das macht die Beziehung aufregend, denn jeder Partner ist ein Individuum mit einem einzigartigen Selbst, an dem er den anderen teilhaben läßt. In solch einer Beziehung beruht die sexuelle Erfüllung der Liebe auf gegenseitiger Befriedigung und Freude.

Diese Sicht der Liebe widerspricht der weitverbreiteten Vorstellung, wir müßten in der Liebe für den anderen da sein. Aber dann dienen wir in der Beziehung dem anderen, anstatt unser Leben mit ihm zu *teilen*. Teilen ist nur zwischen Gleichen möglich, aber man dient jemandem, der über einem steht. Diese Liebesbeziehungen verlieren bald an Reiz und enden damit, daß der Partner, der bedient wird, außerhalb der Beziehung nach der Erregung der Liebe sucht, die in seiner Ehe fehlt. Wenn das geschieht, bemüht sich der Partner, der verlassen wird, noch intensiver, dem anderen zu Diensten zu sein, alles richtig zu machen und das zu verkörpern, was der Partner will. Eine andere Patientin, die von ihrem Mann verlassen wurde, brach zusammen, weinte heftig und sagte dann: »Mein ganzes Leben lang habe ich versucht, immer alles zu regeln, aber es hat nie funktioniert. Man kann nichts regeln. Ich versuche immer noch, Menschen zu helfen, und erreiche damit nur, daß ich verletzt werde. Ich habe das satt.«

Philip war ein Mann von etwa sechzig Jahren, der mich konsultierte, weil er völlig ratlos war und sich in einem schrecklichen Konflikt befand. Er war verheiratet und hatte drei erwachsene Kinder. Sein Problem war, daß er sich heftig in eine jüngere Frau von dreißig Jahren verliebt hatte, die geschieden war und zwei kleine Kinder hatte. Mit dieser Frau fühlte er sich wieder wie ein junger Mann, lebendig, erregt und mit einem Gefühl von Freude, das er in seiner Ehe nicht gekannt hatte. Sie konnten, wie er sagte, über Gott und die Welt reden wie zwei frisch Verliebte. Und er war mit ihr sexuell so potent, wie er es in seiner Ehe nie erlebt hatte. Tatsächlich waren Philip und seine Frau seit Jahren nicht mehr sexuell intim miteinander gewesen, obwohl sie nackt in einem Bett schliefen.

Philips Konflikt bestand darin, daß er nicht wußte, was er tun sollte: seine Frau verlassen und seine neue Liebe heiraten, was er sich sehr wünschte, oder seine Geliebte aufgeben und seine Ehe fortsetzen. Er zögerte aus mehreren Gründen, sich zu entscheiden. Er fragte sich, ob die Erregung anhalten würde, die er bei seiner neuen Geliebten, die ich Sally nennen will, empfand. Würde er weiter so fühlen, wenn sie verheiratet wären und die Beziehung den Reiz des Neuen verlöre? Sollte er es in seinem Alter auf sich nehmen, noch einmal Kinder großzuziehen? Was würden seine Freunde sagen? Er und seine Frau hatten viele Freunde und waren sozial sehr aktiv.

Er wußte, daß er sie vermissen würde, sie waren Teil seines Lebens geworden.

Philip sagte, daß seine Frau ihm viel bedeute und er sie nicht verletzen wolle, aber er könne auch Sally nicht aufgeben. Es quälte ihn, daß er zu keiner Entscheidung fähig war, und er litt unter seinem Doppelleben. Da er seiner Frau nichts verheimlichen und vormachen wollte, erzählte er ihr von Sally, worauf sie mit Wut reagierte. Sie drohte, ihn zu ruinieren, wenn er sie verließe. Obwohl Philip auf mich den Eindruck eines starken Menschen machte, der sich zu behaupten wußte, bekannte er, Angst vor seiner Frau zu haben. Sie hatte ihn in der Ehe immer beherrscht, ihn oft wegen geringer Versäumnisse und Schwächen kritisiert und ihn manchmal in Anwesenheit ihrer Freunde heruntergemacht. Er sagte, er sei nicht verliebt in sie gewesen, als sie heirateten, habe aber zu ihr aufgeschaut.

Philips Persönlichkeit wies eine Schwäche auf, die der Grund dafür war, daß er sich seiner Frau in der Ehe unterwarf. Diese Schwäche hing mit seiner Beziehung zu Frauen zusammen, denn im Geschäftsleben behauptete er sich und war erfolgreich. Als ich ihn nach seinem persönlichen Hintergrund fragte, erfuhr ich, daß seine Mutter ebenfalls eine dominierende Frau gewesen war, sein Vater hingegen ein ruhiger, passiver Mann. Sie waren drei Kinder, von denen Philip das älteste war. Seine Schwester war zwei Jahre und sein Bruder fünf Jahre jünger als er. Seine Eltern waren italienische Einwanderer, die hart gearbeitet hatten, um ihren Kindern ein schönes Zuhause zu schaffen. Als Kind hatte Philip sich seiner Mutter unterworfen. Er sah in ihr die italienische Version der Madonna. Da er katholisch erzogen war, hatte Philip große Schuldgefühle in bezug auf seine Sexualität, was ihn als jungen Mann in seinen Beziehungen zu Mädchen sehr gehemmt hatte. Auch wenn Philip glaubte, als Kind geliebt worden zu sein, hatte diese Liebe nichts Befreiendes für ihn gehabt.

Es war deutlich, warum es Philip so schwerfiel zu entscheiden, was er tun sollte. Ich konnte ihn weder zum einen noch zum anderen raten. Es ging nicht darum, eine Entscheidung zu treffen, denn seine Gefühle waren zwiespältig, er schwankte zwischen Liebe und Schuldgefühlen. Die Schuldgefühle hatten nichts mit seiner Liebe zu Sally zu tun, auch wenn sie damit in Zusammenhang gebracht werden könnten. Das Liebesgefühl ist zu positiv, um Schuldgefühle hervorzurufen. Grund für Philips Schuldgefühle waren seine Feindseligkeit und der Groll gegen seine Frau, die ihn so schlecht behandelt hatte, und gegen seine Mutter, durch die er so unterwürfig geworden war. Diese Schuld würde ihn quälen, wenn er seine Frau verließ; verlor er aber Sally, weil er bei seiner Frau blieb, würde die Traurigkeit ihm zu schaffen machen. Das wirkliche Problem bestand darin, daß Philip seinen Zorn auf die beiden Frauen unterdrückt hatte, die ihn kontrolliert hatten: seine Mutter und seine Frau. Das hinderte ihn daran, einer Frau Widerstand zu leisten, die psychisch stärker war als er. Seine Angst vor diesen Frauen blockierte seine Liebe und seine Leidenschaft, während Sally ihn mit diesem Problem nicht konfrontierte. Sie war genauso alt wie seine Kinder und hätte seine Tochter sein können. Er hatte nur Söhne. Bei Sally konnte er wieder zum Jungen werden, ohne sich so gedemütigt zu fühlen wie durch seine Frau. Er mußte nicht als Mann dastehen. Aber das Gefühl von Freude, das aus dieser Regression entspringt, ist nicht von Dauer.

Ich arbeitete körperlich mit Philip, um ihm zu helfen, seinen Zorn zum Ausdruck zu bringen. Sein Körper war gutgebaut und muskulös, aber rigide und unfrei. Sein Brustkorb war zusammengezogen und seine Atmung reduziert. Er brach nie zusammen und weinte, und ich brachte ihn nicht dazu, seinen Zorn herauszulassen, obwohl er ein paarmal das Zuschlagen übte. Er schien jedoch sein Problem zu begreifen und erzählte seiner Frau von seinen Besuchen bei mir. Ich sah ihn nur sechs- oder siebenmal. Unmittelbar bevor er mit der Therapie aufhörte, suchte seine Frau mich auf. Sie war attraktiv und stark und nahm kein Blatt vor den Mund. Sie kam, um mich zu fragen, was sie tun könne, um ihre Ehe zu retten. Ohne auf seine Probleme einzugehen, wies ich sie darauf hin, daß sie zu den Schwierigkeiten in ihrer Ehe selbst beigetragen habe und schlug ihr vor, eine Therapie zu machen und damit einen positiven Beitrag zu der Beziehung zu leisten. Kurz nach ihrem Besuch stellte Philip seine Besuche bei mir ein. Später hörte ich, daß er sich entschieden hatte, die Ehe fortzusetzen.

Philips Problem glich in einem wichtigen Aspekt dem von Diane. Sie war aufgrund ihrer sexuellen Bindung an den Vater zu »Vatis kleinem Mädchen« geworden, während Philip aufgrund einer ähnlichen Dynamik, nämlich seiner Mutterbindung, »Muttis guter Junge« geworden war. Beide konnten sich verlieben, ohne sich aber in diesen Beziehungen als reife Erwachsene zu verhalten. Philip konnte im Geschäftsleben, wo er sehr erfolgreich war, als reifer Mensch auftreten, aber in Herzensangelegenheiten verhielt er sich wie ein Halbwüchsiger. Diese emotionale Unreife ist grundlegende Ursache für das Scheitern sehr vieler Liebesbeziehungen. Wir können uns nur dann wie erwachsene Menschen verhalten, wenn wir keine Angst haben, vor uns selbst ehrlich zu sein, wenn wir zu tiefen Gefühlen fähig sind, diese voll zum Ausdruck bringen und entsprechend handeln können. Die Hingabe an den Körper ist eine Hingabe an die Realität des Selbst.

Ein weiterer, in gewisser Weise ähnlicher Fall nahm eine andere Wende. Hier ging es um einen Mann, den ich Benjamin nennen will und der ebenfalls Ende fünfzig war. Er suchte mich auf, weil er das Gefühl hatte, daß in seinem Leben irgend etwas fehlte. Er hatte sich in jungen Jahren mit einer Frau verheiratet, die er nicht liebte, und hatte drei Kinder mit ihr. Er blieb fast zwanzig Jahre in dieser Ehe, weil er das Gefühl hatte, daß seine Frau ihn brauchte. In den letzten zwölf Jahren hatte er ein Verhältnis mit einer sehr viel jüngeren Frau gehabt. Die Beziehung hatte als sexuelle Liebesaffäre angefangen, aber im Laufe der letzten acht Jahre waren sowohl die Liebe als auch der Sex geschwunden. Trotzdem schliefen sie noch im selben Bett, ohne jedoch intim miteinander zu sein. Wie Philip beklagte sich auch Benjamin darüber, daß seine Partnerin ihn oft wegen winziger Versäumnisse kritisiere, fügte aber schnell hinzu, daß er gegen diese Behandlung protestiere. Ansonsten war ihre Verbindung freundlich, und sie schienen gut miteinander auszukommen. Sie hatten beide ihren Beruf, der ihnen eine gewisse Freiheit und Unabhängigkeit schenkte. Benjamin war Rechtsanwalt in einer Kanzlei, die auf Konkursverfahren spezialisiert war, und seine Partnerin war eine erfolgreiche Geschäftsfrau.

Wie Philip war auch Benjamin ein kräftiger, gutaussehender Mann, der sich in seinem Leben behaupten konnte und Erfolg hatte. Und wie Philip verhielt sich Benjamin in seinen Beziehungen mit Frauen merkwürdig unterwürfig. Auch er beschrieb seine Mutter als dominierende Frau mit Neigung zur Hysterie und seinen Vater als einen ruhigen, passiven Mann. Ihm war bewußt, daß seine Mutter sich ihm gegenüber verführerisch verhalten hatte, so daß er sich als etwas Besonderes fühlte. Gleichzeitig hatte sie ihm das Gefühl vermittelt, er sei verantwortlich für ihr Glück. Benjamin hatte vorher eine Analyse gemacht und kannte sich mit ödipalen Problemen aus. Ihm war klar, daß die Situation ihn dazu herausgefordert hatte, mit seinem Vater zu rivalisieren und ihn zu übertreffen, was er auch tat. Er fühlte sich in der Männerwelt wohl und konnte sich behaupten, ohne Druck auszuüben. Auf dem College hatte er Fußball gespielt und dabei den körperlichen Kampf mit Männern sehr genossen. Ihm war nicht bewußt, daß sein Problem mit Frauen zu tun hatte, obwohl seine Frauenbeziehungen für ihn frustrierend waren. Diese Frustration dehnte sich jedoch niemals auf seine Beziehung zu Männern aus. Er sprach mit mir sehr offen und vernünftig, aber ohne viel Gefühl über sein Leben und seine Probleme. Er hatte mich aufgesucht, weil ihm klar geworden war, daß seine Emotionen durch körperliche Verspannungen gehemmt waren, und er eine körperorientierte Therapie brauchte, um sie freizulassen.

Auf dem bioenergetischen Hocker war Benjamins Atmung ziemlich flach. Sein Brustkorb war aufgebläht und unbeweglich. Die Aufforderung, seine Stimme zu benutzen, half etwas weiter, löste aber keine Traurigkeit aus. Bei der Erdungsübung hatte Benjamin große Schwierigkeiten, seine Beine zum Vibrieren zu bringen. Bei der Tretübung zeigte er zwar etwas Gefühl, aber es kam zu keiner emotionalen Befreiung. Er hatte bereits früh im Leben eine sehr starke Kontrolle über seine Gefühle entwickelt und war jetzt nicht mehr imstande, bewußt loszulassen. Trotzdem fühlte er sich nach diesen Übungen sehr viel besser. Er wußte, daß die Richtung stimmte, und war entschlossen, die Analyse fortzusetzen.

Einmal, als Benjamin auf dem Hocker lag und einen kontinuierlichen Ton von sich gab, schien es, als bräche seine Stimme und ginge in ein

Weinen über. Zu meiner Überraschung fing er aber an zu lachen und konnte nicht mehr aufhören. Ich habe das auch bei anderen Patienten erlebt, und fast in allen Fällen geht das Lachen, wenn es anhält, in ein Schluchzen über. Das Lachen stellt den Versuch dar, sich gegen die Traurigkeit zu wehren, indem ein Witz gemacht, das heißt, die ganze Sache ins Lächerliche gezogen wird. Ich schloß mich seinem Lachen an, denn ich wollte ihm helfen zu erkennen, daß der Witz auf seine Kosten ging. Trotzdem konnte er nicht aufhören zu lachen. Er weinte an jenem Tag überhaupt nicht, aber ihm wurde klar, daß er starke Widerstände hatte, seiner Traurigkeit nachzugeben oder irgend jemanden wirklich an sich heranzulassen.

Trotz seier männlichen Erscheinung hatte Benjamin etwas Jungenhaftes an sich, das jede Behauptung, ein reifer Erwachsener zu sein, Lügen strafte. Durch die Analyse wurde ihm klar, daß er als Junge das Gefühl hatte, von seiner Mutter in eine Falle gesperrt worden zu sein, und daß er ihr grollte, weil sie ihm so viel Verantwortung auflud. Aber er war auch Gefangener seines narzißtischen Gefühls, ein besonderer und überlegener Mensch zu sein, das darauf beruhte, daß seine Mutter sich sexuell zu ihm hingezogen gefühlt hatte. Narzißmus ist ein verbreitetes Problem von Männern, die verführerische und kontrollierende Mütter hatten. Ihre Persönlichkeit hat eine phallische Qualität. Diese hängt mit ihrer erektilen Potenz zusammen, auf der ihr Gefühl beruht, für Frauen sexuell anziehend zu sein. Sie betrachten diese erektile Potenz als Fähigkeit, eine Frau sexuell und emotional zu befriedigen. Solchen Männern fällt es sehr schwer, sich der Liebe hinzugeben: Zum einen geht damit das Risiko einher, von der Frau ebenso vereinnahmt zu werden wie von der Mutter, und andrerseits bedeutet diese Hingabe den Verlust der phallischen Position und des damit einhergehenden Gefühls, ein besonderer und überlegener Mensch zu sein, denn sie würde zu einem sexuellen Orgasmus führen, in dem sich die ganze Erregung des Verführungsspiels entladen würde. Benjamin erzählte mir, daß er seine Erektion in der Frau zwei Stunden lang halten konnte, während sie mehrfach zum Orgasmus kam. Aber aufgrund seiner gestörten Hingabefähigkeit blieb Benjamin unbefriedigt und hatte das Gefühl, daß etwas ganz Wichtiges fehlte.

Hingabe ist nicht durch einen bloßen Willensakt zu erreichen, sie erfordert vielmehr, daß wir unseren Willen aufgeben. Der Wille ist ein Überlebensmechanismus, und in Benjamins Fall hieß überleben: nicht zulassen, daß eine Frau ihn besaß. Die Wende in Benjamins Therapie geschah kurz nach dem Tod seines 92jährigen Vaters, um den er sich mehrere Jahre lang gekümmert hatte. Ich hatte mir gedacht, daß dieses Ereignis eine befreiende Wirkung haben würde. Benjamins Beziehung zu seinem Vater war komplex. Er war der Sohn, aber in den späteren Lebensjahren seines Vaters war er auch dessen Vater. Aufgrund der ödipalen Beziehung zu seinem Vater, die ihm als Sohn ein Überlegenheitsgefühl gab, blieb er auch der jüngere Mann. Jetzt konnte er das Königreich, nämlich seine volle Reife, für sich beanspruchen. Er ließ sich auf eine Frau ein, die er bereits von früher kannte, und die Beziehung entwickelte sich zu einer leidenschaftlichen sexuellen Affäre, die sich in jeder Hinsicht von seiner Partnerschaft mit Ruth unterschied. Benjamin hatte das Gefühl, Elisabeth – so hieß die neue Frau – wirklich zu lieben. Sie war eine ältere Frau mit erwachsenen Kindern. Wo Philip sich in eine jüngere Frau verliebt hatte, schenkte Benjamin sein Herz einer älteren.

Die Umstände machten es ihm möglich, sein Leben so einzuteilen, daß er die Wochenenden mit seiner Geliebten und den Rest der Zeit mit seiner Partnerin verbrachte. Die neue Beziehung schien aufzublühen und im Verlaufe der Wochen intensiver zu werden, während die alte normal weiterlief. Aber Benjamin war sich bewußt, daß diese Situation auf Dauer nicht tragbar war. Er mußte eine Entscheidung treffen. Seine neue Geliebte drängte ihn, seiner Partnerin von ihrer Beziehung zu erzählen, aber er zögerte, weil er sich selbst nicht sicher war. Er beschrieb seinen Konflikt wie folgt: »Ich weiß, daß sie mich sehr liebt (dabei sprach er von seiner neuen Beziehung). Sie sagt, sie habe die Sexualität noch niemals so genossen wie mit mir. Wir haben so viele gemeinsame Interessen und verstehen uns so gut. Ich kann mit ihr ganz offen sein. Sie möchte am liebsten immer mit mir zusammensein, aber ich spüre, daß ihre Persönlichkeit auch Züge von Abhängigkeit hat. Bei Ruth habe ich mehr Freiheit. Ruth ist eine praktische Frau, die weiß, wie die Dinge laufen, Elisabeth ist das nicht. Aber ich liebe Elisabeth. Sie erregt mich sexuell, Ruth dagegen nicht.«

Ähnlich wie bei Philip, erlaubte auch Benjamins Persönlichkeit ihm nicht, ein Doppelleben zu führen. Er mußte mit beiden Frau offen und aufrichtig sein, aber er wußte, daß es Ruth verletzen würde, wenn er ihr von Elisabeth erzählte, ganz gleich, ob er bei ihr blieb oder sie verließ. Er lag gerade auf dem Hocker und atmete, während wir über dieses Thema sprachen, als er plötzlich zu weinen begann. Er hatte schon früher in der Therapie einmal geweint, was ihm – glaube ich – half, sich für seine neue Geliebte zu öffnen. Als er diesmal weinte, sagte er, er spüre einen Schmerz in seinem Herzen, den er auf den Gedanken bezog, Ruth zu verletzen. Aber er konnte spüren, daß es auch sein Schmerz war. Ihm war das Herz gebrochen worden. Bei dieser Erkenntnis weinte er noch heftiger. Er spürte eine Traurigkeit, die er seit seiner Kindheit unterdrückt hatte. Ich wies darauf hin, daß er zum ersten Mal seit dieser Zeit sein Herz geöffnet habe und daß dies die erste wahre Liebesbeziehung seines Lebens sei.

Benjamin glaubte, es werde Ruth das Herz brechen, wenn er sie verließe. Da sie wußte, daß ihr sexuelles Leben versiegt war, hatte sie ihm zu verstehen gegeben, daß sie sein Bedürfnis nach einem kurzfristigen Verhältnis akzeptieren könne, aber das war das Verhalten einer verzweifelten Frau. Er war sensibel für ihren Schmerz, weil er dadurch mit seinem eigenen Liebeskummer aus der Kindheit in Berührung kam. Die Verheißung der mütterlichen Verführung, er werde die Liebe ihres Lebens sein, hatte sich nicht erfüllt und konnte auch nicht erfüllt werden. Sie hatte ihn benutzt und fallengelassen, was ihm das Herz brach. Niemals würde er sich wieder einer Frau ganz hingeben. Niemals würde er wieder eine Frau in sein Herz lassen. Das drückten die Verspannungen im Brustkorb aus, die das Herz vor der Möglichkeit eines weiteren herzzerbrechenden Verrats schützten.

Aber die Tragödie in Benjamins Leben war, daß er mit der Panzerung gegen weitere Verletzungen auch sein Herz abgeschottet hatte und somit die Freude nicht erleben konnte, die die Hingabe an die Liebe schenkt. Ich glaube, die Angst vor der Liebe ist bei Männern verbreiteter als bei Frauen, was meiner Meinung nach auch für die Tatsache verantwortlich ist, daß Männer anfälliger für Herzinfarkte sind als Frauen. Im Zeitalter des Unisex gilt die Auffassung, daß Männer und Frauen von ihrer emotionalen Veranlagung her gleich seien. Sicher ist der Wunsch und das Bedürfnis, zu lieben und geliebt zu werden, bei beiden Geschlechtern gleich stark vorhanden, aber Männer haben mehr Angst, von Frauen vereinnahmt zu werden, als Frauen das umgekehrt befürchten. Ich habe noch keinen kleinen Jungen von drei oder vier Jahren erlebt, der im Zusammensein mit seiner Mutter die gleiche Erregung zeigte wie ein kleines Mädchen in Gegenwart seines Vaters. Das ist vielleicht deswegen so, weil die Mutter immer zu Hause ist, während der Vater kommt und geht. Kleine Jungen finden ihren Vater zwar auch aufregend, aber nicht in sexueller Hinsicht. Väter repräsentieren den Reiz der Außenwelt und Mütter den des Zuhauses.

Meiner Meinung nach gibt es in der Emotionalität von Männern und Frauen noch einen weiteren wichtigen Unterschied, der ihre Liebesbeziehungen prägt. Frauen wünschen und suchen mehr Verbundenheit in der Beziehung, während Männer oder das männliche Geschlecht mehr auf Freiheit aus ist. Frauen reden persönlich oder am Telefon häufiger miteinander als Männer. Die Erkenntnis dieser Unterschiede ändert nichts an der Tatsache, daß beide Geschlechter die gleichen Gefühle von Liebe und Freude empfinden. Beide brauchen die Nähe und den Kontakt zu einem geliebten Menschen. Das zieht sie zueinander hin, so daß sie im großen Mysterium der Liebe Erfüllung finden. Aber wenn ihre Liebe verraten wurde, als sie Kinder waren, können sie sich weder frei noch völlig uneingeschränkt begegnen.

Angst untergräbt unsere Fähigkeit, uns der Liebe hinzugeben. Diese Angst ist nicht rational, sondern entspringt den Kindheitserfahrungen des Indivduums und hat nur in diesem Rahmen Bedeutung. Trotzdem hat sie weiterhin Macht, solange wir uns so verhalten, als befänden wir uns immer noch in der Kindheitssituation. Solange Diane versucht zu beweisen, daß sie ein braves kleines Mädchen ist, das allen hilft und immer das Richtige tut, wird sie Angst haben, sie selbst zu sein, ihre Sexualität zu akzeptieren und sich der Liebe

hinzugeben. Solange Benjamin Angst hat, von Frauen vereinnahmt zu werden, wird er gegen die Hingabe an die Liebe kämpfen. Er wird seine Anziehungskraft auf Frauen auf seine Überlegenheit zurückführen, nicht auf die Tatsache, daß er ein Mann ist, der eine Frau braucht, um im Leben Erfüllung zu finden. Auf dieser Ebene war Benjamin immer noch ein junger Mann, der mit der Liebe spielte. Und dieser junge Mann brauchte immer noch eine Mutter, die sich um ihn kümmerte. Benjamin hatte niemals wirklich allein gelebt. Seit er bei seiner Mutter ausgezogen war, um zu heiraten, war er immer mit Frauen zusammengewesen. Trotz seiner Liebe zu Elisabeth wußte er, daß er nur seiner Angst vor dem Alleinsein entfliehen würde, wenn er direkt nach der Trennung von Ruth mit ihr zusammenzöge. Solange er sich von einer Frau abhängig fühlte, war er nicht frei und würde immer Angst davor haben, sie könne ihn vereinnahmen. Ihm würde die Reife fehlen, durch die die völlige Hingabe an die Liebe zum Ausdruck unseres innersten Selbst wird. Einige Wochen nach dem Gespräch über diese Probleme berichtete Benjamin, daß er voller Freude aus einem Traum erwacht sei, in dem er keine Angst mehr davor hatte, allein zu sein und in dem er von keiner Frau mehr abhängig war. Jedesmal wenn ein Patient sich von Angst befreit fühlt, empfindet er Freude!
Reife ist das Stadium im Leben, in dem wir uns selbst kennen und annehmen. Wir wissen um unsere Ängste, Schwächen und Spiele und akzeptieren sie. Ich glaube nicht, daß wir jemals an den Punkt gelangen, wo wir völlig frei sind von den traumatischen Auswirkungen der Vergangenheit, aber wir sind nicht mehr in ihnen gefangen. Akzeptanz bedeutet nicht Hilflosigkeit. Da die Probleme sich dem Körper in Form von chronischen Verspannungen eingeprägt haben, können wir mit dem Körper arbeiten, um ihn zu befreien. Man kann die verschiedenen bioenergetischen Übungen, die wir in der Therapie einsetzen, auch zu Hause durchführen, wenn man eine bioenergetische Therapie gemacht hat und mit diesen Übungen umzugehen weiß. Akzeptanz bedeutet auch, daß wir uns unserer Schwierigkeiten oder Probleme nicht mehr schämen. Scham ähnelt Schuld insofern, als sie den Menschen daran hindert, er selbst zu sein und sich frei auszudrücken.[5] Diane schämte sich

ihrer sexuellen Gefühle schrecklich, weil ihre Mutter das unschuldige Verhalten des Kindes als ordinär und schmutzig bezeichnet hatte. Aber da diese Gefühle sehr erregend und lustvoll waren, geriet das Kind in einen entsetzlichen Konflikt, der es fast verrückt machte. Diane versuchte diese Gefühle zu unterdrücken und löste sich, wie wir gesehen haben, bis zu einem gewissen Grad auch von ihnen, aber dadurch baute sich eine innere Spannung auf, die sie antrieb, diese Gefühle auszuagieren. In den zivilisierten Ländern schämen wir uns alle mehr oder weniger unseres Körpers und seiner animalischen Funktionen, vor allem der sexuellen. Aber nur wenige Patienten sprechen über ihre Scham. Sie schämen sich ihrer Scham zu sehr, und da sie gebildete Menschen sind, verleugnen sie sie. Unser Selbstausdruck ist nicht beschränkt auf Gefühle wie Traurigkeit und Zorn. Die meisten Menschen haben einige dunkle Geheimnisse und schämen sich, diese offenzulegen. Manchmal verbergen sie sie sogar vor sich selbst. Ängste, Neid, Ekel, Abscheu und Vorlieben, die wir aus Scham verstecken, werden zu starken Barrieren gegen die Hingabe an die Liebe.

So wie Diane unter ihrer Scham litt, quälte Benjamin sich mit heftigen Schuldgefühlen, die ihm größtenteils nicht bewußt waren. Schuld unterscheidet sich von Scham insofern, als sie sich auf Gefühle und Verhaltensweisen bezieht, die eher moralisch für falsch gehalten werden, statt als schmutzig oder niedrig zu gelten. Aber die meisten Menschen, die heute in die Therapie kommen, sind psychologisch aufgeklärt und verleugnen jedes Schuldgefühl. Werden diese Gefühle verneint, können wir auch nicht darüber sprechen, und das macht es schwierig, die Person von ihren Komplexen zu befreien. Kindern wird eingeredet, daß es moralisch falsch sei, Zorn auf die Eltern zu haben und ihnen sexuelle Gefühle entgegenzubringen. Angst ist sowohl mit Scham als auch mit Schuld verbunden. Benjamins Schuldgefühle manifestierten sich in den starken Muskelverspannungen seines Körpers, in denen viel Traurigkeit und Zorn festsaßen, die nur sehr selten ins Bewußtsein traten. Er trug einen ungeheuren Zorn auf seine Mutter und seinen Vater mit sich herum, denn sie hatte seine Liebe verraten, und der Vater hatte den Sohn der mütterlichen Macht überlassen. Aber er hatte in den Handel eingewilligt und das Spiel mitgespielt, so daß er sich als etwas Besonderes und überlegen fühlte. Wie kann man auf Eltern zornig werden, die einen als besonderen und überlegenen Menschen behandeln? Der Zorn entsteht erst dann, wenn wir spüren, wie hoch der Preis dafür war, der in dem Schmerz und der Frustration bestand, mit denen wir für diese Position bezahlt haben. Als Benjamin intensiv weinte und den Schmerz in seinem Herzen spürte, war er auf dem Weg, ein freier Mann zu werden.

Die Hingabe an die Liebe schließt die Fähigkeit ein, sich dem Partner rückhaltlos mitzuteilen. Es geht in der Liebe nicht um Geben, sondern um Offenheit. Aber diese Offenheit müssen wir erst einmal uns selbst entgegenbringen, bevor wir sie mit einem anderen Menschen leben können. Sie erfordert, daß wir in Kontakt sind mit unseren tiefsten Gefühlen und diese dann angemessen ausdrücken können. Für Benjamin hieß das, erkennen und akzeptieren, wie zornig er auf Frauen war, auf sämtliche Frauen, denn jede stand in gewisser Weise für seine Mutter. Für Diane bedeutete das, ihren Zorn auf alle Männer einschließlich ihres Therapeuten anzunehmen, denn jeder repräsentierte ihren Vater, der sie verriet. Die Hingabe an den Körper und seine Gefühle ist Hingabe an die Liebe.

7. Der Verrat an der Liebe

Wenn Patienten mit sich und den Ereignissen in ihrer Kindheit stärker in Berührung kommen, wird ihnen meistens bewußt, daß sie sich von ihren Eltern verraten fühlen. Dieses Gefühl löst intensiven Zorn aus. Nach zweieinhalb Jahren Therapie sagte Mary: »Ich fühle mich von meinem Vater so verraten. Er hat mich benutzt. Ich habe ihn geliebt, und er hat mich benutzt, sexuell ausgenutzt. Als ich mit meinem Becken Kontakt aufgenommen habe, konnte ich spüren, wie sehr ich verraten worden bin. Ich begreife nicht, warum Männer das tun.« Dann fügte sie hinzu: »Ich fühle mich wie ein Tier. Im empfinde einen solchen Zorn. Ich möchte beißen, aber ich habe Angst, diesen Zorn auf den Penis zu konzentrieren.« Diese Gefühle waren ausgelöst worden durch die kürzliche Trennung von einem Mann, dem sie ihre Liebe geschenkt hatte. Er nahm ihre Liebe an, hatte aber viel an ihr auszusetzen. Die Liebe einer Frau anzunehmen, ohne sie zu erwidern oder respektvoll damit umzugehen heißt: sie benutzen. Ihr Vater hatte sie benutzt, indem er sich ihr verführerisch näherte, ihre Liebe erregte und sie dann seinen Freunden als Sexualobjekt vorführte. Ob dieses Verhalten nun sexueller Mißbrauch ist oder nicht, es war ein Verrat an der Liebe und dem Vertrauen, die ein Kind seinem Vater entgegenbringt. Aber ich glaube auch, daß jeder Verrat Elemente von sexuellem Mißbrauch enthält, ob dieser nun offen ausagiert oder nur heimlich angedeutet wird.

Ein weiterer Patient erlebte dieses Gefühl des Verrats durch seine Mutter. Als Kind konnte er sich nicht gegen sie wehren. Sie versuchte, fast jeden Aspekt seines Lebens und Verhaltens zu kontrollieren mit der Folge, daß er als Erwachsener nicht für sich eintreten konnte. Er mußte Erfolg haben und in den Augen der Gesellschaft das Richtige tun, damit seine Mutter stolz auf ihn sein konnte. Er war ihr kleiner »Hausdiener« und hatte als Mann für seine Frau eine ähnliche Funktion. In einer Therapiesitzung klagte er einmal über eine trockene Kehle: Er konnte weder einen lauten Ton von sich geben noch gut durchatmen. Es würgte ihn, und er hatte plötzlich das Bild eines Hundes vor Augen, der an Leine und Halsband, in diesem Fall einem Würgehalsband, herumgeführt wird. Seine Mutter zog ihn hübsch an und führte ihn vor wie einen preisgekrönten Pudel. Als er das erkannte, sagte er: »Ich mußte dafür sorgen, daß sie stolz auf mich sein konnte, damit ihr Bild von der Supermutter stimmte.« Ebenso wie Mary von ihrem Vater, war er von seiner Mutter ganz eindeutig dazu benutzt worden, ihr sexuelle Erregung und Befriedigung durch ein männliches Wesen zu verschaffen, das ihr gehörte und sie über alles liebte. Ihr war keineswegs bewußt, daß sie ihren Sohn mit diesem Verhalten seiner Männlichkeit beraubte. In ihrer Handlungsweise zeigte sich der Zwang, einem männlichen Wesen das anzutun, was ihr selbst als Kind angetan worden war. Wie wir in dem Kapitel über Zorn gesehen haben, reagieren wir an anderen hilflosen und abhängigen Menschen die Kränkungen und Traumen ab, die wir als hilflose und abhängige Kinder erlitten haben.

Wenn Macht gegen andere eingesetzt wird, sind immer sexuelle Untertöne mit im Spiel. Eltern benutzen ihre Macht, um ein Kind zu disziplinieren, damit es ein »gutes« Kind und später ein »guter« Erwachsener wird. »Schlecht« sein hingegen heißt nicht einfach nur, sich negativ oder feindselig, sondern sexuell zu verhalten. Ein »gutes« Kind gibt nach und tut, was man ihm sagt. Man erzählt ihm, daß dieses Verhalten ihm Liebe einbringt, aber das ist ein falsches Versprechen, denn das Kind bekommt lediglich Anerkennung, nicht Liebe. Liebe kennt keine Bedingungen. Bedingte Liebe ist keine wahre Liebe. Zur Verteidigung der Eltern muß eingeräumt werden, daß eine gewisse Disziplin nötig ist, um zu Hause Ordnung zu halten und kleine Kinder davor zu schützen, daß sie sich selbst verletzen. Aber Disziplin ist etwas ganz anderes, als ein Kind zu brechen. Menschen, die in die Therapie kommen, sind Individuen, deren Eigenwille beeinträchtigt oder gebrochen wurde. Das gilt auch für viele Menschen, die keine Therapie machen. Die meisten Eltern gehen, ohne nachzudenken, mit ihren Kindern genauso um, wie ihre Eltern mit ihnen umgingen. In manchen Fällen tun sie das gegen eine innere Stimme, die ihnen sagt, daß sie Unrecht tun. Ein mißbrauchtes Kind wird als Vater oder Mutter seine eigenen Kinder mißbrauchen, weil sich die Dynamik dieses Verhaltens seinem Körper eingeprägt hat. Kinder, die Gewalt ausgesetzt waren, verhalten sich meistens auch gegenüber ihren eigenen Kindern gewalttätig, weil sich diese leicht zu Sündenböcken machen lassen, an denen sie ihren unterdrückten Zorn abreagieren können. Mit der Zeit identifizieren Kinder sich mit ihren Eltern und rechtfertigen ihr Verhalten als notwendig und fürsorglich.

Der folgende Bericht über eine Sitzung mit einer meiner Patientinnen illustriert, wie pervers die Beziehung zwischen Eltern und Kind – in diesem Fall zwischen Mutter und Tochter – sein kann. Rachel war eine Frau Anfang Vierzig, die mich konsultierte, weil sie depressiv war. Zu der Zeit befand sie sich noch in Therapie bei einem Analytiker in ihrem Bundesstaat. Aber nachdem sie mir in einem Workshop begegnet war, faszinierte sie die Vorstellung, mit dem Körper zu arbeiten, um ihre Probleme zu lösen. Rachel war eine attraktive, überdurchschnittlich große Frau mit einem schlanken und wohlgeformten Körper, der jedoch nicht stark aufgeladen zu sein schien. Ihr Gesicht hatte einen jungen Ausdruck, welcher auf einen kindlichen Zug in ihrer Persönlichkeit hinwies. Ihre Beine waren dünn und sahen nicht besonders kräftig aus. Hier folgt nun ein Bericht über die dritte oder vierte Sitzung, die ich mit ihr hatte.

Am Anfang sagte sie, sie habe seit ihrem letzten Besuch bei mir drei sehr harte Monate durchgemacht. »Ich hatte eine ganz schwere Depression und habe wirklich befürchtet, ich würde es nie mehr schaffen, da wieder herauszukommen. Ich glaube, ich komme dem Teil von mir näher, der halsstarrig und voller Widerstände ist. Wenn ich an meinen Besuch bei Ihnen dachte, dann mit sehr viel Angst. Ich freue mich, Sie wiederzusehen, aber ich habe schreckliche Angst vor der Körperarbeit. Beim letzte Mal, als ich hier war, habe ich mich auf der Couch da in einer fötalen Stellung zusammengerollt, und mehr wollte ich auch nicht.«

Sie fuhr fort: »In meiner Therapie habe ich mich mit Träumen beschäftigt, in einem ging es um Schlangen. In meinen Träumen taucht ständig wieder das Bild einer Schlange auf. Ich träume viel von Schlangen, aber diese eine bestimmte Schlange kehrt immer

wieder. Sie hing in einem Eingang, fest zusammengerollt und bedrohlich. Es war eine große Schlange, eine Anakonda oder eine Python, die sich um mich wickeln und mich totdrücken würde. Kürzlich sah ich die Schlangen im Traum in einem Museum hinter Glas, und ich zwang mich, sie mir anzuschauen. Zwei von ihnen hatten primaten-ähnliche Köpfe statt Schlangenschädel. Sie wurden immer menschlicher.
Zu der Zeit setzte ich mich in der Therapie mit meinem Schmerz über die sexuelle Belästigung durch meinen Bruder auseinander. Wenn ich über den Traum nachdachte, hatte ich die vage Ahnung, daß das Museum sich in Philadelphia befand, wie das Kunstmuseum in Philadelphia. Während ich mich noch fragte, warum Philadelphia, fiel mir ein, daß das die Stadt der Bruderliebe ist. Ich dachte, Bruderliebe ist doch total mit Sexualität vermischt worden.«
Als ich nach dem Alter ihres Bruders fragte, sagte sie, er sei vier Jahre älter als sie und fügte hinzu: »Ich liebe ihn so sehr, er hätte alles von mir verlangen können. Als ich meiner Therapeutin zu Hause beschrieb, was er getan hat, hatte ich das Gefühl, gleich in Ohnmacht zu fallen. Ich habe das in all den Jahren mit mir herumgeschleppt und war außerstande, in Worte zu fassen, was er getan hat. Ich hatte Angst, man würde es als etwas ganz Übliches abtun, und ich würde mich schrecklich schämen.
Ich machte mir solche Sorgen um mich, daß ich einen psychologischen Test machte. Ich unterzog mich dem Rohrshach-Test und sah überall weibliche Sexualorgane. Oben auf dem Blatt befand sich ein eindeutig phallisches Symbol, auf das ich zeigte und dabei sagte: ›Ich weißt nicht was dieses kleine Dingsbums da sein soll.‹ Der Psychologe lachte.«
Als ich Rachel fragte, was ihre Analytikerin davon hielte, daß sie Vaginen in dem Klecks sah, sagte sie, sie habe die Ergebnisse gerade erst bekommen und sei seitdem noch nicht wieder bei ihr gewesen. Meiner Meinung nach hatte die Tatsache, daß sie Vaginen sah, etwas mit ihrer Mutter zu tun. Ich bat sie, mir von der Beziehung zu ihr zu erzählen.
Sie sagte, »Nun, ich…, ich… ich werde das Gefühl nicht los, daß meine Mutter mich sexuell mißbraucht hat.«

Ich hatte den gleichen Eindruck gehabt.
Rachel fügte hinzu: »Ich erzählte meiner Analytikerin von einem Vorfall, der passierte, als ich noch ein Kind war. Ich hatte einen Dorn oder Splitter im Bein und ließ meine Mutter nicht an mich heran. Sie sollte mich nicht anfassen. Sie zog mich mit Gewalt auf ihren Schoß, und ich schrie: ›Hilfe!‹ Ich hatte schreckliche Angst. Ich habe eine bestimmte Abneigung gegen sie, und das hat eindeutig etwas mit Sexualität zu tun.«
Rachel beschrieb ihre Mutter als diejenige, die in der Familie das Sagen hatte. »Sie führte Regie und hetzte uns gegeneinander auf, so daß wir uns an niemanden wenden konnten. Ich ... ich zittere innerlich, während ich ihnen das erzähle.«
Ich lobte Rachel für ihren Mut, sich diesen Problemen zu stellen, woraufhin sie erwiderte: »Ja, ich bin mutig, aber ich glaube, ich schade mir damit fast. Ein Freund sagte mir, er hielte mich für einen Menschen, der in das Maul des Löwen marschieren würde. Ich glaube, ich würde mit irgendeinem Kerl hineingehen, um ihm die Kiefer festzuklemmen.«
Ich wies darauf hin, daß die Vagina wie ein Maul ist, das sie verschluckt. »Hatten Sie das Gefühl, daß ihre Mutter sie vereinnahmen wollte?« fragte ich sie.
»Ja, nicht nur vereinnahmen, sondern vernichten.«
»Haben Sie als Kind ihre Feindseligkeit zu spüren bekommen? Dachten Sie, Ihre Mutter könne Sie töten?« fragte ich.
Nach einer lange Pause antwortete sie: »Na ja, erst einmal hat sie mich fast jeden Tag mit der Peitsche geschlagen.«
Ich war schockiert und erklärte: »Das muß sie getan haben, um Sie gefügig zu machen und Ihren Willen zu brechen.«
»Ich hatte so meine Phantasien, bei denen ich mich fragte, wie weit sie wohl gehen würde. Es gab, wenn sie mich peitschte, eine Zerreißgrenze. Ich nahm mir immer vor, nicht zu weinen. Die Genugtuung gönnte ich ihr nicht. Aber dann weinte ich doch, damit sie aufhörte. Ich hatte die ganz kindliche Angst, daß sie mich umbringen würde, wenn ich nicht weinte. Ich konnte spüren, wie ihre Kontrolle zunehmend ins Wanken geriet – wie ihre Wut auf mich wuchs, weil ich nicht zerbrach.«

An diesem Punkt hatte ich das starke Gefühl, daß Rachels Mutter eine sexuelle Beziehung zu ihr hatte. Ich wies darauf hin, daß das Verhalten ihrer Mutter lesbische Züge habe.

Mit leiser, sanfter Stimme sagte sie: »Ich bin froh, daß sie dieses Wort genannt haben.« Dann fügte sie hinzu: »Ich glaube, sie war neidisch auf mich, denn sie hatte eine sehr schwere Kindheit. Ich nehme an, sie ist sexuell mißbraucht worden. Sie ist eine große, grobknochige Frau. Ich kam als schlankes, weibliches Wesen auf die Welt. Ich glaube, das machte ihr etwas aus.«

Ich wies Rachel darauf hin, daß ihre Mutter sich mit der Weiblichkeit ihrer Tochter identifizierte und sie besitzen wollte. Rachel sagte, ihr Mutter sei eine sehr männliche Frau, groß und dick. Ihre Mutter, sagte sie, habe immer irgendwelche Vorwände gesucht, um die Vagina ihrer Tochter zu betrachten.

An diesem Punkt klagte Rachel darüber, daß ihr komisch sei und sie das Gefühl habe, sie würde gleich in Ohnmacht fallen. Sie seufzte und stöhnte, »Oh Gott!« Sie sagte, daß sie bei ihrer Mutter immer noch eine Gänsehaut bekäme. Sie fände sie immer noch abstoßend und hielte es kaum in ihrer Nähe aus. Sie berichtete von einem Vorfall, der zeigte, was für eine negative Macht ihre Mutter auf sie ausübte. »Als ich nach Deutschland ging und mein Kind bekam, konnte ich es die ganze Zeit stillen. Dann kam meine Mutter zu Besuch, und an dem Tag, als sie ankam, versiegte die Milch und floß nie wieder. Wumms, einfach über Nacht.«

Rachel fügte hinzu, sie glaube, daß ihr Bruder die Gefühle ihrer Mutter, nicht die ihres Vaters ausagiert habe. »Meine Mutter sieht ihm das nach. Es gibt ihr einen geilen Kick. Ich nehme an, daß sie ihren Selbsthaß auf mich projiziert hat, weil ich ein sexuelles Wesen bin, und mir eingeredet hat, ich sei schmutzig und verführerisch. Aber ich verhielt mich nicht verführerisch. Ich gab mir große Mühe, nicht verführerisch zu sein. Ich wollte rein und unschuldig sein und nichts über Sex wissen. Mir war nicht bewußt, daß das, was mein Bruder getan hat, Sex war. Ich wußte nur, daß es zudringlich, beängstigend und abstoßend war, und ich mochte es nicht.« Nach einer kurzen Pause bemerkte sie: »Ich fühle mich so erleichtert. Ich weiß, das das stimmt.«

Wir sagen, die Wahrheit könne uns befreien. Aber das ist nur möglich, wenn wir die Wahrheit akzeptieren. Akzeptieren heißt sich hingeben – der Realität, dem Körper, den eigenen Gefühlen. Rachel hatte sich niemals hingegeben, sie hatte immer darum gekämpft, ihrer Mutter und ihrer Vergangenheit zu entkommen, und diesen Kampf niemals aufgegeben. Er hatte ihr ermöglicht zu überleben, aber er fesselte sie auch für immer an ihre Kindheit. Und da es unmöglich ist, der Vergangenheit zu entfliehen, ist das Bemühen darum zum Scheitern verurteilt und läßt uns mit der gleichen Hoffnungslosigkeit und Verzweiflung zurück, die wir als Kinder erlebt haben. Die Vorstellung, wir könnten der Vergangenheit entkommen, ist eine Illusion, die angesichts der Realität immer wieder zerstört wird, was uns nur depressiv macht. Wir müssen die Vergangenheit emotional durchleben und akzeptieren, um frei davon zu sein. Das schließt auch ein, daß wir alle Gefühle spüren und akzeptieren, die mit der Vergangenheit verbunden sind.

Wie alle Menschen, die durchhalten, setzte Rachel den Versuch fort, die Vergangenheit zu verändern und die Liebe zu finden, die sie retten und ihr ihre Selbstachtung zurückgeben würde. Das ist die Geschichte von Dornröschen, die ich bereits im letzten Kapitel anführte. Eine böse Fee verhängte einen Fluch über die kleine Prinzessin, der sie zu einem hundertjährigen Schlaf verurteilte. Sie wurde aus ihrem Leben entführt und das Schloß von einer Dornenhecke umgeben, die ebenso dicht wie undurchdringlich war. Dornröschen wurde durch die Liebe eines schönen jungen Prinzen gerettet, der den Mut hatte, die dornige Mauer zu durchdringen und sie zu wecken. Ähnlich ist auch die Geschichte von Cinderella, die durch die Liebe eines jungen Prinzen vor einem Leben als Küchenmagd bewahrt wurde. Im Märchen von Cinderella sorgt eine gute Hexe dafür, daß Cinderellas Schönheit von dem jungen Prinzen entdeckt werden kann. Beide Geschichten repräsentieren die Träume junger Mädchen, von der dunklen Macht einer garstigen Hexe oder bösen Stiefmutter erlöst zu werden. Aber jede Mutter, die sich aus Eifersucht gegen ihre Tochter wendet, wird zur Hexe oder bösen Stiefmutter.

Wie Diane, deren Fall ich im vorigen Kapitel dargestellt habe, war Rachel mit einem Mann zusammen, der sie finanziell versorgte, aber sexuell mißbrauchte. Er sollte der weiße Ritter sein, der gute Vater, der sie liebte und vor ihrer grausamen Mutter beschützte. Aber aufgrund ihrer Abhängigkeit von ihm blieb sie in der Rolle der Prinzessin gefangen, des ängstlichen kleinen Mädchens, das seine Mutter für allmächtig hält. Das war Rachel bewußt, denn sie sagte: »Ich bin nicht bereit, in die Welt hinaus zu gehen, die Ellenbogen zu gebrauchen und mir meinen Lebensunterhalt zu verdienen. Und ich hasse mich dafür.«

Objektiv gesehen, waren Diane und Rachel beide fähige Frauen, die für sich selbst sorgten. Für mich hat es etwas Perverses, wenn ein Mensch in einer Beziehung bleibt, in der er mißbraucht wird. Auf einer Seite werden damit selbstzerstörerische Impulse ausagiert, die auf tiefen Schuld- und Schamgefühlen beruhen. Rachel und Diane glauben beide, daß sie die wirkliche Liebe eines Mannes nicht verdienen, weil sie nicht rein sind. Sie sind beschmutzt worden, denn man hat sie als unschuldige Kinder der Sexualität von Erwachsenen ausgesetzt. Diese tiefe Schuld blockiert ihre Hingabe an die eigene Sexualität, die der natürliche Weg ist, erwachsene Liebe auszudrücken. Statt sich dem Selbst hinzugeben, geben sie sich einem Mann hin. So kommt etwas Freude in ihr Leben, und sie können sich einreden, sie liebten wirklich. Aber diese Beziehungen funktionieren nicht. In ihnen wiederholt sich die Kindheitserfahrung mit dem Vater – die Hingabe und der Verrat. Der Wiederholungszwang – wie Freud ihn nannte – hat eine schicksalhafte Macht.[1] Die wohlbekannte Maxime lautet: »Was wir nicht erinnern, müssen wir zwangsläufig wiederholen.«

Die Frau wird verraten durch die Tatsache, daß der Mann, den sie liebt, kein Ritter in glänzender Rüstung ist, sondern ein zorniges männliches Wesen, das sich selbst von Frauen verraten fühlt. Seine Geschichte würde deutlich machen, daß er von seiner Mutter verraten wurde, die ihn im Namen der Liebe benutzte und mißbrauchte. Jetzt wird er von einer anderen Frau benutzt, die von ihm erwartet, daß er ihr Retter ist, der sie beschützt und versorgt. Und gleichzeitig stellt er fest, daß er sich sexuell auf ein kleines Mädchen eingelassen hat, nicht auf eine erwachsene Frau. Auf der einen Seite fühlt er sich betrogen, und das löst seinen Zorn aus, während er auf der anderen Seite spürt, daß er die Macht hat, sie zu verletzen und zu mißbrauchen. Er wird die Feindseligkeit, die er seiner Mutter entgegenbringt, bewußt oder unbewußt an seiner Partnerin abreagieren, und diese wird sich unterwerfen in der Hoffnung, damit zu beweisen, daß sie nicht wie seine Mutter ist und ihn wirklich liebt. Die Motive, die sich hinter solch einem selbstzerstörerischen Verhalten verbergen, sind komplex. Waren Diane und Rachel einfach masochistisch, weil sie zuließen, mißbraucht zu werden? Aber masochistisches Verhalten ist selbst wiederum sehr komplex, denn der wahre Masochist behauptet, daß es lustvoll für ihn sei, mißbraucht zu werden. Wilhelm Reich hat diese offensichtliche Anomalie analysiert.[2] Am Fall eines Patienten, der Sex nur genießen konnte, nachdem er auf das Gesäß geschlagen worden war, zeigte Reich, daß die Schläge dem Patienten die Kastrationsangst nahmen, so daß er sich seinen sexuellen Gefühlen hingeben konnte. Im Denken des Patienten könnte sich das etwa so niederschlagen: »Du schlägst mich, weil ich ein frecher Junge bin, aber du wirst mich nicht kastrieren.« Da das ödipale Problem endemischer Natur ist, leiden fast sämtliche Männer in unserer Kultur unter Kastrationsangst. Diese Angst wird begleitet von sexuellen Schuldgefühlen, die aber nur in wenigen Fällen so stark sind, daß sie das Individuum zu einer masochistischen Haltung treiben.

Aber auch wenn diese Analyse stichhaltig ist, erklärt sie nicht die Liebesgefühle, die sowohl Diane als auch Rachel den Männern entgegenbrachte, auf die sie sich eingelassen hatten und die sie mißbrauchten. Ich muß glauben, daß diese Gefühle echt waren und die beiden Frauen sich ohne diese Empfindungen dem Mißbrauch nicht hätten unterwerfen können. Die Vorstellung, einen Menschen zu lieben, der uns quält, ist nicht so fremd, wenn wir uns darüber klar werden, daß dieser Mensch in der Kindheit gleichzeitig ein liebevoller Vater oder eine liebevolle Mutter war. Rachels Vater liebte sie trotz der Tatsache, daß er sich ihr verführerisch näherte und sie nicht gegen seine Frau verteidigen konnte. Dianes Vater war für sie als Kind eine Quelle der Freude, und sie liebte ihn von ganzem Herzen. Als liebevoller Vater versprach er ihr, für sie da zu sein, wenn sie ihn brauchte. Er hat versagt, da er dieses Versprechen nicht hielt, das somit den Verrat an dem Kind begründete. Im nächsten Kapitel werden wir sehen, daß das auch für den Vater gilt, der seine Tochter sexuell mißbraucht.

Für ein Kind ist dieser Verrat eine Falle, in die es gerät, weil es spürt, daß er eher auf Schwäche als auf Feindseligkeit beruht. Mit seiner großen Sensibilität kann das Kind die Liebe seiner Eltern selbst dann spüren, wenn es verletzt wird. Das Kind nimmt die Gefühle unter der Oberfläche wahr und vertraut ihnen. Es ist, als ob das Kind glaubte, daß der Mißbrauch ein Ausdruck von Liebe ist. Rachel glaubte, daß ihre Mutter sie liebte, wenn auch auf eine perverse Weise, und daß die Schläge ein Ausdruck ihrer sadistischen Liebe waren. »Du würdest mich nicht verletzen, wenn ich dir nicht am Herzen läge«, davon sind Kinder zutiefst überzeugt. Ein Kind könnte sagen: »Wenn es stimmt, daß du mich liebst, warum können wir dann nicht dafür sorgen, daß wir diese Liebe wirklich leben? Ich werde tun, was ich kann, um dabei zu helfen.« In Wirklichkeit sagt das Kind damit, daß es sich unterwerfen will, um die Liebe zu bekommen, die es braucht.

Wenn wir uns daran erinnern, daß ein Kind unschuldig ist, können wir auch begreifen, daß es das Böse weder verstehen noch damit umgehen kann. Wir wären jedoch naiv, wenn wir nicht erkennen würden, daß das Böse in der Welt des Menschen existiert. In der Welt der Natur ist es nicht vorhanden, denn diese Geschöpfe haben nicht die Frucht vom Baum der Erkenntnis gegessen und können Gut und Böse nicht unterscheiden. Sie tun nur, was ihrer Art entspricht. Der Mensch aber hat die verbotene Frucht gekostet und wurde mit der Existenz des Bösen gestraft gegen das er ankämpft. In manchen Menschen ist das Böse so stark, daß wir es in ihren Augen sehen können. Vor vielen Jahren fuhren meine Frau und ich mit der U-Bahn und schauten zufällig einer Frau in die Augen, die uns gegenübersaß. Wir waren schockiert über ihren bösen Blick. Da wir beide ihn sahen, zweifelten wir nicht daran, daß unser Eindruck stimmte. Mir ist dieser Blick nur sehr selten bei anderen Menschen begegnet, aber ein weiterer Fall traf mich sehr. Eine Mutter konsultierte mich mit ihrer Tochter wegen des Zustands des Kindes. Meine Diagnose für die Tochter lief auf eine Borderline Schizophrenie hinaus.

Im Verlauf des Interviews, bei dem beide anwesend waren, machte die Tochter eine ablehnende Bemerkung über ihre Mutter. Da schaute diese das Mädchen mit einem Blick an, der so finster war vor Haß, daß ich entsetzt war. In ihren Augen war weder Zorn noch Wut, sondern der pure Haß. Wenn Blicke töten könnten, dann dieser. Dieser Blick war ungeheuer zerstörerisch. Aber die Mutter bekundete Liebe für ihr Kind und verleugnete ihre wahren Gefühle. Kein Kind kann mit so widersprüchlichen Botschaften umgehen und dabei geistig gesund bleiben. Diese Mutter hatte eine böse Seite in sich, die sie unter Worten von Liebe und Fürsorge verbarg. Das Böse in ihr entsprang der Verleugnung ihres Hasses.

Haß ist ebensowenig schlecht, wie Liebe gut ist. Beides sind natürliche Emotionen, die in bestimmten Situationen angemessen sind. Wir lieben die Wahrheit und hassen Heuchelei. Wir lieben, was uns Lust schenkt, und hassen, was uns Schmerzen bereitet. Zwischen diesen beiden Emotionen besteht ebenso eine polare Beziehung wie zwischen Zorn und Angst.[3] Wir können nicht gleichzeitig zornig und ängstlich sein, auch wenn wir zwischen diesen Gefühlen je nach Situation hin und herschwanken können. So sind wir in einem Moment zornig und bereit anzugreifen, und im nächsten Augenblick fällt der Impuls in sich zusammen, und wir fühlen uns ängstlich und möchten uns zurückziehen. Und so können wir auch voller Liebe und voller Haß sein, nur nicht gleichzeitig. Die Verheißung auf Lust regt uns an und bewegt uns, nach außen zu gehen. Wir dehnen uns aus und fühlen uns warm. Wenn die Erregung steigt, fühlen wir uns liebevoll und rezeptiv. Werden wir in diesem Zustand verletzt, führt das dazu, daß der Körper kontrahiert und sich zurückzieht. Ist die Verletzung schwer, erzeugt die Kontraktion ein Empfinden von Kälte und Erstarrung im Körper. Um solch eine starke Kontraktion hervorzurufen, muß die Verletzung von einem Menschen ausgehen, den wir lieben. Dann können wir Haß als gefrorene Liebe begreifen. In einer Sitzung mit Eltern und Kind habe ich das Kind seine Eltern anschreien hören: »Ich hasse dich, ich hasse dich.« Und nachdem es seinen Haß ausgedrückt hat, bricht das Kind in Tränen aus und läuft in die Arme von Mutter oder Vater. Wenn Haß gefrorene Liebe ist, wird verständlich, daß das eine Gefühl sich in das andere verwandeln kann. Wir können nicht hassen, wenn wir nicht lieben können, und umgekehrt.

Wenn wir von einem Menschen verletzt werden, den wir lieben, besteht unsere erste Reaktion darin, daß wir weinen. Wie wir gesehen haben, reagiert das Kleinkind so auf Schmerz oder Kummer. Ältere Kinder werden eher zornig, um die Ursache für den Kummer zu beseitigen und sich im Körper wieder wohl fühlen zu können. Ziel beider Reaktionen ist, die liebevolle Verbindung mit den wichtigen Menschen in seinem Leben, den Eltern, anderen Betreuern oder Spielkameraden, wiederherzustellen. Wenn diese Verbindung nicht gelebt werden kann, verbleibt das Kind im Zustand der Kontraktion, unfähig, sich zu öffnen und nach außen zu wenden. Seine Liebe ist erstarrt und hat sich in Haß verwandelt. Wenn dieser Haß zum Ausdruck gebracht werden kann, wie im Falle des kleinen Mädchens und seiner Mutter, ist das Eis gebrochen, und die positiven Gefühle können wieder fließen. Nur wenige Eltern tolerieren den Zorn eines Kindes, und noch seltener ist, daß Eltern akzeptieren, wenn ein Kind seinen Haß zum Ausdruck bringt. Da es den Haß nicht zeigen kann, fühlt das Kind sich nicht gut und hält sich auch für nicht gut – nicht für schlecht, aber einfach nicht für ein gutes Kind. Das Verhalten des Vaters oder der Mutter, die all diese Schwierigkeiten des Kindes verursacht haben, wird als gut und richtig betrachtet, denn sie haben Gehorsam und Unterwürfigkeit verdient. Diese Unterwürfigkeit wird zur Ersatzliebe. Das Kind sagt: »Ich liebe meine Mutter«, aber auf der körperlichen Ebene können wir sehen, daß jedes Liebesgefühl, jede Wärme, jede lustvolle Erregung und jede Kontaktaufnahme fehlen. Diese Liebe entsteht aus Schuldgefühlen, nicht aus Freude. Das Kind fühlt sich schuldig, weil es seine Mutter haßt.

In den folgenden Sitzungen äußerte Rachel ihre Abneigung, ihre Mutter, mit der sie weiterhin zu tun hatte, zu sehen. Sie hatte das Gefühl, daß ihre Mutter immer noch eine gewisse Macht über sie hatte, und sie, Rachel, nicht frei von ihr war. Sie war eher eine Marionette als eine Person. Aber sie war nicht imstande, irgendwelchen Zorn auf ihre Mutter zu aktivieren. Sie fühlte sich zu schuldig und war vor Angst zu erstarrt, um ihrer Mutter Widerstand

zu leisten. In gewisser Weise erlebte sie ihre Mutter als Hexe. Gewiß verhielt diese sich Rachel gegenüber unmenschlich. Ich bin sicher, daß sie ihrem Kind auch Liebe entgegenbrachte, aber bei ihren Angriffen auf das Mädchen schien sie von einem bösen Geist besessen zu sein. Zu solchen Zeiten haßte sie ihre Tochter und hätte sie vernichten können. Es kann kein Zweifel daran bestehen, daß sie ähnlich behandelt worden war, und der Haß, den sie ihrer Tochter gegenüber empfand, eine Projektion ihres Hasses auf die Menschen war, die sie selbst mißbraucht hatten. Indem sie sich von diesem Haß auf ihre Eltern löste, verwandelte er sich in eine negative Kraft, die zu einem bösen inneren Geist wurde.
Haßte Rachel ihre Mutter? Meine Antwort lautet unmißverständlich: Ja. Aber auch sie war nicht in Kontakt mit ihrem Haß, der infolgedessen als Selbsthaß durchbrach. Sie hatte gesagt: »Ich hasse mich dafür (daß sie nicht auf eigenen Füßen stand).« Aber wie konnte sie auf ihren eigenen Beinen stehen, wenn diese unter ihr abgeschnitten waren? Wie sollte sie, ohne auf ihren eigenen Beinen zu stehen, ihren Zorn auf ihre Mutter in seiner ganzen Stärke zum Ausdruck bringen? Sie war wie gelähmt, erstarrt vor Angst, Schuld und Haß.
Ich glaube nicht, daß ein Mensch sich der Liebe voll hingeben kann, solange er seinen Haß nicht akzeptieren und ausdrücken kann. Haß ist nur dann ein schlechtes Gefühl, wenn wir ihn verleugnen und auf unschuldige Menschen projizieren. Meiner Meinung nach ist es nutzlos, gegen Haß zu predigen. Es ist, als würden wir einen Eisberg auffordern, vor Liebe zu schmelzen. Wir müssen die Kräfte verstehen, die negative Emotionen erzeugen, wenn wir Menschen helfen wollen, frei davon zu werden. Dazu müssen wir zunächst die Realität dieser Gefühle akzeptieren und sie nicht verurteilen.
Alle meine Patienten haben Haß in sich, der zum Ausdruck gebracht werden muß. Aber zunächst einmal muß er als natürliche Reaktion auf den Verrat an der Liebe gefühlt und erkannt werden. Der Betroffene muß spüren, wie sehr er psychisch und körperlich verletzt wurde, um sich berechtigt zu fühlen, seinen Haß auszudrücken. Wenn der Patient diese Verletzung tief empfindet und sich des Verrats bewußt ist, gebe ich ihm ein Handtuch, das er zusammendreht, während er auf dem Bett liegt. Ich schlage ihm vor, das

Handtuch, während er es zusammendreht, anzuschauen und zu sagen: »Du hast mich wirklich gehaßt, nicht wahr?« Wenn er das geäußert hat, fällt es ihm auch nicht mehr schwer zu sagen: »Und ich hasse dich auch.« In vielen Fällen kommt dieser Satz spontan. Wenn man diesen Haß spürt, kann man beim Schlagen einen stärkeren Zorn aktivieren. Aber der bloße Ausdruck eines Gefühls kann die Persönlichkeit nicht verwandeln. Sich selbst spüren, sich ausdrücken und sich besitzen – das ist der Weg, auf dem der Mensch seine Selbstentdeckungsreise macht.

Bei diesem Prozeß der Selbstentdeckung ist die Analyse des Verhaltens und des Charakters der Kompaß, der uns die richtige Richtung weist. Wir müssen das Wie und Warum unseres Verhaltens verstehen, bevor es geändert werden kann. Anfangen müssen wir immer damit, daß wir die Unschuld des Kindes erkennen und akzeptieren. Es weiß nichts von den komplexen psychischen Problemen des Menschen. Die Liebe, die Eltern ihrem Kind entgegenbringen, ist so stark in der Natur verwurzelt, daß ein Kind schon über eine beträchtliche geistige Reife verfügen müßte, um an ihr zu zweifeln. Bis dahin wird das Kind denken, daß man es mißbraucht und nicht liebt, weil es etwas falsch gemacht hat. Dieser Schluß ist naheliegend. Die Konflikte zwischen den Eltern werden häufig auf das Kind projiziert. Einer wirft dem anderen vor, zu nachsichtig zu sein, wodurch dem Kind klar wird, daß es nicht beiden gefallen kann. Das Kind wird oft zum Symbol und auch zum Sündenbock von Eheproblemen und ist in vielen Fällen gezwungen, Partei zu ergreifen, auch wenn es im Grunde keine Seite bevorzugt. Ich kenne nur wenige Menschen, die aus der Kindheit nicht das starke Gefühl mitgebracht haben, daß etwas mit ihnen nicht stimmt, und sie nicht so sind, wie sie sein sollten. Sie stellen sich vor, daß alles nur dann in Ordnung käme, wenn sie liebevoller und nachgiebiger wären und sich mehr anstrengen würden. Das Bemühen, andere zufriedenzustellen, nehmen diese Menschen auch mit in ihre Beziehungen und sind dann schockiert, wenn sie feststellen, daß das nicht funktioniert.

Gesunde Beziehungen zwischen Erwachsenen beruhen auf Freiheit und Gleichheit. Freiheit heißt das Recht, die eigenen Bedürfnisse oder Wünsche uneingeschränkt zu äußern; Gleichheit bedeutet, daß jeder der beiden um seiner selbst willen in der Beziehung lebt und nicht, um dem anderen zu dienen. Wenn ein Mensch nicht für sich eintreten kann, ist er nicht frei; wenn er einem anderen dienen muß, ist er diesem nicht gleich. Sehr vielen Menschen fehlt das Gefühl, daß ihnen diese Rechte zustehen. Als Kinder wurden sie gerügt, wenn sie die Erfüllung ihrer Bedürfnisse und Wünsche forderten. Sie wurden egoistisch und rücksichtslos genannt, und man flößte ihnen Schuldgefühle ein, wenn sie ihre Wünsche wichtiger nahmen als die der Eltern. Als eine meiner Patientinnen sich als Kind bei ihrer Mutter darüber beklagte, daß sie nicht glücklich sei, bekam sie zur Antwort: »Wir sind nicht hier, um glücklich zu sein, sondern um zu tun, was man von uns verlangt.« Diese Patientin wurde schließlich für ihre Mutter zur Mutter, ein Schicksal, das viele Mädchen ereilt und ihnen ihr Recht auf Erfüllung und Freude nimmt. Dieser Verrat eines Elternteils an der Liebe macht das Kind zwangsläufig sehr zornig auf diesen, ohne daß es seinen Zorn zum Ausdruck bringen kann. Durch den unterdrückten Zorn erstarrt die Liebe des Kindes und verwandelt sich in Haß. Dieser wiederum macht dem Kind Schuldgefühle, und es unterwirft sich. Solange diese Gefühle von Zorn und Haß nicht gelöst werden, kann der Mensch sich nicht frei und gleich fühlen und überträgt sie auf seine erwachsenen Beziehungen.

Fast alle Beziehungen beginnen mit positiven und lustvollen Gefühlen, denn diese machen die Anziehung zwischen Menschen aus. Leider ist es selten, daß diese Gefühle im Lauf der Jahre wachsen und sich vertiefen. Die Lust verblaßt, die positiven Gefühle werden zu negativen, und Groll baut sich auf, denn ohne das Gefühl, frei und gleich zu sein, fühlt der Mensch sich unerfüllt und wie in einer Falle. Der unterdrückte Zorn wird in der einen oder anderen Form ausagiert, entweder psychisch oder körperlich, und die Beziehung geht in die Brüche. An diesem Punkt können die Partner sich entweder trennen, oder sie suchen eine Beratung auf in dem Bemühen, die guten Gefühle, die sie sich einst entgegenbrachten, wieder zum Leben zu erwecken. Ich habe nicht viele Fälle erlebt, in denen eine Beratung Positives bewirkt hat. Meistens wird hier versucht,

den Partnern zu helfen, sich zu verstehen und zu bemühen, miteinander auszukommen, doch die Folge ist lediglich, daß die neurotische Haltung des Bemühens verstärkt wird. Aber wie sehr wir uns auch bemühen, wir werden dadurch weder liebevoller noch liebenswerter. Keine noch so große Anstrengung verhilft uns zu Lust oder Freude. Liebe ist eine Qualität des Seins – des Offenseins – nicht des Tuns. Vielleicht bringt unser Bemühen uns Belohnungen ein, aber Liebe ist keine Belohnung. Sie ist die Erregung und Lust, die zwei Menschen miteinander erleben, wenn sie sich ihrer gegenseitigen Anziehung überlassen. Alle Liebesbeziehungen beginnen mit Hingabe. Und wenn sie sich nicht weiterentwickeln, so liegt das daran, daß die Hingabe bedingt und nicht total war, daß sie dem anderen und nicht dem Selbst galt. Sie ist von dem anderen abhängig, der unsere Bedürfnisse erfüllt, und besteht nicht im rückhaltlosen Mitteilen unseres Selbst. Wir halten bestimmte Teile von uns zurück, verstecken und verleugnen sie, und zwar deswegen, weil wir uns schuldig fühlen, uns schämen oder Angst haben. Dieser zurückgehaltene Teil, der Zorn und Haß betrifft, ist wie ein Krebs in der Beziehung, der sie langsam zersetzt. Der Krebs muß entfernt werden, und darin besteht die therapeutische Aufgabe.
Schuld, Scham und Angst, die im Unbewußten existieren, führen dazu, daß ein Mensch sich bemüht. Diane zum Beispiel schämte sich ihrer Sexualität zutiefst, hatte Schuldgefühle, weil sie auf ihren Vater, den sie liebte, zornig war, und fürchtete, daß jeder Ausdruck von Zorn ihn vertreiben würde. Sie konnte sich einem Mann nicht frei und uneingeschränkt hingeben, weil sie sich selbst nicht völlig besaß. Sie war in ihrer Persönlichkeit unvollständig, und in gewisser Weise spürte sie diesen Mangel, den sie dann damit kompensierte, daß sie sich bemühte, zu dienen und zu lieben. Das endete jedoch nur damit, daß sie mißbraucht wurde. Sie verdiente diesen Mißbrauch nicht. Niemand verdient ihn. Er widerfährt nur Individuen, die sich in einer Abhängigkeitsbeziehung befinden. Sie werden zur leichten Beute, an der der andere seine persönliche Feindseligkeit, seinen Zorn und seine Frustration auslassen kann, die aus seinen frühen Erfahrungen mit seinen Eltern stammen. Es ist ein Gesetz, daß das Opfer leicht zum Täter wird, wenn ein passendes Objekt

vorhanden ist, an dem der unterdrückte Haß und Zorn abreagiert werden können.

Wenn wir als Erwachsene erwarten, daß ein anderer Mensch uns erfüllt und glücklich macht, verraten wir uns selbst, und auch der andere wird uns verraten. Wenn wir andererseits aber bei uns selbst nach den guten Gefühlen Ausschau halten, die möglich sind, wenn wir mit uns in Berührung sind und uns dem Körper hingeben, können wir nicht enttäuscht werden, und man wird uns auch nicht mißbrauchen. Enttäuscht werden können wir deswegen nicht, weil wir den anderen nicht brauchen, um uns gut zu fühlen. Wir wissen, daß diese guten Gefühle in uns sind. Die Selbstachtung, die wir entwickeln, läßt nicht zu, daß wir Mißbrauch hinnehmen. Mit dieser Einstellung sind unsere sämtlichen Beziehungen positiv, denn wenn das nicht der Fall ist, beenden wir sie. Individuen, die sich selbst sehr lieben und schätzen, sind nicht einsam oder allein. Menschen fühlen sich aufgrund ihrer Energie und der guten Schwingungen, die sie ausstrahlen, zu ihnen hingezogen. Da sie sich selbst Respekt entgegenbringen, fordern sie auch von anderen Respekt und werden im allgemeinen entsprechend behandelt. Das soll nicht heißen, daß diese Menschen im Leben nicht verletzt werden. Wir können Schmerzen oder Verletzungen nicht vermeiden. Aber solche Individuen verbleiben nicht in Situationen, in denen sie ständig verletzt werden. Auch wenn wir uns darüber im klaren sind, wie wünschenswert Freude und wie positiv Selbstachtung ist, müssen wir im Kopf behalten, daß beides nicht leicht zu verwirklichen ist. Die Hingabe an das Selbst und den Körper ist ein sehr schmerzhafter Prozeß, und zwar deswegen, weil der Schmerz bereits in uns ist, in unserem Körper und unseren Gefühlen. Jede chronische Verspannung im Körper ist ein Bereich potentieller Schmerzen, die wir fühlen würden, wenn wir versuchten, die Verspannung aufzulösen. Aufgrund dieser Schmerzen müssen wir mit dem Körper langsam arbeiten. Der Prozeß ähnelt dem Auftauen eines erfrorenen Fingers oder Zehs. Wenn man den erfrorenen Körperteil zu schnell starker Hitze aussetzt, wallt das Blut hinein, so daß die zusammengezogenen Gewebezellen reißen, was Brand zur Folge haben kann. Die Ausdehnung eines kontrahierten Bereiches, die gleichbedeutend mit

Loslassen ist, ist keine einmalige Angelegenheit. Sie geschieht ganz allmählich über einen langen Zeitraum hinweg, so daß das Gewebe und die Persönlichkeit sich auf ein höheres Maß an Erregung und eine größere Bewegungs- und Ausdrucksfreiheit einstellen können. Aber auch wenn wir noch so langsam arbeiten, ist der Schmerz unvermeidbar, weil jeder Schritt in Richtung Ausdehnung oder Wachstum eine ursprüngliche Schmerzerfahrung mit sich bringt, die verschwindet, wenn die Entspannung oder Ausdehnung von der Persönlichkeit integriert wird.

Seelischer Schmerz ist meistens schwerer zu akzeptieren und zu ertragen als körperlicher Schmerz. Letzterer ist lokal, während ersterer sich überall ausbreitet. Seelischen Schmerz fühlen wir im ganzen Körper, in unserem Sein. Der seelische Schmerz betrifft immer einen Liebesverlust. Wir können emotional auf verschiedene Weise verletzt werden. Wir können abgelehnt, gedemütigt, negiert, verbal oder körperlich angegriffen werden, aber jedes dieser Traumen ist für die Persönlichkeit in Wirklichkeit ein Liebesverlust. Wenn uns jemand körperlich verletzt, mit dem wir keine emotionale Verbindung haben, verspüren wir lediglich körperlichen Schmerz. Auch wenn wir am ganzen Körper verletzt sind, empfinden wir den Schmerz nicht so tief wie seelischen Schmerz. Wenn eine liebevolle Verbindung abreißt, werden wir von einer Quelle lustvoller Erregung und vom Leben selbst abgeschnitten. Der gesamte Organismus zieht sich zusammen, einschließlich des Herzens. Damit einher geht das Gefühl, daß das eigene Leben bedroht ist, was Angst auslöst. Wir überleben die Bedrohung unserer Existenz, weil nicht sämtliche liebevollen Verbindungen auseinandergegangen sind. Und meistens bleibt die Verbindung zu anderen Geschöpfen, zur Natur, zum Universum und zu Gott bestehen, was nur für Babys nicht zutrifft. Ich glaube nicht, daß ein Mensch ohne jede Verbindung existieren kann.

Menschen, die in ihrer Kindheit einen Liebesverlust durchgestanden haben, haben große Angst davor, eine Beziehung zu beenden. Manche sagen sogar, daß eine schlechte Beziehung besser sei, als gar keine. Der bloße Gedanke an das Alleinsein ist für manche Menschen sehr beängstigend. Er löst die Gefühle aus, die Menschen in ihrer Kindheit hatten, wo ihr Überleben davon abhing, daß sie

Teil einer Familie waren. Und er spricht auch die Tatsache an, daß wir durch das Alleinsein zwangsläufig stärker mit uns selbst konfrontiert sind. Wenn das Selbst schwach, unsicher und unentschieden ist, macht es keinen Spaß, mit sich allein zu sein. Aber diese Unsicherheit, die es einem schwermacht, allein zu leben, wird auch im Zusammenleben mit einem anderen Menschen zum Hindernis. Wir brauchen die Beziehung zum anderen, um den seelischen Schmerz zu lindern, aber kein anderer Mensch kann uns diesen Schmerz nehmen. Statt dessen werden wir immer abhängiger. Die Folge ist körperlicher Mißbrauch, den manche Menschen dem seelischen Schmerz des Alleinseins vorzuziehen scheinen.

Seelischer Schmerz entlädt sich durch Weinen, das den Zustand chronischer Verspannung im Körper auflöst. Um so wirken zu können, muß das Weinen ebenso tief gehen wie der Schmerz und mit der Überzeugung verbunden sein, daß es hoffnungslos ist, nach jemandem Ausschau zu halten, der uns die Glückseligkeit, Unschuld und Freiheit der Kindheit wiederbringt. Gleichzeitig müssen wir das Selbst stärken, indem wir den Körper energetisch aufladen. Das kann nur durch die direkte Arbeit mit dem Körper geschehen, um die chronischen Verspannungen aufzulösen, die unsere Atmung sowie unsere Bewegungsfreiheit und unser Fühlen behindern.

In den Augen der Gesellschaft hat Verrat immer als Kapitalverbrechen gegolten, und Hochverrat wird mit dem Tode bestraft. Ein Mensch, der verraten wird, empfindet normalerweise eine mörderische Wut auf den Verräter. Wie gehen wir mit solchem Zorn um, wenn Vater oder Mutter uns verraten haben? Wenn die verratene Person ein Kind ist, dessen Überleben von den Eltern abhängt, muß der Zorn unterdrückt werden. Aber um solch ein mächtiges Gefühl zu unterdrücken, muß eine enorme Spannung im Körper aufgebaut werden. Diese Spannung schwächt das Selbstgefühl und verkrüppelt das Individuum in seiner Fähigkeit, sich energisch für die Erfüllung seiner Bedürfnisse einzusetzen. Ohne die Fähigkeit zu kämpfen, werden wir zum Opfer, das eher auf Überleben als auf Freude aus ist.

Ich wurde einmal von einem Mann Ende Vierzig konsultiert, der sich über ein Spannungsgefühl in der Taille sowie Angst und Unwohlsein im Bauch beklagte, worunter er seit vielen Jahren litt. Dieser Mann, den ich Harry nennen will, hatte jahrelang die verschiedensten Therapien gemacht, einschließlich einer traditionellen Psychoanalyse, aber diese Beschwerden waren niemals behandelt worden. Harry war ein kräftiger, gutaussehender Mann, der eine erfolgreiche Arztpraxis hatte und nach eigenen Worten glücklich verheiratet war. Er war Mediziner, wie sein Vater, der sich jetzt im Ruhestand befand. Als Arzt war Harry auch vertraut mit einiger Literatur über psychosomatische Probleme. Es störte ihn, daß sein Zustand sich durch seine verschiedenen Therapien nicht gebessert hatte. Er kannte die bioenergetische Analyse, hatte aber keine Erfahrungen damit. Ich war ihm als Autorität auf diesem Gebiet empfohlen worden.

Als ich mir seinen Körper anschaute, nahm ich überrascht wahr, wie wenig Gefühl sein Unterkörper zeigte. Auch wenn seine Beine normal aussahen, wirkten sie leblos und schwach. Sein Gesäß war stark zusammengezogen, so daß sich seine Schenkel und Füße nach außen drehten. Ich konnte das Band von Verspannungen in seinem Kreuz sehen, aber Harry hatte keine Schmerzen in diesem Bereich. Die Leblosigkeit seines Unterkörpers stand im scharfen Kontrast zu der offensichtlichen Vitalität des Oberkörpers, der muskulär gut entwickelt war. Als ich Harry darauf hinwies, erkannte er, daß ich mit meinen Beobachtungen recht hatte. Obwohl er auch bei anderen Therapeuten Körperarbeit gemacht hatte, war keinem von ihnen diese Störung aufgefallen, deren Bedeutung ziemlich klar war. Harry war durch eine starke Kastrationsdrohung, aufgrund derer er sich von den Gefühlen in seinem Unterkörper abtrennte, geschwächt worden.

Um mir diese Schlußfolgerung bestätigen zu lassen, fragte ich Harry nach seinem persönlichen Hintergrund. Er war der jüngste von drei Jungen, und als Baby in der Familie wurde er von seiner Mutter, die ihn gut versorgt hatte, vergöttert. Dies führte zu einem großen Problem, weil sein Vater zugleich eifersüchtig und zornig über die Zuneigung war, die die Mutter dem Jungen entgegenbrachte. Dieser Zorn entlud sich in Form von Schlägen auf Harry, wenn der Junge nicht spurte, was natürlich heißt, wenn er verweigerte, was man ihm befahl, etwas tat, was man ihm verboten hatte, oder manchmal auch nur, wenn er sich gegen die Eltern auflehnte. Aber kleine Kinder wollen ihre Freiheit, um die Welt zu erkunden. Sie leisten gegen Einschränkungen Widerstand und rebellieren. Harrys Körper zeugte vom Ausmaß dieser Strafen, die Eltern schnell damit rechtfertigen, daß sie zum Wohle des Jungen seien. Er würde lernen, was Recht und Unrecht ist und Verantwortung für sein Handeln zu übernehmen. Das lernte Harry in der Tat. Er war ein gehorsames Kind und ein guter Schüler, und sein Leben verlief in anerkannten Bahnen. Nach außen hin war er erfolgreich, aber tief in seinem Inneren störte ihn etwas, so daß er sich unwohl fühlte. Er nahm jedoch lediglich die physischen Symptome wahr und ahnte, daß in seinem Leben irgend etwas fehlte.

Während des Gesprächs über seine Kindheit und die Beziehung zu seinen Eltern, schnitt ich das Thema ödipaler Konflikt an, das für mich auf der Hand lag. Harry sagte, daß er von der ödipalen Phase wisse und gab auch zu, daß sie für seine Kindheitssituation wichtig gewesen sei, aber er schien keine Verbindung zu seinen Problemen zu sehen. Er hatte keine Ahnung, wie stark er psychisch kastriert worden war, denn er hatte keine sexuellen Schwierigkeiten. Er glaubte, die Sexualität mit seiner Frau zu genießen. Ihm fehle lediglich die Leidenschaft. Harry agierte aus dem Kopf, nicht aus dem Bauch heraus, denn dieser war aus Angst vor dem Vater wie zusammengeschnürt. Ohne Leidenschaft ist keine Freude möglich.

Harry spürte, daß etwas nicht stimmte, aber er war sich des eigentlichen Problems nicht bewußt, das sich am Ausdruck, an der Form und Beweglichkeit des Körpers immer genau bestimmen läßt.[4] Die Probleme des Individuums manifestieren sich immer in seinem Körper, denn dieser zeigt, wer er ist. In der bioenergetischen Analyse beginnt jede Therapie mit einer Analyse körperlicher Störungen, die dann zu dem psychischen Problem, das die Person mitbringt, in Beziehung gesetzt werden. Nur wenigen Menschen ist bewußt, in welchem Ausmaß ihre Gefühle und ihr Verhalten durch die energetischen Abläufe im Körper bedingt sind. Der erste Schritt in jeder integrierten Therapie, das heißt, in einer Therapie, die Körper und Geist umfaßt, besteht darin, dem Patienten zu helfen, die Spannungen in seinem Körper zu spüren und zu begreifen, wie sie mit seinem psychischen Problem zusammenhängen. Harry kam mit körperlichen Beschwerden, ohne daß ihm dessen psychische Implikationen bewußt waren. Die meisten Patienten kommen mit psychischen Problemen und wissen kaum etwas oder gar nichts darüber, wie diese mit dem Körper zusammenhängen. Aufgrund seiner therapeutischen Erfahrungen konnte Harry die psychischen Implikationen seines körperlichen Problems, auf die ich ihn hinwies, akzeptieren. Aber durch das Wissen um ein Problem und selbst durch Einsicht wird im allgemeinen keine tiefgreifende Veränderung der Persönlichkeit bewirkt. Die Leidenschaft, die Harry fühlen muß, kann er nicht vom Kopf her anordnen. Sie wurde blockiert durch die Unterdrückung von Gefühlen und kann nur zum Leben erweckt werden, wenn diese Unterdrückung aufgehoben wird.

Harry hat den Zorn auf seinen Vater, weil dieser ihn schlug, niemals ganz zum Ausdruck gebracht. Diese Schläge haben seinen Willen gebrochen, und er wurde zum braven Jungen, der seinen Vater respektierte und tat, was man von ihm erwartete. Er fühlte nicht, wie ungerecht diese Behandlung war, obwohl er als Erwachsener sehr empfindlich auf soziale Ungerechtigkeit reagierte. Er verspürte auch keinen Zorn auf seine Mutter, die doch die Schläge zugelassen und ihn vor dem zornigen und eifersüchtigen Vater nicht beschützt hatte. Sein Zorn saß in den Verspannungen im oberen Rücken fest, die er nicht auflösen konnte, weil er keinen Boden unter den Füßen hatte. Er hatte seine Energie aus dem Unterkörper zurückgezogen, weil er Schuldgefühle wegen der sexuell gefärbten Beziehung zu seiner Mutter hatte. Über seine Schuldgefühle war er sich aber ebenso wenig im klaren wie über seinen Zorn.

Harry mußte spüren, was er verloren hatte, bevor er imstande sein würde, den Zorn zu aktivieren, der notwendig war, um seinen Körper zu befreien. Ich begann die Therapie mit bioenergetischen Übungen für die Beine, damit er spürte, wie wenig Gefühl er hier hatte. Die an früherer Stelle bereits beschriebene Erdungsübung, bei der wir den Boden mit den Fingerspitzen berühren, erwies sich als hilfreich. Nachdem er seine Beine so gestellt hatte, daß seine Füße leicht nach innen zeigten und seine Knie sich über der Mitte seiner Füße befanden, spürte er leichte Vibrationen in den Beinen.

Als ich ihn dann anwies, die Beine in dieser Position zu lassen und sein Gewicht auf die Fußballen zu verlagern, war er stärker in Kontakt mit seinen Beinen und spürte mehr Leben in ihnen. Das half ihm zu verstehen, in welche Richtung die Therapie für ihn ging – sich auf seinen Unterkörper einzulassen.

Auf dem bioenergetischen Hocker war seine Atmung flach und auf den Brustkorb beschränkt, der verspannt war. Er konnte keinen langanhaltenden Ton von sich geben, mit dem die Atemwelle sich bis in seinen Bauch hätte ausdehnen können, und er konnte auch nicht weinen. Ihm war bewußt, daß er seine Gefühle zurückhielt und sich nicht loslassen konnte. Und natürlich verspürte er keinen Zorn. Ich konnte Harry jedoch bewegen, auf dem Bett liegend zu treten und dabei zu sagen: »Laß mich in Ruhe.« Er fand es sinnvoll, diese Übung zu machen, und fühlte etwas dabei. Eine speziell sexuelle Übung erwies sich für ihn als sehr schwierig, und er konnte dabei den Schmerz und die Verspannung in seinen Beinen spüren. Der Schmerz verschwand, sobald er die Übung beendete, was in einer Hinsicht ungünstig war. Harry mußte seinen Schmerz sehr viel intensiver spüren, damit sein unterdrückter Zorn wachgerufen wurde. Das ist in der Therapie eine generelle Regel. Der Patient reagiert nur dann stark, wenn sein Problem ihm soviel seelischen und körperlichen Schmerz bereitet, daß seine Überlebenstaktik sinnlos wird. Harry überlebte, indem er ein guter Junge wurde und tat, was man von ihm erwartete. Er hoffte, daß er dafür mit Liebe belohnt werden würde, die Freude versprach. Nach sehr viel harter Arbeit machte er schließlich die Erfahrung, daß Freude ein Gefühl ist, das sich einstellt, wenn wir mit uns selbst ehrlich sind.

Der Verrat an der Liebe besteht darin, daß Eltern Kindern die Liebe versprechen, die sie brauchen, unter der Bedingung, daß die Kinder sich ihnen unterwerfen. Statt Liebe aber bekommen sie Anerkennung, und das ist nicht dasselbe. Liebe macht einen Menschen frei, und das ist die Grundbedingung dafür, daß wir uns freuen können. Anerkennung hingegen macht abhängig. Wir müssen sie uns verdienen und uns der Autorität oder Macht eines anderen Menschen unterwerfen. Das mag in Beziehungen, die nicht auf Liebe und Vertrauen beruhen, sehr gut funktionieren. Ein Liebesverhältnis aber wird dadurch zu einer Beziehung pervertiert, die auf Macht beruht. Ein Kind zu schlagen ist in jedem Falle körperlicher Mißbrauch und dürfte nicht erlaubt sein. Es hat Folgen, denn das Kind ist entsetzt, wie jedes Kind es sein würde, das angesichts der zerstörerischen Macht eines überlegenen Menschen seine Ohnmacht zu spüren bekommt. Wird es von Vater oder Mutter geschlagen, von denen es abhängig ist, prägt die Angst sich seiner Persönlichkeit tief ein. Dem Erwachsenen eröffnen sich dann zwei Handlungswege. Entweder er nimmt eine passive Haltung ein und hofft, Anerkennung und Liebe dafür zu bekommen, daß er brav ist, das heißt, anderen Gutes tut, wenig Ansprüche stellt und keine Schwierigkeiten macht. Zu dieser Kategorie gehörte auch Harry. Die andere Möglichkeit ist zu rebellieren und die Wut auszuagieren, die in einem tobt. Solche Individuen mißhandeln ihre Kinder und Ehepartner. Es gibt auch einige, die zwischen diesen beiden Verhaltensmustern je nach Situation hin- und herpendeln.

Die neurotischen Verhaltensmuster werden von der Illusion aufrechterhalten, daß jemand die Liebe bringen kann, nach der so verzweifelt gesucht wird. Aber niemand kann diese Individuen wirklich lieben, weil sie voller Schuldgefühle sind und sich selbst nicht lieben. Sie lieben wäre wie Wasser in ein Sieb gießen. Es ist schwer, jemanden zu lieben, der keine Freude in sich hat und auf Liebe nicht mit Freude reagieren kann. Schlagen diese Beziehungen dann fehl, wird das passive Individuum noch passiver und das wütende noch aggressiver. Wenn der Mensch den Verrat leugnet, auch wenn das unbewußt geschieht, verrät er sich selbst und stellt die Weichen für eine Wiederholung seiner Kindheitserfahrung.

Harrys Fall ähnelt in mancher Hinsicht dem von Rachel. Wie Harry wurde auch sie vom gleichgeschlechtlichen Elternteil mißbraucht, aber wo Rachel sich dafür haßte, daß sie sich finanziell nicht unabhängig machen konnte, war Harry beruflich sehr erfolgreich und ziemlich stolz auf seine Position. Seine Einstellung zum Leben war sehr positiv, denn er glaubte wirklich, daß man mit gutem Willen alles erreichen kann, was man sich wünscht. Darum empfand er seinen Eltern gegenüber keine Feindseligkeit wegen der Verletzungen, die sie ihm zugefügt hatten. Er war auch sicher, daß er den erlittenen Schaden mit gutem Willen und Bemühen seinerseits beheben konnte. Aber mit dieser Haltung ist es fast unmöglich, Zorn so intensiv zu empfinden, daß der Körper von den störenden Verspannungen befreit werden kann. Harry mußte mit seinen therapeutischen Bemühungen scheitern, bevor er spüren konnte, wie stark er seiner Männlichkeit beraubt worden war.

Was könnte Eltern motivieren, ein Kind so oft zu schlagen, daß sein Wille gebrochen wird? Das war die Aussage der tiefen Verspannungen im unteren Rücken, die den Körper in den Unterkörper mit seiner Sexualität und den Oberkörper mit seinen Ich-Funktionen spalteten. Aber Harry war weder schizophren noch unaufrichtig. Er bewahrte sich seine geistige Gesundheit und ein gewisses Maß an Integrität, indem er seine sexuelle Natur aufgab. Seine Sexualität funktionierte zwar, aber auf einer rein mechanischen Ebene, ohne wirkliche Leidenschaft. In keinem Bereich seines Lebens existierte diese Leidenschaft, auch in seiner beruflichen Tätigkeit nicht. Haßte Harrys Vater seinen Sohn? Haßte Harry seinen Vater? Ich würde beide Fragen mit ja beantworten. Aber wie stand es mit seinen Gefühlen für seine Mutter, die ihn dazu brachte, mit seinem Vater um ihre Liebe zu konkurrieren und ihn vor dem väterlichen Zorn nicht schützte? Seine Beziehung zu ihr ist komplex. Ihr verführerisches Verhalten vermittelte ihm das Gefühl, ein besonderer und überlegener Mensch zu sein, aber das ging auf Kosten seiner Sexualität und band ihn an sie. Die Schuld, die er wegen seiner sexuellen Gefühle für die Mutter empfand, war ebenso groß wie sein unterdrückter Zorn und Haß. Aufgrund dieser Schuld konnte er seinen Vater nicht als den kalten, sadistischen Menschen sehen, der er war. Und aufgrund dieser Schuld konnte er sich der Liebe nicht hingeben.

Vor einigen Jahren wurde ich einmal von einer Therapeutin konsultiert, die sich wegen des Selbstmords eines ihrer Patienten mit Schuldgefühlen plagte. Ihr war sehr wohl bewußt, daß sie für seinen Tod nicht verantwortlich war, aber sie hatte das Gefühl, sie hätte der Verzweiflung, die er äußerte und die auf Selbstmordgedanken hinwies, mehr Aufmerksamkeit schenken müssen. Vielleicht hätte sie sogar mehr tun können, um seinen Kummer zu mildern und den

Selbstmord zu verhindern. Obwohl sie wußte, daß sie eine kompetente Therapeutin war und verantwortlich gehandelt hatte, konnte sie sich von den quälenden Schuldgefühlen nicht befreien.

Diese Patientin beschrieb sich selbst als sanft und nicht aggressiv. Im Laufe ihrer früheren Therapien hatte sie gelernt, sich selbst besser zu behaupten. Ich habe in dieser Untersuchung beharrlich darauf hingewiesen, daß Schuldgefühle in direktem Zusammenhang mit der Verdrängung von Zorn stehen. Diese Verdrängung untergräbt die positiven Körpergefühle. Statt dessen nehmen wir ein störendes Element wahr, etwas, das sich schlecht anfühlt. Grundlage für Schuldgefühle ist das Empfinden, daß etwas falsch oder schlecht ist. Wir können keine Schuld empfinden, wenn wir uns mit uns selbst gut fühlen. Das Gefühl, daß etwas nicht stimmt, wird überlagert von einem Selbsturteil, das besagt, wir sollten mehr tun, uns mehr anstrengen und mehr Verantwortung für andere übernehmen. Mit diesen Geboten war Louise aufgewachsen.

Als wir ihren persönlichen Hintergrund untersuchten, erzählte sie mir die schockierende Geschichte ihres körperlichen Mißbrauchs. Als sie klein war, schlug ihr Vater sie regelmäßig mit seinem Gürtel oder mit der Hand, oft auf das nackte Gesäß. Er war ein gewalttätiger Mann, und sie hatte entsetzliche Angst vor ihm. In ihren früheren Therapien hatte sie zwar Zorn auf ihn zum Ausdruck gebracht, aber niemals mit der Intensität, die bei solch einer Mißhandlung angebracht wäre. Ich fragte sie, ob sie Todeswünsche gegen ihren Vater hege. Sie sagte: »Nein.« Ich war mir jedoch sicher, daß sie eine mörderische Wut auf ihren Vater in sich trug, weil er sie so gemein behandelt hatte, diese Wut jedoch aus Angst unterdrückt hatte. Ihr Schuldgefühl entsprang direkt dieser Unterdrückung und wurde auf ihren Patienten übertragen, den sie unbewußt vor ihrem eigenen Zorn auf Männer retten wollte.

Ich machte mit Louise eine Übung, um ihr zu helfen, ihre Wut zu spüren. Diese Übung wurde bereits in Kapitel 5 beschrieben, aber ich wiederhole sie hier noch einmal, weil sie sich so gut dazu eignet, Patienten ihren Zorn spüren zu lassen. Ich wies sie an, sich mir gegenüber etwa einen Meter entfernt auf einen Stuhl zu setzen. Ich bat sie, die Hände zu Fäusten zu ballen, ihren Unterkiefer vorzuschieben, die Augen weit zu öffnen, die Fäuste gegen mich zu schütteln und dabei zu sagen: »Ich könnte dich umbringen.« Sie mußte mehrere Versuche machen, bevor sie wirklich loslassen konnte. Dann aber hatte sie den Blick einer Irren und konnte die mörderische Wut in sich spüren. Ich habe diese Übung mit einzelnen Patienten und in Gruppen oft gemacht, und niemand ist dabei jemals angegriffen worden. Bei dieser Übung geht es um den Ausdruck von Zorn, nicht von Wut, denn der Patient gerät niemals außer Kontrolle. Aber fast immer schenkt sie ihm Stärke und Macht und ein intensiveres Selbstgefühl.

Nachdem Louise diese Übung gemacht hatte, sah sie nicht mehr so sanft aus. Ihr Gesicht war lebendiger und stärker. Sie begriff den Zusammenhang zwischen ihrem Zorn auf den Vater und ihren Schuldgefühlen wegen des Selbstmords ihres Klienten. Und sie fühlte sich sehr erleichtert.

Wenn eine Frau, die auf ihren Vater zornig ist, weil er ihre Liebe verraten hat, diesen Zorn unterdrückt, überträgt sie ihn auf sämtliche Männer, auch wenn sie ihn nicht bewußt ausagiert. Er wird sich auf subtile Weise bemerkbar machen und die Beziehung zerstören. Ähnlich werden Männer, die ihren Zorn auf Mütter unterdrücken, die sie beherrscht oder nicht vor einem feindseligen Vater geschützt haben, diesen Zorn zwangsläufig auf sämtliche Frauen übertragen. Jede Frau repräsentiert dann gleichzeitig die verführerische und die kastrierende Mutter. Solange dieser Zorn nicht zum Ausdruck gebracht wird, fühlt der Mann sich nicht frei, er selbst zu sein, und darum ist seine Beziehung zu Frauen gestört. Dann macht er der Partnerin Vorwürfe, weil die Beziehung ihn nicht erfüllt, obwohl der wirkliche Grund dafür ist, daß er in sich selbst nicht erfüllt ist. Mit diesen Vorwürfen an die Partnerin verrät er die Liebe, die ihm geschenkt wurde. Damit eine Liebesbeziehung gelingt, müssen wir ein Gefühl von Freude in sie einbringen, und dazu ist es notwendig, daß wir frei von Schuldgefühlen sind und daher alle Gefühle direkt und angemessen zum Ausdruck bringen können. Um dazu imstande zu sein, müssen wir uns selbst von Grund auf kennen, und das zu erreichen, ist das Ziel einer Therapie.

8. Sexueller Mißbrauch

Der sexuelle Mißbrauch von Kindern ist die abscheulichste Form des Liebesverrats, da Sexualität normalerweise ein Ausdruck von Liebe ist. Der Täter nähert sich seinem Opfer scheinbar in Liebe, nutzt dann aber dessen Unschuld und Hilflosigkeit aus, um seine persönlichen Bedürfnisse zu befriedigen. Der damit einhergehende Vertrauensbruch ist der schädlichste Aspekt dieses Verbrechens, aber durch die körperliche Grenzverletzung wird diesem destruktiven Verhalten noch die wichtige Dimension von Angst und Schmerz hinzugefügt. Individuen, die Mißbrauch erlitten haben, tragen die Wunden dieser Erfahrung meistens ihr Leben lang mit sich herum. Am schwerwiegendsten ist, daß das Opfer diese Erfahrung aus Scham und Ekel verdrängt. Aber wenn diese Gefühle unterdrückt werden, empfindet das Individuum eine große innere Leere und Verwirrung. Opfer von sexuellem Mißbrauch können sich ihrem Körper oder der Liebe nicht hingeben, und das bedeutet, daß sie in ihrem Leben keine Chance haben, Erfüllung zu finden. Für sie ist die Reise zur Selbstentdeckung ein äußerst beängstigendes Wagnis. Ihre Behandlung muß unter besonderer Berücksichtigung dieses Problems erfolgen.
Wie verbreitet ist sexueller Mißbrauch? Das hängt davon ab, was wir als sexuellen Mißbrauch ansehen. Bei statistischen Untersuchungen, die sich auf Fragebögen stützen, welche an Erwachsene verteilt wurden, kam heraus, daß 30 bis 50 Prozent der Antwortenden laut eigener Aussage als Kind mißbraucht worden waren. Wenn jede gewaltsame Verletzung der Intimsphäre eines Kindes, das heißt seines Körpers und seiner Sexualität, als sexueller Mißbrauch betrachtet wird, steigt das Vorkommen auf über 90 Prozent. Eine Patientin erinnerte sich, wieviel Scham und Demütigung sie empfand, als sie im Alter von drei Jahren für ihre Familie nackt für ein Foto posieren sollte. Laute Kommentare über die sich entwickelnde Sexualität eines Kindes können sehr wohl als eine Form von sexu-

ellem Mißbrauch bezeichnet werden. Wenn ein Vater seine kleine Tochter auf das bloße Gesäß schlägt, ist das meiner Meinung nach ebenso sexueller wie körperlicher Mißbrauch. Ich glaube, daß der Vater durch sein Verhalten sexuell erregt wird, was das Kind spürt. Eine Frau erzählte, daß sie ihren Mann bat, sie auf das nackte Gesäß zu schlagen, was sie sexuell so stark erregte, daß der nachfolgende Koitus zur intensivsten sexuellen Erfahrung wurde, die sie jemals gemacht hatte. Das ist ein typisch masochistisches Verhalten.[1] Diese Frau war von ihrem Vater zweifellos auf ähnliche Weise geschlagen worden, was sie sexuell ebenfalls stark erregt hatte. Masochistische oder sadistische sexuelle Praktiken stammen aus Kindheitserfahrungen, die sich der Persönlichkeit des Kindes eingeprägt haben. Viele Frauen benutzen sexuelle Phantasien, in denen sie geschlagen, gefesselt oder gedemütigt werden, um ihre sexuelle Erregung zu steigern. Und viele Männer unterwerfen sich, wie wir wissen, einer sadistischen Behandlung durch Frauen, um die sexuelle Entladung zu intensivieren oder überhaupt erst zu erlangen.

Ich würde so weit gehen zu sagen, daß die Schläge, die einem Kind von einem Erwachsenen verabreicht werden, immer sexuelle Implikationen haben. Das haben wir im Fall von Rachel gesehen, der im letzten Kapitel besprochen wurde. Die Schläge, die Rachel von ihrer Mutter bekam, gingen einher mit deren lesbischem Interesse an dem Kind. Ähnlich hat auch der Vater, der seinen Sohn regelmäßig verprügelt, ein homosexuelles Interesse an dem Jungen. Ich kann mich erinnern, wie ich als heranwachsender Junge mit meinen Freunden zusammen die Mädchen in unserem Alter plagte, indem ich sie neckte, stieß oder mit ihnen rangelte. Mir ist klar geworden, daß das verkappte Annäherungsversuche waren, um Körperkontakt mit ihnen zu haben. Ich glaube, auch die Mädchen wußten, daß diesen Vorstößen ein positives Interesse zugrundelag, weil weder sie noch die Jungen dabei Feindseligkeit empfanden. Trotzdem war dem Verhalten der Jungen ein gewisser Zorn beigemischt, weil sie über die Grenzen frustriert waren, die die Geschlechter in meiner Jungenzeit voneinander trennten. Diese Rangeleien wurden niemals als eine Form von sexuellem Mißbrauch angesehen. Zu Mißbrauch kommt es dann, wenn Erwachsene oder ältere Geschwister die Unschuld eines Kindes für die eigene sexuelle Erregung mißbrauchen. Jeder sexuelle Kontakt zwischen einem Jugendlichen nach der Adoleszenz und einem Kind vor der Adoleszenz sollte als Angriff auf die Integrität des Kindes betrachtet werden, da kein Kind auf die Begegnung mit erwachsener Sexualität vorbereitet ist.

Kinder spielen häufig sexuelle Spiele miteinander. Diese gehören zur kindlichen Erforschung des Lebens und fördern die emotionale Entwicklung des Kindes. In dem Moment jedoch, wo ein wesentlich älteres Kind oder ein Erwachsener sich beteiligt, ändert sich die Situation. Dann handelt es nicht mehr um das unschuldige Spiel von Kindern, sondern um die Ausnutzung von Unschuldigen. In dieser Situation wird das Kind mißbraucht, selbst wenn es den Aktivitäten keinen Widerstand entgegensetzt. Das gilt auch für den Fall, daß das Kind Interesse an dem vorgeschlagenen Kontakt zeigt, weil seine Neugierde geweckt wurde. Normalerweise wendet sich ein Kind mit seinem sexuellen Entdeckungsdrang nicht an ältere Personen, es sei denn, es wird durch das Verhalten der Eltern mit der Sexualität der Erwachsenen konfrontiert. Eine Frau erzählte mir, daß ihr die sexuellen Aktivitäten ihrer Eltern im Alter von zwei Jahren bewußt wurden. Sie und ihre Mutter schliefen in einem Zimmer, der Vater in einem anderen. Fast jede Nacht kam der Vater ins Schlafzimmer des Mädchens und forderte die Mutter auf, in sein Bett zu kommen. Sie gehorchte, und nachdem sie gegangen war, verließ das kleine Mädchen, das wach geworden war, ihr Zimmer und lief zur Schlafzimmertür des Vaters, wo sie auf dem Boden lag und den Bewegungen und Geräuschen aus dem Elternzimmer lauschte. Wenn die Eltern aufhörten, kroch sie wieder in ihr Bett zurück. Sie konnte sich nicht mehr daran erinnern, wie stark ihre Erregung dabei war, aber sie muß ziemlich intensiv gewesen sein. Ich bin sicher, daß sie über den Ablauf sexueller Liebe nichts wußte, aber daß ihre Unschuld Schaden nahm.

Ganz gleich, mit welcher Form von erwachsener Sexualität ein Kind konfrontiert wird, die Auswirkungen sind immer verheerend. Das Kind verliert plötzlich und fast gänzlich seine Unschuld und schämt sich zutiefst über seine Beteiligung. Es spürt und *glaubt*, daß es in gewisser Weise »beschmutzt« wurde und lebt mit einem

Stigma, das andere Kinder nicht haben. Selbst wenn die Erfahrung verdrängt und vergessen wird, hat es das Gefühl, irgendwie anders zu sein als andere Kinder, ohne jedoch zu wissen, worin der Unterschied besteht. Das Gefühl, sich von anderen negativ zu unterscheiden, kann dem Individuum sein Leben lang anhaften, weil es sich seinem Körper eingeprägt hat. Einer meiner Kollegen wies darauf hin, daß der Körper den sexuellen Mißbrauch nicht vergißt, selbst wenn die Person sich nicht daran erinnert. Tatsächlich ist es ein Grundgedanke der bioenergetischen Analyse, daß sämtliche Erfahrungen sich dem Körper als Erinnerungen in Form von Gefühlen einprägen. Die Unterdrückung der Gefühle, die mit einer Erfahrung verbunden sind, ist verantwortlich dafür, daß diese Erfahrung nicht mehr erinnert wird. Der folgende Fall macht das ganz deutlich.

Madeline war fast fünfzig Jahre alt, als ihr zum ersten Mal klar wurde, daß sie als ganz kleines Kind mißbraucht worden war. Sie spürte, daß mit ihrem Leben irgend etwas nicht stimmte, denn sie war in ihren beiden Ehen von ihren Männern körperlich mißbraucht worden. Trotzdem brachte sie die Mißhandlung durch ihre Ehemänner nicht mit der Möglichkeit eines sexuellen Mißbrauchs in sehr jungen Jahren in Verbindung. Beide Eltern waren Alkoholiker gewesen. Die Familie war gestört, aber da sie gleichzeitig isoliert lebte und Madeline von anderen Kinder fernhielt, galt das gestörte Familienleben als normaler Lauf der Dinge. Madeline überlebte. Sie leitete ein gutgehendes Geschäft und zog vier Kinder groß. Sie hatte auch den Mut, die beiden Männer zu verlassen, die sie mißhandelten, aber sie empfand keinen wirklichen Zorn gegen sie. Sie wußte nur, daß sie die Beziehungen beenden mußte. Madelines engste Freundin ermutigte sie, einer Gruppe von Inzestopfern beizutreten, was sie auch tat. Als sie andere Frauen erzählen hörte, daß sie als Kind von einem Elternteil sexuell mißbraucht worden waren, dämmerte ihr, daß sie ähnliche Erfahrungen gemacht haben mußte. Der Gedanke jagte ihr entsetzliche Angst ein, aber er wich nicht mehr von ihr. Sie begann, die Angst in ihrem Körper zu spüren und konnte dieses Gefühl dann mit dem Akt eines Mißbrauchs in Verbindung bringen.

Madeline kam zu mir, nachdem sie bei einem Therapeuten gewesen war, der sie am Ende einer Sitzung umarmte und sich dabei mit dem Becken an sie drückte. Sie war darüber zugleich zornig und erschrocken. Nachdem sie mir diesen Vorfall erzählt hatte, berichtete sie weiter, zu welcher Einsicht sie in der Inzest-Gruppe gelangt war, nämlich daß ihr Vater sie sexuell benutzt hatte, als sie ein Jahr alt war. Das kam mir unglaublich vor, doch da ich keinen Grund hatte, ihre Gefühle zu bezweifeln, akzeptierte ich das Gehörte als Möglichkeit. In den nächsten zwei Jahren ihrer Therapie gelangte ich zu der Überzeugung, daß es die Wahrheit war. Als die Arbeit mit ihrem Körper Fortschritte machte, und sie begann, im Beckenboden und im Rektum Empfindungen wahrzunehmen, geriet sie in Panik. Die Angst war so groß, daß sie sich von sämtlichen Gefühlen löste und aus ihrem Körper zurückzog. Diese Angst bestätigte sie in dem Glauben, als ganz kleines Kind rektal penetriert worden zu sein.

Das Phänomen des Rückzugs beruht auf einem Prozeß der Dissoziation, bei dem der bewußte Verstand sich mit körperlichen Abläufen nicht identifiziert, was für den schizoiden Zustand typisch ist. In einem früheren Buch[2] habe ich beschrieben, wie ich in meiner ersten Therapiesitzung mit Reich schrie, ohne mit dem Schrei in Verbindung zu sein. Ich hörte mich schreien und wußte, daß ich schrie, aber ich fühlte es nicht. Das »Ich« meines bewußten Verstandes war Beobachter der Abläufe in meinem Körper. Die subjektive Wahrnehmung, daß ich die Person im Körper war, die schrie, fehlte. Die Verbindung zwischen dem beobachtenden »Ich« und dem schreienden »Ich« war abgerissen. Tatsächlich war diese Verbindung bereits vor sehr langer Zeit unterbrochen worden, als ich im Alter von neun Monaten Angst vor meiner Mutter bekam. Um zu überleben, hatte ich die Angst unterdrückt und mich damit von der Wahrnehmung abgeschnitten, wie ängstlich ich war. Dieses Abtrennen von einem Teil von mir, das heißt, von dem ängstlichen Kind, das schreien mußte, stellte eine schizoide Tendenz in meiner Persönlichkeit dar. Meine therapeutische Reise zur Selbstentdeckung war das Bemühen, die Verbindung zu meinen tiefsten und frühesten Gefühlen wiederherzustellen. Ich habe mich aber aus meinem Körper nie so stark zurückgezogen wie Madeline es tat, wenn sie Beobachterin war, ohne überhaupt mit ihren körperlichen Empfindungen und Gefühlen verbunden zu sein. In diesem Zustand fühlte sie nicht, daß sie einen Körper hatte. Seine grundlegenden Funktionen liefen normal weiter, weil sie nicht von ihrem bewußten Verstand abhängig waren, der in gewisser Weise den Körper verlassen zu haben schien. Glücklicherweise dauerte dieser Zustand nicht lange, sonst wäre sie schizophren geworden. Sie stellte die Verbindung zwischen ihrem bewußten Verstand und ihrem Körper langsam wieder so weit her, daß sie die Realität ihres körperlichen Selbst spüren konnte. Aber diese Verbindung war eher oberflächlich als tief, so daß Madeline nicht spüren konnte, daß etwas mit ihr nicht stimmte. Unter der Oberfläche war sie eine total verängstigte Frau.

Wer Madeline im Alltag erlebte, hätte nicht geglaubt, daß so viel Angst in ihr steckte. Sie war intelligent und kam mit den normalen Anforderungen ihres täglichen Lebens gut zurecht. Entsetzen kam nur dann in ihr auf, wenn ein starkes Gefühl an die Oberfläche drängte und sie aus der Bahn warf. Da sie ihre Aggressivität brauchte, um sich vor Mißbrauch schützen zu können, wies ich sie an, die Tretübung auf dem Bett zu machen und dabei laut zu sagen: »Laß mich in Ruhe!« Wenn ihre Stimme sich soweit erhob, daß sich ein Schrei anbahnte, rollte sie sich in einer Ecke des Bettes zusammen und wimmerte vor Entsetzen wie ein kleines Kind. Es dauerte dann immer einige Minuten, bevor die Angst sich legte und sie so weit zu ihrem »normalen« Selbst zurückfand, daß sie meine Praxis mit dem Gefühl, geistig einigermaßen gesund zu sein, verlassen konnte. Es fiel ihr auch sehr schwer zu weinen, weil jedes Zusammenbrechen ihrer Kontrollmechanismen sie in einen Zustand großer Angst versetzte. Ich glaube, meine Sympathie und Unterstützung sowie die Ermutigung, ihrem Zorn Luft zu machen, waren der Grund dafür, daß sie diesen schließlich intensiv spüren konnte, ohne in Angst zu geraten und sich von sich abzuspalten.

In Anbetracht der Schrecken ihrer frühen Kindheit und der daraus resultierenden Störung ihrer Persönlichkeit fällt es uns vielleicht schwer zu glauben, daß sie sexuelle Lust empfand. Wir müssen uns aber klarmachen, daß sie eine gespaltene Persönlichkeit war und daß ihre Sexualität, genauso wie ihre anderen Gefühle, sehr oberflächlich war. Sie war mit ihrer Sexualität als Ausdruck ihres Selbst ebensowenig in Kontakt wie ich mit dem Schrei, der aus meiner Kehle drang. Ein Schrei ist ein intensiver Ton, aber in mir war kein Gefühl von Intensität. Und so sollte auch Sex eine intensive Erfahrung sein, aber für Madeline und andere sexuell mißbrauchte Individuen ist das nicht der Fall. Denn jeder Mißbrauch an einem Kind, sei er nun körperlich oder seelisch, jagt dem Kind Angst ein und bewirkt, daß es sich von seinem Körper abspaltet. Es fiel Madeline schwer, irgendein intensives Gefühl zu spüren, ohne entsetzliche Angst zu bekommen und sich davon zu lösen. Ihr Körper konnte die Aufladung nicht ertragen, und sie konnte die Emotion geistig nicht integrieren.

In der Therapie arbeitete Madeline daran, ihre Atmung zu vertiefen und im Körper fühlen zu können. Jeder Schritt, der tiefer ging und zu stärkeren Gefühlen führte, schleuderte sie aus der Bahn, und sie bekam einen Angstanfall, so daß sie sich verschloß und aus ihrem Körper zurückzog. Auch wenn sie im Anschluß an eine Sitzung, in der einige stärkere Gefühle an die Oberfläche kamen, ihre Selbstkontrolle zurückgewann, erzählte sie mir, daß sie anschließend immer für einige Zeit ihren Körper verließ. Das heißt, daß sie sich von sämtlichen Gefühlen löste und ausschließlich mit dem bewußten Verstand agierte. Langsam nahm die Angst ab, und sie konnte Gefühle im Körper sowie Emotionen besser aushalten, ohne in Angst und Schrecken zu verfallen und sich davon abzuspalten. Wenn eine Sitzung für sie sehr intensiv war und sie ihren Körper verließ, konnte sie schließlich ziemlich schnell zurückkehren, was sie als bedeutenden Fortschritt erkannte. Ich kann mich noch an die Sitzung erinnern, in der Madeline aufgeregt bemerkte: »Ich kann meine Füße spüren!«

Sie konnte sich auch noch an andere beängstigende Vorfälle aus ihrer Kindheit erinnern. Bei einer Gruppenübung, in der Madeline mit anderen zusammen die Fäuste ballte und sagte: »Wie kannst du es wagen? Was glaubst du, wer du bist?«, erzählte sie, sie habe das Gefühl, erwürgt zu werden. Als sie mir von dem damit verbundenen

Erlebnis berichtete, sagte sie: »Ich habe Angst, erwürgt zu werden. Vor etwa zwei Jahren kam mir eine plötzliche Erinnerung. Ich stand mit der Türklinke in der Hand da, weil ich gerade das Zimmer verlassen wollte. Ich weiß noch, wie ich zu meinem Vater sagte: ›Wenn du nicht aufhörst, erzähle ich es Mutti.‹ Ich war damals etwa neun Jahre alt. Er packte mich am Hals und schüttelte mich. Ich hatte das Gefühl, gleich sterben zu müssen. Aber danach hat er mich nie wieder angerührt.« (Über diesen Vorfall wurde bereits im dritten Kapitel berichtet, Anm.d.Ü.)

Tatsache bleibt, daß der Mißbrauch in ganz früher Kindheit ein Problem darstellt, das sehr schwer zu verarbeiten ist. Da Madeline sich im Anus und dem umgebenden Bereich sehr verletzlich fühlte, muß man sich wundern, daß sie in Anbetracht der großen Angst, die sie im Beckenboden empfand, scheinbar normale sexuelle Beziehungen haben konnte. Aber Madeline erzählte mir, daß sie Sex selbst mit den Männern genoß, die sie mißbrauchten. Tatsächlich verhielt sie sich sehr verführerisch, obwohl sie sich dieser Seite ihres Verhaltens nicht bewußt war. Ich erkannte bereits zu Beginn ihrer Behandlung, daß ihre Persönlichkeit tief gespalten war, was direkt mit dem frühen sexuellen Mißbrauch zusammenhing. Auch wenn sie tief in ihrem Innern ein total verängstigtes kleines Mädchen war, war sie nach außen hin doch auch eine raffinierte Frau, die durch die sexuelle Zuwendung von Männern erregt wurde und sie begrüßte. Raffiniertheit ist das richtige Wort, denn es weist nicht nur auf die fehlende Unschuld, sondern auch auf den Mangel an Schuldgefühlen hin, der irreal ist. Um zu überleben, hatte Madeline die Perversität ihrer Welt als normal akzeptiert. Wenn es in dieser Welt um Sex ging, würde sie lernen, ihn einzusetzen. Also hatte Madeline trotz des sexuellen Mißbrauchs und der körperlichen Mißhandlungen in ihren Ehen keinen Haß und keinen Zorn auf Männer.

Diese Gefühle waren zwar in ihr, wurden aber abgeschnitten, weil Madeline überleben mußte. Und sie konnte überleben und überlebte auch, indem sie sich Männern sexuell zur Verfügung stellte. Warum ihnen nicht nachgeben, wenn sie so verzweifelt auf sexuellen Kontakt und sexuelle Befriedigung aus waren? Wenn sie sich unterwarf, räumte sie die Bedrohung von Macht und Gewalt aus dem Weg und verleugnete die Angst. Kein Mann würde eine Frau verletzen, die ihm nachgibt – das ist die falsche Schlußfolgerung von Frauen, die mißbraucht worden sind.

Es gibt jedoch noch ein weiteres Element in der Persönlichkeit der Frau, die als Kind mißbraucht worden ist. Dieses Element prägt ihr Verhalten ebenso stark wie die Angst und die Hilflosigkeit, die den Mißbrauch begleiten. Dieses Element ist eine starke sexuelle Erregung, die auf das genitale System beschränkt und von der bewußten Persönlichkeit abgespalten ist. Der frühe sexuelle Mißbrauch hat das Kind sowohl verängstigt als auch erregt. Diese Erregung konnte von dem unreifen Körper und dem unreifen Ich des Kindes nicht integriert werden, prägte sich Körper und Verstand aber unlöschbar ein. Das Kind hatte vorübergehend die Welt der Erwachsenen betreten, was seine Unschuld erschütterte. Von diesem Augenblick an wird Sexualität zur unwiderstehlichen und überwältigenden, aber abgespaltenen Kraft in der Persönlichkeit. Marilyn Monroe ist ein gutes Beispiel dafür. Sie war die Verkörperung von Sexualität, ohne eine sexuelle Person zu sein. Es war, als spielte sie eine sexuelle Rolle, ohne sich auf der Ebene der erwachsenen Frau damit zu identifizieren. Ihre erwachsene Persönlichkeit war gespalten in einen gebildeten Verstand und eine kindliche Abhängigkeit und Angst. Sie war sexuell raffiniert, aber diese Raffinesse war sehr oberflächlich und verdeckte das darunter liegende Gefühl von Verlorenheit, Hilflosigkeit und Angst. In einer früheren Untersuchung habe ich Marilyn Monroe als Beispiel für eine multiple Persönlichkeit beschrieben.[3]

Eine junge Frau war an mich überwiesen worden, damit ich ihr half, ihr verworrenes Leben zu durchschauen. Betty, wie ich sie nennen will, war in Pflegeheimen aufgewachsen und erzählte mir die Geschichte eines Mißbrauchs, die begann, als sie zehn Jahre alt war. Ihre Verwirrung bezog sich auf die Probleme, die sie mit Männern hatte. Sie fühlten sich zu ihr hingezogen (sie war eine attraktive Frau), aber die Beziehungen zu ihnen führten zu nichts. Das Bemerkenswerte an Betty war, daß sie ein fast greifbares sexuelles Aroma verströmte. Da das ihr natürlicher Geruch war, war sich sich dessen überhaupt nicht bewußt. Wie Madeline existierte sie auf zwei Ebenen: einer oberflächlichen, auf der sie als sexuelle Frau agierte, klug und kompetent in weltlichen Angelegenheiten, und auf der anderen, tieferen Ebene war sie ein total verängstigtes kleines Mädchen, das weder richtig weinen noch richtig zornig werden konnte. Sie verhielt sich, als würde sie von einer sexuellen Kraft beherrscht, die in ihrer Persönlichkeit eine fremde Macht darstellte, über die sie keine Kontrolle hatte. Betty war sich der Wirkung dieses starken sexuellen Aromas auf Männer nicht bewußt, weil sie es selbst nicht wahrnahm. Dieser Geruch ging nicht ständig von ihr aus, sondern wahrscheinlich nur dann, wenn sie unbewußt versuchte, Männer zu sexueller Intimität zu verführen. Diese Verführung war jedoch kein Ausdruck von Leidenschaft, sondern von Bedürftigkeit.

Betty brauchte meine Hilfe, und eine Möglichkeit, sie zu bekommen, bestand darin, durch ihre erotische Ausstrahlung mein sexuelles Interesse zu erregen. Sie setzte ihre genitalen Reize nicht bewußt ein. Ihre Vagina war aufgeladen oder erregt, was die Ursache für diesen Geruch war. Die Erregung entsprang dem Mißbrauch, nicht ihren eigenen Gefühlen. Deswegen identifizierte sie sich nicht damit. Durch ihre Erfahrungen in Pflegeheimen hatte sie schon früh im Leben gelernt, diese Reize einzusetzen. Sie hatte herausgefunden, daß ihre Pflegemütter sich ihr gegenüber zwar feindlich verhielten, weil sie als Frauen Bettys Sexualität mißtrauten, daß aber Männer sexuell auf sie eingingen. Als Kind versuchte sie bewußt oder unbewußt von ihren Pflegevätern Unterstützung zu bekommen, aber diese benutzten sie für ihre eigenen Zwecke. Ich bin sicher, daß ihnen das Kind in gewisser Weise auch leid tat und sie ihm helfen wollten; aber was unmittelbar geschah, war, daß sie sich Bettys Bedürftigkeit und Hilflosigkeit zunutze machten und sie sexuell benutzten und mißbrauchten. In ihrer Verzweiflung fügte sie sich und glaubte in gewisser Weise sogar, daß sie sie liebten. Aber das führte zu nichts. Die Pflegemütter fanden heraus, was vor sich ging, und Betty wurde in ein anderes Heim gebracht, wo das gleiche Spiel von vorn begann.

Mir ist der tatsächliche Ablauf der Ereignisse nicht bekannt. Betty machte nicht lange Therapie bei mir, so daß ich nicht die Zeit hatte, ihren persönlichen Hintergrund vollständig zu analysieren. Sie hatte die meisten ihrer früheren Erinnerungen verdrängt. Als ich ihr vor vielen Jahren begegnete, war mein Verständnis dieser Probleme noch nicht so tiefgehend wie heute. Man lernt aus seinen Fehlern. Aber ich ahnte, wie Bettys Situation aussah, denn sie war von dem Mann an mich verwiesen worden, mit dem sie zusammenlebte und für den sie arbeitete und den ich von seiner Persönlichkeit her als einen Mann erkannte, der Frauen mißbrauchte. Er bot ihnen zunächst Hilfe an, was er auch ehrlich meinte, aber wenn sie darauf eingingen, benutzte er sie sexuell. Zu dieser Art Mann fühlte Betty sich aufgrund des Wiederholungszwangs hingezogen. Madeline handelte ähnlich zwanghaft, wenn sie sich auf Männer einließ, die sie körperlich mißhandelten, und das gleiche gilt für Martha, deren Fall ich im dritten Kapitel vorstellte. Solange diese Frauen ausschließlich nach einem Mann suchen, der sie liebt und beschützt, werden sie benutzt und mißbraucht. Ihre Beziehungen mit Männern können nicht gut gehen. Weil diese Frauen sich selbst als Person nicht achten, reagieren Männer auf sie als Sexualobjekte, nicht als sexuelle Personen. Ihr Selbstgefühl hat durch den sexuellen Mißbrauch zu großen Schaden erlitten.

Sexueller Mißbrauch bewirkt, daß das sexuelle System des Opfers frühzeitig überreizt wird. Trotz der Angst, die es empfindet, prägt sich die sexuelle Erregung des Kontakts der Persönlichkeit ein, weil diese Erregung im sexuellen System verbleibt, ohne sich zu entladen. Diese Frauen fühlen sich zu Männern hingezogen, deren Persönlichkeit der des ursprünglichen Täters gleicht, und ihre sexuelle Unterwerfung stellt den unbewußten Versuch dar, sich von ihrer Fixierung zu befreien, indem die Situation noch einmal durchlebt und mit der Entladung abgeschlossen wird. Aber da sie von ihren Gefühlen abgeschnitten sind, kommt es nie dazu.

Betty erzählte mir, daß sie sich der ständigen Erregung ihrer Vagina bewußt sei, sie aber als fremdes oder äußerliches Element wahrnehme. Ihr sexuelles Verhalten zielte vor allem auf die Befriedigung dieser quälenden Erregung ab, um sich davon zu befreien. Das funktionierte aber nicht, weil die Befreiung, die sie unmittelbar nach einer sexuellen Begegnung empfand, kurzlebig war. Sie war im wahrsten Sinne des Wortes besessen von einer fremden Macht, der sexuellen Aufladung des Täters, die sie nicht entladen konnte. Zur Entladung kommt es nur, wenn die Erregung im Körper nach unten in das genitale System und von hier weiter aus dem Körper fließt. Die sexuelle Grenzverletzung in jungen Jahren, das heißt, vor der Entwicklung der Fähigkeit, die Erregung durch den Orgasmus aufzulösen, bewirkt, daß diese Organe mit einer Kraft aufgeladen werden, über die das Individuum keine Kontrolle hat. Das junge Mädchen war in einem ganz konkreten Sinne seiner eigenen genitalen Organe beraubt worden.

Das Opfer eines sexuellen Mißbrauchs kann sich seine Sexualorgane wieder aneignen, indem es zuläßt, daß die eigene Erregung im Körper abwärts und in das sexuelle System hineinfließt. Das ist der normale Verlauf sexueller Energie, aber er wird körperlich durch ein Band von Verspannungen im Taillenbereich und psychisch durch heftige Schamgefühle in bezug auf die eigenen sexuellen Körperteile blockiert, die jetzt für schmutzig gehalten werden. Sehr viele Frauen schämen sich ihrer Sexualität, weil sie sich nicht als Ausdruck von Liebe entfalten konnte. Aber Sexualität ist tatsächlich ein Ausdruck von Liebe, der Wunsch, einem anderen Menschen nahe zu sein und sich mit ihm zu vereinigen. Leider geht mit dieser Liebe oft das Gegenteil einher, nämlich Feindseligkeit. Die meisten Menschen haben aufgrund ihrer Kindheitserfahrungen, in denen die Liebe ihrer Eltern von Negativität und Feindseligkeit durchsetzt war, ambivalente Gefühle. Das war in den Fällen, die ich oben beschrieben habe, ganz offensichtlich, aber ich glaube, daß es für die meisten familiären Beziehungen gilt. Wir können uns der Liebe nicht ganz hingeben, wenn wir von den Menschen, die wir geliebt und denen wir vertraut haben, verraten worden sind. Mir sind zahlreiche sexuell mißbrauchte Frauen mit ähnlichen Verhaltensmustern bekannt. Sie sind intelligente Frauen, deren Leben durch diesen Betrug schweren Schaden genommen hat. Alle haben aufgrund des Konfliktes zwischen ihrer sexuellen Erregung und ihrer Angst, zwischen dem Gefühl, begehrenswert zu sein, und einem starken Gefühl der Scham, multiple Persönlichkeiten. Und in sämtlichen Fällen war die Sexualität nicht in die Persönlichkeit integriert.

Vor einigen Jahren wurde ich von Ann, einer sehr schönen Frau in den Vierzigern, konsultiert. Ihr Problem bestand darin, daß ihr ganzer Körper extrem rigide war, so daß ihr sämtliche Bewegungen schwerfielen. Als Beispiel führte sie an, daß sie als Königin des Jahresfestes in ihrem College Schwierigkeiten hatte, die Treppen hinunterzusteigen, um die Krone in Empfang zu nehmen. Die Ärzte konnten ihr nicht weiterhelfen, da sie keinen neurologischen Befund feststellten. Ihr war klar, daß die Störung psychischer Natur war. Von ihrem zwölften bis zum achtzehnten Lebensjahr hatte ihr Vater regelmäßig Sex mit ihr. Er war in sie verliebt und sie in ihn. Sie beschrieb ihn als prominente Persönlichkeit in seiner Gemeinde, zu der alle, auch seine Tochter, bewundernd aufschauten. Ihre Erklärung für ihren Zustand war, daß sie sich nicht erlauben durfte, zum Höhepunkt zu kommen, weil sie sich dann schuldig gefühlt und geschämt hätte. Indem sie sich ihren sexuellen Gefühlen verschloß, konnte sie glauben, daß sie das alles für ihren Vater tat – daß er sie brauchte. Sie behauptete, ihn zu lieben, und ich bin sicher, daß das stimmte. Und ich bin ebenfalls sicher, daß er sie liebte, und doch hat er sie auch verraten.

Aufgrund seines Verrats fiel es ihr sehr schwer, sich einem Mann hinzugeben. Sie war lange Zeit mit einem Mann verheiratet gewesen, den sie liebte, aber sie sagte, sie habe viele Jahre gebraucht, bevor sie mit ihm zum Orgasmus kommen konnte. Angesichts der starken körperlichen Rigidität, unter der sie immer noch litt, glaubte ich nicht, daß sie sich der Leidenschaft der Liebe leicht oder ohne Einschränkungen hingeben konnte. Der Schaden, den meine Patientin erlitten hatte, war sehr viel größer als sie wußte oder sich eingestand.

Ich bin sicher, daß Ann einen ungeheuren Zorn auf ihren Vater und sein Verhalten in sich hatte und zurückhielt. Ihre Rigidität war nicht nur ein Mittel, um ihre Leidenschaft zu kontrollieren; sie diente auch der Unterdrückung und Kontrolle einer mörderischen Wut. Denn so, wie wir in der Liebe schmelzen, verhärten wir uns bei Haß und erkalten. Aber der Haß saß in den äußeren Schichten ihrer Muskeln, nicht in ihrem Herzen. Sie war gespalten wie alle sexuell mißbrauchten Individuen. Im Herzen liebte sie ihren Vater, aber

auf der muskulären Ebene wehrte sie sich gegen ihn und haßte ihn. Ihre Schönheit war Ausdruck ihrer sexuellen Attraktivität, aber sie hatte keinen vollen Zugang zu ihrer Sexualität.
Ich sah Ann nur zweimal, denn sie lebte in einem anderen Teil des Landes. Als wir über ihr Leben und ihre Probleme sprachen, hatte ich das Gefühl, daß sie nicht darauf vorbereitet war, ihrem Zorn auf ihren Vater Luft zu machen und das auch gar nicht wünschte. Aber ohne die Freisetzung dieses Zorns war es nicht möglich, die muskuläre Verhärtung aufzuweichen, in der sie wie in einer Zwangsjacke festsaß. Diese Individuen haben starke Widerstände, ihrem Zorn auf den Täter Luft zu machen. Zum Teil entspringen diese Widerstände Schuldgefühlen, weil das Opfer sich an dem sexuellen Akt – ob freiwillig oder gezwungen – beteiligt hat. Aber sie beruhen auch auf der Angst vor dem Zorn selbst, der mörderisch ist. Vater oder Mutter zu töten gilt als das abscheulichste Verbrechen, aber es sind Eltern, die diesen Verrat begehen. Die Lösung der Konflikte, die durch sexuellen Mißbrauch entstehen, kann nur von einem therapeutischen Programm kommen, das einen kontrollierten Rahmen für den Ausdruck dieses Zorns bietet.
Untersuchungen haben gezeigt, daß Jungen fast ebenso häufig sexuell mißbraucht werden wie Mädchen, manche von ihrem Vater oder irgendeinem anderen älteren Mann, manche von älteren Geschwistern. Der Mißbrauch hat auf die Persönlichkeit des Jungen die gleichen Auswirkungen wie auf die des Mädchens. Wenn es zur analen Penetration kommt, kann das Kind starke Schmerzen und Angst verspüren und sich von seinem Körper abspalten, wie Madeline es tat. Der sexuelle Mißbrauch eines Jungen durch einen älteren Mann schwächt die sich entwickelnde Männlichkeit des Jungen und bewirkt, daß er sich schämt und sich gedemütigt fühlt. Ich glaube nicht, daß solche Erfahrungen eine homosexuelle Neigung in der Person des Jungen wecken, aber da seine männliche Identifikation geschwächt wird, könnte er für dieses sexuelle Verhaltensmuster anfällig werden.[4] Der Schaden, den die Persönlichkeit des Kindes erleidet, wird durch die seelische Belastung verursacht. Angst, Scham und Demütigung sind verheerende Gefühle für ein Kind, das keine Möglichkeit hat, die Verletzung durch dieses

Trauma abzureagieren. Der körperliche Mißbrauch eines Kindes, das von seinem Vater wiederholt verprügelt wird, hat ähnliche Auswirkungen auf seine Persönlichkeit. Wie ich weiter oben ausgeführt habe, muß er ebenfalls als eine Form von sexuellem Mißbrauch betrachtet werden.

Sexueller Mißbrauch ist sowohl ein Ausdruck von Macht als auch ein Ausdruck von sexueller Liebe. Das Gefühl, Macht über einen anderen Menschen zu haben, wird als Gegenmittel für das Gefühl der Demütigung eingesetzt, unter dem der Täter litt, als er in seiner Kindheit selbst mißbraucht wurde. Das Thema Macht fließt auch in Form von sado-masochistischen Praktiken von zwei Erwachsenen in die Sexualität ein, die beide mit dieser Art des sexuellen Umgangs einverstanden sind. Ein Mensch, der ein Kind mißbraucht, fühlt sich meistens impotent und nicht als reifer Mann oder reife Frau. Dieses Gefühl von Impotenz verschwindet, wenn das Opfer ein Kind, ein hilfloser Erwachsener oder eine unterwürfige Partnerin ist. Der Täter fühlt sich in dieser Situation mächtig, das heißt, sexuell potent. Wenn Machtgefühle in eine sexuelle Beziehung eindringen, wird sie zwangsläufig zu einer Mißbrauchsbeziehung. Ein Mann, der sich mächtig fühlen muß, um sexuell potent zu sein, wird Frauen körperlich mißbrauchen. Oft fühlen Frauen sich erregt und können sich dem Mann besser hingeben, wenn sie ihn für mächtig halten. Das gilt natürlich nur für Frauen, die mißbraucht wurden und sich selbst impotent fühlen. Diane, von deren Fall ich in einem früheren Kapitel berichtete, sagte, den besten Sex habe sie mit dem Ehemann gehabt, der sie körperlich mißhandelte. Mißbrauch zwischen Erwachsenen weist auf eine sado-masochistische Beziehung hin, die es dem Individuum ermöglicht, sich seiner sexuellen Erregung hinzugeben. Für den sadistischen Partner geht es um das Gefühl von Macht über den anderen, das sich in Verhaltensweisen zeigt, die den Partner verletzen oder demütigen sollen und das auch tun. Für den Masochisten werden durch die Unterwerfung unter den Schmerz und die Demütigung vorübergehend die Schuldgefühle beseitigt, die seine sexuelle Hingabe blockieren. In der Unterwerfung wird die Schuld auf den Täter übertragen, was es dem Opfer möglich macht, Unschuld vorzutäuschen.

Auf einer Ebene ist Mißbrauch ein Ausdruck von Haß sowie des Wunsches, einen anderen Menschen zu verletzen. Aber wir müssen uns klarmachen, daß in der Beziehung auch ein Element von Liebe mitspielt. Reich erkannte diesen Zusammenhang zwischen Sadismus und Liebe, denn er glaubte, daß sadistisches Verhalten dem Wunsch nach Kontakt und Nähe zum anderen entspringt. Am Anfang steht der Liebesimpuls im Herzen, aber wenn dieser Impuls an die Oberfläche kommt, vermischt er sich mit den Verspannungen der Muskulatur, die auf unterdrücktem Zorn beruhen und ihn in verletzendes Verhalten umwandeln. Das Opfer kann diese Dynamik spüren, vor allem wenn der Täter sich an seinem eigenen Kind abreagiert. Ich will damit sagen, daß ein kleines Kind, das extrem sensibel für emotionale Verhaltensnuancen ist, erkennen kann, daß die Strafe oder der Mißbrauch als Akt der Liebe beabsichtigt war. Diese Erkenntnis könnte das Kind davon abhalten, den Zorn auf den Täter in seinem ganzen Umfang zu spüren. Das Kind begreift auch den Schmerz des Täters, der diesen daran hindert, seine Liebe direkt und uneingeschränkt zum Ausdruck zu bringen. Dann tut ihm der Täter leid, und es identifiziert sich mit ihm.

Kleine Jungen werden nicht nur von ihren Vätern, sondern auch von ihren Mütter körperlich mißbraucht. In Kapitel 4 wurde von einem Fall berichtet, wo die Mutter ihren Sohn körperlich mißhandelte, um bewußt und unbewußt seinen Willen zu brechen, damit er sich ihr unterwarf. Kinder können sich gegen die Gewalt ihrer Mutter oder ihres Vaters nicht wehren und werden durch diese Erfahrung unweigerlich gebrochen. Aber nur selten werden sie total gebrochen, denn das würde ihren Tod bedeuten (obwohl wir wissen, daß auch solche Fälle existieren). Tief im Inneren des kindlichen Körpers verbleibt ein Kern von Widerstand, der das Leben unterstützt und für ein gewisses Identitätsgefühl sorgt. Wie stark dieser Kern ist, hängt von der Beziehung ab, die der Vater oder die Mutter nach dem Mißbrauch zu dem Kind hat. Wenn sie ihre unterdrückte Wut entladen hat, kann eine Mutter zum Beispiel eine tiefe Liebe für das Kind empfinden, das sie gerade mißbraucht hat. Die schädlichen Auswirkungen des Mißbrauchs werden in dem Maße reduziert, wie das Kind diese Liebe empfindet. Wenn das Kind an der

Mutter eine starke Feindseligkeit wahrnimmt, die auf eine kalte Ablehnung des Kindes hinausläuft, kann es schizophren werden. In gewisser Weise ist Kindern bewußt, daß Schläge oder körperlicher Mißbrauch dieser kalten Ablehnung, die auf einen emotionalen Tod hinauslaufen würde, vorzuziehen sind.

Die generelle Tatsache, daß Menschen dazu neigen, an anderen abzureagieren, was ihnen selbst angetan wurde, hilft uns, das scheinbar irrationale Verhalten einer Mutter gegenüber ihren Kindern zu verstehen. Wenn sie als Kind gedemütigt wurde, weil sie sich in irgendeiner Form sexuell äußerte, neigt sie dazu, mit ihren Kindern genauso zu verfahren. Diese Tendenz, sich an hilflosen und unterlegenen Menschen abzureagieren, kann nur vermieden werden, wenn dem Individuum genau bewußt ist, was ihm angetan wurde und welche destruktiven Auswirkungen das auf seine Persönlichkeit und sein Leben hatte. Diese Bewußtheit beinhaltet auch, daß es den Zorn auf den Vater oder die Mutter spüren kann, die es mißbraucht und gewaltsam bedrängt haben. Wenn eine Mutter sich aufgrund der elterlichen Behandlung für ihre sexuellen Gefühle heftig schämt, wird sie auch ihre Tochter so behandeln, daß diese sich für solche Empfindungen schämt. Mütter identifizieren sich mit ihren Töchtern und projizieren die negativen Aspekte ihrer eigenen Persönlichkeit auf sie. Und so kann eine Mutter das sexuelle Verhalten ihrer Tochter hurenhaft finden, weil sie selbst als Kind mit diesem Wort beschimpft wurde. Wenn sie ihre Tochter kritisiert, weil diese sich sexuell äußert, sagt sie damit in Wirklichkeit: »Du bist schlecht und schmutzig. Ich bin rein.«

Andererseits kann sie aber auch ihre unbefriedigten sexuellen Wünsche auf ihre Tochter projizieren und sich unbewußt wünschen, daß ihre Tochter diese ausagiert und damit der Mutter einen indirekten Kitzel verschafft. Tatsächlich kann eine Mutter beide Haltungen einnehmen und die Tochter einmal bewußt für ihr sexuelles Verhalten verachten, sie andererseits aber unbewußt dazu drängen, ihre Sexualität auszuagieren. Diese unbewußte Identifikation der Mutter mit der Tochter auf einer sexuellen Ebene hat einen homoerotischen Aspekt. Wenn dieser Aspekt in der Beziehung des Patienten zu einem Elternteil nicht gesehen wird, kann er zum Komplex werden, der den Patienten daran hindert, ein unabhängiges und erfülltes Leben zu führen.

Aber, wie wir am Fall von Rachel gesehen haben, der in Kapitel 7 besprochen wurde, kann die sexuelle Beziehung, die eine Mutter zu ihrer Tochter hat, auch körperlich und direkt ausagiert werden. Rachel erzählte einen Traum, in dem sie ein junges Mädchen sah, das neben ihr stand und dessen Gesicht zur Hälfte rot war, als hätte es sich an etwas gerieben. Sie wußte im Traum sofort, daß sie das Gesicht des Mädchens an ihrem eigenen Schambein gerieben hatte. Sie war entsetzt bei dem Gedanken, so etwas tun zu können. Aber in dem Traum war Rachel auch das Mädchen, das gewaltsam verletzt wurde. Wenn der Traum einen Vorfall wiedergab, der ihr vielleicht als Kind widerfahren war, warum sollte sie das Erlebte dann an einem anderen Menschen abreagieren wollen? Wenn sie den Mißbrauch, den sie erlitt, mit anderen ausagierte, konnte ihr das das Gefühl geben, mit ihrer Scham nicht allein zu sein. Aber es gibt für dieses Verhalten noch eine andere Motivation. Wenn ein Kind sexuell mißbraucht wird, ist das sowohl erregend als auch beängstigend. Jedes kleine Kind ist fasziniert von den Genitalien seiner Eltern. Denn zum einen sind sie die Quelle seines Lebens, und außerdem sind sie die Schlüssel zu seiner Unterwelt geheimer Lüste und Ängste. Aber aufgrund der Angst werden der Mißbrauch und die damit einhergehende Erregung unterdrückt und nur ihre Prägung bleibt. Die Person hat die starke Tendenz, die Erfahrung zu wiederholen, oft als Täter, aber auch als Opfer. Ich glaube, auf diese Weise fixiert sich ein Erwachsener auf seine Kindheit. Seine libidinöse Entwicklung ist gestört, weil ein Teil ihrer Energie und Erregung in der unterdrückten Erinnerung und den sie begleitenden Gefühlen eingekapselt ist. Wenn wir diese Vorfälle ins Bewußtsein holen, ist das der erste Schritt zur Freisetzung der gebundenen Energie. Kommt die Erfahrung ans Licht, verringert sich die Scham, und das ermöglicht dem Individuum, seine Verletzung und seine Angst zu spüren. Wenn es beide Gefühle akzeptiert, kann es weinen, den Schmerz freisetzen und zornig werden. Dadurch wird seine Integrität wieder hergestellt. Aber der Zorn muß real und intensiv sein, um reinigend und befreiend auf den Geist zu wirken.

Mütter haben in bezug auf das sexuelle Ausagieren mit ihren Kindern eine einzigartige Position, weil sie mehr mit dem Körper des Kindes zu tun haben als Väter. Die Art, wie sie den Körper des Kindes berühren, kann ebenso sexuelle Implikationen haben wie die Angst vor Berührungen, die darauf beruht, daß sexuelle Gefühle geweckt werden könnten. Eine Mutter bemerkte über ihren zweijährigen Sohn: »Sein Penis ist so niedlich, ich könnte ihn in den Mund nehmen.« Teilt sich diese Äußerung dem Kind gefühlsmäßig mit, wenn seine Genitalien entblößt sind, wird seine Intimsphäre in bezug auf dieses Organ verletzt. Die Mutter dringt mit ihren Empfindungen in sein Becken ein und besetzt seine Genitalien. Nicht jeder Blick auf die Genitalien eines Kindes ist störend. Ausschlaggebend ist, ob er mit sexuellem Interesse oder Bewußtsein einhergeht. Müttern wird oft geraten, den Penis des kleinen Jungen zu säubern, um möglichen Infektionen vorzubeugen. Ich halte das weder für gut noch für notwendig. Seit ewigen Zeiten sind Jungen auch ohne eine solche Intervention gesund aufgewachsen. Die Gefahr in sämtlichen Eltern-Kind-Beziehungen besteht darin, daß die Bindung ein stark sexuelles Element bekommt. Dieses Element wird sowohl von den Eltern als auch vom Kind verleugnet und unterdrückt, aber seine Auswirkungen auf das letztere sind verheerend, wie der folgende Fall zeigt.

Max war Einzelkind. Sein Vater starb, als er noch klein war. Er wurde von seiner Mutter großgezogen, die er als starke Frau beschrieb, die vor niemandem Angst hatte. Max war über dreißig, und als Psychologe war ihm die bioenergetische Analyse bekannt. Ihm war klar, daß er viele Verspannungen im Körper hatte, die ihn daran hinderten, Lust und Freude zu erleben. Er arbeitete hart, ohne daß es ihn wirklich befriedigte. Er trieb sich ständig an, um eine Stellung im Leben zu erreichen, in der er sich entspannen und die Dinge leichter nehmen konnte, aber nichts ging ihm leicht von der Hand, und nichts war richtig. Er hatte das Gefühl, um alles, was er wollte, kämpfen zu müssen, und war aufgrund dieser Einstellung in mehrere Gerichtsverfahren verwickelt. Die gleichen Probleme und Schwierigkeiten entstanden in seiner Beziehung zu seiner Frau. Sie hatten ständig kleine Auseinandersetzungen, die zu nichts führten,

weil sein Problem persönlicher Natur war. Wer Max kannte, hätte ihn als gequälten Mann beschrieben, aber auch wenn ihm das klar war, wußte er doch nicht, wo die Ursache dafür lag.
Äußerlich war er ein gutaussehender Mann, kräftig und energiegeladen, aber sein Körper war in einem chaotischen Zustand. Wenn er atmete, verlief die Atemwelle ruckartig und konvulsiv und war in ihrem Fluß behindert. Am deutlichsten zeigte sich sein Problem an seinem Unterkörper. Er hielt sein Becken fest, und es bewegte sich nicht mit der Atmung. Obwohl seine Beine durchaus Muskeln aufwiesen, gaben sie ihm kein Gefühl von Unterstützung. Bei einer Erdungsübung zitterten sie eher als zu vibrieren und klappten unter ihm zusammen. Da ihm das Gefühl der Unterstützung vom Boden fehlte, hielt er sich mit dem Kopf aufrecht und war ständig mit Denken, Kalkulieren und Manövrieren beschäftigt. Diese Art zu leben war äußerst frustrierend für ihn.
In den ersten beiden Jahren der Therapie machte Max kaum Fortschritte. Er kämpfte, setzte sich unter Druck und gab sich Mühe, konnte aber nie zu einem starken Gefühl durchdringen. Es war fast unmöglich für ihn, sich seinem Körper hinzugeben. Aber sein Widerstand war unbewußt, und ich konnte ihn lediglich darauf hinweisen. Er war entmutigt, kam nicht mehr zu den Sitzungen, und ich ermunterte ihn nicht, die Therapie fortzusetzen, denn das letzte, was er brauchte, war, von mir gedrängt zu werden. Ich hatte nicht das Gefühl, daß verstärktes Bemühen von seiner oder meiner Seite weiterhelfen würde. Während der Sitzungen konzentrierte er sich auf die Beziehung zu seiner Mutter, die immer noch stark in sein Leben verwickelt war und ihn zu kontrollieren versuchte. Er rebellierte, konnte sich aber nicht befreien, doch mit meiner Ermutigung distanzierte er sich langsam von ihr.
Etwa ein Jahr später setzte er die Therapie fort. Er spürte, daß ich sein Problem verstand, auch wenn ich ihm nicht zu der Veränderung verhelfen konnte, die er sich wünschte. In einiger Hinsicht hatten sich seine Einstellung und sein Leben jedoch verändert. Er setzte sich nicht mehr so stark unter Druck und war auch nicht mehr so kämpferisch. Die Beziehung zu seiner Frau hatte sich verbessert. Er hatte die bioenergetischen Übungen zu Hause weitergemacht,

hauptsächlich die Tretübung auf dem Bett und das Atmen auf dem bioenergetischen Hocker, und er spürte, daß er sich dadurch wohler fühlte. Ich nahm eine Veränderung an ihm wahr – er war bereit, mehr loszulassen. Auf dem Hocker konnte er seiner Traurigkeit besser nachgeben und weinen, auch wenn sein Weinen nicht tief genug ging. Er trat kräftiger zu und konzentrierte sich dabei auf den Wunsch, frei zu sein von seiner Mutter und ihrem Drängen, er solle gegen die Welt ankämpfen. Etwa in dieser Zeit kam es in seinem Leben zu zwei wichtigen Ereignissen, die ihn in seinen Bemühungen um Befreiung unterstützten. Das erste war der Tod seiner Mutter, der ihn tief innerlich von ihrem Einfluß befreite. Das zweite Ereignis war die Geburt seines ersten Kindes, das er und seine Frau sich sehnlichst gewünscht hatten. Das Kind brachte Licht und Freude in ihr Leben. Aber auch wenn das für Max eine Hilfe war, mußte er diese Qualitäten selbst körperlich spüren.

Sich hingeben heißt einfach: sich den eigenen Gefühlen überlassen. Der erste große Durchbruch passierte, als er gegen das Bett trat und dabei die Worte sagte, »Laß mich in Ruhe«, die er gefühlsmäßig an seine Mutter richtete. Wenn ein Patient davon spricht, daß er sich von Druck befreien möchte, schlage ich ihm vor, diese Befreiung zu fordern. Wenn er bekommen soll, was er will, muß er darauf vorbereitet sein, darum zu kämpfen. Max' kriegerische Haltung war nicht die eines Kämpfers. Sie war eher manipulativ als konfrontativ. Seine unterschwellige Wut war so groß, daß er sich nicht getraute, sie voll und ungehindert herauszulassen. Wie sehr er sich aufgrund unserer Gespräche über dieses Problem auch im klaren sein mochte, das Reden befreite ihn nicht von seiner Angst und konnte ihn auch nicht befreien, solange er seinen Protest und seinen Zorn nicht voll zum Ausdruck brachte. Die Tretübung auf dem Bett ist ideal für diese Zwecke, denn dabei besteht keine Gefahr, daß der Patient die Kontrolle verliert. Er wird weder sich noch andere verletzen, und die Schaumstoffmatratze wird nicht beschädigt. Um bis zum Durchbruch zu gelangen, muß das Treten spontan werden, muß die Stimme sich zu einem Schrei erheben. Und genau das geschah bei Max. Er ließ bei dieser Übung los, und seine Gefühle übernahmen die Regie. Sobald er zu Ende gekommen war, nahm er einen Unterschied wahr: er fühlte sich leichter und freier. Natürlich mußte das Erreichte gefestigt werden und sich weiterentwickeln, was durch Wiederholen der Übung in den folgenden Sitzungen geschah und Max zunehmend das Gefühl gab, ein freier Mensch zu sein.

Aber dieser Durchbruch erstreckte sich nicht bis in seinen Unterkörper, so daß sein Becken nicht lockerer wurde. Als nächster Schritt in seiner Therapie war die Arbeit mit Beinen und Becken erforderlich. Für diese Zwecke baue ich vor allem auf eine Fallübung, bei der die Beine und Füße energetisch aufgeladen werden, so daß die Aufladung sich bis in das Becken Bahn brechen und es lockern kann. Bei dieser Übung steht der Patient mit dem Rücken zu einem Stuhl. Er hält sich mit den Händen an dem Stuhl hinter sich fest, um die Balance zu wahren, und beugt die Knie, bis die Hacken sich vom Boden heben. Das Körpergewicht ruht jetzt ganz auf den Ballen, aber der Patient sorgt dafür, daß er nicht fällt, indem er die Hacken Richtung Boden drückt, auch wenn diese den Boden nicht berühren.[5] Der Patient wird angewiesen, die Aufladung in den Füßen zu halten und sich nicht fallen zu lassen. Wenn diese Übung richtig gemacht wird, bewegt das Becken sich spontan mit der Atmung. Bei Max passierte das nicht, obwohl er diese Übung in zahlreichen Sitzungen immer wieder probierte. Aber mit jedem Mal kam mehr Gefühl in seine Beine.

Er konnte diese Position nicht länger als eine Minute halten, sonst klappten seine Knie zusammen, und er fiel zu Boden. Als wir über dieses Problem sprachen, sagte er: »Ich kann ihr nicht standhalten. Sie ist überall um mich herum und beschwichtigt mich.« Bei diesen Worten wurde er sehr zornig und schob sein Becken vor, wobei er sagte: »Scheißweib!« Nachdem er das geäußert hatte, begann sein Becken sich mit der Atmung frei zu bewegen. Das war der Durchbruch, den er brauchte.

Ob seine Mutter tatsächlich auf ihm gelegen hatte, wußte er nicht. Es ist möglich, daß sie sich, als er ein kleines Kind war, im Bett an ihn drückte und ihn sexuell erregte. Daß sie eine sexuelle Verbindung zu ihm hatte, stand außer Frage, und nach dieser Erfahrung zweifelte auch er nicht mehr daran. Sein Körper spiegelte die Tatsache wider, daß er von seiner Mutter sexuell heftig erregt worden war, ohne sich entfernen oder von der Aufladung befreien zu können. Diese Qual machte ihn fast verrückt. Er spaltete sich von seinem Körper nicht ab, wie Madeline es tat, denn seine Mutter jagte ihm kein Entsetzen ein. Sie haßte ihn nicht und bedrängte ihn auch nicht körperlich. Vielmehr liebte sie ihn, aber ihre Liebe war zuviel, zu sexuell. Sie konzentrierte ihre sexuelle Liebe auf Max und benutzte ihn damit zur Erfüllung ihrer romantischen Träume. Für Max war das eine Form von sexuellem Mißbrauch.

Robert war ein weiterer Mann, der eine enge Bindung an seine Mutter hatte, ein kluger, attraktiver Mann, der in seinem Leben und in der Welt keine Erfüllung finden konnte. Er wollte etwas Wichtiges und Sinnvolles arbeiten, war aber nicht imstande dazu. Er wünschte sich eine tiefe Beziehung zu einer Frau, aber sie kam nicht zustande. Auf einer Ebene empfand Robert sich als etwas Besonderes, aber darunter fühlte er sich unsicher und verängstigt. Die Erregung floß nicht frei und ungehindert durch seinen Körper, und er hatte deutliche Verspannungen im Bereich des Beckens, durch die seine sexuelle Aufladung vermindert wurde. Sein Gefühl, etwas Besonderes zu sein, zeigte sich in seinem Umgang mit Menschen. Ich würde ihn als Charmeur beschreiben. Er wußte, was er zu sagen und wie er es zu sagen hatte, was auf eine starke Ich-Kontrolle hinwies. Die Folge war, daß Robert nicht imstande war und Angst davor hatte, sich seinem Körper, sich selbst und dem Leben hinzugeben.

Seinen persönlichen Hintergrund beschreibt er wie folgt: »Meine Mutter war ein sehr energiegeladener Mensch. Einerseits war das sehr erregend, andererseits überforderte es mich. Wenn ich mich von ihrer Energie vereinnahmen ließ, verlor ich jedes Gefühl für mich selbst.

Mein Bruder war sehr eifersüchtig auf ihre Beziehung zu mir. Er war drei Jahre älter und doppelt so groß wie ich. Er verprügelte mich und quälte mich körperlich und psychisch. Es fiel ihm überhaupt nicht schwer, seinen Zorn herauszulassen. Ich schaute zu ihm auf und hatte Angst vor ihm.

Ich weiß wohl, daß ich ein Abkommen mit meiner Mutter schloß, aber ich hatte keine Wahl und mußte mich aufgeben. Sie redete sich ein, daß ich ein perfektes Kind sei, das nichts falsch machte und nie log. Dabei log ich ständig, genau wie sie. Aber in unserem Bündnis wurden diese Lügen übersehen. Es beruhte auf der Akzeptanz gegenseitiger Korruption. Ich betrachtete sie als perfekt. Ich identifizierte mich mit ihr.«

Robert hätte durchaus homosexuell werden können. Davor bewahrte ihn, daß er sich bis zu einem gewissen Grade mit seinem Vater identifizierte, der versuchte, gegen seine Mutter einzuschreiten und sich für ihn zu verwenden. Als sie ihm drohte, zog er sich jedoch zurück und wendete sich allmählich gegen Robert. So konnte die Mutter Robert für sich vereinnahmen.

Das wirkte sich auf den Jungen sehr destruktiv aus. Robert sagte: »Ich hatte das Gefühl, fast verrückt zu werden und richtig durchzudrehen. Ich durchwühlte immer ihren Schrank und ihre Schubladen und spielte mit ihrer Wäsche. Ich konnte diesen Drang nicht unterdrücken und meine Erregung nicht zurückhalten. Aber als ich in die Pubertät kam und mich auf meine Freunde einließ, nahm das ab.«

Robert war als Erwachsener zwar imstande, in die Welt hinauszugehen und zu versuchen, sich ein erfülltes Leben aufzubauen. Aber in Anbetracht seiner gestörten Persönlichkeit war das nicht leicht. Er überlebte, was hieß, daß er einer von jenen zahlreichen jungen Leute wurde, die nach Erfolg streben, aber die in ihrem Leben keine wirkliche Freude oder Erfüllung finden. Diejenigen, die eine Therapie anfangen, gehören zu den Glücklichen, denn sie haben eine Chance, ihre Probleme und Schwierigkeiten durchzuarbeiten und den wahren Sinn des Lebens zu finden. Im nächsten Kapitel werden wir sehen, daß diese Reise weder leicht ist noch schnell verläuft. Ich würde sie als Ausflug in die Unterwelt beschreiben, wo unsere größten Ängste vergraben liegen, nämlich die Angst vor dem Verrücktwerden und die Angst vor dem Tod. Wenn wir den Mut haben, uns diesen Ängsten zu stellen, werden wir in eine neue, helle Welt zurückkehren, aus der die dunklen Wolken der Vergangenheit verschwunden sind.

9. Du machst mich noch verrückt

Oft hören wir, wie Eltern ein Kind mit den Worten anschreien oder anbrüllen: »Du machst mich noch verrückt!« Dieser Aufschrei zeigt, daß die Eltern mit ihrem Latein am Ende sind, daß sie das Verhalten des Kindes nicht mehr ertragen können und der Streß für sie wirklich überhand nimmt. Aber durch meine Arbeit mit Patienten habe ich herausgefunden, daß es im Grunde das Kind ist, das verrückt gemacht wird. Ich bezweifele nicht, daß der Streß, in unserer hyperaktiven Gesellschaft ein Kind großzuziehen, Menschen überfordern kann, vor allem die Eltern, die gleichzeitig durch ihre eigenen seelischen und ehelichen Konflikte übermäßig belastet sind. Wer ist das nicht? Aber auch wenn es zutrifft, daß kontinuierliche starke Belastungen zu einem Nervenzusammenbruch führen können, ist das nicht die Situation von Eltern. Der Grund für ihren Ausbruch besteht vielmehr darin, daß sie jemanden haben, an dem sie sich abreagieren können, ein Kind, das sie anschreien und sogar verprügeln dürfen. Das Kind hat diese Möglichkeit nicht. Es muß diesen Mißbrauch erdulden, obwohl viele Kinder versuchen, wegzulaufen. Um unerträglichen Streß aushalten zu können, muß der Mensch seine Gefühle abtöten und sich vom Körper abspalten. Kinder ziehen sich äußerlich in ihr Zimmer und innerlich in ihre Phantasiewelt zurück. Dieser Rückzug führt zu einer Spaltung der Persönlichkeit und stellt eine schizophrene Reaktion dar.
Diese Spaltung kann je nach angeborener Stärke des Kindes und der Schwere der Belastung ein Riß oder ein totaler Bruch sein. Diese quantitativen Faktoren können von Fall zu Fall variieren. Die Frage ist, ob das Kind sich zusammenhalten kann und nicht zerbricht oder auseinanderfällt. Ein Kind zwischen drei und fünf Jahren kann genügend Ich-Stärke entwickelt haben, um Widerstand zu leisten und nicht zu zerbrechen. Der Widerstand äußert sich in Form von Rigidität, die es dem Individuum ermöglicht, sich ein Gefühl von Integrität und Identität zu bewahren. Diese Rigidität stellt dann

die psychische Ebene des Überlebensmechanismus eines Individuums dar. Die Aufgabe dieser Rigidität ist ein äußerst beängstigender Prozeß.

Um den Willen eines Menschen, seinen Geist oder seinen Körper zu brechen, wird die eine oder andere Form von Folter angewandt, die nicht unbedingt körperlich verletzend sein muß. Eine der effektivsten Foltermethoden ist, dem Menschen den Schlaf zu entziehen. Dann hat der Geist keine Möglichkeit, sich von den stimulierenden Reizen zu erholen, die einen ständigen Energieaufwand fordern. Früher oder später bricht die Person zusammen, und das Bewußtsein spaltet sich von einer unerträglichen Realität ab. Borderline-Individuen, die überbelastet sind und nicht schlafen können, bekommen einen Nervenzusammenbruch. Der auslösende Faktor ist eine ständige Stimulation, die der Betreffende nicht abstellen oder der er nicht entkommen kann. Das klassische Beispiel dafür ist eine chinesische Foltermethode, bei der das Individuum so in die Erde eingegraben wird, daß nur noch sein Kopf herausschaut, auf den ständig Wasser tröpfelt. Da das Opfer nicht entkommen kann, wird die Stimulation mit der Zeit unerträglich. An diesem Punkt beginnt das Opfer zu schreien, um die Erregung zu entladen, aber wenn das Schreien keine Erleichterung bringt, wird das Opfer wahnsinnig. Seine Kontrolle bricht zusammen, und es kann die Realität geistig nicht mehr erfassen.

Kinder sind für Foltern, die sie geistig oder sogar körperlich brechen können, anfälliger als Erwachsene. Sie haben keine Möglichkeit zu entkommen. Körperlicher Mißbrauch ist eine Methode, ein Kind zu brechen, und wir wissen, daß sie verbreitet ist. Aber verbaler oder seelischer Mißbrauch kommt sogar noch häufiger vor. Viele Kinder sind einer ständigen Kritik ausgesetzt, die mit der Zeit ihren Lebenswillen bricht. Alles, was sie tun, ist falsch, nie stößt ihr Verhalten auf Anerkennung. Das Kind spürt die Feindseligkeit der Eltern, die sehr tief geht und der es nicht entkommen und die es auch nicht verstehen kann. Esther war ein gutes Beispiel dafür. Sie war die wohlerzogenste, höflichste, umsichtigste Person, die mir jemals begegnet ist. Aber ihr Leben war eine einzige Katastrophe. Nichts, was sie tat, brachte ihr Erfüllung. Sie versagte im Berufsleben, und auch ihre beiden Ehen scheiterten. Ihr Versagen hatte nichts damit zu tun, daß sie sich nicht bemühte. Sie versuchte ständig, alles richtig und gut zu machen, aber das funktionierte nicht. Es brachte ihr nicht die Liebe ein, nach der sie sich so verzweifelt sehnte. Als Kind hatte sie erfolglos versucht, ihrer Mutter zu gefallen und deren Liebe zu gewinnen. Ihre Mutter war überkritisch und lehnte alles ab, was das Kind tat.

Esther berichtete von einem Vorfall, der typisch für ihre Beziehung zur Mutter war. Als sie acht Jahre alt war, mußte sie sich vor ihrer Mutter aufstellen, und diese hielt ihr eine Strafpredigt über ihr schlechtes Benehmen. Es war nicht das erste Mal, daß sie wegen einer harmlosen Sache zur Rechenschaft gezogen wurde, und Esther verzog das Gesicht. Das erboste ihre Mutter, und sie sagte wütend: »Untersteh dich und mach so ein Gesicht, wenn ich mit dir rede.« Die kalte Feindseligkeit brachte das Kind, das bereits Angst vor der Mutter hatte, zum Erstarren. Diese Erstarrung war typisch für Esther, als ich ihr als reife Frau, die deprimiert war, weil sie ihre Hoffnungen nicht verwirklichen konnte, zum ersten Mal begegnete. Die mörderische Wut auf ihre Mutter wurde hinter einem rigiden Äußeren unter Verschluß gehalten und war ihr nicht zugänglich. Aber indem sie ihren Zorn wegschloß, schnitt sie sich auch von ihren natürlichen Aggressionen ab, so daß ihr nur noch die Hoffnung blieb, die Liebe, nach der sie sich verzweifelt sehnte, durch Wohlverhalten zu gewinnen. Damit bewirkte sie aber nichts, denn wir können uns Liebe nicht durch Wohlverhalten verdienen. Da sie sich von ihren natürlichen Aggressionen abschnitt, verlor sie auch ihre Leidenschaft.

Als ihre zweite Ehe scheiterte, spürte Esther ihre innere Wut. Einmal griff sie ihren Mann, rasend vor Wut, an und hatte anschließend schreckliche Schuldgefühle. Der Zorn auf ihn war durch seine Passivität ausgelöst worden und war eine Übertragung des Zorns, den sie gegenüber ihrem Vater empfand, der erklärte, sie zu lieben, ohne sie aber vor ihrer Mutter zu schützen. Er ergriff in dem Konflikt zwischen Mutter und Kind Partei für die Mutter. Der Verrat ihres Vaters machte sie fast rasend, aber da sie nicht unterstützt wurde, mußte sie ihre Wut unterdrücken. Ihr Körper war so steif wie ein Holzklotz. Als die Therapie voranschritt, erkannte Esther ihr Problem. Sie beschrieb sich selbst als eine »kontrollierte Schizophrene«. Damit sagte sie im Grunde, daß sie verrückt werden würde, wenn sie ihre Gefühle nicht unter Kontrolle hielte – verrückt vor Zorn bis zu dem Punkt, wo sie die Kontrolle verlieren und jemanden umbringen würde.

Manche Menschen verlieren tatsächlich die Kontrolle und töten andere oder sich selbst. Dazu kann es kommen, wenn das Ich eines Menschen zu schwach ist – weil es vom Körper und seinen Gefühlen abgespalten wurde –, um den unterdrückten Zorn zurückzuhalten. Diese Individuen laufen herum, als ob sie eine Bombe bei sich trügen, ohne sich dessen auch nur im geringsten bewußt zu sein. Wenn wir ihnen helfen, sich diese unterdrückte mörderische Wut bewußt zu machen, verringert sich die Gefahr, daß sie spontan und mit tödlichen Folgen explodiert. Wenn wir unsere Gefühle akzeptieren, stärken wir unser Ich und fördern die bewußte Kontrolle von Impulsen. Die Annahme eines Gefühls beinhaltet mehr als nur die intellektuelle Wahrnehmung seiner Existenz. Man muß das Gefühl erleben und sich mit ihm anfreunden. Als ich noch klein war, rannte einmal ein Hund auf mich zu, und ich bekam große Angst. Um mir zu helfen, diese Angst zu überwinden, kaufte meine Mutter mir einen Stoffhund, den ich streichelte. Das minderte meine Angst zwar etwas, aber wirklich überwinden konnte ich sie erst, als ich mit Hunden zusammenlebte. Unseren Patienten zu helfen, auf gesunde Weise mit ihrem Zorn zu leben, ist eines der Hauptziele der Therapie.

Bis zu einem gewissen Grade sind sämtliche Patienten kontrollierte Schizophrene. Sie alle haben Angst, die Kontrolle zu verlieren und verrückt zu werden, weil man sie als Kinder fast verrückt gemacht hat. Gary ist ein leise sprechender, stiller Mann mit gedämpften Emotionen. Wie Esther hat auch er einen sehr rationalen Geist, der alle seine Handlungen steuert, ähnlich wie ein Computer. Er war tatsächlich Computerfachmann. Aber Computer kennen ebensowenig Freude wie Individuen, die wie Computer funktionieren. Er hatte einige Jahre eine Psychoanalyse gemacht, ohne daß sich sein emotionales Leben dadurch verbessert hätte. Als er mit seinem

Körper arbeitete, um seine Atmung zu vertiefen und weinen zu können, fühlte er sich lebendiger. Aber er mußte auch seine Aggressionen und seinen Zorn aktivieren, die total unterdrückt waren, und zu diesem Zweck seine unbewußte Kontrolle aufgeben. Als ich ihn anwies, zu treten und zu schreien:»Ich kann das nicht ertragen«, bekam er Zugang zu einem Selbstgefühl, das er seit seiner frühen Kindheit nicht mehr erfahren hatte.

Seine Geschichte war ganz einfach. Er erzählte:»Meine Mutter ohrfeigte mich, sobald ich sie aufregte. Bei ihr brannte schnell die Sicherung durch. Ich weiß noch, daß sie mich schlug, wenn ich mich beklagte. Aber ich konnte nicht aufhören, mich zu beklagen, was sie furchtbar wütend machte. Ich konnte nicht protestieren. Wenn ich weinte oder irgend etwas sagte, schlug sie mich noch heftiger. Ich weiß noch, daß ich ganz blau im Gesicht wurde und schreckliche Angst hatte, ich könnte explodieren. Sie machte mich verrückt. Ich wußte, daß sie mich liebte, aber ich kam mit ihr nicht zurecht. Sie war eine unglückliche Frau, und ich konnte sie nicht glücklich machen. Sie machte mich wirklich verrückt.«

Gary wurde nicht verrückt. Statt dessen trennte er sich von seinen Gefühlen ab, indem er sich von seinem Körper abspaltete und in seinen Kopf wanderte. Seine Abwehr sah anders aus als die von Esther, die rigide wurde, um die Kontrolle zu behalten. Gary wurde eher leblos, so daß er gar keine Gefühle mehr hatte, die er kontrollieren mußte. Gary hätte niemanden umgebracht. Er war selbst zum Teil wie abgestorben. Seine Wut würde nur zutage treten, wenn er so lebendig wurde, daß er seinen Schmerz fühlte.

Und sie kam zutage, als er sich mit meiner Unterstützung sicher genug fühlte, um sich zu erlauben, ein bißchen verrückt zu werden. Atmen, weinen, treten und schreien waren fast in jeder Sitzung integraler Bestandteil der therapeutischen Arbeit. Um seine Stimme zurückzugewinnen, mußte er die Stimme seiner Mutter, die er jetzt verinnerlicht hatte und die ihm sagte, was er zu tun hatte, was sie wollte und wie er sich verhalten sollte, zum Schweigen bringen. Als er das Handtuch würgte, als wäre es ein Hals, schrie er sie an: »Halt den Mund! Hör auf zu jammern, oder ich bringe dich um!« Er schlug auch mit den Fäusten auf das Bett ein, um das Bild seiner feindseligen Mutter zu zertrümmern. Ganz allmählich verlor er die Angst, wirklich durchzudrehen, wenn er explodierte. Ja, er würde außer sich geraten, aber darin zeigte sich die Hemmungslosigkeit des Zorns und nicht der Geisteskrankheit. In beiden Fällen kommt es zu einem Verlust der Ich-Kontrolle, aber bei Zorn geschieht das durch die Hingabe an den Körper oder das Selbst, während im Falle der Geisteskrankheit auch das Selbst verlorengeht.

Jede Form von Überreizung, wenn sie nur lange genug fortgesetzt wird, kann ein Kind in eine Psychose treiben. Eine Form ist die sexuelle Stimulierung eines Kindes, entweder durch Körperkontakt oder durch verführerisches Verhalten. Das Kind hat keine Möglichkeit, diese Erregung abzureagieren, so daß diese im Körper wie ein ständiger Reiz agiert. Im achten Kapitel habe ich den Fall von Betty besprochen, die berichtete, eine ständige Erregung in ihrer Vagina zu spüren, ohne sie entladen zu können. Als ihre Therapie fortschritt, wurde ihr klar, daß ihre Persönlichkeit Züge von »Verrücktheit« zeigte. Sie fühlte sich verwirrt und anders als andere Leute, was wir darauf zurückführen können, daß sie einem Vater ausgesetzt war, der besessen war von Sexualität, während er zugleich jeden Ausdruck von sexuellen Gefühlen oder sexuellem Interesse bei anderen abwertete. Ihre Mutter verhielt sich prüde, hatte aber eine geheime Lust an sexuellen Dingen. Das ist eine typische Double-bind-Situation, in der dem Kind zwei widersprüchliche Botschaften vermittelt werden: einmal gilt Sexualität als erregend, andererseits aber als schlecht und schmutzig. Außerdem zeigten die Eltern Interesse an der Sexualität des Kindes, und der Vater tätschelte es in unpassender Weise am Gesäß. Das alles reichte, um Betty fast verrückt zu machen. Auch sie bewahrte sich durch eine extreme körperliche Rigidität ein gewisses Maß an Integrität und geistiger Gesundheit. Max, dessen Fall ich im vorigen Kapitel besprochen habe, wurde von seiner Mutter fast wahnsinnig gemacht, die – wie er sagte – »ständig und überall um mich herum war«. Er entwickelte nicht die körperliche Rigidität, die zum Beispiel typisch für Esther war. Statt seine Erregung durch Rigidität zu kontrollieren, agierte er sie in einer zwanghaften Sexualität und wilden Wutanfällen aus. Dieses Verhalten half ihm jedoch nicht, die unterschwellige Erregung sowie die daraus resultierende Frustration, unter der er litt, abzubauen. Diese Frustration entsprang schweren Verspannungen in seinem Körper, durch die die energetische Verbindung zwischen Kopf und Körper einerseits und Becken und Rumpf andererseits unterbrochen wurde.

Wenn ich den Körper meiner Patienten betrachte, sehe ich ihren Schmerz in den Verspannungen, die sie behindern und einschränken. Ihr verkniffener Mund, die zusammengebissenen Zähne, die hochgezogenen Schultern, der verspannte Nacken, der aufgeblähte Brustkorb, der eingezogene Bauch, das unbewegliche Becken, die schweren Beine und schmalen Füße zeugen von der Angst loszulassen und einem Dasein voller Schmerz. Im allgemeinen beklagen meine Patienten sich nicht über Schmerzen, auch wenn einige gelegentlich Beschwerden in irgendwelchen Körperbereichen, wie zum Beispiel im Kreuz, haben. Sie beschweren sich aber über den einen oder anderen seelischen Kummer, der sie in die Therapie bringt, wobei die meisten zunächst annehmen, daß er psychische Ursachen habe. Körperlicher Schmerz macht den meisten Menschen Angst. Sie reagieren darauf genauso wie als kleine Kinder. Sie wollen, daß er verschwindet. Das Ich des Kindes kann mit Schmerz nicht so umgehen wie das des Erwachsenen. Wenn der Schmerz nicht weggeht, gehen sie selbst weg, das heißt sie spalten sich vom Körper ab und ziehen sich in den Kopf zurück, wo kein Schmerz existiert. Der Rückzug setzt an dem Punkt ein, wo sie als Kinder den Schmerz in ihrem Körper nicht mehr aushalten konnten. Wenn sie sich aus dem Körper zurückzogen, konnten sie die schmerzliche Situation ertragen, weil sie nicht mehr weh tat, da sie sich dagegen betäubt hatten.

Gesunde Erwachsene ziehen sich normalerweise in schmerzlichen Situationen nicht aus ihrem Körper zurück und spalten sich auch nicht von ihm ab. Ihr Ich ist stark genug, um nicht zu zerbrechen, es sei denn, es handelt sich um Ausnahmesituationen wie Folter. Wenn Erwachsene zerbrechen oder sich abspalten, das heißt sich vom Körper abtrennen, wie Madeline es tat, dann geschieht das, weil die Verbindung zwischen dem Ich und dem Körper durch schmerzliche Erfahrungen in der Kindheit oder in der Säuglingszeit geschwächt wurde.

Die Rückkehr in den Körper ist ein schmerzhafter Prozeß, aber wenn der Schmerz erneut durchlebt wird, kommt der Betroffene wieder in Verbindung mit der Lebendigkeit und den Gefühlen, die er unterdrückt hat, um überleben zu können. Da er kein Kind und nicht mehr abhängig und hilflos ist, kann er diese Gefühle in der Sicherheit der therapeutischen Situation akzeptieren und zum Ausdruck bringen. Aber selbst in dieser Situation haben Patienten anfangs zuviel Angst, die Ich-Kontrolle aufzugeben, die ihr Überleben sicherte.

Auch wenn die Hingabe an den Körper einschließt, daß wir die Ich-Kontrolle über unsere Gefühle aufgeben, geht damit kein Kontrollverlust über unser Handeln und unser Verhalten einher. Zu diesem Kontrollverlust kann es jedoch kommen, wenn die Gefühle sehr stark sind und das Ich zu schwach ist. Wenn das Bewußtsein eines Individuums von einer Erregung überwältigt wird, mit der es nicht umgehen kann, verliert es möglicherweise die Fähigkeit, sein Verhalten zu kontrollieren. Dann ist es Gefühlen ausgeliefert, die zu gefährlichen und destruktiven Aktionen führen können. Das kann eine mörderische Wut oder inzestuöse Begierde sein. Jeder Mensch, der solche Impulse ausagiert, würde als verrückt oder geisteskrank betrachtet werden und möglicherweise in einer psychiatrischen Klinik landen. Aber die Angst vor dem Verrücktwerden birgt nicht nur die Befürchtung, scheußliche Taten zu begehen, sondern auch die Angst vor dem Selbstverlust. Wenn das Bewußtsein von irgendeinem Gefühl überwältigt wird, führt das zum Verlust der Grenzen des Selbst. Wir können das mit einem Fluß vergleichen, der über die Ufer tritt, so daß der Fluß in den Wassermassen nicht mehr zu erkennen ist. Der Fluß hat seine Identität verloren, was auch für das Individuum gilt, das von Gefühlen überflutet wird. Identitätsverlust ist ein Symptom von Geisteskrankheit. Wir wissen, daß ein geisteskranker Mensch sich einbilden kann, Christus, Napoleon oder irgendeine andere Person zu sein. Aber der Identitätsverlust muß gar nicht solche extremen Formen annehmen. Das Individuum, das einen Nervenzusammenbruch erleidet, ist verwirrt und weiß nicht, wer oder wo es ist und was vor sich geht. Wir können nur schwerlich jemanden als geisteskrank betrachten, der sich seiner Identität sowie der Realität von Zeit und Ort bewußt ist. Der Verlust der Grenzen des Selbst schließt auch einen Realitätsverlust ein, tatsächlich also den Verlust des Bewußtseins für das eigene reale Selbst. Das ist an sich schon eine äußerst beängstigende Erfahrung. Die Person ist desorientiert und depersonalisiert. Bei letzterem ist sie sich ihres Körpers nicht bewußt. Wenn die Depersonalisierung einsetzt, verschwindet die Angst. Löst sich das Bewußtsein vom Körper und vollzieht damit die Spaltung, zu der es bei Schizophrenie kommt, ist die Person von der Wahrnehmung sämtlicher Gefühle abgeschnitten. Ebenso wie die Angst vor dem Tode in Wirklichkeit Angst vor dem Sterben ist, bezieht sich die Angst vor dem Verrücktwerden auf den Prozeß der Dissoziation, und nicht auf den Zustand des Abgespaltenseins. Im Todeszustand gibt es keine Angst. Der Prozeß, die Ich-Kontrolle aufzugeben, ist das Beängstigende.

Und trotzdem ist es genau das, was wir in unserem tiefsten Inneren suchen, denn es ist die Grundlage für das Erlebnis der Freude. Viele religiösen Riten bestehen aus Praktiken, die das Individuum in einen Zustand überwältigender Erregung versetzen, in dem es die Grenzen seines Selbst überschreitet. Bei einer Wodu-Zeremonie, die ich vor vielen Jahren in Haiti miterlebte, geschah das durch Tanzen nach dem kontinuierlichen Rhythmus von zwei Trommeln. Der junge Mann, der fast zwei Stunden lang nach dieser Musik tanzte, geriet schließlich in einen Trancezustand, in dem er nicht mehr die volle Kontrolle über seinen Körper hatte. Ich spürte selbst eine überwältigende Erregung, die mich so weit fort trug, daß meine Realitätswahrnehmung sich veränderte. Ich weiß noch, wie sehr mich als kleiner Junge die Lichter, die Musik und die Aktivitäten in einem Vergnügungspark erregten und wie mir die ganze Szene wie eine Feenwelt vorkam. Und ich erinnere mich daran, daß ich später einmal bei einem Spiel so heftig gelacht habe, daß ich nicht mehr wußte, ob ich schlief oder wachte. Und ich habe einen Orgasmus von so überwältigender Intensität erlebt, daß ich das Gefühl hatte, nicht mehr von dieser Welt zu sein. In keiner dieser Situationen hatte ich Angst. Sie wären nicht eingetreten, wenn ich Angst gehabt hätte. Und sie waren tatsächlich äußerst angenehm, so voller Freude, daß es an Ekstase grenzte.

Zwischen der Entrücktheit, die auf Leidenschaft beruht (dem göttlichen Wahn), und der Entrücktheit von Geisteskranken liegen Welten. Bei der ersteren ist die Erregung lustvoll, so daß das Ich sich so weit ausdehnen kann, bis es auf dem Höhepunkt schließlich transzendiert wird. Aber selbst in diesem Augenblick ist die Transzendenz dem Ich nicht fremd, da sie natürlich und lebensbejahend ist. Sie stellt eine Hingabe an das tiefere Leben des Selbst dar, das Leben, das auf der unbewußten Ebene agiert. Kinder haben keine Angst, die Ich-Kontrolle zu verlieren, ganz im Gegenteil, sie lieben es. Sie drehen sich um sich selbst, bis sie schwindelig werden und lachend vor Vergnügen zu Boden fallen. Aber wenn sie bei solchen Spielen die Kontrolle aufgeben, handeln sie freiwillig und ohne Druck. Mangelnde Ich-Kontrolle ist für ein ganz kleines Kind etwas Natürliches. Ein Säugling hat und kennt diese Kontrolle gar nicht. Wie jedes Tier funktioniert er auf der Ebene von Gefühlen statt bewußter Gedanken. Wenn er heranwächst und sein Ich sich entwickelt, wird er zum Individuum, das sich seiner selbst bewußt ist und über sein Handeln nachdenkt. Wenn ein Mensch sich bewußt Kontrolle auferlegt, kann er sein Verhalten auf größere und längerfristige Ziele ausrichten als lediglich auf die Befriedigung unmittelbarer Bedürfnisse. Aber wenn wir in Übereinstimmung mit unseren Gedanken und Ideen handeln, sind wir nicht spontan, was die Freude ausschließt und die Lust verringert, die unser Handeln auslösen könnte. Da wir jedoch im Interesse eines größeren zukünftigen Vergnügens so handeln, ist das eine gesunde und natürliche Reaktion. Sie wird nur dann zu einem neurotischen Verhaltensmuster, wenn die Kontrolle unbewußt und willkürlich ist und nicht aufgegeben werden kann.

Bewußte Kontrolle können wir aufgeben, wenn es angemessen ist. Unbewußte Kontrolle hingegen kann nicht aufgegeben werden, weil man sie entweder gar nicht wahrnimmt oder weil einem deren Mechanismus und Dynamik entgeht. Diese unbewußte Kontrolle beeinträchtigt viele Individuen, denen es sehr schwer fällt, ihre Gefühle auszudrücken oder ihre Wünsche geltend zu machen. Sie neigen dazu, sich passiv zu verhalten und zu tun, was man ihnen sagt. Selbst wenn sie sich bewußt bemühen, nein zu sagen, ist ihre

Stimme schwach und es mangelt ihr an Überzeugungskraft. Ihre Fähigkeit zur Selbstbehauptung ist gestört, und zwar aufgrund chronischer Muskelverspannungen im Körper, die den Kehlkopf verengen und Töne abwürgen. Durch weitere chronische Muskelverspannungen im Brustkorb, die die Atmung beeinträchtigen, wird das Luftvolumen, das an den Stimmbändern entlangstreift, reduziert. Man könnte ein solches Individuum als gehemmt bezeichnen, da es befangen ist, wenn es darum geht, für sich selbst etwas zu fordern. Meistens ist die Person sich ihrer Hemmungen bewußt, ohne imstande zu sein, sich davon zu befreien, weil sie nicht versteht, warum sie gehemmt ist und die Verspannungen nicht fühlt, die die Ursache sind. In den meisten Fällen nimmt sie auch Gefühle von Schuld oder selbst von Angst nicht wahr, denn die Menschen von heute sind viel zu aufgeklärt, um deren Existenz zu akzeptieren. Wir denken nicht mehr in Begriffen von Schuld und Unschuld oder richtig und falsch. Eine Therapie jedoch kann, wie der folgende Fall zeigt, auf einer tieferen Ebene ansetzen und dem Menschen helfen zu erkennen, daß die seelischen Hemmungen und körperlichen Behinderungen der Angst davor entspringen, sich frei und uneingeschränkt auszudrücken.

Victor, ein Mann Mitte Dreißig, begann eine Therapie bei mir, weil er von seinem Leben zutiefst enttäuscht war. Obwohl er klug und auf seinem Gebiet recht kompetent war und hart arbeitete, hatte er beruflich keinen Erfolg. Und dieser mangelnde Erfolg war auch typisch für seine Beziehungen zu Frauen. Wenn ich seinen Körper betrachtete, konnte ich sehen, daß sein Kinn, seine Schultern und sein Becken stark verspannt waren. Die Verspannungen im Becken wiesen darauf hin, daß er unter starken Kastrationsängsten litt. Ihm war bewußt, wie verspannt er war, aber er kannte den Grund nicht und wußte sich keinen Rat, was er dagegen unternehmen sollte. Außer den oben beschriebenen Verspannungen war seine Stimme das Hervorstechendste an seiner Persönlichkeit. Sie klang sanft und gedämpft und war ohne jede Resonanz. Sie war nur etwas lauter als ein Flüstern. Wenn er versuchte zu schreien, mußte er sich sehr anstrengen und wurde immer heiser. Ansonsten wirkte Victor keineswegs gedämpft. Er war ebenso angespannt wie er verspannt war.

Die Verspannungen in seinen Kiefern waren so stark, daß er unter Ohrgeräuschen litt. Diese Verspannung war Ausdruck seiner Entschlossenheit, und er war bei allem, was er tat, äußerst entschlossen. Da er sich so sehr anstrengte, gab es in seinem Leben wenig Lust und Freude. Er mußte sich anstrengen, er konnte nicht loslassen und aufgeben.

Wir können seine Probleme nur auf dem Hintergrund seiner Kindheitserfahrungen verstehen, denn diese haben seine Persönlichkeit geprägt. Victor war das jüngste von drei Kindern und damit derjenige, auf den die Mutter ihre Gefühle konzentrierte. Er war ihr Baby und ihr Mann und ständig für sie da. Er erinnerte sich, daß er niemals irgend etwas fordern konnte und tatsächlich in seinem eigenen Leben keine Stimme hatte. Leider war Victors Vater ebenfalls ein passiver Mann, dessen Rolle darin bestand, seine Frau glücklich zu machen, indem er sie bediente. Sie sah sich selbst als eine kleine Prinzessin, für die alles getan werden mußte, und Victor war auserwählt, ihr zu dienen. Diese Situation setzte sich so lange fort, bis Victor im Laufe seiner Therapie den Mut gewann, sie zu beenden und seine Unabhängigkeit zu behaupten. Er hatte das schon früher versucht, aber seine Mutter ging auf seine Weigerung, ihr zu dienen, gar nicht weiter ein, und so hatte er immer kapituliert. Sie hörte ihm einfach nicht zu. Als sie eines Tages von ihm verlangte, daß er sie zum Flughafen fuhr und sich weigerte, sein Nein zur Kenntnis zu nehmen, fuhr er ihr mit der Hand an die Kehle. Das war eine spontane Geste, ohne bewußte Absicht, sie zu verletzen, aber sie bekam Angst, und nahm sich zurück. Als er von diesem Vorfall berichtete, erkannte ich die Wichtigkeit dieser Geste. Er agierte unbewußt aus, was ihm angetan worden war. Er war als kleines Kind stranguliert worden, und auch wenn das kein körperlicher sondern ein psychischer Vorgang gewesen war – die Auswirkungen waren die gleichen. Es war, als hätte sich eine Hand um seinen Hals geschlossen, um ihn zum Schweigen zu bringen. Wie wir im fünften Kapitel gesehen haben, muß das passiv Erlittene umgekehrt und ausagiert werden, damit ein Mensch sich von den Auswirkungen befreien kann.

Dieser Schritt, mit dem er sich von der Mutter befreien und unabhängig machen wollte, ging zwar in die richtige Richtung, löste aber seine Konflikte nicht und befreite ihn auch nicht von der Bindung an sie. Die Kräfte, die ihn an sie fesselten, gingen tief und waren mächtig. Sie waren sexueller Natur, und er war gefangen in einem Netz aus Begehren, Schuldgefühlen und Wut. Victor war sich über die unterschwelligen sexuellen Aspekte in der Beziehung zu seiner Mutter im klaren. Sie verhielt sich ihm gegenüber sehr verführerisch und hatte keinerlei Empfinden für die Auswirkungen auf ihn. Ich stelle immer schon zu Beginn der Therapie eindringliche Fragen nach dem sexuellen Verhalten sämtlicher Familienmitglieder in der Kindheit meiner Patienten. Victor erzählte mir daraufhin, daß er im Kontakt mit seiner Mutter sexuell immer sehr stark erregt gewesen seit. Er sagte: »Ich konnte diesen Drang nicht ertragen und die Erregung auch nicht zurückhalten. Es machte mich verrückt.« Aber er mußte die Situation aushalten, um sich seine psychische Gesundheit zu bewahren. Er lernte, sich fest im Griff zu haben, was er immer noch tat, als er mit der Therapie anfing. Er biß die Zähne zusammen, hielt die Schultern fest und zog seinen Bauch ein. Aber damit befreite er sich nicht von der Aufladung, sondern diese saß jetzt in seinem verhärteten, angespannten Körper fest. Wie konnte sie freigesetzt werden?

Wenn Victor nicht imstande gewesen wäre, es »auszuhalten«, hätte die Situation ihn überwältigt, seine Grenzen überflutet und seinen Realitätssinn zerstört. Er wäre geisteskrank geworden. Jeder Mensch hat große Angst vor dem Irresein, da es als psychischer Tod erlebt wird. Aber die Gewalt, die Victor auf seinen Körper ausübte, um seine Erregung zurückzuhalten, damit sie ihn nicht überwältigte, rief auch die Angst in ihm hervor, verrückt zu werden, wenn dieser Griff sich wesentlich lockern sollte. Welche Chance besteht, daß man sich angesichts dieser Gefahr hingibt? Glücklicherweise ist die Gefahr in der Gegenwart nicht so groß. Victor ist kein Kind von fünf oder sechs Jahren mehr, und auch wenn sein Ich eine gewisse Schwäche zeigt, ist es nicht das Ich eines Kindes. Er kann jetzt mit einem Maß an Erregung umgehen, das er als Kind nicht bewältigen konnte. Natürlich gibt es auch hier Grenzen. Fast jeder Mensch kann verrückt gemacht werden, wenn genügend Druck auf ihn ausgeübt wird, um sein Ich zu brechen. Andererseits kann eine allmählich wachsende energetische Aufladung das Ich auch stärken, wenn das Individuum von einem Therapeuten unterstützt wird, der auch für die Kontrolle sorgt, wenn der Patient sie fallenläßt.

Wenn die Erregung oder die damit einhergehende Anspannung zu groß wird, reagiert der Körper spontan mit Schreien, um sich davon zu befreien. Dieser Schrei ist ein hoher Ton, der immer schriller und intensiver wird, bis er einen Höhepunkt erreicht. Anders als beim Weinen, wo die Erregungswelle nach unten in den Bauch fließt, steigt sie beim Schreien nach oben in den Kopf. Beim Weinen geben wir im Gegensatz zum Schreien tiefe Töne von uns. Wenn wir weinen, lassen wir dem Schmerz von Einsamkeit und Traurigkeit freien Lauf und rufen nach Kontakt und Verständnis. Beim Schreien entlasten wir uns von dem Schmerz einer intensiven Erregung, die sowohl positiv als auch negativ sein kann. Kinder schreien vor Entzücken, wenn die lustvolle Erregung sehr groß ist, oder vor Angst, wenn sie Schmerzen haben. Das Schreien fungiert als Sicherheitsventil, um den Dampf einer Erregung abzulassen, die uns, wenn sie nicht entladen würde, den Verstand raubte. Die Patienten fühlen sich nach dem Schreien immer ruhiger und offener. Und ebenso wie wir alle etwas zu beweinen haben, nämlich den Mangel an Freude in unserem Leben, haben wir auch Grund zum Schreien. Für die meisten ist der Überlebenskampf zu heftig, zu schmerzlich und zu anstrengend, aber wir halten durch, weil wir Angst haben zu spüren, wie enorm unser Drang zu schreien ist. Wir befürchten, daß uns das Schreien den Verstand rauben könnte, obwohl es uns in Wirklichkeit helfen würde, ihn zu behalten.

Vor einigen Jahren habe ich in einer Radiosendung den Zuhörern erläutert, worin der Wert des Schreiens liegt. Ein Anrufer sagte, er wende diese Befreiungsmethode immer an, wenn er am Ende seines Arbeitstages nach Hause fährt. Er war Reisevertreter, und gegen 17 Uhr hatte er immer genug. Er fühlte sich angespannt. Indem er auf der Straße im Auto schrie, baute er den Druck ab, und wenn er dann zu Hause ankam, fühlte er sich immer entspannt und guter Laune.

Ich habe seither noch von anderen Menschen ähnliche Geschichten gehört. Wenn die Autofenster geschlossen sind, hört niemand das Schreien. Die Geräusche des Wagens und des Verkehrs verschlucken alle anderen Laute. Ich habe dieses Vorgehen auch meinen Patienten empfohlen, die schreien müssen, sich aber aufgrund der Angst, daß andere sie hören könnten, gehemmt fühlen. Wir können auch in ein Kissen schreien, was weiterhilft, aber um ganz loszulassen, müssen wir uns frei fühlen. Meine Praxis in New York City ist schallisoliert.

Vor vielen Jahren arbeitete ich einmal mit einer Frau, die sich vom Leben wie abgeschnitten fühlte. Sie erzählte, daß sie kurze Zeit mit einem sehr liebenswerten Mann verheiratet gewesen sei, der vor ihren Augen bei einem Flugzeugunglück ums Leben kam. Sie beobachtete, wie er mit seiner Privatmaschine zur Landung ansetzte, als diese plötzlich außer Kontrolle geriet und abstürzte. Sie muß einen Schock erlitten haben, denn sie drehte sich um und ging weg, ohne zu weinen oder auch nur einen Ton von sich zu geben. Mir war klar, daß sie den Schrei blockiert hatte, den solch ein Erlebnis normalerweise auslöst. Während sie auf dem Bett lag, bat ich sie, sie solle versuchen zu schreien. Nur ein tiefer Ton kam aus ihrer erstarrten Kehle. Um ihr zu helfen, den Schrei loszulassen, legte ich zwei Finger auf die vorderen Scalenusmuskeln zu beiden Seiten des Halses, die sehr verhärtet waren und ihre Kehle beengten. Während ich Druck auf diese verspannten Muskeln ausübte, entschlüpfte ihr ein Schrei, den sie nicht kontrollieren konnte. Auch nachdem ich meine Finger weggenommen hatte, schrie sie weiter. Als das Schreien verstummte, brach sie in ein tiefes Schluchzen aus, das einige Zeit anhielt. Nach dem Weinen sagte sie, sie habe das Gefühl, daß ihr Leben ihr wiedergeschenkt worden sei. Innerhalb eines Jahres war sie wieder verheiratet.

Ich habe dieses Vorgehen bei vielen Patienten angewendet, die nicht schreien konnten. In fast allen Fällen haben sie mit lauten, klaren Schreien reagiert. Der unmittelbare Druck auf diese sehr verhärteten Muskeln ist schmerzhaft, aber in dem Augenblick, wo der Patient schreit, verschwindet der Schmerz, weil die Muskeln sich entspannen. Schreien ist so befreiend, daß kein Patient sich über dieses Vorgehen, das ich vorher genau erkläre, jemals beschwert hat. Meine Erkenntnis, wie wichtig Schreien ist, verdanke ich meiner persönlichen therapeutischen Erfahrung mit Dr. Reich. Ich habe diese Erfahrung im zweiten Kapitel dieses Buches beschrieben. Mein Schrei damals öffnete mir die Tür zu meiner Seele und ließ Erinnerungen zutage treten, die ich jahrzehntelang vergraben hatte. Das Schreien hat noch eine andere Seite, die für das Erleben von Freude wichtig ist. Der Erregungsfluß im Körper ist polar, was – wie ich bereits früher erläutert habe – bedeutet, daß die Aufwärts- und die Abwärtswelle beide gleich intensiv sind, aber nicht in die selbe Richtung verlaufen. Ein Aspekt der Abwärtswelle betrifft die Sexualität. Wenn wir zulassen können, daß die aufwärts fließende Welle mit einem vollen Schrei ihren Höhepunkt erreicht, können wir auch zulassen, daß die abwärts fließende Welle im Orgasmus zum Höhepunkt gelangt. Wir gehen mit einem Schrei an die Decke und explodieren mit dem Orgasmus im Becken. Beides sind machtvolle Entladungen. Die Tatsache, daß ein Mensch einmal losschreien kann, ist jedoch noch kein Zeichen für seine orgastische Potenz. Diese beruht darauf, daß er jederzeit frei und aus vollem Halse schreien kann.

Ein Schrei kann nicht erzwungen werden. Wenn wir das versuchen, kommt es zu einem Kreischen oder Brüllen, von dem wir heiser werden. Um zu schreien, müssen wir loslassen, was Kindern ganz leicht fällt. Leider wird diese Fähigkeit bereits sehr früh im Leben unterbunden, da die Eltern das Schreien des Kindes nicht aushalten und es, wenn es schreit, für verrückt halten. Menschen schreien, weil der innere Druck so groß geworden ist, daß sie ihn nicht mehr aushalten können, und nicht, weil sie verrückt sind. Oft geraten sie aus demselben Grund aus der Fassung. Ihr Schreien ist eine Schutzmaßnahme. Wenn sie nicht schreien würden, um sich von dem Druck zu befreien, würden sie vielleicht gewalttätig werden und jemanden umbringen. Der schreiende Patient ist in der Regel nicht gefährlich. Aber auch wenn das Schreien eine Sicherheitsmaßnahme ist, stellt es keine integrierte Reaktion auf die Erfahrung dar, verrückt gemacht zu werden. Diese Reaktion würde erfordern, daß der ganze Körper für einen sinnvollen Ausdruck mobilisiert wird.

Das ist der Fall, wenn die Beinbewegungen beim Treten mit Schreien und mit den Worten »Du machst mich noch verrückt« koordiniert werden.

Schreien ist eine so tiefgreifende emotionale Entladung, daß es zur Grundlage von zwei psychotherapeutischen Methoden wurde. Am bekanntesten ist die Urschrei-Therapie, die Arthur Janov entwickelt hat. Sein Buch *Der Urschrei*[1] war, als es herauskam, eine ziemliche Sensation, vor allem, weil es ein Heilmittel gegen Neurosen versprach. Die Popularität dieses Buches verdankte sich aber nicht nur diesem Versprechen, sondern auch der Tatsache, daß es eine Realität in Menschen ansprach, die von Psychoanalytikern und Therapeuten weitgehend ignoriert worden war. Diese Realität betrifft den tiefen Schmerz aufgrund früher Verletzungen im Leben, der bei sämtlichen Neurotikern existiert. Die Urschrei-Therapie ist Janovs Technik, diesem Schmerz durch Schreien Luft zu machen, was den Menschen – zumindest vorübergehend – in ein freies Individuum verwandelt, das durch seine neurotische Angst nicht länger gefesselt ist. Janov erkannte, daß der Kern der Neurose die Unterdrückung von Gefühlen ist und daß diese Unterdrückung mit der Behinderung der Atmung und der Entwicklung von Muskelverspannungen zusammenhängt. Beim Lesen des Buches spürten viele Menschen ihr Bedürfnis zu schreien, um sich von ihren Schmerzen zu befreien, und reagierten begeistert auf Janovs Versprechen, ein Heilmittel gefunden zu haben. Patienten, die, nachdem sie tief geatmet hatten, mit einem Schrei »explodierten«, berichteten, daß sie sich »klar« und »gereinigt« fühlten. Ich machte in meiner ersten Sitzung mit Reich eine ähnliche Erfahrung, und obwohl diese mir ein Fenster zu meinem tieferen Selbst öffnete, war sie kein Heilmittel. Ich befinde mich jetzt seit fünfzig Jahren auf diesem »Trip«, den wir Reise zur Selbstentdeckung nennen, und auch wenn ich mich selbst mehr gefunden habe, bin ich doch auf kein Allheilmittel gestoßen. Wirklicher Fortschritt in der Therapie ist ein Wachstumsprozeß, keine Transformation. Wir werden als Mensch offener, reifer, aber die Betonung liegt auf den allmählichen Fortschritten.

Damit keine Mißverständnisse entstehen, muß ich erklären, daß der Ausdruck von Gefühlen weder Ziel noch Endzweck von Therapie sind. Die Selbstentdeckung erfordert ein beträchtliches Maß an analytischer Arbeit, was eine sorgfältige Analyse des Alltagsverhaltens, der Übertragungssituation, der Träume und aller früheren Erfahrungen einschließt. Das gemeinsame Gespräch ist ein Hauptaspekt der bioenergetischen Analyse. Es bereitet den Boden für das Durcharbeiten der emotionalen Probleme des Patienten, beseitigt diese aber nicht auf einer tiefen Ebene. Ich habe aufgrund meiner Erfahrungen festgestellt, daß Konflikte nicht durch Einsicht und Verständnis gelöst werden, auch wenn dem Ich des Patienten damit Mittel in die Hand gegeben werden, mit seinen Problemen effektiver umzugehen. Aber ganz gleich, wie tiefgehend die Gespräche oder das Verständnis auch sein mögen, sie führen zu keiner nachhaltigen Befreiung von den schweren Muskelverspannungen, die die meisten Menschen verkrüppeln. Diese Verspannungen blockieren die Gefühlsäußerungen und können nur durch den vollen Ausdruck der Gefühle aufgelöst werden. Aber Gefühle uneingeschränkt ausdrücken bedeutet, daß das Ich daran beteiligt sein muß. Tatsächlich befreit uns der volle Ausdruck von Gefühlen nicht nur von den Verspannungen, sondern stärkt auch unser Ich und unsere Selbstbeherrschung. Vielleicht schreien wir wie ein Kind, aber wenn wir mit Verständnis schreien, fühlen wir uns nicht wie ein Kind. Erwachsene sind reife Menschen und damit großgewordene Kinder, die die Fähigkeiten und die Feinfühligkeit von Kindern besitzen, aber auch die Reife und Selbstbeherrschung, um in der Welt effektiv handeln zu können.

Eine weitere Therapie, die auf Schreien beruht, wurde von Daniel Casriel für Gruppen entwickelt. Casriel sagt: »Schreie können Emotionen freisetzen, die seit der Kindheit verdrängt worden sind; und die Freiheit, die man daraus gewinnt, kann bedeutsame positive Änderungen der Persönlichkeit bewirken.«[2] Außer zu schreien, sprechen die Teilnehmer auch über ihr Leben, ihre Probleme, ihre Hoffnungen und Träume. Aber, wie Casriel erfahren hat, das zugrundeliegende Problem von Menschen ist die »Betäubung elementarer Emotionen und die Verkapselung der Gefühle in einer Schutzschale, die sich in der traditionellen psychotherapeutischen Behandlung äußerst schwer durchdringen läßt.«[3] Ich habe einer Demonstration dieser Technik von Dr. Casriel bei einem Workshop für Gruppenpsychotherapeuten beigewohnt. Die Teilnehmer saßen im Kreis, hielten sich bei den Händen, und einer nach dem anderen versuchte zu schreien: »Ich bin zornig!« Casriel nahm selbst an dieser Übung teil, was bei den Teilnehmern ein gewisses Gefühl auszulösen schien. Schreien, wie in dieser Übung, hat einen kathartischen Wert, da einige Spannungen abgebaut werden, aber ich glaube nicht, daß es therapeutisch sehr effektiv ist, weil die Teilnehmer nicht mit der unterschwelligen Angst vor dem Verrücktwerden konfrontiert werden. Der Ausdruck von Zorn in diesen Gruppen reicht nicht an die mörderische Wut heran, die tief in der Persönlichkeit vieler Menschen existiert.

Wenn der Patient dagegen im Liegen gegen das Bett tritt und dabei die Worte schreit: »Du machst mich noch verrückt!« oder »Laß mich in Ruhe!«, so ist das ein stärker integrierter, den ganzen Körper erfassender Gefühlsausdruck. Kann der Patient sich ganz auf die Übung einlassen, bewegt sein Kopf sich zu den Bewegungen seiner Beine rhythmisch auf und ab, und die Stimme ist laut und klar. Wenn das geschieht, fühlt der Betreffende sich befreit und empfindet Lust und Freude, weil er sich einem starken Gefühl hingibt. Die meisten Patienten sind zwar ohne viel Praxis zu solch einer völligen Hingabe nicht imstande, aber jedesmal, wenn sie die Übung machen, wird ihr Ich stärker.

Einige Borderline-Patienten fühlen sich dabei überwältigt und bekommen Angst, aber das geht vorüber, wenn sie sich beruhigen und meine Unterstützung und meinen Zuspruch spüren. Diese Übung sollte nicht allein oder außerhalb der therapeutischen Situation gemacht werden. Wie wertvoll sie ist, hängt von dem Verständnis und dem Mut des Therapeuten ab, sich der Angst vor dem Loslassen der Kontrolle zu stellen und damit umzugehen. Ich habe nie erlebt, daß sie negative Folgen hatte.

Vor einigen Jahren stellte ich die bioenergetische Analyse in einer der hiesigen psychiatrischen Kliniken vor. Ich wurde gebeten, im Rahmen dieser Darstellung auch mit einem der Patienten zu arbeiten. Um zu zeigen, wie die Körperarbeit aussieht, gab ich diesem Patienten ein Handtuch, das er, während er auf einer

Matratze lag, zusammendrehen sollte, während ich ihn ermutigte, sämtliche Gefühle von Zorn auszudrücken, die in ihm ausgelöst wurden. Während er diese Übung machte, stand ich auf dem Podium und erklärte dem Auditorium, das aus Psychiatern und anderen Interessierten bestand, das Wesen dieser Übung. Der Patient ließ sich auf die Übung ein und brachte seinen Zorn sowohl mit der Stimme als auch durch das Zusammendrehen des Handtuchs heftig zum Ausdruck. Aber dabei »flippte er aus«, das heißt er geriet aus der Fassung. Ich beobachtete ihn, während ich zum Publikum sprach, aber ich unternahm keine Schritte, um mich einzumischen. Die Gesichter vieler Zuschauer verrieten, daß sie schockiert waren über das, was da geschah. Ich ließ den Patienten die Übung beenden, was etwa fünf Minuten dauerte. Als er fertig war, gewann er seine Selbstbeherrschung wieder. Ich fragte ihn, ob er Angst gehabt habe. Er verneinte und sagte, ihm sei bewußt gewesen, daß ich ihn beobachtete und wußte, was vor sich ging. Das nahm dem Patienten die Angst, sich seinen Gefühlen zu überlassen, was bei der Behandlung von Borderline-Fällen und schizoiden Patienten notwendig ist. Aber um so zu arbeiten, muß der Therapeut selbst imstande sein, sich dem Körper hinzugeben. Der Patient findet dann die Grundlage für seine Sicherheit in der Kompetenz und dem Vertrauen des Therapeuten.

Die Tretübung wende ich regelmäßig an, weil so viele meiner Patienten, die Durchschnittsmenschen mit einem normalen Lebenshintergrund sind, Angst haben, verrückt zu werden, wenn sie die Kontrolle aufgeben und sich ihren Gefühlen überlassen. Diese Übung gibt dem Patienten die Möglichkeit, zu erkunden, was bei Aufgabe der Kontrolle tatsächlich passiert, und die Ich-Stärke zu gewinnen, die nötig ist, um sich dem Körper und seinen Gefühlen hingeben zu können. Merkwürdigerweise habe ich niemals erlebt, daß einer meiner Patienten völlig die Kontrolle verlor. Alle waren sich dessen bewußt, was sie taten, und gaben sich nur soweit hin, wie sie es verkraften konnten. Aber bei kontinuierlicher Praxis wird ihr Ich so stark, daß ihnen das Loslassen immer leichter fällt.

Ich glaube nicht, daß rationale Gespräche einem Menschen helfen können, seine Angst vor dem Loslassen der Ich-Kontrolle zu verlieren, da diese Angst sich in Form von chronischen Muskelverspannungen eingeprägt hat, vor allem den Muskeln, die Kopf und Nacken miteinander verbinden und die Bewegungen des Kopfes steuern. Man kann die Verspannung dieser Muskeln ertasten und sie durch Massage und andere physiotherapeutische Maßnahmen etwas verringern. Aber eine wirkliche Befreiung, die sich auch auf das Verhalten auswirkt, kann nur erreicht werden, wenn ein Mensch sich mit seiner Angst auseinandersetzt und feststellt, daß sie mit seiner augenblicklichen Lebenssituation nichts zu tun hat. Sie hatte ihre Gültigkeit, als er Kind war und sein Ich noch nicht stark genug war, um mit den Gefahren umzugehen, die auf ihn zukamen. Jetzt ist er kein Kind mehr, und wenn sein Ich schwach ist, dann deswegen, weil er durch seine Angst, die sich in den Verspannungen am Schädelrand zeigt, an seine Kindheitskämpfe gebunden ist. Mit der oben beschriebenen Übung wird die Verspannung gemindert, weil der Kopf beim Treten vor- und zurückschaukelt, während man sich der Übung und den damit verbundenen Gefühlen hingibt.

Wenn Kinder den Kopf immer wieder gegen etwas schlagen, dient das einem ähnlichen Zweck. Kinder, die sich in einer permanent schmerzlichen Situation befinden, die sie nicht verändern oder vermeiden können, schlagen mit dem Kopf gegen das Bett oder manchmal sogar gegen die Wand, um die schmerzhafte Verspannung zu lindern, die sich an der Stelle entwickelt, wo der Hals in den Kopf übergeht. Sie sind zu jung, um zu verstehen, warum sie sich zwanghaft so verhalten, und nur allzu oft sind die Eltern zu unsensibel, um die Not der Kinder zu erkennen und zu begreifen. Aber ich kann verstehen, wie stark der Druck in einem Kind sein muß, daß es sich auf eine offensichtlich so selbstzerstörerische Aktion einläßt. Es muß das Gefühl haben, daß das der einzige Weg ist, sich von dem Druck zu befreien, der es verrückt macht. Ich lasse meine Patienten, wenn sie auf dem Bett liegen, die gleiche Übung machen, wobei sie die Worte sagen: »Du machst mich noch verrückt.« Da auf diese Weise die Verspannungen am Schädelrand gemindert werden, verringert sich auch die Angst vor dem Aufgeben der Ich-Kontrolle.

Diese Verspannungen sind auch verantwortlich für den Spannungskopfschmerz, unter dem so viele Menschen leiden. Diese Kopfschmerzen treten auf, wenn eine Erregungswelle den Rücken hochsteigt und am Schädelrand blockiert wird. Diese Erregungswelle ist ein zorniger Impuls, den das Individuum nicht zum Ausdruck bringen kann. Dadurch vergrößert sich die Spannung am Hinterkopf und breitet sich über die Schädeldecke aus, um den Impuls zu kontrollieren. Die Schädeldecke wird dann zu einem Deckel, der den Impuls davon abhält durchzubrechen, und wenn der Druck unter dem Deckel steigt, bekommt die betroffene Person Kopfschmerzen. Da der Impuls an seinem Ausdruck gehindert, das heißt, unterdrückt wird, tritt er niemals ins Bewußtsein. Die Person ist sich nicht bewußt, daß sie zornig ist und durch die Unterdrückung des zornigen Impulses selbst die Spannung erzeugt, die ihre Kopfschmerzen verursacht. Wenn der zornige Impuls sehr stark ist, kommt es nicht zu Kopfschmerzen, da ein solcher Impuls nicht so leicht unterdrückt werden kann. Der Spannungskopfschmerz hält oft noch an, nachdem der Impuls bereits abgeklungen ist. Die Muskeln entspannen sich nur sehr langsam und werden aufgrund der Verspannungen weiter schmerzen. Ich kann diesen Kopfschmerzen oft Einhalt gebieten, indem ich diese Muskeln sanft massiere und bewege, so als wollte ich einen festen Deckel aufschrauben.

Aber da die Angst vor unserem Zorn den Kern unserer Angst vor dem Loslassen bildet, muß der Patient sich dieser Angst stellen, um sich davon befreien zu können. Ich werde ihn tatsächlich ermutigen, verrückt, das heißt, rasend vor Wut zu werden. Victor wurde durch das verführerische Verhalten seiner Mutter, das ihn quälte, fast verrückt gemacht. Aber seine gegenwärtige Angst vor dem Verrücktwerden entspringt seiner Angst vor der mörderische Wut auf sie, die entstand, weil er seine Männlichkeit verloren hat. Dieser Verlust zeigt sich in seiner Unfähigkeit, in seiner Arbeit oder seinem Liebesleben Freude und Erfüllung zu finden. Aus Angst hat er diesen Zorn unterdrückt und konnte ihn sich erst mit Hilfe seiner Therapie bewußt machen. Als Kind mußte er ihn unterdrücken, weil kein Kind mit mörderischer Wut gegen Vater oder Mutter umgehen kann. Das würde ihm den Verstand rauben. Aber wenn Victor sein volles Potential zurückgewinnen will, muß er sich in der Gegenwart mit dieser Wut auseinandersetzen, was jedoch nicht heißt, daß er sie im Leben ausagieren muß.

Eine der Übungen, die ich anwende, um die Angst des Patienten vor seiner eigenen Wut zu verringern, wurde im fünften Kapitel beschrieben. Ich werde sie hier im Zusammenhang mit der Angst vor dem Verrücktwerden noch einmal wiederholen. Der Patient sitzt mir, im Abstand von etwa einem Meter, auf einem Stuhl gegenüber. Ich habe ihm vorher erklärt, daß es bei dieser Übung darum geht, seinen Zorn zu mobilisieren. Dazu ballt er die Hände zu Fäusten und erhebt sie gegen mich. Dann bitte ich ihn, seinen Unterkiefer vorzuschieben, seine Zähne zu zeigen und gleichzeitig seine Augen ganz weit zu öffnen und mich anzuschauen. Ich weise ihn an, seine Fäuste gegen mich zu schütteln, seinen Kopf leicht zu schütteln und zu sagen: »Ich könnte dich umbringen.« Am schwierigsten an dieser Übung ist für den Patienten, die Augen weit offen zu halten. Oft kommt aufgrund der weit geöffneten Augen ein Gefühl von Angst hoch, und der Patient schließt sie. Wenn er die Angst spürt, kann er den Zorn nicht fühlen, der sich in der Haltung des Kiefers und der Fäuste ausdrückt. Die Betonung dieser Elemente sowie der Stimmlage kann dem Patienten helfen, seine Angst zu überwinden. Wie wir bereits früher gesehen haben, ist Zorn der Gegenpol zur Angst. Die weit geöffneten Augen haben noch eine weitere Wirkung auf den Zorn. Die Konzentration auf die unmittelbare Realität nimmt ab, und das Gesicht kann einen Ausdruck von Irrsinn annehmen. Fast immer hat das Gesicht des Patienten bei dieser Übung einen dämonischen Ausdruck. Bei dieser Miene zeigt sich das Gefühl heftigen Zorns in den Augen, so daß der Patient es spüren und sich damit identifizieren kann.

Die ganze Übung dauert nicht länger als ein, zwei Minuten. Wenn der Patient seinen Zorn erst einmal spürt, bitte ich ihn, die Hände zu öffnen und sich zu entspannen, aber den Zorn nicht aus seinen Augen weichen zu lassen. Wenn er den Zorn in seinen Augen hält, kann sein Ich dieses starke Gefühle integrieren, und er gewinnt bewußte Kontrolle darüber. Ein Mensch, der seinen Zorn bewußt kontrollieren kann, hat keine Angst mehr, ihn in seiner ganzen Intensität zu spüren. Bewußte Kontrolle manifestiert sich in der Fähigkeit eines Menschen, willkürlich einen Ausdruck von Zorn in seine Augen zu bringen. Ebenso wie wir Angst durch die Augen ausdrücken können, indem wir einen ängstlichen Blick aufsetzen, bei dem Augen und Mund weit geöffnet sind, können wir Zorn zeigen, indem wir ein zorniges Gesicht machen. Die meisten Menschen können das nicht willentlich, weil sie nicht die volle Kontrolle über ihre Gesichtsmuskeln, einschließlich der, die die Augen umgeben, haben. Sie haben diese natürliche Fähigkeit verloren, weil sie als Kind Angst hatten, ihren Eltern ein zorniges Gesicht zu zeigen. Dabei beißen sie aber die Zähne zusammen und verengen ihre Augen, um ihre Angst vor sich und anderen zu verbergen. Die Verleugnung der Angst ist eine der stärksten Abwehrmaßnahmen des Ich gegen die Hingabe an den Körper. Die Angst verschwindet nicht, sondern wird aus dem Bewußtsein verbannt und damit in Wirklichkeit ins Unbewußte – den Körper – verlagert, wo sie sich als Verhärtung und Rigidität des Körpers zeigt. Selbst ein Mensch, der sich vor Angst versteift, muß sich, wenn er mit seinem Körper nicht in Kontakt ist, dieser Tatsache nicht bewußt sein.

Bei dieser Übung besteht durchaus die Möglichkeit, daß der Patient von seinem Zorn überwältigt wird und den Therapeuten angreift. Aber obwohl ich diese Übung viele hundertmal angewendet habe, ist mir das niemals passiert. Ich schreibe das der Tatsache zu, daß mir diese Möglichkeit bewußt ist und ich die Übung kontrolliere. Der Patient muß die ganze Zeit sitzen bleiben. Wenn er Anstalten macht, vom Stuhl aufzustehen, breche ich die Übung ab. Und natürlich bleibe ich außer Reichweite des Patienten. Aber trotz dieser Sicherheitsmaßnahmen würde ich diese Übung nicht mit Patienten machen, die auch nur die geringste Tendenz zeigen, den Kontakt mit der Wirklichkeit zu verlieren oder psychotisch zu reagieren. Die wichtigste Absicherung besteht wahrscheinlich darin, daß ich keine Angst vor dem Zorn des Patienten habe. Jedes Anzeichen von Angst meinerseits kann dazu führen, daß der Patient unter- oder überreagiert. Um mir keine Angst einzujagen, würde er den vollen Ausdruck seines Zorns zurückhalten oder könnte in Versuchung sein, mich anzugreifen, um mir zu zeigen, daß er keine

Angst vor mir hat. Ich habe deswegen keine Angst, weil es mir leicht fällt, einen Ausdruck von Zorn in meine Augen zu bringen, der mir erlaubt, den Patienten ohne die geringste Angst direkt anzuschauen. Da er meine Kontrolle spürt, kann er sich in die Übung fallen lassen. Es ist wichtig, daß der Patient bei dieser Übung nicht lächelt, weil er damit seinen Zorn negiert und sein Potenzgefühl schwächt.

Ein klarer Ausdruck von Zorn in den Augen weist darauf hin, daß eine starke energetische Aufladung den Körper passiert hat und in die Augen geflossen ist. Der Erregungsfluß bei Zorn verläuft, wie in einem früheren Kapitel beschrieben, den Rücken aufwärts über den Scheitel des Kopfes und von hier in die Augen. Wenn ich diesen Ausdruck in meinen Augen stark aktiviere, kann ich spüren, wie sich die Haare im Nacken und oben auf dem Kopf aufrichten. Dieses Phänomen sehen wir auch bei einem Hund, der wütend knurrt. Wir sagen, daß sich dem Tier die Haare sträuben. Das Wichtige an dieser Aufladung ist für die Augen, daß sie ihnen zu einer scharfen und besseren Sicht verhilft. Wie wir bereits gesehen haben, kommt es bei Angst zu einer gegenläufigen Bewegung, bei der die Energie aus den Augen weicht. Wenn ein Mensch verängstigt ist, fühlt er sich oft verwirrt, weil er sich nicht konzentrieren kann. Dieses Problem verschwindet durch diese Übung. Wir dürfen jedoch nicht erwarten, daß diese oder auch jede andere bioenergetische Übung bei ein- oder mehrmaliger Anwendung ein lebenslanges Verhaltensmuster in bezug auf Angst verändert. Der Zorn muß in die Persönlichkeit integriert werden, damit sein Ausdruck mühelos, natürlich und der Situation angemessen erfolgt. Dann wird Zorn spontan zum Ausdruck gebracht, sowie die Notwendigkeit entsteht. Die Tatsache, daß das Verhalten der bewußten Kontrolle unterliegt, verhindert nicht, daß es spontan ist. Wir denken nicht darüber nach, wie wir gehen, essen oder schreiben, und trotzdem sind wir uns dessen bewußt, was wir tun, und können unser Handeln bewußt kontrollieren.

Wir können unser Verhalten nicht bewußt kontrollieren, wenn wir Angst haben, die Kontrolle aufzugeben. Das mag wie ein Widerspruch erscheinen, ist aber keiner. Angst hat einen lähmenden Effekt auf den Körper, durch den unser Handeln in seiner Spontaneität geschwächt und damit ungeschickt wird. Der Konflikt zwischen dem Impuls, sich zurückzuziehen, und dem Impuls zu handeln, beeinträchtigt die bewußte Kontrolle, was wiederum die Angst nährt. Diese Angst hat natürlich eine Geschichte. Wenn wir als Kind eine mörderische Wut verspürt haben, konnten wir zu Recht annehmen, daß jeder Ausdruck dieses Gefühls uns heftige Prügel von unseren Eltern einbringen würde. In dieser Situation hat das Kind keine andere Wahl, als das Handeln zu unterlassen und das Gefühl zu unterdrücken. Durch die Unterdrückung des Gefühls bleiben wir auf die Ebene der Kindheit fixiert. Die Vergangenheit erstarrt in der Persönlichkeit, ist aber potentiell aktiv. Selbst in der therapeutischen Situation, wo alle Gefahren beseitigt sind, hat der Patient noch Angst vor den Konsequenzen, die der Ausdruck intensiven Zorns nach sich ziehen könnte. Das ist ähnlich wie bei der Angst vor dem Schwimmen, die nur überwunden werden kann, indem man schwimmen lernt.

Die Schwierigkeit, loszulassen, enthält noch einen weiteren Aspekt, der auf die Kindheitserfahrungen des Individuums zurückzuführen ist. Kinder neigen dazu, Gefühle und die ihnen entsprechenden Handlungen gleichzusetzen. Wünsche und Gefühle sind mächtige Kräfte. Für das Kind kann der Wunsch, jemand möge tot sein, so real sein, als wenn dieser Mensch tatsächlich umgebracht würde. Außerdem erlebt es Gefühle als etwas Dauerhaftes. Erwachsene wissen aus Erfahrung, daß Gefühle wechseln wie das Wetter und manchmal sogar noch schneller. Je nach Lebensumständen kann Zorn sich in Fürsorge verwandeln und Liebe zu Haß werden. Kinder, die vollkommen in der Gegenwart leben, denken nicht in den Kategorien der Zukunft und haben deswegen auch keinen Begriff von Veränderung. Sie glauben, ihr Schmerz dauere ewig. Deswegen fragen Kinder oft: »Wann geht das weg?« Diese Art des Denkens erstreckt sich auch auf die Gefühle. »Wenn ich böse auf dich bin«, denkt das Kind, »werde ich immer böse auf dich sein. Wenn ich dich hasse, werde ich dich immer hassen.« Mit dieser Sicht geht auch die Gleichsetzung von Denken und Handeln einher. Der Wunsch, jemanden zu töten, ist das gleiche wie der Akt des Tötens. Das Ich eines kleinen Kindes kann nicht so leicht zwischen Gedanke, Gefühl und Handlung unterscheiden. Diese Unterscheidung wird erst dann möglich, wenn das Kind sich seiner selbst bewußt wird, und sein Ich erkennt, daß es eine bewußte Kontrolle über sein Verhalten hat.

Wir können mit einem kleinen Kind keine analytische Therapie machen, weil ihm die Objektivität fehlt, die erforderlich ist, damit solch ein therapeutischer Prozeß funktioniert. Aber auch vielen Erwachsenen mangelt es an Objektivität und zwar aufgrund ihrer emotionalen Fixierung auf eine infantile Ebene, die das Ich und seine Fähigkeit schwächt, ganz klar zwischen Denken, Fühlen und Handeln zu unterscheiden. Der Erwachsene müßte wissen, daß er trotz seines Zornes, der heftig genug ist, um jemanden umzubringen, nicht entsprechend handeln wird, weil das unangemessen oder unklug wäre. Die Tendenz, Gefühle auszuagieren, entspringt einer kindlichen Komponente der Persönlichkeit. Deswegen ist es ein Zeichen für Erwachsensein, wenn wir das Gefühl einer mörderischen Wut zulassen und ausdrücken können, ohne es in die Tat umzusetzen oder auch nur die Absicht zu haben, danach zu handeln. Die oben beschriebene Übung gibt Patienten die Möglichkeit die bewußte Kontrolle zu erleben und zu entwickeln, die ihnen erlaubt, erwachsen zu werden und als der erwachsene Mensch zu handeln, der sie in Wirklichkeit sind. Ein anderer wichtiger Aspekt dieser Übung ist der Zusammenhang zwischen Stimme und Augen. Viele Individuen schreien bei dieser Übung mit sehr lauter Stimme die Worte, »Ich bringe dich um!«, ohne daß in ihren Augen Zorn sichtbar wird. Durch Überbetonung der Stimme wird die Aufladung in den Augen verringert. Der Ausdruck von Zorn bleibt begrenzt auf die Stimme, und das geht auf Kosten der Augen. Darin zeigt sich eher eine kindliche Reaktion, da Gefühle in der Säuglingszeit und in der Kindheit hauptsächlich mit der Stimme ausgedrückt werden. Unter Erwachsenen jedoch werden Gefühle vor allem über die Augen vermittelt. Der Zorn eines Erwachsenen ist am meisten zu fürchten, wenn seine Stimme gedämpft ist und seine Augen funkeln. Das ist die Umsetzung der philosophischen Maxime von Theodore Roosevelt: »Sprich sanft, aber trage einen dicken Knüppel bei dir.«

Ich muß noch darauf hinweisen, daß die oben beschriebenen Übungen zwar die Angst vor der Hingabe an den Körper vermindern, auf jeden Fall aber ergänzt werden müssen durch andere Übungen, in denen wir Zorn durch Weinen oder Zugreifen ausdrücken. Der Therapeut wird durch seine Sensibilität für die Probleme des Patienten imstande sein, entsprechende Übungen auszuwählen. Victor zum Beispiel, dessen Fall früher in diesem Kapitel besprochen wurde, erzählte, wie seine Hand spontan nach dem Hals seiner Mutter griff, was er als Impuls erkannte, sie zu würgen. Ich kann diesen Impuls verstehen. Der Tonfall, in dem eine Mutter mit ihrem Kind spricht, kann so abweisend sein, daß das Kind es nicht aushalten kann. Das Kind kann in der Stimme eine Kälte oder Feindseligkeit spüren, die unerträglich ist. Aber im allgemeinen wird ein Kind eher dadurch verrückt gemacht, daß die Mutter ständig auf es einredet. Kann das Kind einer solchen Situation nicht entkommen, ist es ein natürlicher Impuls, die Mutter zu würgen, weil das der einzige Weg wäre, sie zum Schweigen zu bringen. Natürlich kann das Kind diesen Impuls nicht ausagieren und muß ihn deswegen unterdrücken. Aber Unterdrückung schließt die unbewußte Kontrolle über den Impuls ein, und damit geht der Verlust unserer Freiheit sowie unserer Fähigkeit zur Hingabe an den Körper einher. Die Freisetzung dieses Impulses in der Therapie ist relativ einfach. Ich gebe den Patienten ein zusammengerolltes Handtuch, das sie so fest zusammendrehen können, wie sie wollen. Gleichzeitig werden sie ermutigt, ihren Gefühlen eine Stimme zu verleihen. Ausdrücke wie »Halt den Mund, ich kann deine Stimme nicht hören, ich könnte dich erwürgen« sind hier passend. Diese Übung verleiht dem Patienten ein Machtgefühl, das ihn darin unterstützt, seine Hilflosigkeit zu überwinden und seine Opferrolle aufzugeben.

Ein weiterer wichtiger Ausdruck von Zorn ist das Beißen. Kein kindliches Verhalten ist für uns so wenig akzeptabel wie das Beißen. Ein Kind, das ein anderes Kind oder seine Eltern schlägt, gilt als böses Kind, ein beißendes Kind aber als Monster. Dabei ist Beißen für den Menschen ebenso natürlich wie für jedes Tier. Ich würde ein Kind nicht ermutigen zu beißen, aber ich würde es auch nicht als gefährliches Biest attackieren, wenn es beißt. Die Angst vor dem Beißen kann zu enormen Verspannungen in den Kiefermuskeln führen und die psychische Gesundheit eines Individuums schwächen, indem sie es daran hindert, seine Aggressionen auszudrücken. Diese Blockierung des aggressiven Ausdrucks wird am deutlichsten bei Individuen mit einem fliehenden Kinn. In den meisten Fällen fällt es ihnen sehr schwer, den Unterkiefer vorzuschieben, was für den Ausdruck von Zorn notwendig ist. Aber ein Unterkiefer, der in der vorgeschobenen Haltung erstarrt ist, blockiert den Ausdruck von Aggressionen ebenfalls, weil er unbeweglich ist. Wir können nicht beißen, wenn die Kiefer bewegungsunfähig sind. Und aus dem gleichen Grund haben wir dann auch im Leben keinen »Biß«.

Um die Kiefer aus der Verkrampfung zu lösen, muß die Angst vor dem Beißen beseitigt werden. Wenn ich spüre, daß ein Individuum Angst hat zu beißen, halte ich ihm meinen Handballen hin und sage ihm, es solle zubeißen. Die meisten Patienten sagen: »Ich habe Angst, Ihnen weh zu tun.« Da ich derjenige sein sollte, der sich fürchtet, weist diese Reaktion darauf hin, daß sie zögern zu beißen, weil sie Angst haben vor ihrem unbewußten Impuls, mich zu beißen. Bei den ein oder zwei seltenen Gelegenheiten, wo ich so fest gebissen worden bin, daß es weh tat, habe ich gesagt: »Gut, ich sehe, daß Sie beißen können.« Dann hören die Patienten auf und lächeln mich an, als wollten sie sagen, »Dachten Sie etwa, ich könne nicht beißen?« Niemand hat mich jemals so fest gebissen, daß die Haut verletzt wurde, denn Individuen, die keine Angst haben zu beißen, können bewußt kontrollieren, wie fest sie zubeißen.

Die Verspannungen der Kiefer können bei Menschen so stark sein, daß sie nachts mit den Zähnen knirschen, wodurch diese Schaden erleiden. Diese Verspannungen sind, wie bereits früher erwähnt, auch verantwortlich für die Kieferklemme, die das Kiefergelenk schädigt, was Schmerzen verursacht und es dem Betroffenen erschwert, die Kiefer zu bewegen und den Mund weit zu öffnen. Die beste Übung zum Abbau dieser Spannungen ist, in ein zusammengerolltes Handtuch zu beißen, daß der Patient mit beiden Händen festhält. Wenn wir ihn ermutigen, dabei zu knurren, fördern wir seine Identifikation mit seiner animalischen Natur, das heißt mit seinem Körper. Das Gefühl von Freude gehört der Tierwelt an und nicht der Welt des zivilisierten Intellektuellen, der vor allem im Kopf lebt. Leider fordert die hoch technisierte Zivilisation der heutigen Zeit ein großes Maß an Bildung, geistiger Wachsamkeit und Kontrolle, was die freudige Hingabe an den Körper behindert. Aber wenn wir unseren Gefühlen nicht vertrauen können, verlieren wir den Kontakt zum inneren Leben unseres Körpers, der allein unserem Leben Fülle und Sinn schenkt.

Das andere starke Gefühl, das mit der Angst vor dem Verrücktwerden einhergeht, ist die Sexualität. Wir können uns von intensiver sexueller Leidenschaft ebenso hinreißen lassen wie von heftigem Zorn. Ein Mensch kann verrückt vor Liebe sein oder verrückt werden, weil seine Liebe verraten wurde. Aber bei einem gesunden Individuum sind beide Gefühle auf das Ich abgestimmt und können gezügelt werden. Das ermöglicht dem Menschen, diese Gefühle auf positive und konstruktive Weise zum Ausdruck zu bringen. Diese Zügelung ist nur möglich, wenn man seine Gefühle uneingeschränkt akzeptieren kann. Das Ausagieren, ob es nun die Sexualität oder den Zorn betrifft, entspringt der Angst, daß es die eigene Kraft übersteigen könnte, die Erregung des intensiven Gefühls zu halten. Man kann es nicht aushalten und muß etwas tun, um die Erregung herauszulassen – an die Decke gehen oder sich mit jemandem sexuell einlassen oder beides. Dieses Verhalten ist kein Zeichen von Leidenschaft, sondern von Angst – der Angst vor dem Verrücktwerden. Diese Angst ist die gleiche wie die vor Intimität. Zuviel Intimität ist beängstigend, denn sie bringt die Bedrohung mit sich, vom anderen ebenso besessen zu werden wie von dem verführerischen Elternteil. Die doppelte Botschaft – Verführung und Ablehnung, Liebe und Haß – ist es, die ein Kind verrückt macht.

Die Zügelung eines starken Gefühls ist ein Zeichen für ein leidenschaftliches Wesen, ganz gleich, ob es um Liebe oder Zorn, Traurigkeit oder Verletztheit geht. Ein Gefühl zügeln ist das Gegenteil von »etwas aushalten«. Wir lernen, schmerzliche oder verwirrende

Situationen auszuhalten, indem wir uns von unseren Gefühlen abtrennen. Wenn wir aber ein Gefühl zügeln, akzeptieren wir es und integrieren es in unsere Persönlichkeit. Das fällt einem Individuum, dessen Persönlichkeit auf Überleben eingestellt ist, nicht leicht, da sein Überleben von der Unterdrückung seiner Gefühle abhängig war. Wie lernen wir, Gefühle zu zügeln, wenn es die meiste Zeit unseres Lebens um das Überleben ging? In diesem Kapitel habe ich mehrere Übungen beschrieben, die einem Menschen helfen, bei seinem großen Zorn zu bleiben. Was aber geschieht mit sexuellen Gefühlen?

Die Antwort mag überraschen, es sei denn, wir wissen bereits, daß starke sexuelle Gefühle leichter zu zügeln sind als schwache. Der Grund dafür ist, daß ein Mensch mit starken sexuellen Gefühlen ein ausgeprägteres Selbstgefühl und mehr Ich-Stärke hat, was ihm hilft, Gefühle zu zügeln. Patienten jedoch fallen nicht in diese Kategorie, und das heißt, daß ein Großteil der therapeutischen Arbeit darauf abzielt, die sexuellen Gefühle des Patienten zum Wachsen zu bringen. Das geschieht, indem der Patient angewiesen wird, tief in den Unterleib zu atmen, wo seine sexuellen Gefühle sitzen. Intensives Weinen ist die Hauptmethode, dorthin zu gelangen, aber wir können dem Patienten auch helfen, indem wir ihm zeigen, wie er sich durch Mobilisierung der Energie in den Beinen besser erden kann. Sämtliche der zuvor beschriebenen Übungen helfen hier weiter.[4]

Es ist sehr wichtig, den Patienten darin zu unterstützen, seine Schuldgefühle in bezug auf sexuelle Empfindungen zu überwinden. Das ist die Grundlage des analytischen Prozesses. Wenn die sexuellen Gefühle des Patienten wachsen, zeigt sich das in seinen Augen, da beide Körperhälften lebendiger und erregter werden. Strahlende Augen sind ein Zeichen für starke sexuelle Gefühle. Jetzt kann der Patient üben, diese Auflaufung in den Augen zu halten, während er Blickkontakt mit dem Therapeuten oder mit anderen Menschen in seinem Leben hat. Das ist nicht leicht, da die meisten Menschen sich schämen und Angst haben, ihre Gefühle zu zeigen, was besonders für Individuen gilt, die sexuell mißbraucht wurden. Besonders wichtig ist, daß der Therapeut die sexuellen Gefühle des

Patienten akzeptiert, ohne sich darauf einzulassen, denn damit würde er der therapeutischen Beziehung schaden.

Der nächste Schritt ist folgerichtig. Der Patient muß ermutigt werden, sich nur auf sexuelle Beziehungen einzulassen, wenn die beiden Partner sehr viel Liebe für einander empfinden. Das bewußte Zurückhalten sexueller Empfindungen fördert die Fähigkeit zur Zügelung von Gefühlen und die Entwicklung von Ich-Stärke. Wenn das Gefühl stark ist, kann Masturbation ein angemessener Ausweg sein. Die bewußte Kontrolle starker Gefühle ist Kennzeichen für ein reifes Individuum, das durch die Therapie Selbstbeherrschung gewonnen hat. Solch ein Individuum hat keine Angst, daß der Ausdruck starker Gefühle es verrückt macht oder verrückt wirken läßt.

Um die Angst vor dem Verrücktwerden, die so viele Menschen empfinden, ganz zu verstehen, müssen wir uns klar machen, welche Rolle unsere Gesellschaft dabei spielt, wenn Menschen durchdrehen. Wir leben in einer hyperaktiven Gesellschaft, die jeden, der mit ihr zu tun hat, übererregt und überreizt. Wir sind ständig umgeben von zuviel Hektik, zuviel Krach und Lärm, zu vielen Dingen und zuviel Schmutz. Das Titelblatt einer New Yorker Zeitschrift zeigte kürzlich einen verzweifelten Mann, der sich die Ohren zuhielt und schrie: »Der Lärm macht mich verrückt!« Um zu überleben, ohne tatsächlich durchzudrehen, müssen wir unsere Sinne betäuben, so daß wir den Krach nicht hören, den Schmutz nicht sehen oder die ständige Unruhe nicht spüren. Aber eine ähnliche Hyperaktivität herrscht heute auch bei den Menschen zu Hause, mit ihren Fernsehern, Autos und elektrischen Geräten. In dieser Gesellschaft können wir unsere Schritte nicht verlangsamen oder ruhig werden. Diese Hyperaktivität wird von der gleichen Frustration geschürt, die das hyperaktive Kind antreibt, nämlich der Unfähigkeit, mit dem tiefen, inneren Kern unseres eigenen Wesens, mit der Seele oder dem Geist in Kontakt zu bleiben. Unsere Gesellschaft ist insofern außengelenkt, als wir versuchen, den Sinn des Lebens in Sensationen statt in Gefühlen, im Tun statt im Sein, im Besitzen von Dingen statt im Kontakt zum eigenen Selbst zu finden. Sie ist verrückt und macht uns verrückt, weil sie uns von unseren natürlichen Wurzeln, vom Boden, auf dem wir stehen, und damit von der Wirklichkeit abschneidet.

Aber ich glaube, das Schlimmste ist die Überbetonung und Ausbeutung der Sexualität. Wir sind ständig sexuellen Bildern ausgesetzt, was ebenso erregend wie frustrierend ist, da es keine Möglichkeit zur unmittelbaren Entladung gibt. Diese sexuelle Überstimulierung zwingt das Individuum, sich von seinen sexuellen Gefühlen zu lösen, um davon nicht überwältigt zu werden und nicht die Kontrolle zu verlieren. Aber da es nicht jedem gelingt, seine Gefühle zu unterdrücken, nimmt das sexuelle Ausagieren in Form von Kindesmißbrauch, Vergewaltigungen und Pornographie zu. Da das, was in der Gesellschaft geschieht, auch in die Familien getragen wird, sind die Auswirkungen auf die seelische und körperliche Gesundheit von Menschen verheerend. Ich kann nur hoffen, daß die Menschen zur Vernunft kommen.

10. Die Angst vor dem Tod

Jeder Patient leidet unter Ängsten, manche davon sind bewußt und werden als Besorgnis und Panik erlebt, aber viele Ängste, wenn nicht die meisten, sind unbewußt. Jede chronische Muskelverspannung weist auf Angst hin – Angst vor dem Loslassen. Im vorigen Kapitel haben wir gesehen, daß die Angst vor der Hingabe an den Körper mit dem unterschwelligen Wissen verbunden ist, daß ein Übermaß an Gefühl in den Wahnsinn führen könnte. Die Kontrolle behalten und auf Nummer Sicher gehen, lautet das Motto von Menschen, die durchhalten. Die Kontrolle, die wir entwickeln, um zu überleben, ist kein bewußtes Verhalten, sondern eine Lebensweise, die sich dem Körper in Form von chronischen Muskelverspannungen eingeprägt hat. Diese Verspannungen befinden sich vor allem in den Muskeln, die den Kopf mit Hals und Rumpf verbinden und bringen die Entschlossenheit eines Menschen zum Ausdruck, nicht den Kopf zu verlieren. Aber um keinerlei Risiko einzugehen, muß man auch die Intensität seiner Gefühle dämpfen, damit man nicht von einer plötzlichen starken Erregungswelle überwältigt wird. Das wird erreicht, indem die tiefe Atmung und die Motilität eingeschränkt werden. Das wiederum ist mit der Entwicklung von chronischen Verspannungen in sämtlichen Muskeln des Körpers verbunden. Der Grad der Verspannungen zeigt an, wie groß die unbewußte Angst eines Individuums ist.

Wir können diese Angst am Körper eines Menschen ablesen. Ist der Körper sehr rigide, können wir von einem Menschen sagen, daß er starr vor Angst ist. Das ist nicht nur eine Metapher, sondern beschreibt den tatsächlichen Zustand des Körpers. Geht die Starrheit oder Verspannung mit einer mangelnden Vitalität des Körpers einher, würden wir sagen, daß der Mensch zu Tode erschrocken ist. Er könnte vor Angst wie von Sinnen sein; das ist der schizophrene Zustand. Bei manchen Individuen zeigt sich die Verspannung am deutlichsten an ihrem aufgeblähten Brustkorb, der auf unter-

schwellige Panik schließen läßt.[1] Die meisten Menschen spüren gar nicht, wieviel Angst sie haben, es sei denn, ihnen droht ein Verlust von Liebe oder Sicherheit. Aber die Angst ist unter der Oberfläche ständig präsent und hindert sie daran, sich dem Leben und dem Körper hinzugeben. Diese Menschen halten durch und beschreiben den engen Pfad zwischen zuviel Fühlen, verbunden mit der Angst vor dem Verrücktwerden, und zuwenig Fühlen, begleitet von der Angst vor dem Tod. Diese Angst vor dem Tod entdecke ich bei allen Patienten, mit denen ich arbeite, und zwar in Form eines unbewußten Widerstands gegen tiefes Atmen und Hingabe.
Die Angst vor dem Tode begegnete mir zum erstenmal bei einem Teilnehmer eines bioenergetischen Workshops für Fachleute. Dieser Mann, etwa Mitte Dreißig, lag in der Pause zwischen den Sitzungen auf dem bioenergetischen Hocker. Als ich an ihm vorbeiging, schaute ich ihn an und sah, daß sein Gesicht den Ausdruck des Todes zeigte. Ich dachte sofort, daß dieser Mann dem Tod sehr früh begegnet sein müsse. Als die Sitzung weiterging, fragte ich ihn, ob ich meine Beobachtungen der Gruppe mitteilen dürfe. Er war einverstanden. Seine Geschichte war die, daß er im Alter von etwa einem Jahr beinah gestorben wäre. Von seinen Eltern hatte er erfahren, daß er aufhörte zu essen und der Gewichtsverlust so bedrohliche Ausmaße annahm, daß er in einem kritischen Zustand ins Krankenhaus gebracht werden mußte. Auf Befragen erklärte er, daß er bis unmittelbar vor Ausbruch seiner Krankheit die Brust bekommen habe. Er war sich des möglichen Zusammenhangs zwischen diesen beiden Ereignissen keineswegs bewußt, aber ich war zutiefst davon überzeugt, daß der Verlust der Brustnahrung für ihn das Ende der Welt bedeutete und er keinen Ersatz akzeptierte. Nicht jedes Kind, das von der Brust entwöhnt wird, zeigt eine so lebensbedrohliche Reaktion, aber das Abstillen kann, wie viele stillende Mütter wissen, für ein Kind sehr traumatisch sein. Sehr viel hängt davon ab, wie sensibel die Eltern für die Verzweiflung des Kindes sind.
Im Laufe der Jahre habe ich von vielen meiner Patienten erfahren, daß sie als Kind Angst vor dem Tode hatten, Angst, sterben zu müssen. Diese Ängste kamen meistens nachts hoch, wenn sie allein in ihrem Zimmer beziehungsweise Bett waren. Ich weiß noch, daß

ich als Junge Angst vor dem Einschlafen hatte, weil ich fürchtete, ich könne im Schlaf sterben. Das Bewußtsein war meine Sicherheitsgarantie dafür, daß ich nicht starb. Es war meine Kontrollmöglichkeit. Warum sollte ein Kind solche Gedanken haben? Wie kommt das? Hatte ich denn jemals eine lebensbedrohliche Krankheit oder Situation erlebt? Ich wußte, daß ich die üblichen Kinderkrankheiten gehabt hatte, aber sehr viele Ereignisse aus meinen frühesten Jahren waren, wie bei den meisten von uns, unterdrückt worden und damit vergraben und vergessen. Auch wenn ich mich manchmal freute, war eine Traurigkeit in mir, die sich auf den frühesten Fotos von mir zeigte. Ich hatte keine glückliche Kindheit. Und ich glaube, das gilt für die meisten Menschen.

Kinder und vor allem Säuglinge brauchen bedingungslose Liebe, wenn sie zu normalen, gesunden Erwachsenen heranwachsen sollen. Tatsächlich hängt ihr nacktes Überleben von der liebevollen Beziehung zu einem Erwachsenen ab. Säuglinge in Heimen, die gefüttert und gewickelt werden, ohne daß man sie auf den Arm nimmt oder mit ihnen spielt, können eine anaklitische Depression bekommen und sterben. Lustvoller Körperkontakt erregt den Körper des Kindes und stimuliert dessen sämtliche Funktionen, vor allem die Atmung. Ohne diesen Kontakt nimmt die grundlegende protoplasmatische Aktivität von Expansion und Kontraktion, wie bei der Atmung, langsam ab, was zum Tode führt. Diesen Kontakt hatte der Säugling im Mutterleib, und wenn er nach der Geburt nicht wiederhergestellt wird, bekommt der neugeborene Organismus einen Schock. Natürlich glaubt niemand von uns, daß ein neugeborener menschlicher Säugling ohne Pflege überleben könnte, aber wir machen uns nicht klar, wie abhängig alle Kinder von der liebevollen Verbindung zu einer Mutterfigur sind. Jedes Abreißen dieser Verbindung oder allein die Drohung ihres Verlustes führt zu einem Schock des kindlichen Organismus. Ein Schock hat eine lähmende Wirkung auf die grundlegenden Funktionen des Körpers, was tödlich sein kann, wenn der Schockzustand tief geht und längere Zeit anhält. Ein Baby kann bei einem lauten Geräusch sofort in einen Schockzustand geraten. Sein Körper versteift sich, und es hört auf zu atmen. Diese Reaktion, bekannt als Schreckreflex, ist von Geburt an präsent. Wenn der Schock vorüber ist, fängt das Baby an zu weinen, wodurch seine Atmung wieder in Gang kommt. Natürlich wird das kindliche System im Laufe des Heranwachsens kräftiger, und es reagiert auf Geräusche nicht mehr so schnell mit einem Schock. Aber selbst Erwachsene können sich über ein lautes Geräusch so heftig erschrecken, daß sie augenblicklich in einen Schockzustand geraten.

Jedesmal, wenn Eltern ein kleines Kind anbrüllen oder anschreien, hat das zwangsläufig einen starken negativen Effekt auf dessen Körper. Wir können erkennen, wann das Kind einen Schock erleidet, denn dann bricht es in Schluchzen aus. Wenn es oft angeschrien wird, reagiert es nicht mehr, weil es sich dem Streß angepaßt hat. Es ist nicht mehr schockiert, da es sich ständig in einem Schockzustand befindet. Das können wir daran erkennen, daß sein Atem nicht mehr frei und mühelos fließt. In diesem Fall beruht der Schock nicht nur auf der Lautstärke, sondern auch darauf, daß die liebevolle Verbindung zur Mutter bedroht ist. Ein ärgerlicher oder feindseliger Blick, kaltes Verhalten oder die Äußerung: »Mutti hat dich nicht mehr lieb«, können den gleichen Effekt haben. Die körperliche Verletzung eines Kindes durch Klapse, Ohrfeigen, Prügel und ähnliches stellt eine traumatische Erfahrung dar, die dem Organismus einen Schock versetzt. Die meisten Kinder in unserer Gesellschaft erleiden sehr viele Schocks, und manche Kinder brechen unter der destruktiven Behandlung ihrer Eltern zusammen.

Manche Eltern sind voller Haß, aber die meisten pendeln zwischen Liebe und Feindseligkeit hin und her. Auf einen Wutausbruch folgt eine Geste der Liebe, die das Kind beruhigt und es erneut hoffen läßt, daß die liebevolle Verbindung zu den Eltern sicher ist. Während das Kind heranwächst und durchhält, tut es alles, was notwendig ist, um die Verbindung zu den Eltern zu halten, selbst wenn das heißt, daß es sich selbst aufgeben muß. Aber eine Beziehung, die auf Unterwerfung beruht, ist niemals sicher, denn das Kind wird versuchen zu rebellieren, und die Eltern werden ihre Drohungen aufrechterhalten. Eltern trauen einem unterwürfigen Kind niemals ganz, weil sie wissen, daß unter dieser Haltung Haß lauert. Und das Kind weiß in seinem tiefsten Inneren, daß es gehaßt wird. Das Kind muß, um überleben zu können, die Realität verleugnen und sich bemühen, die lebensnotwendige Verbindung zu den Eltern zu halten. Das wird zum großen Kampf, der das Individuum als Kind oder Erwachsenen sein Leben lang beschäftigt, weil dieses Verhaltensmuster sich seiner Persönlichkeit und seinem Körper eingeprägt hat.

Wir können den Schockzustand innerhalb des Körpers an der reduzierten Atmung erkennen. Oberflächlich betrachtet, scheint sich das Individuum nicht im Schockzustand zu befinden. Es gilt im allgemeinen als Mensch, der normal funktioniert und regelmäßig und ohne Schwierigkeiten atmet. Aber das ist nur der Fall, weil die Atmung flach und oberflächlich ist. Der Schockzustand zeigt sich – wie wir in diesem Kapitel noch sehen werden – auf einer tieferen Ebene, im unterdrückten Unbewußten, im Verlust der Leidenschaft, in der Angst vor Hingabe und den Verspannungen und der Rigidität des Körpers.

Sich dem Körper hingeben heißt nicht mehr und nicht weniger als zulassen, daß der Atem voll und ungehindert fließt. Die Angst vor Hingabe geht mit dem Anhalten des Atems einher. Wir können die freie Atmung blockieren, indem wir entweder das Einatmen oder das Ausatmen beschränken: im ersteren Fall lassen wir die Luft nicht ganz herein, im letzteren lassen wir sie nicht ganz nach draußen fließen. Beides dient dazu, die Sauerstoffzufuhr zum Körper zu drosseln, was die Aktivität des Stoffwechsels und damit die Energie im Körper reduziert sowie Gefühle dämpft. Die Beschränkung der Einatmung finden wir bei schizophrenen oder schizoiden Persönlichkeiten, wo sie mit einem unterschwelligen Entsetzen verbunden ist, dessen Wirkung in einer Lähmung des Handelns besteht. Man ist starr vor Schreck.[2] Im Gegensatz dazu hat das neurotische Individuum Schwierigkeiten, voll auszuatmen. Die Angst, die die Ausatmung blockiert, ist Panik und unterscheidet sich von Entsetzen insofern, als das panische Individuum der Gefahr zu entkommen versucht, während das entsetzte Individuum wie erstarrt ist. Wer jedoch in Panik ist, kann mit der Situation nicht umgehen, und sein Fluchtversuch ist wild, chaotisch und meistens ineffektiv. In der neurotischen Charakterstruktur ist die Angst unterdrückt wor-

den, und das Individuum ist sich des Ausmaßes seiner Angst meistens nicht bewußt. In der schizoiden Charakterstruktur ist der Versuch zur Unterdrückung der Angst aufgrund der Ich-Schwäche weniger effektiv, und das Individuum weiß oft, daß es Angst hat. In beiden Fällen jedoch manifestiert sich die Angst im Körper; im schizoiden Körper zeigt sie sich am eingefallenen Brustkorb und beim neurotischen Individuum am aufgeblähten Brustkorb. Der eingesunkene Brustkorb ist weich, der aufgeblähte starr.
Diese Unterscheidungen sind wichtig für das Verständnis der Ängste, die die Hingabe an den Körper verhindern. Entsetzen beeinträchtigt jedes aggressive Handeln, und da die Atmung ein aggressiver Akt ist, bei dem der Organismus Luft einsaugt, ist die Intensität dieses Aktes ein guter Maßstab für die Fähigkeit des Organismus, aggressiv zu sein, das heißt, nach dem zu greifen, was er braucht und will. Das Ausatmen hingegen ist ein passiver Akt, ein Loslassen, ein Entspannen der Muskelkontraktionen, die den Brustkorb aufblähen. Aufgrund seiner Angst vor dem Loslassen hält der Neurotiker fest. Als Erwachsener hält er an Menschen fest, wie er in der Kindheit an seiner Mutter festgehalten hat. Alle kleinen Kinder halten an ihrer Mutter fest und klammern sich an ihren Körper oder ihre Kleidung, denn sie ist ihr eigentlicher sicherer Halt. Wenn sie älter und stärker werden, tritt der Drang nach Selbständigkeit und Unabhängigkeit in den Vordergrund. Die Sicherheit, die die Mutter darstellt, wird ersetzt durch das Gefühl, sich mit sich selbst und im eigenen Körper sicher zu fühlen. Aber diese Sicherheit entwickelt sich nur soweit, wie das Kind sich in seiner Verbindung zur Mutter sicher gefühlt hat. Jedesmal, wenn diese Verbindung bedroht war, hat sein Körper sich zusammengezogen und seine Atmung nahm Schaden. Das Gefühl, sie zu brauchen, wurde erneut aktiviert, und die Abhängigkeit von der Mutter wuchs.
Jedesmal, wenn unser Leben bedroht ist, können wir in Panik geraten. Ein Mensch in Panik verliert die Kontrolle über sein Handeln, während er wie wild herumrennt, um der Bedrohung zu entkommen, und dabei schnell und flach atmet. Einige Menschen geraten eher in Panik als andere, wenn sie einer lebensbedrohlichen

Situation ausgesetzt sind. Einige wenige Individuen mit einem ausgeprägten inneren Sicherheitsgefühl können unter solchen Umständen die Ich-Kontrolle wahren und reagieren nicht mit Panik. Dann wieder gibt es Menschen, die auch dann panische Angst bekommen, wenn Situationen nicht lebensbedrohlich sind, zum Beispiel wenn sie im Auto über eine hohe Brücke fahren oder sich allein in einer Menschenmasse befinden. Das Paniksyndrom ist als neurotischer Zustand bekannt und betrifft auch Individuen, die ihre Wohnung nicht verlassen können, ohne in panische Angst zu geraten. Wenn wir begreifen möchten, warum ein Mensch in Panik gerät, wenn er außerhalb seiner Wohnung allein ist, müssen wir uns klarmachen, daß er sich fühlt, als wäre sein Leben bedroht. Da dieses Gefühl irrational ist, müssen wir annehmen, daß durch die Situation eine körperliche Erinnerung an lebensbedrohliche Umstände in der Kindheit ausgelöst wird.

Am häufigsten tritt vielleicht der Fall ein, daß eine Mutter negativ auf das Weinen ihres Kindes reagiert. Wenn ein Kind weint, ruft es nach der Mutter, weil es sie braucht. Wenn sie darauf – aus welchem Grund auch immer – nicht eingeht, erlebt das Kind das als lebensbedrohlichen Verlust der Mutter. In seiner Verzweiflung wird es immer heftiger, lauter und länger weinen, angetrieben von seinem Bedürfnis. Dieses Weinen erschöpft die Kraft des Kindes, und es kann sein, daß es plötzlich in Panik gerät, nicht mehr mühelos atmen kann und nach Luft ringt. Zum Schutze seines Lebens bricht der Körper das Weinen ab, indem er den Atem zurückhält, um die Kontrolle zu bewahren. Damit verschwindet vorübergehend auch das Gefühl der Todesbedrohung. Das Kind schläft erschöpft ein. Und im Laufe der Zeit wird die Erinnerung an diese Erfahrung verdrängt, aber der Körper vergißt sie nicht.

Eine solche Erfahrung führt, wenn sie vereinzelt auftritt, nicht zur Neurose. Unglücklicherweise leiden in unserer Gesellschaft viele Kinder nicht nur unter einem Mangel an Zuwendung und Unterstützung, die sie bräuchten, um zu selbständigen und reifen Erwachsenen heranzuwachsen; sie werden von ihren Eltern oft auch noch für unschuldige Dinge mit Strafe bedroht. Die meisten Eltern sind selbst in Familien aufgewachsen, wo Vater oder Mutter oder beide

sich gewalttätig verhielten. Da es ihnen an innerer Sicherheit und Stabilität fehlt, reagieren viele Eltern ihre Frustration und ihren Ärger an ihren Kindern ab, die mit der ständigen Drohung von Liebesverlust und damit in einem permanenten Zustand von Angst leben. Ihre Angst manifestiert sich in den vielen seelischen und körperlichen Störungen, unter denen sie leiden. Es überrascht nicht, daß sie nichts anderes kennen als den Kampf ums Überleben.
Man könnte argumentieren, daß die Fälle, mit denen ich zu tun habe, außergewöhnlich und nicht repräsentativ für die Durchschnittsfamilie sind. Aber niemand außer denen, die darin leben, weiß, wie es in der Durchschnittsfamilie aussieht, und selbst die Familienmitglieder verleugnen, wie unglücklich sie wirklich waren. Die Menschen, die mich als Patienten aufsuchen, sind Durchschnittsmenschen, die niemand als geisteskrank oder in anderer Form schwer gestört betrachten würde. Sie arbeiten, sind vielleicht verheiratet, haben Kinder und leben in relativ guten finanziellen Verhältnissen. Aber wenn man sie wirklich kennenlernt, stellt man schockiert fest, wie sehr sie zu kämpfen haben und wie unglücklich sie sind. Es folgt der Bericht einer Patientin über ihre Kindheit und ihr Leben.
Alice ist 32 Jahre alt und seit zehn Jahren verheiratet. Sie erzählte: »Als Kind hatte ich ständig Angst und war nervös. Von meiner Mutter fühlte ich mich gehaßt und von beiden Eltern abgelehnt. Meine Mutter kritisierte dauernd an mir herum. Ich fühlte mich sehr einsam, wertlos und deprimiert. Immer wenn ich ein Gefühl zeigte oder ein Problem hatte, sagte meine Familie, das hätte ich mir selbst zuzuschreiben, und kümmerte sich nicht weiter darum. Ich hatte das Gefühl, nicht gut genug zu sein und niemals mit anderen mithalten zu können.
Als Teenager versuchte ich, perfekt zu sein, aber ich litt unter Schlaflosigkeit und Magenschmerzen. Ich wurde ängstlich und depressiv. Ich bekam ein Schlafmittel für meine Schlafprobleme und weitere Medikamente für meine Magenstörungen. Ich habe im Laufe der Jahre mehrere Therapien, sowohl einzeln als auch in Gruppen, gemacht und bin auch etwas weitergekommen, aber ich brauche immer noch meine Schlaftabletten, um zur Ruhe zu kommen,

damit ich meine Aufgaben erfüllen und mein Leben weiterführen kann. Ich leide auch immer noch unter Verstopfung sowie unter Muskelverspannungen im Zwerchfellbereich und fühle mich immer einsamer und leerer, sowohl in meiner Ehe als auch in meinem Leben überhaupt.«

Kann man da noch in Zweifel stellen, daß die Erfahrungen ihrer Kindheit verantwortlich für ihre Probleme als Erwachsene waren? Alice zweifelte nicht daran. Aber bei aller Einsicht, die sie durch ihre Therapie gewann, hatte sie zu der Zeit, als ich ihr begegnete, immer noch das Gefühl, nichts dafür tun zu können, daß es ihr besser ging und sie sich von ihrer Vergangenheit befreite.

Dieser Fall wirft die Frage auf, welche Angst einen Menschen so stark an seine Vergangenheit fesselt, daß er sich trotz größter Anstrengungen nicht davon befreien kann, um ganz in der Gegenwart zu leben. Aber bevor wir diese Frage beantworten, müssen wir die Gegenwart besser verstehen. In Alices Leben gab es keine Freude und nur sehr wenig Vergnügen. Sie litt unter schweren Versagensängsten, die aufgrund der Tatsache, daß sie in den letzten Jahren wegen ihrer Arbeitsstörungen viele Jobs verloren hatte, in gewisser Weise gerechtfertigt schienen. Aber gleichzeitig war klar, daß es in Anbetracht ihrer heftigen Ängste nahezu unmöglich war, daß sie im Arbeitsleben gut zurechtkam. Sie steckte in einem Teufelskreis. Ihre Angst machte es ihr fast unmöglich, eine Stelle zu halten, was wiederum ihre Angst verstärkte. Da Alice in dieser Falle gefangen saß, war ihr Leben ein einziger verzweifelter Kampf ums Überleben.

Der Schlüssel für die Lösung ihres Konflikts lag in ihrer Äußerung, daß sie als Jugendliche versucht hatte, perfekt zu sein. Diese Bemühungen schlugen zwangsläufig fehl, denn niemand kann perfekt sein. Aber wenn sie nicht versuchte, perfekt zu sein, fühlte sie sich wertlos und ohne jede Hoffnung. Das war die Hölle, und ich konnte ihren verzweifelten Wunsch, sich daraus zu befreien, verstehen. Aber wie? Wenn man ihr half, stärker zu werden, würde sie sich noch mehr anstrengen, perfekt zu werden, und noch mehr versagen und verzweifeln. Jede Anstrengung, jeder Versuch war zum Scheitern verurteilt. Aber der Gedanke, das Bemühen um Veränderung aufzugeben und sich so zu akzeptieren, rief Angst hervor. Und doch war das der einzige Weg zu seelischer Gesundheit.

Alice mußte zunächst einmal akzeptieren, daß sie unglücklich war, denn das war nicht zu leugnen. Und sie mußte weinen. Sie hatte viel zu beweinen. Als ich sie darauf hinwies, sagte sie, sie habe viel geweint. Diese Antwort bekomme ich häufig, und sie stimmt auch ohne Zweifel. Die Frage ist aber, wie tief das Weinen geht. Wenn es so tief reicht wie der Schmerz und die Traurigkeit, kann es vollkommen befreiend sein. Alices Schmerz saß sich tief im Bauch, und ihre Darmbeschwerden hingen damit zusammen. Der Schmerz, den sie im Bereich ihres Zwerchfells verspürte, beruhte auf Verspannungen, die ihre Atmung blockierten und sie daran hinderten, tief aus dem Bauch heraus zu weinen. Hier sitzen unsere intensivsten Gefühle: unsere tiefste Traurigkeit, unsere größte Angst und Freude. Die süß schmelzenden Empfindungen, die mit sexueller Liebe einhergehen, verspüren wir ebenfalls tief im Bauch, wie ein intensives Glühen, das sich im ganzen Körper ausbreiten kann. Wenn Kinder schaukeln oder wippen, was sie so genießen, haben sie ebenfalls ein Lustgefühl im Bauch. Der Bauch ist sowohl der Sitz von Freude als auch der Ort, wo wir Traurigkeit und Verzweiflung empfinden, wenn keine Freude da ist.

Um zu dieser Freude zu gelangen, mußte Alice sich ihrer Verzweiflung öffnen. Wenn sie mit dieser tiefen Verzweiflung weinen konnte, würde sie mit der Freude in Kontakt kommen, die dem Leben erst seinen wahren Sinn gibt. Wir müssen zwar erkennen, daß Verzweiflung angsterregend ist, sollten aber auch wissen, daß sie nicht der Gegenwart, sondern der Vergangenheit angehört. Alice war verzweifelt, weil sie nicht perfekt sein und damit die Anerkennung und Liebe ihrer Eltern gewinnen konnte. Ihre Verzweiflung setzte sich bis in die Gegenwart fort, weil sie, um diese Liebe zu bekommen, immer noch zu überwinden suchte, was sie als ihre Fehler und Schwächen betrachtete. Im Grunde versuchte sie damit ihre Verzweiflung zu überwinden, was unmöglich ist, da sie diese tatsächlich empfand. Man kann die Verzweiflung verleugnen, aber das heißt, mit einer Illusion zu leben, die unweigerlich zusammenbrechen und das Individuen in eine Depression werfen wird.[3] Man kann versuchen, sich über die Verzweiflung hinwegzusetzen, was das Sicherheitsgefühl untergräbt; oder man kann sie akzeptieren und begreifen, was einen von der Angst befreit.

Die Verzweiflung akzeptieren heißt, sie fühlen und durch Schluchzen und Worte zum Ausdruck bringen. Der Körper äußert sich durch Weinen, die Seele hingegen durch Worte. Wenn beides in angemessener Form zusammenkommt, wird die Integration von Körper und Seele gefördert, was uns von Schuld befreit, so daß wir uns freier fühlen. Es ist wichtig, dabei die richtigen Worte zu benutzen. Der Schlüsselsatz lautet: »Es hat ja doch keinen Zweck.« »Es hat keinen Zweck, sich zu bemühen.« »Ich werde deine Liebe niemals gewinnen«, das ist die Aussage, die zum Ausdruck bringt, daß die Verzweiflung auf früheren Erfahrungen beruht. Die meisten Patienten jedoch projizieren ihre Verzweiflung in die Zukunft. Wenn sie ihre Verzweiflung zum erstenmal spüren, drücken sie sie oft mit Worten aus wie: »Mich wird nie jemand lieben« oder »Ich werde nie einen Mann finden«, und so fort. Sie begreifen nicht, daß sie die Liebe nicht finden können, ganz gleich, wie angestrengt sie suchen. Denn je verzweifelter sie sind, desto geringer ist die Wahrscheinlichkeit, daß ein anderer Mensch mit positiven Gefühlen auf sie reagiert. Wahre Liebe ist die Erregung, die wir in Erwartung der Lust und Freude verspüren, die uns die Nähe und der Kontakt zu einem anderen Menschen schenken. Wir lieben Menschen, mit denen wir uns wohl fühlen, und meiden jene, in deren Gegenwart wir leiden.

Alices Problem war, daß sie Angst vor ihrer Verzweiflung hatte, denn auf einer tiefen Ebene war diese für sie verbunden mit dem Tod. Sie hatte ihr Leben lang fast immer am Rande der Verzweiflung gelebt und zuviel Angst davor, das zu spüren. Sie war wie ein Mensch, der sich am Ufer des Meeres nur die Füße benetzt, weil er Angst hat, von der Gewalt des Meeres überwältigt zu werden. Das Meer ist ein Symbol für unsere tiefsten Gefühle: Traurigkeit, Freude, Sexualität. Es ist die Quelle des Lebens, und nur wenn wir uns dieser hingeben, können wir unser Leben in seiner ganzen Fülle leben. Wenn wir ganz in unsere Verzweiflung hineingehen, tauchen wir tief in den Bauch ein, der ebenfalls eine Quelle des Lebens ist.

Kein erwachsener Mensch ist jemals in seinen Tränen ertrunken, obwohl jeder Panik eine unterschwellige Angst vor dem Ertrinken zugrundeliegt. Ein Säugling, der von jeglichem liebevollen Kontakt abgeschnitten ist, wird sterben, was auch für ein kleines Kind gelten kann, denn ihre Körper brauchen den unterstützenden Kontakt mit einer Mutterfigur. Das Kind, das aufgrund mangelnder Liebe und Unterstützung beinah stirbt, aber überlebt, wird zu einem neurotischen Menschen, der sein Leben lang am Rande von Verzweiflung und Panik lebt, es sei denn, er befreit sich von der Angst, indem er als Erwachsener das frühe Trauma noch einmal durchlebt.

Einer meiner Patienten berichtete von einem Erlebnis, das seine fünfjährige Tochter betraf. Sie spielte Ball mit ihren Eltern und hatte sehr viel Spaß daran. Ihr kleiner Bruder, zwei Jahre alt, schaute zu und wollte ihren Platz einnehmen und mitspielen. Sie weigerte sich, ihm den Ball zu geben, und als die Eltern darauf bestanden, warf sie mit dem Ball nach ihm. Sie traf ihn nicht, aber ihr Vater rügte sie streng und sagte, sie solle das lassen, denn sie könne ihn verletzen. Dieser Verweis war für sie wie ein Schock, und sie begann zu schreien. Ihr Vater, der ihre Reaktion für irrational hielt, sagte ihr, sie solle aufhören zu schreien, woraufhin sie nur noch lauter schrie. Da er glaubte, ihr eine Lektion erteilen zu müssen, schloß er sie in einem großen Schrank ein und sagte, sie könne herauskommen, wenn sie fertig sei mit Schreien. Nach einigen Minuten hörte sie auf, kam aber nicht aus dem Schrank. Alarmiert öffnete der Vater die Tür. Sie lag auf dem Boden, völlig weiß im Gesicht und unfähig zu atmen. Sie brachten sie sofort ins Krankenhaus, wo der Arzt eine Bronchienerweiterung anordnete. Sie hatte einen Asthmaanfall gehabt, der zu ihrem Tode hätte führen können. Da sie nicht aufhören konnte, zu schreien, und Angst hatte, niemals aus dem Schrank herauszukommen, geriet sie in Panik und ihre Bronchien kontrahierten, so daß sie kaum noch atmen konnte.

Ich habe mit vielen Asthmatikern gearbeitet. Wenn sie Übungen machen, die ihre Atmung durch Weinen, Treten oder Schreien vertiefen, beginnen sie zu keuchen und holen sofort ihren Inhalator hervor, der der Verkrampfung der Bronchien entgegenwirkt, so daß sie leichter atmen können. Er beugt aber nicht ihrer Tendenz vor, sich bei tieferer Atmung zu verkrampfen. Da ihnen das Keuchen sehr viel Angst macht, weil es ein Zeichen für einen sich anbahnenden Asthmaanfall ist, schreiben sie ihre Angst der Tatsache zu, daß sie nicht atmen können. Das stimmt auch zum Teil, aber ebenso wahr ist, daß ihre Angst sie am Atmen hindert. Es ist die Angst, zurückgewiesen oder verlassen zu werden, wenn sie weinen, schreien oder zuviel fordern. Dieser stimmliche Ausdruck, der aus Gründen des Überlebens unterdrückt wurde, wird durch tieferes Atmen aktiviert. Wenn sie diese Dynamik erst einmal verstanden haben, nimmt ihre Angst ab. Dann kann ich sie ermutigen, sich dem lauten Weinen und Schreien zu überlassen, was ihnen jetzt möglich ist, ohne asthmatisch zu reagieren. Selbst wenn sie etwas ins Keuchen kommen, rate ich ihnen ab, den Inhalator zu benutzen, und versichere ihnen, daß sie mühelos atmen können, wenn sie nicht in Panik geraten. Zu ihrem Erstaunen klappt das fast immer.

Alice, deren Fall ich oben beschrieben habe, war keine typische panische Patientin. Ihr Brustkorb war nicht aufgebläht, und sie hatte mehr Schwierigkeiten mit dem Einatmen als mit dem Ausatmen. Ihre Angst ging tiefer und grenzte an Entsetzen, was eher eine Reaktion auf die Feindseligkeit der Mutter als auf Ablehnung und Verlassenwerden darstellt. Alice könnte als Borderline-Patientin mit einer starken Tendenz zu schizoider Persönlichkeitsspaltung und Dissoziation beschrieben werden. Unterschwellig hatte sie eher Angst, umgebracht als abgelehnt und verlassen zu werden. Diese Angst ist tiefer und intensiver und erfordert zu ihrer Überwindung eine stärkere Aktivierung von Zorn.

Panik enthält auch Todesangst, aber nicht in so großem Ausmaß. Um Patienten mit ihrer Panik in Berührung zu bringen, benutze ich die Technik, die in Kapitel 3 beschrieben wird. Der Patient liegt auf dem bioenergetischen Hocker und gibt einen Ton von sich, den er so lange wie möglich anhält. Am Ende des Tones versucht er zu schluchzen. Wenn das Schluchzen sich Bahn brechen kann, stößt er auf seine Angst, in der eigenen Traurigkeit zu ertrinken oder von seiner Verzweiflung überwältigt zu werden. Um sich gegen diese Gefühle zu wehren, versucht der Körper, die Atmung einzuschränken. Der Brustkorb verengt sich, und die Bronchien kontrahieren.

An diesem Punkt empfindet der Patient Panik. Lisa, die diese Panik erlebt hat, äußerte dazu: »Ich habe das Gefühl, nicht atmen zu können. Mein Brustkorb und mein Hals fühlen sich sehr hart an.« Aber sie erkannte nicht, daß sie das Trauma ihrer Kindheit noch einmal durchlebte. Sie fügte hinzu: »Ich kenne dieses Gefühl (der Verhärtung ihres Brustkorbs). Diese Verletzung geht so tief, daß ich nicht weiß, ob ich sterben will oder sterben werde. Das ist so ein stummer Schmerz, meine persönliche Hölle.« Dann erklärte sie, daß sie als Kind allein gelassen wurde. Weder Vater noch Mutter waren an ihr interessiert oder nahmen ihren Kampf und ihr Unglück überhaupt wahr. Sie wünschten sich ein glückliches Kind, also setzte Lisa eine glückliche, lächelnde Maske auf, um ihre Traurigkeit und Verzweiflung zu verbergen. Als sie sich erlaubte, aus tiefstem Grund zu weinen, empfand Lisa ein Gefühl von Befreiung, weil sie die Maske fallenließ. Lisa hatte niemals geheiratet und die Ekstasen der Liebe nicht erlebt. Sie wagte nicht, ihr Herz für die Liebe zu öffnen; es barg zuviel Schmerz. Nur wer diesen Schmerz erlebt, verliert die Angst davor. Zu der Zeit, als sie die oben erwähnten Einsichten äußerte, war sie jemandem begegnet, den sie, wie sie fühlte, wirklich liebte.

Sally war eine Frau, deren Körper zwischen Kopf und Becken so schmal und verhärtet war, daß sie mir wie eine Frau mit Zwangsjacke vorkam. Sie hatte einen wohlgeformten, starken Kopf und ein breites, gutaussehendes Gesicht. Auch ihre Beine und Füße waren ansehnlich und kräftig. Angesichts ihres breiten Gesichts und ihrer gesunden Beine konnte der schmale Rumpf nicht als Entwicklungsfehler betrachtet werden, sondern mußte als Folge ihrer traumatischen Kindheitserfahrungen gelten, die verantwortlich dafür waren, daß ihr Brustkorb und ihr Becken sich verengten. Diese Verengung war so ausgeprägt, daß ihre Atmung stark beeinträchtigt war. Trotz dieser Reduzierung ihres Atemvolumens war Sally nicht schwach. Ihre Muskeln waren gut entwickelt und konnten stark belastet werden. Die Verspannungen in ihrem Oberkörper dienten einer ganz bestimmten Funktion, nämlich jeden wilden oder gewalttätigen Ausbruch zu verhindern. Zu diesem Zweck werden in psychiatrischen Kliniken Zwangsjacken benutzt.

Sally hatte eine Therapie begonnen, um mit der drohenden Scheidung ihrer Ehe zurechtzukommen. Die Aussicht, allein zu sein, schreckte sie, obwohl ihre Ehe nicht glücklich war. Sie beschrieb ihren Mann als unzuverlässig. Er wechselte ständig seine Arbeitsstellen, und Sally hatte den Verdacht, daß er ein treuloser Ehemann war. Er war mehr ein großer Junge als ein Mann. Sally übernahm in der Familie die Verantwortung, verdiente das Geld, führte den Haushalt und kümmerte sich um die Kinder. Die Ehe konnte nicht gut gehen, weil Sally sich ausgenutzt und ihr Mann sich eingesperrt fühlte. Er reagierte auf Sallys Forderungen, mehr Verantwortung zu übernehmen, mit Versprechungen, die er nicht hielt. Als sie schließlich getrennt waren, wurde Sally depressiv und hatte Selbstmordgedanken. Sie konnte sich nicht als alleinstehende Frau sehen und auch nicht vorstellen, daß sie einen anderen Mann fand. Trotz der Tatsache, daß sie Männer anzog, fühlte sie sich einsam. Im tiefsten Inneren betrachtete sie sich als verlassenes Kind. Nach außen hin bewältigte sie weiterhin effektiv ihre Arbeit und ihre Lebenssituation.

Die Therapie zielt jedoch nicht darauf ab, daß der Patient lediglich zurechtkommt. Im Leben muß es um mehr gehen als um das bloße Überleben. Wir müssen im Leben Freude finden, sonst fallen wir in eine Depression, die unter Umständen sogar unser Überleben problematisch werden läßt. Sally empfand keine Freude; die starke Verhärtung ihres Körper schloß jedes Gefühl von Freiheit und Wohlbefinden aus. Sie mußte aus ihrer muskulären Zwangsjacke befreit werden; aber dazu war es notwendig, die Ereignisse in ihrem Leben, die ihr diese Zwangsjacke anlegten, zu kennen und die Kräfte in ihrer Persönlichkeit zu verstehen, die ihr in der Gegenwart so starke Fesseln anlegten.

Als ich Sally nach ihrer persönlichen Geschichte befragte, berichtete sie, was ihre Mutter ihr erzählt hatte. Sie war das jüngste von drei Kindern, acht Jahre jünger als die nächst ältere Schwester. Die Geschichte ist folgende: Bei ihrer Geburt, die zu Hause in einem Dorf stattfand, war sie blau angelaufen und sah so schwach aus, daß ihre Mutter glaubte, das Kind würde sterben. Deswegen wurde es beiseite gelegt. Sie starb aber nicht, sondern es zeigte sich, daß sie in Wirklichkeit ein sehr lebendiges Kind war. Sally schrieb ihre Angst vor dem Verlassenwerden immer diesen Ereignissen zu; aber wenn man tiefer in ihre Geschichte eindrang, zeigten sich noch weitere Aspekte dieser Angst. Als sie vier Jahre alt war und sich in der entscheidenden ödipalen Phase befand, ging ihr Vater von zu Hause weg. Ihre Mutter hatte ihm vorgeworfen, unzuverlässig zu sein und andere Frauen zu haben. Sally schien mit ihrer Ehe die Situation ihrer Mutter zu wiederholen. Der Vater besuchte die Familie aber von Zeit zu Zeit. Sally erinnerte sich daran, wie aufgeregt und glücklich sie war, ihn zu sehen, und wie bedrückt sie sich fühlte, wenn er wieder ging. Dieses Thema brachte sie in der Therapie oft zur Sprache. In einer Sitzung sagte sie: »Sobald ein Mann mich verläßt, habe ich das Gefühl zu sterben. Wenn ich mit einem Mann eine Auseinandersetzung habe, glaube ich sterben zu müssen, wenn er geht.«

Wenn Sally zu weinen begann, sagte sie immer: »Laß mich nicht alleine, Vati!« Sie erkannte, daß sie von ihrem Vater die Liebe, Unterstützung und den Schutz erwartete, die sie von ihrer Mutter nicht bekam. Als er die Familie verließ, mußte die Mutter arbeiten gehen, und Sally wurde bei ihrer Großmutter gelassen, vor der sie schreckliche Angst hatte. Sie hatte einen Traum, in dem sie an einem Meeresstrand stand. Sie sah ihre Großmutter auf sich zukommen und hatte das Gefühl, gleich umgebracht zu werden. In dem Traum verspürte sie den Impuls, ins Meer zu gehen und sich zu ertränken. Sally erinnerte sich auch daran, daß ihre Großmutter ihr einmal die Haare mit sehr heißem Wasser gewaschen hatte. Sie schrie und versuchte ihren Kopf aus dem Wasser zu heben, weil es weh tat, aber die Großmutter drückte Sallys Kopf ins Wasser zurück und sagte, es müsse so heiß sein, um die Läuse zu töten. Ihre Großmutter war sehr streng und drohte, sich umzubringen, wenn Sally kein »gutes«, gehorsames Mädchen wäre. Um dieser Drohung Nachdruck zu verleihen, trug sie ständig einen kleinen Beutel mit giftigen Kräutern bei sich, und jedesmal, wenn Sally weinte oder protestierte, sagte die Großmutter warnend, sie würde diese Kräuter essen. Die Unfähigkeit, zu weinen oder gegen Mißhandlungen heftig zu protestieren, existierte in Sallys Persönlichkeit immer noch

und beruhte auf der schweren Beeinträchtigung ihrer Atmung, die durch die Verspannungen in ihrem Brustkorb und ihrem Hals verursacht wurde.
Sallys Körper von diesen Verspannungen zu befreien, war keine leichte Aufgabe, denn durch diese Verspannungen war sie in ihrer Aggression gehemmt. Rebellieren hieß eine Katastrophe herbeiführen, die für sie so aussah, daß sie verlassen oder getötet würde. Sie begriff sehr wohl, daß ihre Probleme aus der frühen Kindheit stammten und daß ihre Angst, umgebracht zu werden, in bezug auf ihr gegenwärtiges Leben grundlos war. Aber für ihre Angst vor dem Verlassenwerden schien es in der Gegenwart reale Anlässe zu geben. Die meisten Patienten geraten bei dem Gedanken, allein zu sein und nicht geliebt zu werden, in Panik, trotz der Tatsache, daß sie einen Teil ihres Lebens allein gelebt haben. Sally begegnete dieser Angst mit der Hoffnung, jemanden zu finden, dem sie sich genauso unterwarf wie ihrer Großmutter. Unterwürfigkeit jedoch untergräbt eine Beziehung und erweckt die Angst vor dem Verlassenwerden erneut zum Leben. Wenn der andere die gleiche Angst und das gleiche Bedürfnis nach Kontakt hat, ist die Beziehung eine co-abhängige und damit überwiegend ein Ersatz für Liebe. Solch eine Beziehung führten Sally und ihr Mann.
Nach der Trennung verliebte sich Sally in einen anderen Mann, der sich als ebenso verantwortungslos und unehrlich erwies wie ihr Mann und ihr Vater. Er näherte sich ihr sehr stürmisch und erklärte ihr seine Liebe, die aber mehr aus Worten als aus Gefühlen bestand. Als Sally seine Unaufrichtigkeit erkannte und die Beziehung auseinanderging, war sie zutiefst verzweifelt und hatte das Gefühl, nicht weitermachen zu können und sterben zu müssen. Es half ihr, als ich sie darauf hinwies, daß die Person, die nach Rettung Ausschau hält, damit endet, daß man sie verflucht. Sie *brauchte* keinen Mann, sie war sehr wohl in der Lage, auf ihren eigenen starken Füßen zu stehen, aber sie weigerte sich, diese Position einzunehmen, denn dann hätte sie sich ihrer Verzweiflung stellen müssen, der Verzweiflung über die Tatsache, daß ihr Vater niemals zurückkehren würde, um sie zu lieben. Sie war sich ihrer realen Situation zwar bewußt, konnte sie aber emotional nicht verstehen. Denn zum

einen hatte sie die Erfahrung gemacht, daß die Realität zu schmerzlich war. Und zum anderen hatte sie Angst, eine mörderische Wut auf alle diese Männer zu entfesseln, wenn sie akzeptierte, daß sie von ihrem Vater, ihrem Ehemann und dem neuen Mann betrogen worden war. Sie würde in einem Wutausbruch explodieren, den sie als Wahnsinn erleben würde. Um das zu verhindern, hatte sie sich in eine psychische Zwangsjacke gesperrt. Aber Sally hatte keine Wahl, wenn sie Erfüllung im Leben finden wollte. Die Gefahr war nicht real. Sie konnte sich von dem Schmerz und der Verzweiflung befreien, indem sie heftig weinte, und sie konnte ihre Wut herauslassen, indem sie nach Leibeskräften auf das Bett in meiner Praxis eintrat und losschlug. Wenn sie die Kontrolle aufgab, konnte es sein, daß sie durchdrehte, aber anschließend fühlen sich die Patienten immer erleichtert, befreit von dem Druck und erfüllt von einer neuen, lustvollen Lebendigkeit.

In den Anfangskapiteln dieses Buches habe ich mit Nachdruck betont, wie wichtig es ist, den Patienten zum Weinen zu bringen, und gezeigt, daß das nicht so leicht ist, wie man vielleicht annehmen könnte. Die meisten Kinder werden nicht ermutigt, ihre Traurigkeit zum Ausdruck zu bringen, und einige werden sogar geschlagen, wenn sie weinen. Im Laufe ihrer Erziehung haben sie gelernt, Haltung zu bewahren, und viele sind stolz darauf, daß sie selbst dann nicht zusammenbrechen und weinen, wenn sie verletzt werden. Wenn wir unsere Traurigkeit durch Tränen und Weinen zeigen, ist das eine Möglichkeit, anderen unsere Gefühle mitzuteilen. Ganz gleich, was einige sagen mögen, die meisten Menschen reagieren positiv auf einen weinenden Menschen. Vielleicht versuchen sie, ihn aufzumuntern, aber nur selten wird ein Mensch aufgrund seiner Tränen abgelehnt. Aber wenn es um Verzweiflung und den Wunsch geht, aufzugeben, sieht die Sache etwas anders aus. Wir sind wie eine Armee von Nachzüglern, die nach einer Niederlage versucht, nach Hause zu kommen, und deren Überlebenschancen durch jedes Zeichen von Willensschwäche bedroht werden. »Versuch es immer wieder, gib nicht auf, schlepp dich weiter.« Diese Anweisungen wären dann sinnvoll, wenn wir von einem Feind verfolgt würden oder wenn ganz in der Nähe ein sicheres Haus auf uns wartete.

Aber wirkliche Sicherheit können wir in dieser Welt nur in uns selbst finden. Wohlstand, Ansehen und Macht sind keine Antworten auf ein unterschwelliges Gefühl von Verzweiflung und Unsicherheit. Das Bemühen, Verzweiflung und Unsicherheit zu überwinden, sichert im Grunde das Fortbestehen dieser Gefühle in der Persönlichkeit.
Als Sally ihre Verzweiflung spürte, schlug ich ihr vor, sich auf den Hocker zu legen und zu atmen. Dann bat ich sie zu schreien: »Es hat ja doch keinen Zweck. Ich werde nie einen Menschen finden, der mich liebt und beschützt.« Als sie das tat, brach sie in tiefes Schluchzen aus und rang plötzlich nach Luft. Ihr Weinen hatte aufgehört, und sie konnte nur noch sagen: »Ich kann nicht mehr atmen, ich kann nicht mehr atmen.« Dabei hatte sie das Gefühl, sterben zu müssen. Aber sie atmete, und tatsächlich ging ihr Atem tiefer als je zuvor in ihrer Therapie. Es stimmte, sie rang nach Luft, aber darin zeigte sich ihr Wunsch zu leben und nicht nur zu überleben. Das Ringen nach Luft konnte auch als Folge des Konfliktes in ihrer Persönlichkeit begriffen werden: sich ihrem Kummer hinzugeben und damit auch der Angst, verlassen zu werden, oder weiterzukämpfen. Ich unterstützte sie darin, sich hinzugeben, und sagte ihr, sie solle sich ihrem Weinen überlassen. Als sie dann losließ, wurde ihr Weinen sanfter und ging tiefer.
Als sie nach Luft zu ringen begann, hatte Sally ein Gefühl von Panik, aber die Panik verschwand, als sie sich dem Weinen ganz überließ. Ich konnte sehen, daß ihr Brustkorb weicher geworden war, und ihr Bauch sich entspannt hatte. Dann schlug ich ihr vor, zu treten und die Erdungsübung zu machen, um die tiefere Atmung zu halten. Als sie sich nach diesen Übungen aufrichtete, hatte ihr Gesicht einen anderen Ausdruck. Es trug ein Leuchten, wie ich es nie zuvor an ihr gesehen hatte. Ihre Augen strahlten. Sie sagte einfach: »Ich fühle mich gut.«
Das Gefühl von Panik kommt dann auf, wenn die Welle der Ausatmung nicht ungehindert durch das Zwerchfell in den Bauch fließt. Sie wird blockiert durch eine Kontraktion des Zwerchfellmuskels, was Schmerzen und ein Gefühl von Übelkeit hervorrufen kann. Es ist wichtig, diese Reaktion zu verstehen, wenn wir Patienten helfen

wollen, tief zu atmen. Die Übelkeit und der Brechreiz werden dadurch ausgelöst, daß die Welle gegen die Verspannungen des Zwerchfells stößt, die wie eine Steinmauer wirken, an der die Welle abprallt, um sich dann in die entgegengesetzte Richtung, nämlich aufwärts zu bewegen. Wenn die Welle durch das Zwerchfell und weiter in der Bauch läuft, dringt sie ein in die psychische Unterwelt, eine Welt der Dunkelheit. In der Mythologie steht das Zwerchfell, das wie eine Kuppel geformt ist, für die Erdoberfläche. Aber alles Leben nimmt seinen Anfang in der Dunkelheit der Erde oder des Mutterleibs, bevor es ans Licht des Tages tritt. Wir haben Angst vor der Dunkelheit, weil wir sie mit dem Tod in Verbindung bringen, mit der Finsternis des Grabes und der Unterwelt. Unser Bewußtsein stirbt in der Dunkelheit der Nacht, wenn wir schlafen gehen, um am nächsten Morgen frisch und wie neugeboren zu erwachen. Das Ich-Bewußtsein aufzugeben, macht vielen Individuen angst, denen es schwerfällt, einzuschlafen oder sich zu verlieben. Menschen hingegen, die in ihrem Unbewußten nicht zu Tode erschrocken sind, können in die psychische Unterwelt des Bauches hinabsteigen und dort die Freude und Ekstase finden, die die Sexualität uns schenkt. Wir müssen den Mut haben, uns dem Engel mit dem Flammenschwert zu stellen, der das Tor zum Garten Eden, unserem irdischen Paradies, bewacht.

Als Sally zwei Wochen später zu ihrer nächsten Sitzung kam, sagte sie, sie habe das wohlige Gefühl wieder verloren. Ich versicherte ihr, daß sie es zurückgewinnen würde, wenn sie ihrem Kummer und ihrer Verzweiflung erneut Ausdruck verliehe. Als sie auf dem Bett lag und heftig zutrat, schrie sie: »Ich habe es satt, mich anzustrengen. Das hat überhaupt keinen Zweck. Ich kann das einfach nicht mehr machen.« Und wieder bahnte ihr das Schreien den Weg zu einem tiefen Weinen, aber diesmal verspürte sie keine Panik, als sie sich dem Weinen überließ. Am Ende der Sitzung fühlte sie sich in ihrem Körper wieder ausgesprochen wohl. Der Satz »Ich habe es satt, mich anzustrengen« war für ihre augenblickliche Lebenssituation wichtig. Man hatte oft von ihr verlangt, daß sie Überstunden machte und Arbeit mit nach Hause nahm, was ihrem Wunsch entgegenstand, mehr Zeit mit ihrem Sohn zu verbringen. Ihre neurotische Persönlichkeit ließ nicht zu, daß sie dagegen protestierte. Nachgeben bedeutete Überleben, und etwas anderes kannte sie nicht. Aber als sie durch das immer tiefer gehende Weinen und Atmen lebendiger wurde, spürte sie das Schmerzliche an ihrer Situation deutlicher und nahm auch ihren diesbezüglichen Zorn wahr. Stark geworden durch diesen Zorn, sprach sie mit ihrem Chef, der zu ihrer Überraschung keinerlei Einwände dagegen hatte, daß sie keine Überstunden mehr machen wollte, es sei denn in Notsituationen.

Sally mußte weiter an ihrem Körper arbeiten. Dessen Verhärtung hatte bereits merklich nachgelassen, aber noch lange nicht vollständig, so daß sie erfüllt sein konnte. Sie sah das Licht am Ende des Tunnels, aber sie war noch nicht dort angelangt. Sie mußte mit der Atemarbeit fortfahren, um ihren Brustkorb noch weiter zu dehnen, mußte weiter schreien, um ihren Hals noch mehr zu öffnen, und weiter weinen, damit ihr Bauch weicher wurde. Diese Arbeit würde sie für lange Zeit fortsetzen müssen, damit ihr Sicherheitsgefühl wuchs und ihre Freude tiefer ging. Sie hatte immer noch sehr viel Zorn in sich, der herausgelassen werden mußte: Zorn auf ihre Großmutter, die ihr angst gemacht hatte, auf ihre Mutter, die sie verlassen hatte, und auf ihren Vater, der sie verführt und zurückgewiesen hatte. Ihre Beziehung zu Männern war ein entscheidendes Element in ihrer Neurose. Da sie glaubte, Männer zu brauchen, hatte sie zugelassen, daß diese sie ausnutzten. An einem Punkt explodierte ihr Zorn auf ihren Mann, begleitet von dem Gefühl, sie könnte ihm die Hoden abschneiden. Aber sie erkannte, daß ihre Bedürftigkeit sie getrieben hatte, sich Männern gegenüber verführerisch zu verhalten. Nach ihrem Durchbruch war sie jedoch beträchtlich weniger bedürftig, was auch die unterschwellige Panik verringerte. Sie hatte das Gefühl, allein sein und sich an ihrer Freiheit freuen zu können.

Jeder Patient muß die Barriere durchbrechen, die die Angst vor dem Tode errichtet. Eine weitere Patientin, eine fünfzigjährige Frau mit Namen Nancy, die eine Borderline-Persönlichkeit hatte und unter Bulimie litt, hatte diesen Durchbruch nach mehreren Jahren Therapie, in denen sie den Willen gewann, um ihr Leben zu kämpfen.

Wir hatten sehr viel daran gearbeitet, ihre Atmung zu verbessern und ihre Traurigkeit und ihren Protest zum Ausdruck zu bringen, so daß sie in einer negativen Lebenssituation für sich einstehen konnte. Aber ihre Gefühle waren nie stark genug, weil ihre Atmung nicht tief genug reichte.

Während sie auf dem Hocker lag, atmete und dann einen Ton von sich gab und anhielt, brach sie den Ton genau in dem Augenblick ab, wo er in ein tiefes Schluchzen hätte übergehen können. Sie hatte große Angst und sagte: »Es wird so dunkel. Ich habe das Gefühl gleich zu sterben.« Dieses Gefühl würde jedem Menschen angst machen, aber warum glaubte sie, sterben zu müssen, wo ihr Atem in Wirklichkeit kräftiger wurde? Die Antwort lautet, daß das tiefere Atmen sie mit der Angst vor dem Tod in Berührung brachte, die immer in ihr gewesen war. Nancy war als Kind fast gestorben. Die Geschichte, die sie mir erzählte, ist interessant. Im Alter von etwa zwei Jahren war sie ein pummeliges, hübsches kleines Mädchen gewesen. Als ihre Mutter sah, wie das Kind zunahm, befürchtete sie, Nancy könne einmal eine dicke Frau werden wie die Schwester der Mutter. Aus dieser Angst heraus bewachte sie das kleine Mädchen ständig beim Essen und jagte Nancy solche Angst ein, daß diese ihren Appetit verlor und nicht mehr essen konnte. Als das Kind abnahm und dünner wurde, geriet die Mutter in Panik und drängte es zu essen, aber ohne Erfolg. Das kleine Mädchen landete schließlich in einem kritischen Zustand im Krankenhaus. Ich war mir sicher, daß ihre Bulimie auf dieser Erfahrung beruhte. Als sie die Therapie bei mir anfing, hatte sie immer noch entsetzliche Angst vor einer Gewichtszunahme. Aber zuzunehmen war für sie sehr schwierig. Der Durchbruch ereignete sich mehrere Sitzungen nach der einen, in der sie ihre Angst vor dem Tod erlebt hatte. Ich versicherte ihr, es bestünde keine Gefahr, daß sie sterben würde. Ich erklärte ihr, daß folgendes geschehen war: Als sie tiefer atmete, spürte sie ihr Entsetzen und hörte auf zu atmen. Damit schnitt sie die Sauerstoffzufuhr zum Gehirn ab. Das wiederum führte dazu, daß sie das Gefühl hatte, es würde dunkel um sie herum. Das einzige, was geschehen konnte, war, daß sie ohnmächtig werden würde, aber in diesem Fall würde die Atmung spontan wieder einsetzen, und sie würde ihr Bewußtsein vollständig wiedererlangen. Als wir in der nächsten Sitzung zu dieser Übung zurückkehrten, erlebte sie wieder, daß es dunkel um sie wurde und sie Angst vor dem Sterben bekam, aber diesmal war die Erfahrung nicht so intensiv. Wir hatten eine starke therapeutische Verbindung aufgebaut, so daß sie sich meiner Führung anvertrauen konnte. Bei der dritten Gelegenheit lag sie auf dem Bett und trat und schrie. Als der Ton brach, begann sie heftig zu schluchzen, diesmal aus dem Bauch heraus. Nachdem sie mit dem Weinen aufgehört hatte, rief sie aus: »Ich bin nicht gestorben! Ich bin nicht gestorben!« Sie hatte das Gefühl, mit einer Angst fertig geworden zu sein, die sie ihr Leben lang gefesselt und eingeschränkt hatte. Ihr Mut, ihr Leben in die Hand zu nehmen, nahm beträchtlich zu, denn sie hatte ein Gefühl im Bauch bekommen, das wir als »Mumm haben« bezeichnen. Aber das heißt nicht, daß sie alle Angst verlor. Sie hatte sich ihrer Angst vor dem Tod gestellt und die Unterwelt betreten. Und jetzt mußte sie sich einen Weg durch diese Welt bahnen.

William ist der Goldjunge, dessen Probleme ich in Kapitel 5 beschrieben habe. Ich hatte mehrere Jahre mit William gearbeitet, und er hatte in seinem Leben beträchtliche Fortschritte gemacht. Er war jahrelang mit einer aggressiven Frau verheiratet gewesen, von der er abhängig war. Als die Ehe zerbrach, wurde er depressiv. Er fing sich wieder, überwand seine Depression aus eigener Kraft und wurde in der Welt wieder aktiv. Er begegnete anderen Frauen und begann auch beruflich Fortschritte zu machen, aber er fühlte sich frustriert, als ob ihm irgend etwas fehlte. Als er mich zum erstenmal aufsuchte, konnte ich an den enormen Verspannungen seines Körpers ablesen, daß er ein gequälter Mann war. Er konnte die Verspannungen fühlen und wußte, daß er Abhilfe schaffen mußte. Aber auch wenn er meinen Hinweis auf die Schwere seiner Verspannungen akzeptierte, reagierte er emotional nicht darauf. Er weinte nicht und wurde auch nicht zornig. Er war jedoch bereit, an seinem Körper zu arbeiten, um seine Atmung zu vertiefen und sich besser zu erden. Diese Arbeit half ihm, sich wohler zu fühlen und produktiver zu werden. Parallel zur Körperarbeit lief die Analyse der Beziehung zu seiner Mutter, die ihm eingeredet hatte, daß er etwas

Besseres sei. Sein Vater war nie ein starker Mensch gewesen, der ihn unterstützte, denn die Mutter hatte William völlig in Besitz genommen. Ich übernahm die Rolle des starken Vaters für ihn, und er ließ mich an den Ereignissen seines Lebens teilhaben.

Im Laufe der nächsten Jahre machte William kontinuierlich weitere Fortschritte. Er bekam Anerkennung in seinem Beruf und begegnete einer Frau, für die er Liebe und Achtung empfand. Er lernte auch zu weinen, was er in den Sitzungen und zu Hause regelmäßig tat, wenn er die bioenergetischen Übungen machte. Inzwischen war er ziemlich erfolgreich und dachte daran, die Frau zu heiraten. Und genau zu der Zeit, als alles so gut zu gehen schien, begann er sich wieder darüber zu beklagen, daß er sich frustriert fühle. Trotz der Liebe zu seiner Partnerin hatte seine sexuelle Erregung nachgelassen. Ich habe bereits bei der früheren Besprechung dieses Falles meine Überzeugung geäußert, daß seine Unfähigkeit, wirklichen Zorn auf seine Mutter zu empfinden, ihn in seiner Hingabe blockierte. Und da er immer noch keinen Zorn verspüren konnte, wuchs seine Frustration.

Eine Sitzung begann William mit der Klage, daß er sich für nichts im Leben begeistern könne und keine Leidenschaft für seine Frau oder seine Arbeit empfände. Auf dem Hocker liegend, begann er zu weinen. Ich schlug ihm vor zu sagen, »Oh Gott, es ist ein furchtbarer Kampf.« Sein Hals verkrampfte sich, und er konnte die Worte nicht herausbekommen. Er stand auf und sagte: »Irgend etwas daran macht mir angst.« Er sah tatsächlich auch verängstigt aus, fast als wäre er in Panik. Ich bat ihn, sich wieder auf den Hocker zu legen und zu sagen: »Oh Gott, ich bekomme nicht genug Luft.« Das tat er und fügte hinzu: »Das stimmt auch.« Er empfand eine Angst, die zwischen Panik und Entsetzen angesiedelt war und die zu spüren, er sich vorher nie erlaubt hatte. Dann erzählte er mir ein äußerst wichtiges Detail aus seinem Leben. Als Junge hatte er etwa einmal im Monat mehrere Abende lang vor dem Schlafengehen geweint. »Ich wachte dann immer mit sehr düsteren Zukunftsahnungen auf«, sagte er. »Aber wenn ich aufstand und aktiv wurde, ging das wieder vorbei.« Er bekannte auch, daß er diese Düsternis heute immer noch empfand, wenn auch nur vorübergehend.

William befand sich in der Erdungsposition, als er mir das erzählte. Als er sich aufrichtete, sah ich erstaunt, wie sehr sein Gesichtsausdruck sich verändert hatte. Er sah weich und jung aus und strahlte. Es war, als wäre er aus einer dunklen Zelle befreit worden. Da erkannte ich, daß sein üblicher Ausdruck eine Maske war. Er lächelte oft, aber sein Lächeln war ebenso hart und verspannt wie sein Körper. Sein veränderter Gesichtsausdruck beruhte darauf, daß er sich seine Verzweiflung eingestanden hatte. »Ich mache mir keine Illusionen mehr über mein Leben«, bemerkte er. Aber warum mußte er das verbergen und sogar verleugnen? Diese Verleugnung verriet eine tiefgehende Angst.

Als wir über seinen mangelnden Zorn sprachen, sagte er: »Ich sehe mich als gesellschaftlich erfolgreich an. Ich habe Geld, Freunde und Besitz. Ich fühle mich nicht schlechter als andere Menschen.« Mir war klar, daß er sich zutiefst schämte zu zeigen, daß es ihm schlecht ging. Er war in dem Glauben erzogen worden, etwas Besonderes, Gottähnliches zu sein. Er durfte nicht sein wie die anderen. Es war ihm verboten, sexuelles Interesse an Mädchen zu zeigen. »Sex gab es in meiner Familie nicht«, sagte er. »Meine Mutter äußerte meinen Schwestern gegenüber nie ein Wort über Sex. Sie verbrachte sehr viel Zeit in der Kirche. Ich war Meßdiener. Sie war besessen von Sauberkeit und Frömmigkeit. Sauber sein und gut sein.« Wenn William nicht gehorchte, wurde er streng ermahnt, war er »böse«, wurde ihm der Hintern versohlt. Er wurde nie ins Gesicht geschlagen. Welche große Angst zwang ihn, seine Gefühle zu verleugnen und um jeden Preis danach zu streben, überlegen zu sein? Mir wurde klar, daß Williams Mutter verrückt war wie alle Fanatiker; daß er als Junge entsetzliche Angst vor ihr hatte und in Panik geriet bei dem Gedanken, sie könne ihn ablehnen, wenn er sie provozierte. Ich hatte in der Therapie immer wieder darauf angespielt, daß ihr Fanatismus ein Zeichen für die Realitätsferne ihrer Persönlichkeit sei, aber William betrachtete sie nur als ungewöhnliche Frau. Jetzt konnte er zum erstenmal akzeptieren, daß seine Mutter in gewisser Weise psychisch krank war. Er verlor seine Scheuklappen und konnte etwas klarer sehen. Die Welt war nicht länger ein düsterer, finsterer Ort. Das Licht wurde in den folgenden Sitzungen immer heller.

Marys Geschichte spiegelt die einzelnen Schritte wider, die sie in ihrer Therapie zu dem bemerkenswerten Anwachsen ihrer Lebensfreude führten. Mary, die selbst als Gestalttherapeutin arbeitete, war 33 Jahre alt und verheiratet, als sie ihre Therapie bei mir anfing. Sie hatte einen meiner Workshops für Fachleute besucht und war zutiefst beeindruckt, daß ich ihren Kampf durch eine Analyse ihres Körpers verstehen konnte. Am auffälligsten war bei ihr die Trennung von Ober- und Unterkörper. Es sah aus, als wären die beiden Körperhälften auseinandergezogen worden. Ihre Taille war schmal und langgezogen. Beide Körperhälften wirkten schwach: Ihr Brustkorb war verspannt und zusammengezogen, ihr Hals dünn und etwas lang, und ihr Gesicht sah weich und schwach aus. Die untere Körperhälfte machte einen ähnlich kraftlosen Eindruck, da ihr Becken schmal und verspannt und die Beine lang und dünn waren. Auch ihre Füße sahen nicht kräftig aus. Die Schwäche in Marys Körper wies auf eine reduzierte energetische Aufladung hin, die sich auch in einer mangelnden Gefühlsintensität zeigte. Ihr Selbstbehauptungsvermögen zum Beispiel war nur schwach ausgeprägt. Außerdem waren die einzelnen Teile ihres Körpers – Kopf, Brustkorb und Becken – nicht gut miteinander verbunden.

Als ich Mary im Verlauf des Workshops darauf hinwies und sagte, sie habe große Probleme, für die sie eine körperorientierte Therapie brauche, erzählte sie mir, daß kein anderer Therapeut bislang ihre Schwierigkeiten gesehen habe. Sie hatte in Psychologie promoviert und kam auf einer verbalen Ebene sehr gut mit sich zurecht, wovon die meisten Therapeuten sich in die Irre führen ließen. Sie hatte ein attraktives, junges Gesicht mit einem entgegenkommenden Lächeln, das ihren Wunsch ausdrückte, anderen zu gefallen, und hinter dem sie auch ihre Traurigkeit und Panik verbarg. Als wir anfingen, nahm sie es dankbar auf, daß ich ihre Traurigkeit und Panik erkannte. Sie begrüßte es, daß ich sie ermutigte zu weinen, denn das hatte sie dringend nötig. Sie trat und schrie auch und protestierte dabei mit dem Wort »Warum?« gegen ihre unglückliche Kindheit. Es fiel Mary nicht schwer zu spüren, wie tief sie als Kind verletzt worden war. Als wir daran arbeiteten, daß sie ein besseres Gespür für sich als Person entwickelte, erzählte sie von Erinnerungen und Vorfällen aus ihrer Kindheit, die zeigten, wieviel Angst sie damals hatte. »Als ich klein war, band meine Mutter mich immer fest. Einmal band sich mich an der Außentür fest. Ich weiß noch, wie ich schrie und schrie, weil ich rein wollte, aber sie ignorierte mein Schreien. Meine Schwester und ich wurden von meiner Mutter regelmäßig mit einem Holzlöffel oder einem Bügel geschlagen.«

Für Mary war ihre Kindheit in der Erinnerung ein einziger Alptraum. Sie war als Kind Schlafwandlerin, und manchmal rannte sie dabei, als wollte sie weglaufen. Sie hatte beängstigende Träume. »Ich trieb auf dem Meer, und Haie kamen auf mich zu. Manchmal wachte ich auf, bevor sie mich angriffen, aber manchmal bissen sie mir die Beine ab, bevor ich wach werden konnte. Im Wasser war Blut. Ich weiß nicht, ob ich geschrien habe, aber ich wachte voller Entsetzen auf. Dann gab es da noch einen anderen Traum, der nicht so deutlich war. Ich war in einem Wald, und eine Schlange verfolgte mich, aber ich fühlte mich wie gelähmt und konnte mich nicht fortbewegen. Diese Träume hatte ich zwischen vier und fünf. Selbst heute noch kann ich das Entsetzen in mir spüren. Ich war ein sehr ängstliches Kind, aber ich tat so, als ob ich tapfer wäre. Selbst mit zwölf Jahren noch hatte ich schreckliche Angst, wenn ich jemanden um etwas bitten mußte. Das war eine Qual für mich.«

Als ich Mary fragte, wer der Hai sein könne, sagte sie: »Ich dachte immer, es sei mein Vater. Aber in jüngster Zeit spüre ich sehr viel Angst vor meiner Mutter. Ich habe nie wahrgenommen, daß meine Mutter mich haßte. Jetzt kann ich fühlen, daß sie mich nicht liebt. Ich habe Angst, der Tatsache ins Auge zu sehen, daß sie mich haßt.«

In dieser Sitzung eröffnete Mary mir, sie habe gewußt, daß ihre Eltern heirateten, weil ihre Mutter schwanger mit ihr war. Sie hatte das Gefühl, daß ihr Vater ihre Mutter gar nicht heiraten wollte. Als sie geboren wurde, stritten die Eltern sich über ihren Namen, und schließlich wurde sie so genannt, wie ihr Vater es wollte. Dann sagte sie: »Als kleines Kind habe ich immer das Gefühl gehabt, daß ich eigentlich Vatis Braut bin.« Mary war sich bewußt, daß ihr Vater ein sexuelles Interesse an ihr hatte, auch wenn sie nicht das Gefühl hatte, daß er sie mißbrauchte. Als sie älter war, nahm er sie mit in die Kneipen am Ort, wo sie seine Freunde kennenlernte. Sie

spürte, daß diese Männer sie begehrlich anschauten und ihr Vater sie ihnen vorführte. Das ängstigte und erregte sie zugleich.
Es war für Mary ganz wesentlich, daß sie ihr körperliches Problem spürte und begriff, wie ihre Kindheitserfahrungen es verursacht hatten. In der Therapie wies ich sie immer wieder auf die Spaltung ihres Körpers und die Notwendigkeit hin, die einzelnen Teile miteinander in Einklang zu bringen. Das wird dadurch erreicht, daß die Erregungswelle, die die Atmung begleitet, kräftig durch den ganzen Körper fließt. Das Atmen auf dem Hocker fördert diesen Fluß. Als sie in einer Sitzung auf dem Hocker lag und atmete, begann sie zu weinen und sagte: »Oh Gott, ich kann die Trennung meines Körpers in eine obere und eine untere Hälfte nicht mehr ertragen. Ich fühle mich wie auf der Folterbank.« Sie war psychisch gefoltert worden, und ihr Körper war durch die emotionalen Kräfte, denen sie zu Hause ausgesetzt gewesen war, gebrochen worden. Aber gleichzeitig war es ihr nicht möglich, gegen diese Behandlung zu protestieren, denn ihre Eltern waren blind für das, was sie ihr antaten. Mit meiner Ermutigung schrie sie: »Ihr foltert mich, und ich kann das nicht aushalten!« Aber dann fügte sie hinzu: »Ich habe das Gefühl, ich komme da nicht heraus.« Bei dieser Bemerkung sackte sie zu Boden und schluchzte heftig.
Sie erzählte weiter: »Meine Mutter war ständig hinter mir her und ging jedesmal auf mich los, wenn ich versuchte, mich zu befreien oder irgendein sexuelles Gefühl äußerte. Ich gab auf. Ich wurde ihr kleines Dienstmädchen, und sie war sehr glücklich. Aber ich war danach in der Schule sehr schüchtern. Ich dachte, irgend etwas sei falsch mit mir. Ich fühlte mich schuldig, weil ich wütend auf sie war.« Aber sie hatte auch Schuldgefühle, weil sie sich zu ihrem Vater sexuell hingezogen fühlte. In einer späteren Sitzung klagte sie über quälende Schmerzen im Becken. Es widerstrebte ihr, tiefer in dieses Gefühl hineinzugehen. Als wir dann über ihre Angst sprachen, tief in ihr Becken hineinzuspüren, sagte sie: »Oh Gott. Ich kann fühlen, daß ich festhalte, um mich vor dem Wahnsinn meines Vaters zu schützen. Er wäre durchgedreht, wenn ich zugelassen hätte, daß meine sexuellen Gefühle hochkommen.« Sie begann heftig zu weinen und fügte dann hinzu: »Es fühlt sich an, als

ob die ganze Energie meines Vaters sich in meinem Becken sammelt. Seine Augen starrten ständig auf mein Becken. Es war verrückt, quälend, unerträglich. Ich wußte, daß er pervers war, aber jetzt kann ich es direkt spüren. Aber da niemand es bestätigte, redete man mir ein, daß ich die Böse sei. Ich löste mich von den sexuellen Gefühlen in meinem Becken und wurde zum ›Engel‹, einem braven katholischen Mädchen. Wenn ich irgendein sexuelles Gefühl hatte oder sexuelle Erregung zeigte, fühlte ich mich pervers. Das ist ganz schön traurig. Aber«, fuhr sie fort, »mir ist jetzt wohl in meinem Körper, und während ich einerseits meine Sexualität stärker fühle, verhalte ich mich andererseits weniger verführerisch.« Dieser Fortschritt war eine Folge der Auflösung von Verspannungen in ihrem Körper durch Weinen, Schreien, Treten und Schlagen, was der Erregungswelle ermöglichte, freier durch den Körper zu fließen. Sie machte auch zu Hause regelmäßig bioenergetische Übungen, die ihren Körper kräftigten. Infolge der intensiven Körperarbeit und dem damit einhergehenden Ausdrücken von Gefühlen nahm ihre Angst weitgehend ab.
In einer Sitzung lag sie gerade auf dem Hocker und atmete, als ich für einen kurzen Augenblick das Zimmer verließ. Als ich zurückkam, war sie in einem Zustand von Panik. Sie schrie laut: »Laß mich hier nicht allein mit ihr!« Als ich sie fragte, wovor sie Angst habe, sagte sie: »Ich habe das Gefühl, sie würde mir meine Vagina herausreißen.« Für uns beide war klar, wie ihr Kampf aussah. Da sie sich von ihrer Mutter gehaßt fühlte, suchte sie bei ihrem Vater Liebe, aber seine Liebe hatte etwas Perverses an sich, was sie erregte und ängstigte und gleichzeitig anfälliger für die Eifersucht und die Wut ihrer Mutter machte. Sie war von ihren Eltern buchstäblich zerrissen worden, da jeder der beiden ein anderes emotionales Verhalten von ihr forderte. Ihre Mutter verlangte, daß sie sich asexuell und jungfräulich verhielt, während ihr Vater sexuell auf sie reagierte.
In einer Sitzung spürte sie, als sie auf dem Hocker lag, wie schwer ihr das Atmen fiel. Sie hatte geweint, und ihre Kehle hatte sich zusammengezogen. Sie sagte: »Wenn ich zu sehr weine, ersticke ich.« Aber sie konnte nicht aufhören zu weinen. »Oh Gott,« sagte

sie, »meine Traurigkeit ist überwältigend. Ich halte das nicht aus. Sie haßt mich, und ich brauche sie. Mein Brustkorb fühlt sich an wie ein einziger großer Schrei gegen ihre kalten, haßerfüllten Augen. Oh mein Gott! Ohne die Liebe meines Vaters hätte es für mich keinen Grund gegeben zu leben. Deswegen sind Männer immer so wichtig für mich gewesen.«

Wie wir gesehen haben, hatte Mary sich von ihrer Sexualität distanziert, um nicht vom sexuellen Interesse ihres Vaters überwältigt zu werden und sich vor der Eifersucht und Wut ihrer Mutter zu schützen. Aber damit untergrub sie ihre eigene Integrität und Sicherheit. Verletzlich wie sie war, wandte sie sich um Schutz und Liebe an Männer. Die Folge war, daß Männer sie im Namen der Liebe sexuell benutzten, was ihr Selbstgefühl noch weiter schwächte. Um unabhängiger zu werden und sich besser behaupten zu können, mußte sie ihren Selbstbetrug klar sehen. Sie sagte: »Es schockiert mich, wie reizend und zugewandt ich mich Männern gegenüber verhalten kann. Ich hatte immer das Gefühl, für meinen Vater und meine Professoren etwas Besonderes zu sein. Wenn ein Mann mir dieses Gefühl gibt, gebe ich ihm dafür Sex.« Sie war jedoch auch imstande, ihren Zorn gegen die Männer zu mobilisieren, die sie benutzt hatten. Aufgrund des destruktiven Verhaltens ihrer Eltern hatte sie jedoch eine mörderische Wut in sich, die langsam freigesetzt werden mußte, weil sie sonst zu beängstigend gewesen wäre.

Marys Beziehung zu ihrer Familie war ebenso verzwickt wie ihre Beziehung zu Männern. Einerseits fühlte sie sich als etwas Besonderes, andererseits war sie zornig. Sie sagte: »Was mich so wütend macht, ist, daß sie so tun, als wäre ich ihr Eigentum. Aber ich habe ihnen gegenüber auch Schuldgefühle und begreife, daß ich damit meinen Wunsch verleugne, sie zu verletzen.« Mit jeder Sitzung vertieften sich ihre Einsichten über sich selbst. »Mir ist klar, daß ich zulasse, Opfer zu sein und anderen erlaube, ihre Feindseligkeit und ihre negativen Gefühle bei mir abzuladen. Bevor ich das erkannte, hielt ich mich selbst für einen Engel.« Später fügte sie hinzu: »Ich möchte, daß man an mir etwas wieder gutmacht und sich um mich kümmert. Ich habe das Gefühl, daß ich wirklich so ein Engel

war und sie mir etwas schulden.« Sie erkannte auch, wie neurotisch diese Einstellung war. Und sie konnte spüren, wie mörderisch ihre Wut war. Es machte ihr angst, mit dem Tennisschläger auf das Bett einzuschlagen und dabei zu schreien: »Ich könnte dich umbringen!« Sie sagte: »Ich konnte den Wahnsinn in mir spüren.« Aber als sie das Gefühl von Zorn und Verrücktheit akzeptierte, verschwand die Angst. Und als ihr Zorn heftiger wurde, sagte sie: »Mit diesem Gefühl in mir brauche ich keinen Mann, der mich beschützt.«
Als sie in einer anderen Sitzung auf das Bett einschlug, äußerte sie: »Ich kann die Wärme spüren, die mir den Rücken hochsteigt, wenn ich zuschlage. Es fühlt sich gut an, ein Rückgrat und eine Vorderseite zu haben.« Die Emotion, die mit dem Rücken in Verbindung steht, ist Zorn, während die Vorderseite des Körpers der Sitz von Sehnsucht und Liebe ist. Mary konnte jetzt verstehen, warum und wie ihr das Gefühl verlorenging, ein Rückgrat zu haben und sich gegen Menschen auflehnen zu können. Sie erzählte: »Wenn ich als Kind zornig wurde, geriet mein Vater in Wut, und meine Mutter machte mir Vorwürfe. Als ich mein Tagebuch las, konnte ich sehen, wie ich meinen Zorn unterdrückt habe. Wenn mich jemand ärgerte, gab ich mir selbst die Schuld. Ich wollte gut sein. Das war das Ideal meiner Mutter. Mein Vater war ein zorniger Mensch, und ich wollte nicht so sein wie er. Als ich etwa sieben, acht Jahre alt war, hatte ich immer Schuldgefühle, wenn ich frech zu meiner Mutter war, und beichtete es dem Pfarrer.«
Es gab noch einen anderen Aspekt in Marys Therapie, der ihre Selbstachtung und Selbstbeherrschung förderte: Mit Hilfe einer verstärkten Aufladung im Becken konzentrierte sie sich auf die Gefühle, die mit ihrem Becken und ihrer Sexualität verbunden waren. Wenn sie tiefer atmete und weinte, floß die Erregung nach unten, und ihr Unterkörper vibrierte stärker. Auch die Erdungsübung, die oben beschrieben wurde, war eine große Hilfe für sie. Jede Freisetzung einer starken Emotion verstärkt den Erregungsfluß. Nachdem sie in einer Sitzung heftig gegen das Bett getreten und dabei geschrien hatte: »Ich kann das nicht aushalten! Und ich werde es nicht aushalten!«, begann sich ihr Becken mit der Atmung zu bewegen. Sie nahm sehr angenehme und lustvolle Gefühle im

Unterkörper wahr. Diese Gefühle hielten zwei Wochen lang an, und in dieser Zeit fühlte sie sich auch müde, zum Teil, weil sie in eine neue Wohnung umzog, hauptsächlich aber, weil sie ihrem Körper nachgab.

Kämpfen macht müde, und der Kampf ums Überleben ist besonders anstrengend. Da die meisten Menschen in unserer Gesellschaft überleben, ist Müdigkeit das am häufigsten auftretende Symptom in der Bevölkerung. Es stellt die körperliche Seite des Gefühls dar, depressiv zu sein. Aber Menschen, die durchhalten, können es sich nicht leisten, müde oder depressiv zu sein, weil sie dann in Versuchung geraten würden, den Kampf aufzugeben und zu sterben. Ihre Abwehr besteht darin, die Müdigkeit zu verleugnen und weiterzumachen, denn sie haben das Gefühl, daß ihr Überleben davon abhängt. Wie sagte doch eine Frau: »Wenn ich mich erst einmal hinlege, stehe ich nie wieder auf.« Aber solange wir nicht bereit sind, uns hinzulegen, verleugnen wir unsere Müdigkeit. Der Reisende, der einen schweren Koffer trägt und rennt, um seinen Zug zu erreichen, spürt erst dann, wie müde sein Arm ist, wenn er seinen Koffer abstellt. In der Therapie ist Müdigkeit, wenn sie mit dem Aufgeben des Kampfes zusammenhängt, ein Zeichen dafür, daß der Patient Fortschritte macht.

Als Mary zur nächsten Sitzung kam, sagte sie, sie fühle sich jetzt weiblicher. Ich nahm wahr, daß sie mit sich und ihrem Körper besser in Kontakt war. Sie beschrieb ihr Gefühl als innere Ruhe, die sie lange nicht erlebt habe. Ich bemerkte, daß ihre Stimme tiefer war und ihr Verhalten überhaupt keine Angst zeigte. Als sie auf dem Bett lag, sagte sie: »Aus meinem Becken steigt Wärme in mein Kreuz. Das ist sehr angenehm. Ich spüre eine sanfte Traurigkeit und möchte weinen. Ich fühle, daß ich zu mir selbst zurückkehre. Ich fühle mich zu Hause.« Sie erwähnte, daß sich bei den spontanen Bewegungen ihres Beckens auch ihre Lippen zu bewegen begannen. »Ich kann fühlen, daß sie miteinander verbunden sind«, sagte sie. Ihr Weinen war jetzt sanfter und ging tiefer.

»Ich habe an meinen Vater gedacht und die Männer, die ich kannte. Ich konnte den Schmerz darüber spüren, sie verloren zu haben, aber gleichzeitig habe ich ein gutes Gefühl zu mir und meinem Getrennt-

sein. Wenn ich mich trenne, fühle ich mich so wunderbar mit mir selbst. Das wiegt die Trennung auf. Wenn das Gefühl, getrennt zu sein, zu stark wird, kann ich spüren, wie mein Becken sich zurückzieht, und das alte Gefühl: ›Vati, ich brauche dich‹, wieder hochkommt.
Ich habe das Gefühl, mich zwischen mir und den Männern entscheiden zu müssen. Ich kann nicht gleichzeitig für sie und für mich dasein.« Als wir über dieses Thema sprachen, wies ich Mary darauf hin, daß sie, wenn sie sich auf ihr Selbstgefühl konzentrierte, statt auf das, was Männer ihr geben, wirklich eine sexuelle Frau sei. Wenn sie Sex benutzte, um Liebe von einem Mann zu bekommen, spielte sie die Rolle der Tochter oder Prostituierten. Eine sexuelle Frau kann ihre Erregung zügeln, statt sie unbedingt entladen zu müssen.
Mary stellte fest: »Ich fühle mich wie ein anderer Mensch, wie neu geboren.« Sie begann zu weinen und sagte: »Danach habe ich mich immer gesehnt.«
Dieser Durchbruch bedeutete nicht, daß Marys Therapie abgeschlossen war. Bei ihrer Reise zur Selbstentdeckung hatte sie eine innere Hölle durchquert, aber das Fegefeuer lag immer noch vor ihr. Es würde noch beträchtlich viel Arbeit erfordern, die Beziehung zwischen ihrer Sexualität und ihrem Becken zu stärken. Diese Beziehung war bei ihr mit Verzweiflung verbunden. »Wenn ich mich sexuell verhalte, kann ich meinen Vater nicht bekommen. Wenn ich mit mir selbst im Einklang bin, bekomme ich keinen Mann.« Mary war klug genug, um zu erkennen, daß dieses Entweder/Oder keinen Sinn ergab, daß ihre Konzentration auf sich selbst eine Partnerschaft nicht ausschloß, aber das änderte nichts an ihren Gefühlen. Die Spaltung zwischen Ich und Sexualität hatte sich ihrer Persönlichkeit und ihrem Körper tief eingeprägt und wurde begleitet von einer tiefen Verzweiflung, gegen die sie immer noch ankämpfte, auch wenn sie kurz davor stand, sich ihrem Körper hinzugeben.
Eine der Übungen, die ich anwende, um diesen Konflikt zu lösen, heißt der Beckenbogen.[4] Der Patient liegt auf dem Bett, umfaßt mit beiden Händen seine Fußgelenke und zieht die Füße unter den

Körper. Dadurch hebt sich das Becken vom Bett. Gleichzeitig dreht sich der Kopf nach hinten, so daß der Oberkörper auf dem Hinterkopf ruht. Jetzt werden die Hände unter die Füße geschoben, so daß der Patient spüren kann, wie seine Füße gegen die Hände drücken. In dieser Position schwebt das Becken wirklich in der Luft, und wenn die Atmung des Patienten tief genug geht, bewegt das Becken sich spontan und vibriert dabei. Diese spontane Bewegung ist abhängig von der Aufladung, die durch den Körper in die Füße fließt. Jeder, der die spontanen Bewegungen des Beckens in dieser Position gespürt hat, beschreibt das dadurch ausgelöste Gefühl als lustvoll.

Beginnt das Becken erst einmal zu vibrieren, schiebe ich dem Patienten ein zusammengerolltes Handtuch zwischen die Oberschenkel. Dann bitte ich ihn, das Handtuch so fest wie möglich zusammenzudrücken, damit er ein Besitzgefühl entwickelt. Außerdem schlage ich ihm bei dieser Übung meistens vor, den Unterkiefer vorzuschieben, da das Festhalten des Handtuchs ein sehr aggressiver Akt ist. Durch diese Übung wird der Unterkörper kräftig aufgeladen, so daß er stärker vibriert, ohne daß es zu einer genitalen Erregung und Entladung kommt. Die Aufladung erfaßt den gesamten Unterkörper: Becken, Beine und Füße. Die Folge ist ein starkes Besitzgefühl, daß sowohl Selbstbeherrschung als auch das Recht beinhaltet, einen liebevollen Partner zu besitzen. Wie ich im ersten Kapitel bereits erwähnt habe, ist Selbstbeherrschung das Ziel der Therapie und der Weg zur Freude.

Als Mary zu einer Sitzung kam, berichtete sie: »Ich bin jetzt wirklich glücklich. Ich empfinde so angenehme Gefühle für einige Männer, ohne von ihnen abhängig zu sein. Ich genieße die Gefühle einfach. Ich kann allein sein und mich in meinem Körper wohl fühlen. Ich habe diese Gefühle und bin gleichzeitig frei, und das ist wunderbar.«

Und dann fügte sie hinzu: »Ich weiß es zu schätzen, daß Sie mir helfen, ohne sich mit mir einzulassen. Das ermöglicht es mir, frei zu sein und mich nicht an Sie zu binden.«

Solange Menschen aneinander gebunden sind, sind sie nicht frei, sondern abhängig, da sie etwas voneinander brauchen. Abhängigkeit in einer Beziehung wirft einen Menschen auf die Erfahrungen seiner Kindheit zurück, wo er ebenfalls abhängig und verletzlich war. Um einen Menschen von seiner Abhängigkeit befreien und ihm helfen zu können, ein reifer Erwachsener zu werden, müssen wir begreifen, welche Rolle sexuelle Schuldgefühle spielen, wenn ein Mensch unterwürfig gemacht wird, das heißt, dazu gebracht wird, für andere dazusein. Die Vorstellung, daß in einer Beziehung jeder für den anderen dasein sollte, ist ein Handel, bei dem keiner für sich selbst da ist. Das ist das Thema des nächsten Kapitels.

11. Die Beziehung zwischen dem Ich und der Sexualität

In den vorausgegangenen Kapiteln habe ich die spezifischen Blockaden gegen die Hingabe an den Körper besprochen: Angst vor dem Tod, vor dem Verrücktwerden, vor dem Alleinsein und vor Versagen. Jede dieser Ängste muß im Verlaufe des Prozesses der Selbstentdeckung durchgearbeitet werden. Aber diese Ängste sind nicht einfach nur Hindernisse auf diesem Weg, die eines nach dem anderen überwunden werden müssen, sondern Teil einer zusammenhängenden Abwehrstruktur, die verstanden werden muß, wenn sie abgebaut werden soll. Diese Abwehrstruktur ist der neurotische Charakter des Individuums, das seine Neurose unglücklicherweise nicht erkennt, da sie Teil seiner Lebensweise geworden ist. Er ist auf das Ich abgestimmt, das heißt, das Ich hat sich mit diesem Charakter oder Verhaltensmuster identifiziert. Er ist zu seiner zweiten Natur geworden und dem Individuum vertrauter als seine erste Natur, die durch Offenheit, Freiheit und Freude gekennzeichnet war. Die primäre Natur des Menschen, ganz gleich ob Mann oder Frau, ist sinnesfreudig. Durch den Verlust dieser Natur oder Seinsqualität entstehen die Umstände, unter denen sich eine zweite Natur entwickeln kann, die dem Überleben dient und dem Leben Sinn verleihen soll. In diesem Kapitel werden wir uns diesen Prozeß näher anschauen. Dazu müssen wir verstehen, welche Schlüsselrolle die Sexualität bei der Herausbildung des Ich spielt. Zu Beginn der Entwicklung der psychoanalytischen Theorie postulierte Freud die Existenz zweier entgegengesetzter Triebe: der Ich-Triebe und der sexuellen Triebe. Diese Aussage war sinnvoll, denn sie entspricht der allgemein akzeptierten Vorstellung von einem Selbsterhaltungstrieb und einem Arterhaltungstrieb. Das Ich repräsentiert das »Ego«, das subjektive Selbst, das jedes Individuum zu schützen sucht. Der Trieb zur Erhaltung der Art hingegen hat viel mit Sexualität gemeinsam, die ebenfalls die Arterhaltung fördert.

Freud gab das Konzept ›Ich-Triebe versus sexuelle Triebe‹, später zugunsten einer Theorie auf, die auf dem Gegensatz von Eros, dem Lebenstrieb, und Thanatos, dem Todestrieb beruhte. Das war eine Hypothese, die ich nicht akzeptieren konnte, da in meinem Denken der Begriff »Trieb« immer mit dem Leben und nicht mit dem Tode verbunden ist. Die Beziehung zwischen Leben und Tod ist jedoch ebenso komplex, wie die zwischen Ich und Sexualität. Das Leben scheint ohne den Tod nicht existieren zu können, obgleich der Tod, wie wir ihn kennen, nur das Individuum betrifft. Das Leben selbst geht weiter, wächst und entwickelt sich. Diese fortlaufende evolutionäre Entwicklung ist möglich, weil bei der sexuellen Reproduktion die Fortpflanzungszellen von zwei verschiedenen Individuen zusammenkommen, um einen neuen Organismus hervorzubringen, der einzigartig ist und sich von den beiden unterscheidet. Wenn es diese Funktion erfüllt hat, ist das Individuum in der Natur entbehrlich, da sein Nachwuchs den Prozeß der sexuellen Reproduktion fortsetzen wird. Im Gegensatz zu diesem reproduktiven Verhaltensmuster existiert unter sehr primitiven einzelligen Organismen wie Bakterien und Amöben eine nicht-sexuelle Form der Reproduktion. Bei diesen Organismen gibt es weder den natürlichen Tod noch eine Individualität. Jeder Organismus ist eine Fortsetzung seines Vorgängers, von dem er aufgrund eines einfachen Prozesses der Zellteilung abstammt; er ist in jeder Hinsicht identisch mit seinen Eltern. Die Eltern sterben nicht, sondern jeder von ihnen wächst in zwei neue, aber gleiche Körper hinein. Auf dieser Ebene gibt es weder Tod noch Individualität. Als die am höchsten entwickelten Organismen sind wir Menschen Individuen, weil wir sexuelle Geschöpfe sind.[1]

Der Begriff »Trieb« ist in der modernen Psychologie nicht mehr verbreitet, weil fast das gesamte menschliche Verhalten als eine Mischung von angeborener und erlernter Reaktion betrachtet wird, ohne daß man den quantitativen Anteil jeder Reaktionsform festlegen könnte. Aber da es Kräfte in der Persönlichkeit gibt, die triebhaft sind, sollten wir diese Triebe auch anerkennen und benennen. Wir haben mit Sicherheit einen sexuellen Trieb und einen Trieb zur Ich-Entfaltung. In der bioenergetischen Analyse bringen wir diese

Kräfte mit dem Erregungs- oder Energiefluß im Körper in Verbindung. Der Abwärtsfluß ist, grundsätzlich gesehen, sexueller Natur, da er darauf aus ist, den Menschen mit einem anderen Individuum und mit der Erde in Kontakt zu bringen. Wenn dieser Fluß nach oben in den Kopf steigt, wird der Mensch von der gemeinsamen Seinsgrundlage und der Erde getrennt, was zu dem Gefühl von Isoliertheit und Individualität führt. Dieser Energiefluß pulsiert, was heißt, daß die beiden entgegengesetzten Enden der Pulsation in einer polaren oder dialektischen Beziehung miteinander stehen, was soviel bedeutet wie: der Ich-Instinkt und der sexuelle Instinkt sind gleich stark aufgeladen. Die Logik funktionalen oder energetischen Denkens erlaubt keine andere Schlußfolgerung.

Dieser Sicht der energetischen Gleichheit von Trieben scheint der narzißtische Charakter zu widersprechen, bei dem laut Aussage der bioenergetischen Analyse der Aufwärtstrieb stärker ausgeprägt ist als der Abwärtstrieb. Aber das gilt nur für die bewußte oder oberflächliche Ebene der Persönlichkeit, die natürlich mit der Ebene des Charakters und des offenkundigen Verhaltens gleichzusetzen ist. Auf der unbewußten oder tiefen körperlichen Ebene muß ein Organismus im Gleichgewicht sein. Auf dieser Ebene können wir sehen, daß die beiden Triebe gleich stark sind. Der sexuelle Trieb des narzißtischen Individuums hat ein ausgeprägt zwanghaftes Element, das auf einer unterschwelligen Angst beruht, die durch die Zwanghaftigkeit verringert werden soll. Ähnlich zwanghaft ist auch die narzißtische Investierung in das eigene Ich, die einem unterschwelligen Gefühl von Demütigung, Wertlosigkeit und sexueller Schuld entspringt. Der Narzißt will durch sein übertriebenes Ich-Bild ein schwaches Selbstgefühl verdecken. Seine übertriebene erektive Potenz verbirgt eine schwache orgastische Potenz, die der Grund dafür ist, daß der Narzißt keine sexuelle Erfüllung findet.

Das Selbstgefühl ist eine Gefühlsqualität, während das Selbstbild die Schöpfung eines Denkprozesses ist, mit dem das narzißtische Individuum sein Ich-Bild überhöht, um damit das schwach entwickelte fühlende Selbst zu kompensieren. Die Behandlung der narzißtischen Störung soll dem Individuum helfen, ein besseres und stärkeres Selbstgefühl zu entwickeln, indem es seinen Körper spürt und sich mit seiner sexuellen Natur identifiziert. Dieses Gefühl für die eigene Individualität wird erlangt, indem wir die energetische Aufladung des Körpers intensivieren, so daß sein Gefühlszustand durch stärkeren Selbstausdruck und vermehrte Selbstbeherrschung wächst. In der bioenergetischen Analyse gelangen wir dahin, indem wir dem Menschen helfen, sich mit seinem Körper und dem Boden gefühlsmäßig zu verbinden.

Ich glaube, daß viele Therapeuten oder Analytiker dieses Ziel nicht erreichen, weil sie die Beziehung zwischen Ich und Sexualität nicht verstehen. Meiner Meinung nach trägt die Ich-Psychologie zu dieser Verwirrung noch bei, da sie die Ich-Problematik in die frühkindliche oder orale Lebensphase verlagert. Es besteht überhaupt kein Zweifel daran, daß die Traumen in dieser Zeit von enormer Wichtigkeit für die sich entwickelnde Persönlichkeit des Individuums sind. Als generelle Regel kann gelten, daß die Auswirkungen eines Traumas auf das Ich des Individuums desto schwerer sind, je früher es stattfindet. Aber die frühesten Traumen im ersten Lebensjahr zum Beispiel haben nur eine indirekte Wirkung auf das Ich, da dieses noch gar nicht unabhängig oder bewußt existiert, sondern in diesen frühen Stadien vor allem ein Körper-Ich ist. Die frühen Traumen werden das Ich mit der Zeit beeinträchtigen, weil sie direkt und kontinuierlich auf den Körper einwirken, der sowohl die Basis für das Ich als auch für den sexuellen Trieb ist. Aber das Ich als bewußtes Phänomen, das heißt, als bewußtes Selbstgefühl, beginnt erst im Alter von anderthalb Jahren mit der Entwicklung der Sprache und der Fähigkeit zum Neinsagen zu knospen. Es wird noch ein oder anderthalb weitere Jahre dauern, bevor diese Knospe soweit ist, sich zu öffnen. Dann wird sie, wenn sie sich gesund weiterentwickeln kann, an Stärke gewinnen und etwa im sechsten Lebensjahr in eine kräftige und verläßliche psychische Struktur eingebettet werden. Die Qualität dieser Entwicklung wird durch die Erfahrung des Kindes mit seiner erwachenden Sexualität bestimmt. Das heißt, daß das Ich sich auf der Grundlage der kindlichen Erfahrungen in der ödipalen Situation bildet und von diesen geprägt wird. Auch wenn frühere Erfahrungen die Ereignisse in dieser entscheidenden Zeit nachhaltig beeinflussen, sind sie nicht die Katalysatoren, durch die sich das Ich kristallisiert.

Die oben erörterte Auffassung wird noch besser verständlich auf der Grundlage einer Analyse von Demütigung und Schuld, die beide Ich-Phänomene sind. Wenn ein Säugling von seiner Mutter mißhandelt oder abgelehnt wird, fühlt er sich nicht gedemütigt. Er empfindet Schmerz, Angst, Traurigkeit, Zorn und Unsicherheit, aber keine Demütigung. Um uns gedemütigt zu fühlen, müssen wir unser Selbst bewußt wahrnehmen, was ein kontinuierliches Phänomen ist, das bei einem Säugling fehlt. Wenn wir kein bewußtes Selbstgefühl haben, können wir auch nicht gedemütigt werden. Auch wenn sämtliche körperlichen Manifestationen der Demütigung bei einem Kind vorhanden sind, kann es diese psychisch nicht erleben. Und das gleiche gilt für Schuld. Wenn das so ist, heißt das, daß Gefühle wie Demütigung und Schuld immer einhergehen mit Sexualität und immer mit dieser Funktions- und Gefühlsebene in Verbindung gebracht werden sollten. Das gleiche würde ich von Scham sagen.

Der Charakter als ein festgefügtes Muster von Reaktionsweisen auf die Ereignisse des Lebens ist ebenfalls eine Ich-Konstruktion. Diese Reaktionen werden jedoch bestimmt und bewahrt durch fest eingeprägte muskuläre Verspannungen, die die Verbote und Einschränkungen widerspiegeln, welche dem Kind von der elterlichen Autorität aufgezwungen wurden. Auch wenn viele dieser Verspannungen von den traumatischen Erfahrungen in den frühesten Jahren, das heißt, der Zeit vor der ödipalen Phase, herrühren, bleiben die Blockaden, die diese frühen Traumen schaffen, isoliert und bilden erst dann ein umfassendes Persönlichkeitsmuster, wenn das Ich sich soweit entwickelt hat, daß es diese Einschränkungen zu einem einheitlichen Ganzen zusammensetzen kann, das der Unterwerfung des Kindes einen Sinn verleiht. Ein einfaches Beispiel wird diesen Punkt verdeutlichen: Die Hemmung zu weinen kann bereits sehr früh im Leben einsetzen, sollte das Kind die Erfahrung machen, das es Mißbilligung und Ablehnung riskiert, wenn es weint. Aber wenn der Charakter ein einheitliches Muster bildet, bekommt die Hemmung zu weinen eine positive Bedeutung und wird zur Tugend.

Man soll tapfer sein und nicht weinen. Oder man soll stark sein und Verletzungen hinnehmen können. Oder Weinen ist unmännlich. Wir haben gesagt, daß der Charakter ein Überlebensmechanismus ist, aber er ist noch mehr als das. Denn der Charakter wandelt die Einschränkungen, die auf die Motilität und den Ausdruck von Gefühlen ausgeübt werden, zu positiven Ich-Werten um, die dem neurotischen Charakter eine scheinbar positive Bedeutung geben. Nicht nur, daß damit das Leben einen Sinn zu bekommen scheint, auch eine Identität wird geschaffen – beides erklärt, warum die meisten Patienten gegen die Veränderung ihrer Charakterstruktur so starke Widerstände haben.
Ich behaupte, daß diese allmähliche Vereinigung der Einschränkungen zu einer sinnvollen Charakterhaltung im Rahmen der ödipalen Situation stattfindet. In dieser Zeit eignet das Kind sich die Verhaltensregeln der sozialen Einheit der Familie an. Im Grunde werden diese Regeln im Kontext des Umgangs mit Sexualität erlernt. Das Bewußtsein von der eigenen sexuellen Natur und der sexuellen Natur der Erwachsenen ist der vorherrschende Aspekt dieser Phase. Wir wissen, wie viele Individuen aufgrund ihrer Kindheitserfahrungen zu »guten« und passiven Erwachsenen herangewachsen sind. Wir nehmen an, »gut« bedeutet, das zu tun, was von einem erwartet wird. Aber auch wenn diese Annahme stimmt, ist sie unvollständig. Sie bedeutet nämlich auch, sich nicht sexuell zu verhalten oder auf Sexualität einzulassen, auch wenn das in völliger Unschuld geschähe. »Schlimm« sein bedeutet immer, sexuell ungehemmt zu sein und sexuelle Gefühle für den gegengeschlechtlichen Elternteil zu haben. Das ist »schlimm«, weil das Kind dadurch in Konkurrenz mit dem gleichgeschlechtlichen Elternteil gerät. Aber das ist auch deswegen »schlimm«, weil es den gegengeschlechtlichen Elternteil ermutigen kann, auf die sexuellen Gefühle des Kindes zu reagieren, wofür das Kind beschuldigt und gedemütigt wird.
Alle meine Patienten haben große Schuldgefühle, und ich glaube, das gilt für sämtliche zivilisierte Wesen. Da wir unsere Unschuld verloren haben, haben wir das Gefühl, schlechte Menschen zu sein. Eine so universelle Definition von Schuld kann zu dem Schluß

verleiten, daß Schuld etwas Existenzielles und damit Teil der menschlichen Natur ist. Aber diese Haltung impliziert, daß wir daran nichts ändern können und ignoriert die Tatsache, daß die Menschen unseres Kulturkreises unterschiedlich starke Schuldgefühle haben. Wenn wir annehmen, daß wir als Menschen für Befangenheit, Schuld oder Scham prädisponiert sind, sollten wir uns klarmachen, daß dieser Zustand durch das Verhalten von Eltern Wirklichkeit wird, die dem Kind Verhaltensregeln und Umgangsformen aufzwingen. Auch wenn solche Regeln für das soziale Zusammenleben notwendig sind, laufen sie diesem Zweck zuwider, wenn sie das Individuum emotional verkrüppeln. Wenn meine Patienten das Urteil, sie seien »schlechte« Menschen, zurückweisen, indem sie treten und schreien: »Ich bin nicht schlecht«, werden sie offener und liebevoller und entwickeln sich zu Individuen mit einem wachsenden Selbstgefühl.

Meiner Meinung nach ist es sehr schwer, wenn nicht unmöglich, das Charakterproblem effektiv zu behandeln, wenn die zugrundeliegenden sexuellen Themen nicht in der Anfangsphase der Therapie besprochen werden. Dafür gibt es mehrere Gründe. Einer ist, daß der Patient in seinem tiefsitzenden Glauben, Sexualität sei gefährlich, bestärkt wird, wenn wir diese Gespräche unterlassen. Sollte der Patient dann im Verlauf der therapeutischen Arbeit sexuelle Empfindungen entwickeln, hat er Schuldgefühle, da er glaubt, schlecht zu sein. Wenn wir lieben und unser Herz öffnen, fühlen wir uns immer gut, aber oft regredieren wir dann in einen infantilen oder frühkindlichen Zustand, der wenig dazu beiträgt, die schweren Muskelverspannungen zu lösen, die uns in unseren neurotischen Verhaltensmustern gefangen halten. Damit bleibt die Bahn für die Entladung nach unten zu den Füßen und zur Erde versperrt. Leider führt dieser Weg durch die Region, die zu betreten der Patient sich fürchtet, nämlich tief durch den Bauch, die Unterwelt, den Sitz von Leidenschaft, Sex und Lebenslust, aber auch von Verzweiflung und Todesangst.

Im ersten Kapitel haben wir gesehen, daß Fröhlichkeit für Adam und Eva im Garten Eden verbunden war mit sexueller Unschuld und Freiheit. Diese Unschuld verlieren wir in der ödipalen Situation. Wie Adam und Eva beginnen wir, uns unserer Nacktheit zu schämen. Unsere sexuellen Empfindungen bereiten uns Schuldgefühle, und wir beschließen, gut zu sein, nicht zu masturbieren und so fort. Diese Haltung prägt sich dem Körper ein und bildet den Grundpfeiler der Persönlichkeit. Ich kann sie als Verspannung sehen, die das Becken in einen Schraubstock zwingt und vom übrigen Körper abtrennt. Von diesen Verspannungen, die für die Angst stehen, die Grenze frei zu überschreiten, ist bis zu einem gewissen Grade jedes Individuum dieses Kulturkreises betroffen. Es ist, als würden wir davon abgehalten, uns mit unserer Sexualität zu identifizieren, uns mit unserer animalischen Natur zu verbinden und die Leidenschaft der Liebe zu fühlen, die ihren Sitz im Becken hat.

Zu Beginn seiner Laufbahn kritisierte Reich die Psychoanalytiker wegen des chaotischen Zustands ihrer analytischen Arbeit. Es gab keine einheitliche Behandlungstheorie, das heißt, keine Regeln dafür, wann welches Material analysiert werden sollte. Angesichts dieser Situation schlug Reich die Theorie und Praxis der Charakteranalyse vor. Sein Buch *Charakteranalyse* [2] wurde von der psychoanalytischen Gemeinde weithin mit Beifall begrüßt, obwohl sich herausstellte, daß nur wenige Analytiker die Charakteranalyse verstanden oder sie praktizieren konnten. Das Problem war, daß der Charakter sich in den verbalen Äußerungen eines Menschen nicht so deutlich zeigt wie in seinem Verhalten. Das bedeutet, daß die Augen, nicht die Ohren, für das Verstehen des Patienten das wichtigere Organ sind. Auch wenn Psychoanalytiker ihre Patienten durchaus sehen, konzentrieren sie sich eher auf das, was diese sagen. Die andere Schwierigkeit bestand für die Analytiker darin, daß sie das Wesen des Charakters nicht verstanden, weil sie nur einzelne Züge und nicht das Ganze sahen. Der Charakter ist nicht die Summe der einzelnen Züge eines Menschen, sondern ein einheitliches und sinnvolles Verhaltensmuster, das das Überleben des Individuums in der familiären Situation gesichert hat. Reich glaubte, daß der Charakter sich in aufeinanderfolgenden Schichten entwickelt, welche die Erfahrungen der verschiedenen Phasen widerspiegeln. Die letzten Erfahrungen bilden die äußersten Schichten, die eine Mischung aus neuesten und sämtlichen früheren Erlebnissen darstellen.

Die Technik der Charakteranalyse erfordert, daß der Analytiker sich zuerst auf die äußerste Schicht konzentriert, das heißt, auf die Art und Weise, *wie* der Patient sich dem Analytiker präsentiert. Fritz Perls, der von Reich analysiert wurde, entwickelte aus dieser Vorgehensweise die Methode, sich auf das Hier und Jetzt zu konzentrieren. Die Analyse schritt dann von der äußeren Schicht bis zu immer tieferen Schichten fort, vom augenblicklichen Alltagsverhalten bis in die Vergangenheit. Werden die frühen Erfahrungen analysiert, ohne daß die Charakterprobleme durchgearbeitet wurden, kann sich das laut Reich verheerend auf den analytischen Prozeß auswirken, weil der Zusammenhang zum augenblicklichen Alltagsverhalten nicht hergestellt wurde. Die Patienten gewinnen vielleicht Einsichten in die Vergangenheit, aber in der Gegenwart ändert sich nichts. Ich glaube, daß das Versagen der Primärtherapie auch darauf beruht, daß hier die wichtige Rolle ignoriert wird, die der Charakter für das Verhalten hat. Und meiner Meinung nach ist das der Hauptgrund für das Mißlingen einer Therapie.

Ich habe gesagt, daß der Charakter dem Leben eines Individuums Sinn verleiht. Das soll nicht heißen, daß dieser Sinn aus der Sicht des Selbst immer positiv ist. Bei einem Individuum, das relativ frei von neurotischen Einstellungen ist, ist der Charakter ein positiver Wert. Wenn wir sagen, daß ein Mensch einen guten Charakter hat, meinen wir, daß er ehrlich, zuverlässig, direkt und offen ist. Wir könnten noch andere positive Qualitäten hinzufügen. Je nach Ausmaß der Neurose hat der Charakter jedoch auch negative und selbstzerstörerische Züge. Ein Mensch, der hart, ehrgeizig, manipulativ oder ausbeuterisch ist, wird feststellen, daß viele Leute ihn negativ beurteilen, was verhindert, daß er liebenswert ist und geliebt wird. In unserer Gesellschaft können diese negativen Züge einem Individuum zu Reichtum und vielleicht sogar zu Ruhm und Erfolg verhelfen. Viele Individuen glauben, daß diese Errungenschaften der Schlüssel zu Liebe und sexueller Erfüllung sind, aber auch wenn diese Attribute auf manche Menschen sexuell anziehend wirken, bringen sie uns doch niemals das Gewünschte, weil sie die Hingabe an das Leben und an den Körper blockieren. Aber Charakterzüge wie Gutmütigkeit, Nachgiebigkeit und Selbstverleugnung, die manche Menschen vielleicht für positiv halten, sind ebenso zerstörerisch für Liebe und sexuelle Erfüllung, weil sie das Selbstgefühl eines Individuums untergraben. In gewisser Weise halten wir alle unseren Charakter für positiv. Schließlich hat er uns ermöglicht zu überleben. Deswegen sind nur wenige Patienten bereit, ihre neurotischen Einstellungen oder ihren Charakter aufzugeben, denn sie glauben, sie würden ihre Identität verlieren, ihren Lebenssinn opfern und ihr Versagen akzeptieren, wenn sie das täten, und verhalten sich entsprechend. Vielleicht sind sie bereit, bestimmte negative Aspekte zu ändern, aber im Innersten sehen sie ihr therapeutisches Ziel darin, mit ihrem Charakter im Leben besser zurechtzukommen.

Hier ein Beispiel, das diese Dynamik verdeutlicht. Esther, eine 55jährige Frau, die selbst analytische Therapeutin ist, suchte mich auf, weil bei ihr die Epstein-Barr-Virus-Krankheit beziehungsweise ein chronisches Erschöpfungssyndrom diagnostiziert worden war. Sie hatte viele Jahre analytische Therapie gemacht und einige positive Veränderungen in ihrem Leben vorgenommen. Deswegen war sie schockiert über die Diagnose, wies diese doch darauf hin, daß sie sich in ihren früheren Therapien mit bestimmten persönlichen Problemen nicht auseinandergesetzt und diese hier nicht bearbeitet hatte. Da sie erkannte, daß diese Krankheit etwas mit Energieverlust zu tun hatte, kam sie zu mir in der Hoffnung, daß ich ihr zu einer Besserung ihrer Verfassung verhelfen könne. Ihr war klar, daß ihr Körper nicht die notwendige Energie lieferte, die sie für ihre Aktivitäten brauchte, entweder weil der Stoffwechsel nicht richtig funktionierte oder sie zuviel arbeitete oder beides. Da der Stoffwechsel hauptsächlich auf der Atmung beruht, war das für mich ein Hinweis darauf, daß sie nicht voll und frei atmete. Aber das konnte man nur feststellen, wenn man sah, wie sie bei Streß atmete, zum Beispiel, wenn sie auf dem bioenergetischen Hocker lag. Dann war leicht zu erkennen, daß ihre Atmung durch chronische Verspannungen in ihrem Körper stark beeinträchtigt wurde.

Chronische Verspannungen sind kein isoliertes Phänomen. Diese Patientin hatte einen stark verspannten Hals, so daß es ihr schwerfiel zu weinen. Die selben Verspannungen behinderten auch ihre Atmung. Als ich Esther half, über ihren Zustand zu weinen, konnte sie auch tiefer atmen, und ihre Energie stieg vorübergehend an. Schon bald jedoch verspannte sich ihr Hals wieder, was ihre Atmung behinderte und ihr Energie herunterdrückte. Die wiederholte Stimulierung ihrer Atmung durch Weinen würde ihr Problem nicht lösen, solange ihr Weinen nicht auf dem Hintergrund ihres Charakters verstanden wurde. Andererseits würde es ihr auch nicht viel weiterhelfen, wenn man die Blockade, die sie am Weinen hinderte, mit einem Trauma aus der Kleinkindzeit in Verbindung brachte, solange sie den Zusammenhang zwischen Vergangenheit und Gegenwart, frühem Trauma und erwachsenem Verhalten nicht erkennen konnte. Wenn sie zum Beispiel erfuhr, daß ihre Unfähigkeit zu weinen darauf zurückzuführen war, daß ihre Mutter es nicht ertragen konnte, wenn Esther als Kind weinte und zornig war, erklärte das nicht, warum Esther jetzt nicht weinen konnte. Sie war kein Kind mehr, das sich von seiner Mutter einschüchtern ließ. Die körperliche Erklärung des Problems auf einer segmentären Basis würde nicht zu einer eindeutigen Befreiung führen, da die Muskelverspannungen ein Muster bilden, das mit dem psychischen Muster, nämlich dem Charakter, funktional identisch ist. Ihr Problem mußte auf einer *ganzheitlichen* Ebene verstanden werden, das heißt, auf dem Hintergrund ihrer Gesamtpersönlichkeit.

Esthers persönlicher Hintergrund fügte der Geschichte noch einen weiteren Aspekt hinzu. Sie war, seitdem sie erwachsen war, immer eine Helferin gewesen, die sich um andere Menschen kümmerte. Diese Rolle hatte sie auch in ihrer ersten Ehe übernommen, da ihr Ehemann weitgehend unfähig war, den Lebensunterhalt zu verdienen. So ernährte sie ihn und die ganze restliche Familie. Da sie sich damit überforderte, war sie ständig müde. Ihr Berufsleben zeigte eine weitere Facette ihrer Hilfsbereitschaft. Da sich dieses Bedürfnis ihrer Persönlichkeit eingeprägt hatte, konnte sie nicht zusammenbrechen und weinen, denn das hätte ihre Helferrolle bedroht. Wenn wir sie charakterlich als eine Helferin definierten, die immer mit anderen mitfühlte und Verständnis für sie hatte, traf das ziemlich genau den Punkt.

In diesem Licht betrachtet, wirkte Esthers Charakter positiv. Er gab ihrem Leben Sinn und schenkte ihr eine Identität. Aber da er sich tödlich für sie auswirken konnte, war er auch neurotisch und negativ. Der negative Teil betraf die Tatsache, daß Esther durch ihre Selbstaufopferung bei den Menschen, denen sie half, Schuldgefühle wecken konnte. »Schau, was ich alles für dich getan habe. Du bist egoistisch, hilflos und lieblos.« So hatte sich ihre Mutter verhalten. Esther schlug genau den entgegengesetzten Weg ein, so daß sie sich ihrer Mutter überlegen fühlen konnte. Ein Therapeut sollte sämtliche subtilen Manöver und Motivationen herausarbeiten, die dem neurotischen Charaktermuster zugrundeliegen, aber meiner Meinung nach bewirkt das allein keine Veränderung der Charakterstruktur. Wir wissen, daß Krankheiten indirekte Vorteile haben, aber ich glaube nicht, daß diese eine Krankheit ausreichend erklären können. Die Epstein-Barr-Krankheit kann tödlich verlaufen, was alle indirekten Vorteile im Kern sinnlos werden läßt. Ich bezweifle, daß Menschen sich für eine Krankheit entscheiden, weil ihnen das möglicherweise indirekt Vorteile bringt. Ich sehe das vielmehr so: wenn ein Mensch erst einmal krank ist, nutzt er die Vorteile, die seine Krankheit mit sich bringt. Damit blockiert er dann die Heilungsmöglichkeiten, weil er sich mit der Krankheit abgefunden hat.

Wenn wir den Charakter als »zweite« Natur betrachten, sagen wir damit implizit, daß das Individuum seine erste Natur und damit die Möglichkeit, sich selbst gegenüber ehrlich zu sein, geopfert hat. Tatsächlich hat es seine Freiheit, seine natürliche Anmut und seine Freude aufgegeben. In gewisser Weise ist es Teil des gesellschaftlichen Systems geworden. Wir müssen nur *Das Unbehagen in der Kultur* von Freud lesen, um diese simple Tatsache zu verstehen.[3] Die Unterwerfung unter das System ist in den meisten Fällen kein freiwilliger Akt. Sie wird dem Kind von den Eltern, gegen deren Macht es nichts ausrichten kann, aufgezwungen. Diese Unterwerfung hat indirekte Vorteile, nämlich Akzeptanz, ein gewisses Maß an Liebe, Sicherheit, Identität und Zugehörigkeit. Die meisten Kinder, und so auch Esther, lassen sich auf diesen Handel ein, nicht weil sie wollen, sondern weil sie müssen. Sie sind hilflos.

Wenn wir ein charakterologisches Problem lösen wollen, müssen wir es von beiden Seiten angehen, von den indirekten Vorteilen und den ursprünglichen Verlusten. Die beiden gleichen sich nicht aus. Wenn wir unsere ursprüngliche Natur für irgendeinen indirekten Vorteil aufgeben, so ist das, als würden wir unser Geburtsrecht für eine Portion Müsli verkaufen. Das ist ein trauriger Handel, der nur verständlich wird, wenn wir uns klarmachen, daß die Alternativen – Tod oder Wahnsinn – zu angsterregend sind. Der Patient ist sich dieser Ängste nicht bewußt, aber wir müssen annehmen, daß sie dauernd in seinem Unbewußten existieren, denn sonst könnten wir uns nicht erklären, warum der Charakter das Leben des Individuums so nachhaltig beeinflußt. Natürlich ist die Angst irrational, da es in der Regel im Leben des Erwachsenen keine äußeren Mächte gibt, die sein Leben oder seine geistige Gesundheit bedrohen. Aber real ist sie insofern, als er von inneren Kräften wie Furcht, Schmerz, Verzweiflung, Zorn und sexuellen Gefühlen bedroht ist. Da er diese Gefühle unterdrückt hat, glaubt der Patient, daß er sie nicht akzeptieren und bewußt kontrollieren kann, daß sie überwältigend und unerträglich sind. Wenn der Schmerz zu stark wird, könnte er sterben. Werden die sexuellen Gefühle zu intensiv, könnten sie ihn verrückt machen. Aber ob etwas zuviel ist, hängt von der Ich-Stärke des Patienten ab. Indem der Therapeut das Ich des Patienten stärkt, hilft er ihm, die unterdrückten Gefühle völlig gefahrlos freizusetzen.
Die Stärkung des Ich beinhaltet, daß man die Wahrnehmung seines Körpers und seiner Körpergefühle (Selbstwahrnehmung), die Fähigkeit, Gefühle auszudrücken, (Selbstausdruck) und die bewußte Kontrolle über diesen Ausdruck (Selbstbeherrschung) fördert. Die Selbstwahrnehmung beruht darauf, daß wir den Körper in seiner Ganzheit von Kopf bis Fuß fühlen. Wir müssen spüren, wie wir stehen, uns aufrecht halten und uns der Welt zeigen. Wir müssen uns aller Verspannungen in unserem Körper bewußt sein, vor allem der im Unterkörper, die unsere sexuellen Gefühle und unsere Identität prägen. Trotz all ihrer Therapieerfahrungen war Esthers Selbstwahrnehmung nicht voll entwickelt. Sie kannte den typischen Ausdruck ihrer Augen nicht. Für mich sagte ihr Blick: »Was willst du

von mir?« Sie spürte nicht, wie verspannt ihr Brustkorb war, und nahm auch nicht wahr, wie stark sie von ihrem Becken und von ihren Beinen abgeschnitten war, weil ihre Taille ringsherum verspannt war. Da sie einige meiner Bücher gelesen hatte, konnte Esther sich diese Verspannungen leicht bewußt machen. Als sie in den Spiegel schaute, konnte sie die Verwirrung in ihren Augen und die Verspannungen im Bereich der Taille sehen. Als sie tiefer atmete, konnte sie auch die Enge in ihrer Brust spüren. Die Verengung ihres Halses, die ihr Weinen blockierte, war ihr schon früher aufgefallen. Aber Selbstwahrnehmung erfordert mehr, als sich bestimmte Verspannungen bewußt zu machen. Man muß begreifen, daß diese Verspannungen ein bestimmtes Muster bilden, welches den Charakter prägt.

Es fiel Esther nicht schwer, den Zusammenhang zwischen der Verengung ihres Halses und den Verspannungen in ihrem Brustkorb zu begreifen. Sie begriff, daß letztere mit einem großen Kummer verbunden waren, den zu fühlen und durch Weinen aufzulösen, sie sich fürchtete, weil damit eine tiefe Verzweiflung und Todesangst einherging. Dieser Kummer hing damit zusammen, daß ihr Vater sie verlassen hatte. Als wir die Beziehung zu ihrem Vater untersuchten, wurde deutlich, daß sie als Kind sehr an ihm gehangen hatte und daß der Verlust dieser Beziehung unmittelbar verantwortlich war für ihren großen Kummer. In ihren früheren Therapien hatte sie sich auf die Beziehung zu ihrer Mutter konzentriert, die eine Quelle von Schmerz und Schwierigkeiten für sie gewesen war. Auch wenn das Kind vermutlich von seiten der Mutter Liebesverlust erlebt und erlitten hatte, führte die Analyse in dieser Richtung zu nichts, da sie keinen Zusammenhang zur Sexualität herstellte, die der einzige Weg zu Entladung und Erfüllung ist. Dagegen war die Arbeit an ihrer Beziehung zum Vater direkt mit ihren sexuellen Problemen verbunden.

Was war in Esthers Beziehung zu dem geliebten Vater geschehen und hatte den Kummer verursacht, den sie empfand? Die Antwort auf diese Frage gab ihr Körper, der die Geschichte ihres Lebens barg. Die Verspannungen in ihrem Körper sagten uns, daß Esther sich von ihren sexuellen Gefühlen für ihren Vater abtrennen mußte, weil sie ihre geistige Gesundheit und ihre Sicherheit bedrohten. Ihre Sicherheit war deswegen gefährdet, weil sie aufgrund der väterlichen Reaktion auf ihre knospende Sexualität in Konkurrenz zur Mutter geriet. Wäre er auf das Mädchen stärker eingegangen als auf seine Frau, hätte deren Eifersucht gefährlich werden können. Sie hätte sich gegen das junge Mädchen gerichtet, und die Mutter hätte Esther angegriffen und als schlecht, schmutzig und hurenhaft beschimpft. Ihr Vater, sagte Esther, war ein passiver Mann, der sich niemals gegen seine Frau auflehnte. In diesem ödipalen Konflikt zog er sich von seiner Tochter zurück, was Esther nicht verstehen konnte. Dieser Rückzug rief den intensiven Schmerz des Kummers hervor. Da sie die komplexen Zusammenhänge der ödipalen Situation nicht verstand, sah das Mädchen keine andere Alternative, als sich von ihren sexuellen Gefühlen für den Vater abzutrennen, um sowohl ihn als auch sich selbst zu schützen. Außerstande, die Situation zu ändern, übernahm sie eine Rolle, die ihr Überleben sicherte und ihrem Leben einen gewissen Sinn verlieh, auch wenn sie sie kaum für den Verlust ihrer Sexualität entschädigte. Jetzt erkennen wir den Zusammenhang zwischen dem großen Kummer und dem Verlust an sexueller Erfüllung. Die Unfähigkeit zu weinen, zu protestieren oder zu schreien weist auf ein unterschwelliges Schuldgefühl hin. Esther beschrieb ihre Mutter als eine leidende, depressive, zornige Frau. Aufgrund ihrer Schuldgefühle verspürte sie das Bedürfnis, ihrer Mutter zu helfen, und aus Mitleid mit ihrem Vater wollte sie auch diesen unterstützen. Auch wenn Esther genügend Integrität besaß, um sich in ihrer Rolle unwohl zu fühlen, machte der eher grimmige Ausdruck ihres Kinns deutlich, daß sie fest entschlossen war, diese Rolle zu erfüllen. Die Richtigkeit dieser Interpretation wird von der Tatsache belegt, daß ihr Körper, obwohl sie sich von ihrer Sexualität abspaltete, ein attraktives und feminines Aussehen bewahrte, was nicht möglich gewesen wäre, wenn das Haupttrauma in der Säuglingszeit stattgefunden hätte.

Man fragt sich vielleicht, wie diese Analyse mit ihrer Krankheit zusammenpaßt. Die Antwort liegt meiner Meinung nach in den enormen Schuldgefühlen, die sie zwangen, die Bedürfnisse anderer über die eigenen zu stellen, und zwar sogar bis zu dem Punkt,

wo sich ihr Verhalten selbstzerstörerisch auswirkte. Esther war sich nicht bewußt, daß sie Schuldgefühle hatte, obwohl sie erkannte, daß es ihr extrem schwerfiel, für sich selbst etwas zu fordern. Der moderne Mensch scheint von Schuldgefühlen frei zu sein, die wir früheren, weniger aufgeklärten Epochen zusprechen. Aber ein Mensch kann auch dann Schuldgefühle haben, wenn er sie nicht spürt. Sie zeigen sich in seinem Verhalten und den Verspannungen, die ihn von seiner Sexualität abschneiden. Wenn ich sage, daß Esther sich von ihrer Sexualität abgetrennt hat, meine ich damit nicht, daß sie keine sexuellen Gefühle hatte. Das stimmt nicht. Sie identifizierte sich jedoch nicht mit ihnen. Die Muskelverspannungen im Taillenbereich bewirkten eine Spaltung ihrer Persönlichkeit. Kopf und Herz waren energetisch nicht verbunden mit ihrem Becken, was bedeutete, daß ihre Identität nicht in ihrer Sexualität verwurzelt war, sondern auf ihrer Helferrolle beruhte. Da sie die Leidenschaft unterdrückt hatte, die ihrem Vater galt, konnte sie sich ihrer Sexualität, die ihr Entspannung und Erfüllung geschenkt hätte, nicht hingeben. Sie war eine Frau, die sich im Zustand eines intensiven emotionalen Konfliktes befand, der dadurch, daß sie ihn verleugnete, nur noch stärker wurde. Unfähig, ihre Gefühle zu bejahen, konnte sie auch nicht nein sagen zu den Forderungen, die man an sie stellte. Dieser Kampf verbrauchte ihre Energie und erschöpfte Esther – und genau das ist der körperliche Zustand bei der Epstein-Barr-Krankheit.
Schuld ist der psychologische Klebstoff, der die Charakterstruktur auf der mentalen Ebene intakt hält. Sie entspringt dem Gefühl, daß etwas verkehrt ist. Die erwartete Lust bleibt aus, das gute Gefühl, auf das man sich gefreut hat, stellt sich nicht ein. In dieser Situation können wir nur noch denken: ›Ich habe etwas falsch gemacht. Ich bin nicht gut.‹ Falsch ist, daß Gefühle zurückgehalten wurden, was das Individuum in einen Konflikt bringt, der seine Integrität untergräbt und jedes gute Gefühl zerstört. Auch wenn es in manchen Situationen verkehrt sein kann, nach dem Gefühl zu handeln, ist es doch niemals falsch, das Gefühl zu haben, denn es ist Teil des Selbst. Wenn wir uns gegen ein Gefühl wenden, wenden wir uns damit auch gegen uns selbst. Dadurch wird die Persönlichkeit ge-

spalten, was Probleme verursacht. Wenn wir eine gespaltene Persönlichkeit erleben, können wir sicher sein, daß im betroffenen Individuum Schuldgefühle am Werk sind, ob es diese nun spürt und sich eingesteht oder nicht. Aber wenn Schuldgefühle das Urteil beinhalten, etwas falsch gemacht zu haben, können sie nur dann entstehen, wenn das Ich weit genug entwickelt ist, um ein solches Urteil zu fällen. Ich glaube nicht, daß das präödipale Ich dazu imstande ist. Ein Kind kann sich vor der ödipalen Phase schlecht fühlen und diesen Zustand als Schmerz, Besorgnis, Unlust oder sogar Angst erleben. Vielleicht bringt es seine Verfassung sogar mit dem eigenen Verhalten in Verbindung, aber um das Gefühl, das dieses Verhalten auslöst, als falsch zu verurteilen, müssen die mentalen Funktionen höher entwickelt sein, als das bei ganz kleinen Kindern der Fall ist. Diese Entwicklung verläuft parallel zur Entfaltung des sexuellen Bewußtseins in der ödipalen Phase. Wird dieses Bewußtsein durch irgendein Verhalten der Eltern verzerrt, kann das Kind sich mit seiner knospenden Sexualität verkehrt fühlen. Das bereitet den Boden für Schuldgefühle, die einen Menschen sein ganzes Leben lang verfolgen können.

Schuldgefühle entwickeln sich auch dann, wenn das Kind in irgendeiner Form bei der Selbstbefriedigung gestört oder daran gehindert wird. Kleine Kinder berühren sich dabei lediglich im genitalen Bereich, was ihnen zu lustvollen Empfindungen in diesem Körperteil verhilft, die sie dann mit ihrem Ich oder Selbstgefühl verbinden können. Glücklicherweise werden diese kindlichen Aktivitäten in unserer heutigen Gesellschaft zunehmend als normal und gesund akzeptiert, was in meiner Kindheit nicht der Fall war. Als ich ein kleiner Junge war, kam meine Mutter regelmäßig in mein Schlafzimmer, um sicherzugehen, daß meine Hände auf der Bettdecke lagen. Ich verstand erst als Erwachsener, warum sie beharrlich darauf bestand, daß ich die Hände so hielt, aber ich bin mit Schuldgefühlen in bezug auf Masturbation aufgewachsen, die für mich in meinen Jugendjahren sehr hinderlich waren. Die heutige sexuelle Aufgeklärtheit führt jedoch oft zum sexuellen Ausagieren, was ebenfalls Schuldgefühle fördert. Wenn Eltern zu Hause vor den Augen der Kinder nackt herumlaufen, ist das für das Kind nicht

lustvoll, denn es wird sexuell erregt, ohne seine Erregung abreagieren zu können. Da es den Eltern deswegen keine Vorwürfe machen kann, hat das Kind das Gefühl, etwas Falsches zu tun oder zu empfinden. Es spaltet sich von seinen genitalen Empfindungen ab, indem es sich von den Gefühlen im Becken abtrennt, und bereitet damit den Boden für Schuldgefühle.
Auch wenn Schuldgefühle ein psychisches Phänomen sind, ein Aspekt des Über-Ich, können sie nicht allein mit Hilfe psychologischer Mittel überwunden werden, weil sie mit einer Störung der sexuellen Funktionen zusammenhängen, die sich dem Körper in Form von Verspannungen unbewußt einprägt. Die Verspannungen, die die Charakterstruktur zusammenhalten, betreffen das Becken. Das Becken ist wie der Grundpfeiler eines Bogens, der den Charakter stützt. Anders als bei den vierbeinigen Säugetieren, ist der menschliche Körper im Beckenknochen verankert und ruht auf diesem, wobei dieser wiederum auf zwei beweglichen Beinen sitzt. Diese Analyse kann mit einem Diagramm verdeutlicht werden. Die primitiven Stein- oder Tonfiguren, die wir als Fruchtbarkeitssymbole kennen, sind Verkörperungen dieser Analyse. Die Rigidität der Charakterstruktur beruht auf der Rigidität der Beckenmuskulatur. Ein lockeres Becken würde demnach darauf hinweisen, daß auch die betreffende Person locker ist, sei es im guten oder schlechten Sinne. Ein lockeres Becken ist dann gesund, wenn es in die Persönlichkeit integriert ist. Pathologisch ist es hingegen, wenn das Individuum nicht im Kontakt mit seinem Becken ist. In der bioenergetischen Analyse gibt es spezielle Übungen, mit deren Hilfe wir dieses Körpersegment befreien und integrieren können.
Diese Integration beruht darauf, daß die Energie oder die Erregungswellen im Körper ungehindert vom Kopf bis in die Füße fließen. Bei allen neurotischen Charakteren ist diese Integration mehr oder weniger stark gestört. In Esthers Fall war das rational helfende Ich nicht verbunden mit dem schmerzlichen Gefühl des Kummers im Brustkorb, und beide Bereiche waren nicht in Kontakt mit dem Verlust ihrer sexuellen Leidenschaft. Diese mangelnde Integration operiert sowohl auf der körperlichen als auch auf der psychischen Ebene und zwar gleichzeitig. Trotz dieser Tatsache ist

immer noch unverständlich, warum dieser Zustand statisch bleibt oder sich verschlechtert. Warum kommt es nicht zur Heilung? Was hindert Esther daran, ihre Sexualität voll zu akzeptieren? Ich habe bereits erwähnt, welche Rolle Schuld einerseits und indirekte Vorteile andererseits spielen, aber beides muß als Folge, nicht als Ursache betrachtet werden. Die Frage, die wir uns stellen müssen, lautet: Was, befürchtet Esther, könnte passieren, wenn sie ihre Sexualität voll akzeptierte? Um diese Frage beantworten zu können, müssen wir zur ödipalen Phase zurückkehren.

Esther erkannte als Kind, daß sie die Nähe und den Kontakt zu ihrem Vater deswegen verlor, weil sie sexuelle Gefühle für ihn hatte. Man könnte sich fragen, wie ein sechsjähriges Mädchen das wissen kann, aber ein Mädchen kann leicht spüren, daß ihr Vater sich zurückzieht, wenn/falls sie sich ihm mit ihrer sexuellen Erregung nähert. Sein Rückzug, den sie für Ablehnung hält, beruht darauf, daß er Schuld empfindet, weil er ebenfalls sexuelle Gefühle für sie hegt. Sie erregt ihn ebenso wie er sie. Was sie nicht verstehen kann, ist, daß das sein Problem ist und mit ihr nichts zu tun hat. Sein Rückzug war unbeschreiblich verletzend und schmerzlich für sie. Gleichzeitig wußte sie in ihrem Herzen, daß er sie immer noch liebte, aber sie traute sich nicht, sich ihm auf die altvertraute Weise zu nähern, nämlich so, wie sie es vor der ödipalen Phase getan hatte. Esthers Situation war unerträglich. Ihr intensiver Wunsch nach Nähe und Kontakt zu ihrem Vater, den sie nicht zu zeigen wagte, wurde zu einer Qual, die sie fast verrückt machte. Um ihre geistige Gesundheit zu bewahren, mußte sie sich von ihren sexuellen Gefühlen für den Menschen trennen, den sie zutiefst liebte. Damit gab sie jede Möglichkeit auf, eine erfüllte Liebesbeziehung zu leben, denn jetzt war sie gespalten. Liebe und Sexualität waren für sie nicht mehr eins.

Esthers geistige Gesundheit war doppelt bedroht, weil sie wußte, daß beide Eltern ihr Aufgeben für vernünftig und jeden Protest für verrückt hielten. Sie konnte nicht rebellieren oder schreien: »Ich halte das nicht aus. Ihr macht mich verrückt.« Ein solches Verhalten hätte ihren Eltern als Beweis dafür gedient, daß Esther nicht normal reagierte. Um ihr Schreien zu blockieren, mußte Esther ihren Hals verengen, was die Verspannungen noch verstärkte, die bereits früher entstanden waren, als sie ihr Weinen zurückhielt.

Indem Esther sich von ihrer Sexualität abtrennte, bewahrte sie sich nicht nur ihre geistige Gesundheit, sondern hielt auch die Liebe für ihren Vater in ihrem Herzen lebendig. Diese Liebe war unerfüllt, weil sie körperlich keinen Ausdruck finden konnte, aber sie hielt in ihr die Hoffnung und sogar das Versprechen wach, eines Tages vielleicht Erfüllung finden zu können. Ihr war diese Liebe nicht bewußt, da sie sie tief in ihrem Herzen vergraben hatte, wo sie durch die rigide Panzerung ihres Brustkorbs verborgen und geschützt wurde. Aufgrund dieser Panzerung konnte sie den Schmerz des Verlustes nicht voll und ganz erfahren, und so konnte die Hoffnung auf ein erneutes Zusammenkommen mit dem Vater überleben. Diese Hoffnung wurde genährt durch die Rolle, die Esther übernommen hatte, nämlich für ihren Vater und jeden Mann, auf den sie sich einließ, dazusein. Sie stellte deren Bedürfnisse über ihre eigenen und wurde zur Helferin. Durch diese Rolle lösten sich alle ihre Schwierigkeiten, die sie als Kind hatte. Esther gewann die Anerkennung ihres Vaters, nahm der Mutter jeden Verdacht und fand einen Sinn im Leben. Indem sie ihren Wunsch nach sexueller Erfüllung opferte, bewies sie, daß sie die Überlegene war und Liebe verdiente, und ihre Schuldgefühle wurden besänftigt.

Vor kurzem wurde ich von einem Mann Anfang Vierzig konsultiert, bei dem der Epstein-Barr-Virus diagnostiziert worden war. Er litt unter chronischer Müdigkeit, und obwohl sein Blut einen hohen Gehalt an Antikörpern gegen den Virus aufwies, beklagt er sich immer noch darüber, wenig Energie zu haben und sich sehr erschöpft zu fühlen. Dieser Mann, den ich Tom nennen will, war in Behandlung bei einem bioenergetischen Analytiker gewesen und war folglich mit den Grundideen der bioenergetischen Analyse vertraut. Er wußte, daß sein Körper beträchtliche Verspannungen aufwies, und seine Atmung schwer behindert war. Im Gegensatz zu Esther hatte er einen kräftigen, muskulären Körper, der seine Krankheit Lügen zu strafen schien. Aber im Verlauf des Gesprächs über sein emotionales Leben beschrieb er sich selbst ebenfalls als einen Menschen, der andere versorgte. Er spielte also die gleiche Rolle wie Esther, eine Rolle, die meiner Meinung nach die Charakterstruktur von Individuen ausmacht, welche an dieser Krankheit leiden. Als er von seiner Beziehung zu seiner Ex-Frau erzählte, sagte er: »Ich habe sie nicht wirklich geliebt. Ich habe sie versorgt.« Diese Beziehung ging auseinander, als seine Frau nicht mehr bereit war, Fürsorge als Ersatz für Liebe zu akzeptieren.

Tom sagte ferner, daß er in seinem Leben die Rolle übernommen habe, andere zu versorgen. Er brachte das mit der Tatsache in Verbindung, daß er als Junge für seine Mutter eine ähnliche Rolle gespielt hatte. Die Rolle des Versorgers ist neurotisch und selbstzerstörerisch und raubt dem Individuum unweigerlich seine Energie, weil es für seinen Einsatz von anderen wenig zurückbekommt. Ich möchte aber klarstellen, daß die Rolle des Helfers oder des Versorgers nicht gleichzusetzen ist mit dem Verhalten eines liebevollen Menschen, der anderen hilft. Das Geben des letzteren stammt aus der Fülle seines Wesens und einem reichen Herzen, während das des Helfers auf einem Bedürfnis beruht und einen Überlebensmechanismus darstellt. Insofern übernimmt der Helfer oder der Versorger seine Rolle nicht aus freiem Willen und kann sie auch nicht bewußt kontrollieren.

Tom beschrieb seine Mutter als eine unglückliche Frau, die sich mit ihren vier Kindern, von denen Tom das jüngste war, überlastet fühlte. Sein Vater, sagte er, war Berufssportler und verbrachte wenig Zeit zu Hause oder mit der Familie. Tom wußte, daß er der Lieblingssohn seiner Mutter war, ohne sich aber über seine sexuelle Verbindung mit ihr im klaren zu sein. Diese Verbindung manifestierte sich in den schweren Verspannungen im Becken, die ihn in seiner Männlichkeit stark beeinträchtigten. Diese Verspannungen liefen auf eine psychische Kastration hinaus, denn er fürchtete seinen Vater, weil er als Sohn das Liebesobjekt der Mutter war; und er hatte Angst vor seiner Mutter, da sie seine sexuellen Empfindungen für sie verstärkte, indem sie sich verführerisch verhielt. Als Kind fühlte Tom sich aufgrund der Konflikte in der Familie in der Falle. Er versuchte, die Liebe und Unterstützung seines Vaters zu gewinnen, indem er ihm auf sportlichem Gebiet nacheiferte, aber er versagte in seinen Bemühungen. Seiner Mutter konnte er nicht nahe sein, weil er sexuelle Gefühle für sie hatte, so daß sie sich veranlaßt sehen würde, ihn zurückzuweisen. Die einzige Möglichkeit, eine sinnvolle Beziehung zu ihr aufzubauen, bestand darin, sich um sie zu kümmern. In dieser Rolle konnte er seine sexuelle Erregung für sie heimlich spüren, aber sie schloß jede Möglichkeit von sexueller Erfüllung aus. Trotzdem mußte er diese Rolle im Leben spielen, denn sie stellte für ihn die einzige Möglichkeit dar, sich einer Frau sexuell zu nähern, ohne abgewiesen zu werden. Diese Haltung ist erfolgreich bei Frauen, die sich verzweifelt nach einem Vater umschauen, der sie versorgt. Esther konnte auf diese Weise einen Ehemann finden, verwickelte sich damit aber gleichzeitig in eine Beziehung, in der sie für ihre Dienste wenig zurückbekam.

Auch wenn diese Analyse von Toms und Esthers Charakterstruktur vollständig und genau zu sein scheint, konnte sie keine tiefgreifende Veränderung ihrer Verhaltensmuster bewirken. Erstens hatten die beiden keine überschüssige Kraft, um diese Veränderung vornehmen zu können. Zweitens konzentrierte sich ihr Wille immer noch auf das Bedürfnis, mit ihrer Rolle Erfolg zu haben; denn wenn sie versagten, drohten Wahnsinn, Tod und der Verlust der Hoffnung auf Liebe. Man könnte auch sagen: Sie durften nicht zusammenbrechen, sonst hätten sie nicht überlebt. Trotzdem ist es auch ein Verhängnis, nicht zu versagen und nicht zusammenzubrechen. Dieses Verhängnis könnte auch in einem tödlichen Herzanfall, Krebs oder wie in diesem Fall in chronischer Müdigkeit bestehen. Der Begriff »zusammenbrechen« macht den Menschen angst, weil sie sich darunter einen seelischen oder körperlichen Zusammenbruch vorstellen. Aber er kann auch eine andere Bedeutung haben. Wir sagen zum Beispiel, daß jemand zusammenbricht und weint. In dieser Hinsicht unterschied sich Toms Fall von Esthers Fall. Er wollte die Rolle des Versorgers aufgeben und begriff, daß sie mit seinem sexuellen Verhalten zusammenhing. Und trotz der schweren Verspannungen seiner Brustmuskeln, die auf den Schmerz eines großen Kummers hinwiesen, konnte er zusammenbrechen und weinen. Was in seinem Fall zusammenbricht, ist die Rigidität, wodurch

Schmerz und Traurigkeit freigesetzt werden können. Diese Rigidität, die die Hingabe an die eigenen Gefühle verhindert, ist Teil des Abwehrsystems des Ich, der Charakterstruktur. Bringt diese im kontrollierten Rahmen der therapeutischen Situation zusammen, besteht wenig Gefahr. Der Zusammenbruch führt in diesem Falle zu einem Durchbruch. Ohne Zusammenbruch besteht kaum die Möglichkeit, daß sich positive Gefühle Bahn brechen können.

Der Zusammenbruch einer charakterlichen Abwehrhaltung wird immer erlebt als das Gefühl, »Ich habe es nicht geschafft«, oder einfach als »Ich kann nicht«, und »Ich kann es nicht aushalten.« Keiner bricht freiwillig oder willentlich zusammen. Ein Zusammenbruch geschieht immer gegen den Willen und kann deswegen nicht die Folge einer bewußten Entscheidung sein. Die Übungen, die zu Beginn dieses Buches beschrieben wurden, sind verläßliche körperliche Methoden, die dem Patienten helfen, einen Punkt zu erreichen, wo tiefe Gefühle durchkommen, zunächst mit bewußter Anstrengung, dann aber spontan. Ein wichtiges Element dieser Übungen ist, daß der Wille mobilisiert wird, um Gefühle auszudrücken, anstatt sie zu kontrollieren und zu verleugnen. Es ist wichtig für den Patienten zu spüren, daß er sich nicht mehr mit seinem neurotischen Charakter oder seiner neurotischen Rolle identifizieren will. Das ist der erste Schritt, der darauf beruht, daß der Patient seine Rolle oder seinen Charakter besser versteht und begreift, daß diese die Erfüllung seiner tiefsten Wünsche zunichte machen. Er muß auch wissen, wie seine Rolle oder sein Charakter mit seiner Sexualität zusammenhängt. So benutzte Harry, ein sehr kluger Mann, der vor allem vom Kopf her lebte, seine Intelligenz als Lockmittel, um Frauen sexuell zu verführen. Wenn das funktionierte und die Beziehung zustandekam, konnte er sie nicht genießen, weil er seinen Kopf nicht verlieren konnte. Der zweite Schritt besteht in dem Gefühl »Ich kann nicht« und in dem intensiven Ausdruck dieses Gefühls. Nachdem der Wille mobilisiert worden ist, wird er aufgegeben, damit der natürliche Impuls ungehindert und voll Ausdruck finden kann. Der Satz: »Ich kann nicht« oder »Ich kann das nicht aushalten«, wird möglichst in voller Lautstärke geschrien, um auszudrücken, daß der Patient die Gefühle von Traurigkeit, Zorn,

Angst und sexueller Liebe nicht länger verleugnen oder zurückhalten kann.

Gesundheit heißt, daß Kopf, Herz und Genitalien in einem einheitlichen Ausdruck integriert sind. Jede neurotische Störung spaltet diese Integration und trennt diese Bereiche der Persönlichkeit voneinander. Deswegen genügt es nicht, wenn die therapeutischen Bemühungen sich darauf konzentrieren, das Herz für die Liebe zu öffnen. Wenn diese Öffnung zum primären Ziel wird, ohne daß zuerst die sexuellen Themen durchgearbeitet werden, forciert das die Regression des Patienten auf eine infantile Ebene, da Liebe von Sexualität abgespalten wird, was der therapeutischen Zielsetzung zuwiderläuft. Das heißt nicht, daß wir nicht mit kindlichen Elementen wie Greifen, Saugen, Weinen und den damit zusammenhängenden oralen Verspannungen arbeiten können, aber diese Arbeit muß auf die genitale Erfüllung abziehen, denn das ist die einzig Erfüllung, die einem erwachsenen Menschen offensteht. Das führt uns wieder zurück zu der ödipalen Situation als der Zeit und dem Ort, wo der neurotische Charakter sich bildet. Die Charakteranalyse beginnt deshalb mit dem Versuch, das augenblickliche Alltagsverhalten im Licht der Erfahrungen zu verstehen, die der Patient in der damaligen Situation gemacht hat. Lassen Sie mich an diesem Punkt sagen, daß nicht alle Ereignisse in der ödipalen Situation rein sexueller Natur sind. Sexuelle Beziehungen beinhalten oft eine starke Mischung aus oraler Sehnsucht und Frustration. Wenn die oralen Impulse jedoch ausgedrückt werden, muß die freigesetzte Energie durch entsprechende Körperübungen nach unten in das Becken und das genitale System geleitet werden.

Da Übertragung und Gegenübertragung Ausdruck des zugrundeliegenden Charakters sind, sollten sie ebenfalls im Sinne von ödipalen Problemen interpretiert werden. Wenn wir das nicht tun, könnte es leicht dazu kommen, daß in der Therapie sexuell ausagiert wird. Auch wenn dieses Ausagieren nicht unbedingt zu direktem sexuellen Verhalten führen muß, nimmt es oft die Form verführerischen Verhaltens sowohl auf seiten des Patienten als auch auf seiten des Therapeuten an. Verführung ist ein Versprechen, das nicht gehalten werden kann und deswegen zwangsläufig zu negativen Gefühlen führen muß. Der ödipale Konflikt entspringt der Verführung des Kindes durch Vater oder Mutter, einer Verführung, die das Kind sexuell erregt, ihm das Gefühl vermittelt, es sei etwas Besonderes, um es dann für jeden direkten Ausdruck dieser Gefühle zu verdammen. Verführung ist ein Liebesversprechen, hinter dem sich das Manöver verbirgt, Macht über einen anderen Menschen zu gewinnen. Der Therapeut verführt den Patienten, indem er diesen glauben läßt, er sei etwas Besonderes, weil der Therapeut ein spezielles Interesse daran hat, ihm zu helfen. Wenn der Patient dieses Versprechen glaubt, gerät er in Schwierigkeiten, denn es kann nicht erfüllt werden, da es lediglich ein Machtspiel war. Natürlich wird auch der Patient versuchen, den Therapeuten zu verführen, um Macht zu gewinnen. Jeder, der diese Manipulation selbst erlebt hat, weiß dieses Spiel zu spielen und wird es auch spielen. Nur durch eine sorgfältige Analyse der ödipalen Probleme können diese Schwierigkeiten, die die Therapie untergraben, verhindert werden.

Man könnte fragen, wie das ödipale Problem die Therapie beeinflußt, wenn Therapeut und Patient gleichgeschlechtlich sind. Meistens kommt es dann zu einem starken Konkurrenzkampf zwischen den beiden Individuen, der nicht zugegeben wird. Der Patient kann dem Therapeuten nicht mehr Vertrauen entgegenbringen als dem gleichgeschlechtlichen Elternteil. Der Widerstand, der in dieser Situation hochkommt, kann enorm sein und läßt sich wahrscheinlich solange nicht auflösen, wie das Problem nicht offen und aufrichtig behandelt wird. Wenn der Therapeut sich diesem Problem nicht stellen kann, wird er im heimlichen Einverständnis mit dem Patienten den Konflikt verneinen, was ihrer Beziehung eine homosexuelle Nuance gibt. Dann verlagert sich die Konzentration in der Therapie vom sorgfältigen Durcharbeiten der Persönlichkeit des Patienten und seiner sexuellen Problematik auf die Themen Liebe und Vertrauen. Der Therapeut spricht davon, daß er dem Patienten zu helfen versucht, während dieser sich wiederum dem Therapeuten zuliebe bemüht, Fortschritte zu machen. Wenn der Therapeut seine Objektivität verliert, werden die Grenzen verwischt und Unterschiede geleugnet.

Ich bin immer wieder entsetzt, wenn mir klar wird, wie stark die meisten Therapeuten dieses Thema meiden. Es ist sehr leicht, sich auf die prä-ödipalen Probleme zu konzentrieren. Ich leugne ihre Wichtigkeit auch nicht. Ich vertrete den Standpunkt, daß die Therapie mißlingt, wenn wir versäumen, uns den sexuellen Problemen zuzuwenden, bevor wir uns mit den prä-ödipalen Fragen auseinandersetzen. Die einzige Erklärung, die ich dafür habe, ist, daß zu viele Therapeuten sich als Helfer betrachten, statt Wegweiser zu sein. Der Helfer bietet anderen an, ihnen Dinge abzunehmen, die sie für sich selbst nicht erledigen können. Der Wegweiser hingegen bietet Anleitung und glaubt, daß der andere den Weg selbst gehen kann. In der therapeutischen Situation untergräbt die Abhängigkeit von einem Helfer die reife Sexualität des Patienten und erlaubt diesem, in einen kindlichen Zustand zu regredieren. Der Helfer wird dann zum Ersatzvater oder zur Ersatzmutter – eine Rolle, in der er seine eigene Sexualität verleugnet, wohl aber zuläßt, daß sich durch die Übertragung sexuelle Erregung entwickelt. Dann agieren beide, Therapeut und Patient, ihre ödipalen Probleme aus.

12. Übertragung und Gegenübertragung

Im letzten Kapitel habe ich im Zusammenhang mit der ödipalen Situation einige Aspekte von Übertragung und Gegenübertragung besprochen. In diesem Kapitel werde ich ausführlicher auf diese wichtigen Themen eingehen, denn sie sind für den therapeutischen Prozeß von großer Bedeutung. Allgemein gesprochen, bezieht die Übertragung sich darauf, daß der Patient auf den Therapeuten das Bild von Vater oder Mutter projiziert, was seine Reaktion auf den Therapeuten beeinflußt. Die Gegenübertragung ist der gleiche Prozeß von Seiten des Therapeuten, der auf den Patienten Bilder aus seiner Vergangenheit überträgt. Wir wissen, daß der Therapeut von seinen Patienten häufig als Ersatzvater betrachtet wird. In gewisser Hinsicht verhält er sich vielleicht auch wie ein Vater, da er dem Patienten hilft, mit dem Leben besser zurechtzukommen. Er wiederum kann im Patienten einen Sohn oder eine Tochter sehen, die er führen und denen er durch die Schwierigkeiten des Lebens einen Weg bahnen möchte. Übertragung existiert überall dort, wo der Patient den Therapeuten nicht als den Menschen sieht, der er in Wirklichkeit ist. Und das gleiche gilt umgekehrt für die Gegenübertragung. Beide Reaktionen stören den therapeutischen Prozeß und verhindern in einigen Fällen die Selbstfindung des Patienten. Da aber in diesem Kulturkreis keiner von uns völlig frei von den neurotischen Auswirkungen seiner Kindheitserfahrungen ist, können wir annehmen, daß es in den meisten therapeutischen Situationen zu einem gewissen Maß an verzerrter Wahrnehmung kommt, die durch dieses Phänomen hervorgerufen wird. Keiner von uns ist unschuldig, und keiner von uns betrachtet die Welt mit den unvoreingenommenen, klaren Augen eines Kindes.

Das Erkennen ist in der Therapie die wichtigste Aufgabe überhaupt. Für den Therapeuten heißt das, den Patienten erkennen und verstehen, und für den Patienten, daß er sich selbst erkennt und begreift. In der Psychoanalyse nennt man diesen Aspekt der Therapie, bezogen auf den Patienten, Einsichten gewinnen. Man glaubt, daß das Individuum, das wirklich erkennt, wie und warum es sich auf bestimmte Weise verhält, sein Verhalten ändern kann, um seine Konflikte zu lösen und dafür zu sorgen, daß es ihm besser geht. Das kann auch geschehen, und einige Analyse-Patienten verbessern in der Tat ihre Lebensqualität beträchtlich. Aber Einsichten zu gewinnen ist schwierig und kompliziert. Unsere Augen sind nach außen gerichtet, und wir sehen andere sehr viel deutlicher als uns selbst. Wir können uns natürlich in einem Spiegel betrachten, aber unsere Sicht ist vernebelt, und wir haben starke Widerstände dagegen, die Wahrheit über uns zu erkennen. Freud hat bereits in den Anfängen der Psychoanalyse begriffen, daß diese Widerstände erkannt, analysiert und durchgearbeitet werden müssen, bevor der Patienten wirklich ein klares Bild von sich gewinnen kann.

In einer psychoanalytisch orientierten Therapie agiert der Therapeut als Spiegel, in dem der Patient sein Verhalten betrachten kann. Theoretisch kann der Therapeut den Patienten klar erkennen, weil dieser eine objektive Realität ist und daher nicht den Verzerrungen unterliegt, die der Selbstbetrachtung innewohnen. Daher sollte er auch in der Lage sein, dem Patienten die Wahrheit über sein Verhalten widerzuspiegeln. In der traditionellen Psychoanalyse wird diese Wahrheit bis zu einem gewissen Grade durch das freie Assoziieren, die »Versprecher« und Träume des Patienten enthüllt. Aber diese Äußerungen müssen interpretiert werden, und der Patient kann diese Intepretationen annehmen oder ablehnen. Oder der Patient akzeptiert diese Deutungen nur oberflächlich, so daß sie kaum Auswirkungen auf ihn haben. Das ist meistens der Fall, denn die Wahrheit ist im allgemeinen so schmerzlich, daß der Patient eine starke Abwehr dagegen errichtet. Diese Abwehr ist die Grundlage seiner Widerstände. Darüber hinaus hegen die meisten Patienten ein unterschwelliges Mißtrauen gegen den Therapeuten, das auf ihren Kindheitserfahrungen mit den eigenen Eltern beruht, wo sie gezwungen waren, deren Äußerungen als Wahrheiten hinzunehmen, obwohl ihr inneres Gefühl ihnen sagte, daß sie nicht stimmten. »Du bist ein böses Kind. Du hörst mir nicht zu. Du wirst mich noch ins Grab bringen.« Sie sind als

Kinder von Menschen verletzt und mißhandelt worden, von denen sie eigentlich geliebt und unterstützt werden sollten. Wie können sie da sicher sein, daß der Therapeut anders ist? Ausgehend von ihren Erfahrungen, wären sie dumm, ihm zu vertrauen, bevor sie ihn nicht gut kennengelernt und genügend Beweise für seine Integrität gesammelt haben. Wenn ein Patient mir gegenüber behauptet, mir zu vertrauen, ohne persönliche Erfahrungen mit mir gemacht zu haben, betrachte ich diese Äußerung als naiv und glaube ihm nicht. Das tiefe Mißtrauen, das alle Patienten haben, ob sie es sich eingestehen oder nicht, ist als negative Übertragung bekannt. Der Patient betrachtet den Therapeuten unbewußt als eine weitere Elternfigur, die ihm sagen wird, was er alles falsch macht und wie er sich ändern müßte, wenn er möchte, daß es ihm gut geht. Und unbewußt wird er auf den Therapeuten das Mißtrauen übertragen, das er als Kind gegen seine Eltern hegte.

Nur selten kommt ein Patient in die Therapie und drückt sein Mißtrauen offen aus. Fast immer wird dieses überlagert von der Hoffnung, daß der Therapeut anders sein möge als seine Eltern, daß er den Patienten versteht und unterstützt und ihm die bedingungslose Akzeptanz und Liebe schenkt, die er als Kind so verzweifelt brauchte und seinem Gefühl nach immer noch braucht. Aber auch das ist eine Übertragung, da er auf den Therapeuten das Bild der guten Mutter oder des guten Vaters projiziert, deren einziges Interesse darin besteht, ihm zu helfen, die Freude im Leben wiederzufinden. Diese Einstellung zum Therapeuten wird als positive Übertragung bezeichnet. Beide Formen der Übertragung sind beim Patienten ständig präsent, wenn auch die eine oder andere dominiert oder an der Oberfläche zu überwiegen scheint.

Die Übertragung stellt eine Hauptblockade für den analytischen Prozeß dar, weil sie den Patienten daran hindert, die Realität über seinen Therapeuten und damit über sich selbst zu erkennen. Sie ist eine Form von Blindheit, die auf dem Kindheitsbedürfnis beruht, die Wahrheit über die Eltern nicht sehen zu wollen. Er wird an seiner gespaltenen Wahrnehmung hängenbleiben wie an einem Haken und den Therapeuten entweder für weise und verständnisvoll oder für blind und feindselig halten. Da niemand perfekt ist, haben beide Sichtweisen eine gewisse Wahrheit, und man muß mit beiden Augen hinschauen, um die Wirklichkeit zu erfassen. Um eine falsche Sicht zu korrigieren, muß der ihr zugrundeliegende Fehler und in diesem Fall die Übertragungssituation analysiert werden. Das Problematische an der Analyse der Übertragung des Patienten ist jedoch, daß der Therapeut sie durchführen muß. Wenn ein Mensch sich als Analytiker oder Therapeut ausgibt, ist das keine Garantie dafür, daß seine Sicht frei ist von den Verzerrungen, die auf seinen eigenen Kindheitserfahrungen beruhen. So weit ich das beurteilen kann, ist kein Mensch jemals in der Lage gewesen, die Auswirkungen seiner Kindheitstraumen auf seine Persönlichkeit völlig aus dem Weg zu räumen. Diese Traumen haben sich, wie wir in den vorigen Kapiteln gesehen haben, dem Körper eingeprägt, und auch wenn wir sehr viel tun können, um ihre verkrüppelnden Auswirkungen zu mindern, kann niemand in den Zustand der Unschuld zurückversetzt werden, wie er vor dem Sündenfall existierte. Unsere Gesellschaft selbst zerstört die Unschuld und bevorzugt mit ihrer Konzentration auf Macht und Manipulation im wachsenden Maße eine intellektuelle Bildung. Das heißt, daß die Sicht fast aller Menschen vernebelt wird durch positive und negative Übertragungsgefühle. Theoretisch gesehen, sollten Therapeuten, die sich selbst einer analytischen Therapie unterzogen haben, frei von diesen Verzerrungen sein, und wenn diese Therapie wirkungsvoll war, haben sie selbst eine klarere Sicht als die meisten anderen Leute. Aber das »Wenn« muß dabei großgeschrieben werden.

Vor einigen Jahren wurde ich von einer Psychologin konsultiert, die im Ausland bei einem Kollegen von mir eine bioenergetische Therapie gemacht hatte. Diese Therapie hatte sie sehr durcheinandergebracht und zutiefst verstört, weil der Therapeut darauf beharrt hatte, daß sie aufgrund ihrer Widerstände und ihrer negativen Übertragung auf ihn keine Fortschritte mache und sich nicht besser fühle. Sie vertraute ihm nicht, aber da sie auch sich selbst mißtraute, nahm sie die Schuld für das Scheitern der Therapie auf sich. Sie war eine zutiefst unglückliche Frau, ohne einsehen und begreifen zu können, warum das so war. Sie wußte, daß sie unfähig war, eine befriedigende Beziehung mit einem Mann aufzubauen. Alle ihre Liebes-

beziehungen hatten für sie mit dem Gefühl geendet, abgelehnt zu werden. Aber sie wußte nicht, wo die Ursache dafür lag.
Wir können die persönliche Geschichte eines Menschen an seinem Körper ablesen. Als ich Sylvias Körper betrachtete, sah ich ihr Problem sofort. Sie hatte einen wohlgeformten, voll entwickelten Körper, kräftig, lebendig und mit sexueller Ausstrahlung. Ihr Gesicht hingegen war verspannt und verkniffen und sah verletzt aus. Die Tatsache, daß ihr Kopf und ihr Gesicht nicht zu ihrem Körper zu passen schienen, wies auf eine deutliche Spaltung ihrer Persönlichkeit hin und zwar zwischen ihrem Ich (dem Teil von ihr, der sich der Welt zuwendet) und ihrem Körper mit seinen Gefühlen. Ihr Ich war nicht identifiziert mit ihrem Körper, ihren Gefühlen und ihrer Sexualität. Sie konnte ihre sexuelle Natur nicht akzeptieren und projizierte diese Ablehnung auf jeden, auch auf ihre Liebhaber und Therapeuten. Das war natürlich eine negative Übertragung, aber wenn der Therapeut der Patientin die Schuld daran gibt, befindet er sich selbst in einer negativen Gegenübertragung. Die Folge war, daß er sie ablehnte, so daß sie sich noch schlechter fühlte. Aber wenn ich Sylvia und ihre Sexualität akzeptierte, würde sie das zwar unterstützen, ihr bei ihrem Problem aber wenig weiterhelfen, denn das bestand darin, daß sie sich selbst nicht annehmen konnte. Um sich selbst annehmen zu können, mußte sie begreifen, warum sie gezwungen gewesen war, ihre Sexualität abzulehnen. Es liegt in der Verantwortung des Therapeuten, ihr zu helfen, diese Einsicht zu gewinnen.
Sylvias wohlgeformter, lebendiger Körper wies darauf hin, daß sie in ihrer frühen Kindheit viel Liebe bekommen hatte. Sie war als Säugling nicht vernachlässigt worden. Die Verkniffenheit und Bitterkeit in ihrem Gesicht stammte aus einer späteren Phase, der ödipalen, zwischen drei und sechs, als sich ihr Ich entwickelte und ihre Sexualität aufzublühen begann. Sie wuchs in einer Umgebung auf, in der Kinder liebevoll behandelt und unterstützt wurden, aber in jeder Hinsicht gutes Benehmen von ihnen gefordert wurde. Sylvia konnte sich an ihre Großmutter erinnern, die sie hütete und ständig von ihr verlangte, »ein gutes Kind« zu sein. »Sois sage«, hatte sie immer gesagt, ein französischer Ausdruck, der wörtlich

übersetzt, bedeutet: Sei vernünftig, tu das Richtige, hör auf deine Eltern. Diese Ermahnung wurde eher den Mädchen zuteil und bezog sich vor allem auf den Ausdruck von sexuellen Gefühlen. Sexuelle Empfindungen zu zeigen, war »schlecht«, was aber nicht für die Empfindungen selbst galt, und meiner Meinung nach war diese Haltung für den Unterschied zwischen Sylvias Kopf und Gesicht einerseits und ihrem Körper andererseits verantwortlich. Ich hatte diesen Unterschied bereits bei anderen Frauen aus Sylvias Land wahrgenommen, die einen sehr sexuellen Körper hatten, aber deren Gesicht weder schön noch attraktiv war, weil ihnen verboten worden war, sexuelle Erregung zu zeigen.

Als ich Sylvia meine Auffassungen mitteilte, leuchteten sie ihr sofort ein. Sie konnte ihren Ärger auf ihre Großmutter und auch auf ihren früheren Therapeuten spüren, der in Wirklichkeit die großmütterliche Haltung unterstützt hatte, als er Sylvia vorwarf, sich nicht kooperativ zu verhalten. Damit verhielt er sich natürlich genauso wie ihr Vater, der die Großmutter ebenfalls darin bestätigt hatte, daß es nicht richtig, nicht »sage« sei, sexuelle Erregung zu zeigen. Sylvia und ich arbeiteten nicht lange zusammen, da sie mich nur aufsuchen konnte, wenn sie nach New York kam. Aber es war bemerkenswert, wie stark sich ihre Gefühle und ihr Aussehen veränderten. Ihr Gesicht wurde richtig schön.

Wir können das Thema Übertragung und Gegenübertragung auch auf dem Hintergrund des Wunsches betrachten, verstanden zu werden. Alle Patienten haben das verzweifelte Bedürfnis, erkannt und verstanden zu werden. Wenn ein Patient sich verstanden fühlt, entwickelt sich eine Bindung zwischen Patient und Therapeut, die mir wie eine Rettungsleine vorkommt, wie man sie Ertrinkenden zuwirft. Der Patient geht unter in der Verwirrung, die darauf beruht, daß seine Eltern unfähig waren, ihn als freies, unschuldiges menschliches Wesen zu sehen. Man redete ihm ein, er habe unrecht, sei schuldig, schlecht, feindselig, undankbar und schrieb ihm noch alle möglichen weiteren negativen Eigenschaften zu, als wäre er ein wahres Monster. Und da seine Eltern ihn nicht so akzeptierten, wie er wirklich war, nämlich ein unschuldiges Wesen, mußte er glauben, daß das, was sie sagten, in gewisser Weise stimmte. Wenn ein

Kind nicht geliebt wird, fühlt es sich auch nicht liebenswert. Somit ist es auch nicht liebesfähig, das heißt, nicht imstande zu lieben. Dem Patienten in dieser Situation zu sagen, daß er liebenswert sei und alles mit ihm stimme, heißt blind sein für seine Verwirrung, seinen Schmerz und seine Qual. Seinen Zorn nicht zu spüren, der oft in Form einer mörderischen Wut unmittelbar unter der Oberfläche lauert, heißt seinen Kampf um seine Identität und sein Selbst nicht zu begreifen.

Ein Therapeut könnte die Haltung einnehmen, daß es Sache des Patienten sei, seine inneren Schwierigkeiten zu enthüllen und zu beschreiben; aber wenn der Patient das könnte, wozu bräuchte er dann die Hilfe eines Therapeuten? Patienten sind sich darüber im klaren, daß etwas nicht stimmt, denn sie fühlen sich schlecht, und die Dinge in ihrem Leben laufen verkehrt. Aber sie sind desorientiert. Obwohl sie sich große Mühe geben, sich so zu verhalten, wie ihre Eltern es von ihnen verlangten, können sie keine Freude oder Erfüllung finden. Wenn sie das Gegenteil von dem tun, was man von ihnen fordert, und gegen Autoritäten rebellieren, ist das auch keine Lösung. In jeder Richtung wartet auf sie ein Kampf, der ihre Qual nur fortsetzt. Das Problem ist, daß der Patient sich selbst verloren oder aufgegeben hat, und somit fehlt ihm die innere Führung, die ihm hilft, positiv für sich zu handeln. Da er sich verwirrt fühlt, wendet er sich an einen Therapeuten, damit dieser ihn bei der Suche nach sich selbst leitet.

Bei dieser Suche ist der Therapeut ein Begleiter. Aber ein Begleiter ist nur dann von Wert, wenn er das Terrain, durch das er die verirrte Person leitet, selbst gründlich kennt. Diese Kenntnis gewinnt er nur, wenn er dieses Gelände in eigener Person erforscht und zu sich selbst gefunden hat, das heißt, zu dem Selbst, das er aufgab, als er als Kind seine Unschuld verlor. Mit dem Verlust seiner Unschuld hat er auch die Fähigkeit verloren, mit den klaren, unschuldigen Augen eines Kindes zu sehen. Und wie in der Geschichte von des Kaisers neuen Kleidern, ist er geblendet von dem falschen Glanz des Erfolges und der Macht und blind für die Realität. In diesem berühmten Märchen sah nur ein kleines Kind, daß der Kaiser in Wirklichkeit nackt war, wie wir alle es in den Augen eines Kindes sind.

Ich glaube, der einzige Weg, die Probleme des Patienten zu erkennen und zu verstehen, besteht darin, seinen Körper zu studieren. »Der Körper lügt nicht«, lautet ein Grundsatz der bioenergetischen Analyse. Diese Untersuchung können wir bis zu einem gewissen Grad auch dann durchführen, wenn der Patient bekleidet ist. Der Blick der Augen, der Ausdruck des Gesichts, der Klang der Stimme und die Art und Weise, wie er sich bewegt und hält, sagen viel über ihn aus. Aber Menschen benutzen Kleidung auch dazu, sich zu verstecken. Wenn wir die Fähigkeit haben, die Sprache des Körpers zu lesen, können wir dem unverhüllten Körper sehr viel mehr entnehmen.[1] Eine andere Patientin, die ich vor vielen Jahren behandelte, machte sinnfällig, mit welcher »Blindheit« viele Therapeuten geschlagen sind, wenn es um den deutlich wahrnehmbaren Gesichtsausdruck von Patienten geht. Diese Frau war über sechzig und arbeitete selbst als Analytikerin. Sie hatte mehrere psychoanalytische Therapien gemacht. Ihr Gesicht zeigte zwei bemerkenswerte Ausdrucksweisen. Einmal zog sie die Augenbrauen zusammen, was grundsätzlich Mißtrauen ausdrückt, bei ihr aber so übertrieben war, daß ihre Miene etwas Paranoides hatte. Dann aber hatte sie auch den strahlenden, unschuldigen Gesichtsausdruck eines Kindes, der sich zeigte, wenn sie ihre Brauen entspannte. Die analytische Interpretation war klar. Sie war ein strahlendes, unschuldiges und hübsches Kind gewesen, das im Alter von fünf, sechs Jahren Belästigungen erlebt hatte. Diese beiden Aspekte ihrer Persönlichkeit waren, als ich ihr begegnete, in ihrem Gesicht immer noch präsent und sichtbar. Sie war sich dieser beiden Seiten ihres Gesichtsausdrucks jedoch nicht bewußt, und keiner ihrer Analytiker hatte ihnen Aufmerksamkeit geschenkt. Ich konnte sie nicht ignorieren.
Vor vielen Jahren kam eine weitere Patientin zu mir, die ich Daisy nennen will, die diese Situation nachdrücklich veranschaulichte. Sie war einige Zeit bei einem anderen Therapeuten in Behandlung gewesen, war aber unzufrieden mit dieser Analyse. Als ich sie betrachtete, während sie auf dem Bett lag, war ich verblüfft über die große Unstimmigkeit ihres Körpers. Ihr Kopf war klein, und ihr Gesicht hatte den Ausdruck eines kleinen Mädchens, während der übrige Körper üppig und füllig war. Obwohl ihr Gesicht blaß

war, hatte die Haut ihres Körpers eine rosige Farbe, so daß er mich, rundlich wie er außerdem war, an einen Pfirsich erinnerte, der reif zum Pflücken und Verzehren war. Das war für mich ein Bild für ihre sexuelle Ausstrahlung. Ein Aspekt der Persönlichkeit dieser Patientin war also das verängstigte kleine Mädchen, während der andere sie als attraktives Sexualobjekt zeigte. Es gab aber noch eine dritte Seite. Daisy war Computerfachfrau in der Zeit, als dieser Industriezweig sich gerade zu entwickeln begann. Das heißt, sie besaß einen scharfen, logischen Verstand. Aber welcher der drei Aspekte offenbarte sie nun wirklich? Wenn sie alle drei verkörperte, wie konnte sie in so einem gespaltenen Zustand in der Welt zurechtkommen? Wie konnte sie mit dieser Verwirrung leben?

Während ich sie betrachtete, konnte ich nicht anders als meine Gefühle ausdrücken. Ich sagte: »Daisy, ich weiß nicht, wie Sie es fertiggebracht haben, nicht verrückt zu werden oder sich umzubringen.« Ich hatte das Gefühl, daß diese Äußerung für einen verzweifelten Menschen schockierend sein mußte, aber Daisy blickte mich mit Tränen in den Augen an und sagte: »Gott sei Dank.«

Ihre Bemerkung zeigte mir, daß sie sich verstanden fühlte, was eine große Erleichterung für sie war. Wenn ein Mensch das Gefühl hat, daß niemand versteht, was in ihm vorgeht, kann er zu der Auffassung gelangen, er sei verrückt.

Ich erzählte Daisy von meinen Beobachtungen und wies sie darauf hin, daß diese Spaltung auf Erfahrungen in der frühen Kindheit beruhte, die sexuelle Verführung und sexuellen Mißbrauch einschlossen. Das leuchtete ihr ein und nahm ihr etwas von ihrer Verwirrung. Ich sah Daisy nur wenige Male, da sie nach Kalifornien versetzt wurde. Eine Zeitlang hörte ich noch von ihr und erfuhr, daß es ihr gut ging. Aber diese erste Sitzung mit ihr habe ich nie vergessen.

Ich kann mich noch an einen weiteren Fall erinnern, bei dem die Betrachtung des Körpers mich in die Lage versetzte, die Patientin und ihre Probleme so deutlich zu sehen, wie es bei voller Bekleidung nicht möglich gewesen wäre. Diese Patientin suchte mich auf, weil sie Eheprobleme hatte. Sie war eine attraktive junge Frau, ausgeglichen und klug. Als sie sich mir im Badeanzug zeigte, damit ich ihren Körper sehen konnte, war ich bestürzt. Vor mir sah ich den Körper eines jungen Mädchen vor der Adoleszenz, und ich begriff sofort, warum sie in ihrer Ehe Probleme hatte. Bei voller Bekleidung ließ ihr Körper die emotionale Unreife nicht vermuten, die er mir jetzt enthüllte.

In den nachfolgenden Jahren habe ich gelernt, meine Patienten im Sinne ihres Körperausdrucks immer klarer zu erkennen. Natürlich höre ich mir auch an, was sie mir über ihr Leben erzählen, aber selbst während sie über sich und ihre persönliche Geschichte reden, betrachte ich ihren Gesichtsaudruck, ihre Augen, ihre Sitzhaltung und die Art, wie sie sich geben. Und ich achte aufmerksam auf den Klang ihrer Stimme. Manchmal stimmt das, was ein Patient sagt, mit seinem Körperausdruck überein, aber oft stehen seine Worte im Widerspruch dazu. Ein Mensch kann mir zum Beispiel erzählen, daß seine Kindheit glücklich war, aber wenn sein Blick trübe und sein Körper starr und relativ unlebendig ist, widerspricht das seinen Worten. Wenn wir eine glückliche Kindheit hatten, ist unser Körper nicht leblos. Unlebendigkeit ist ein Zeichen dafür, daß ein Mensch viele Gefühle abgeblockt hat, weil es für ihn zu schmerzlich war, sie zu spüren. Ich zögere selten, den Patienten darauf hinzuweisen, denn ich glaube fest daran, daß nur die Wahrheit uns befreien kann. Der Körper lügt nicht. Er erzählt die Wahrheit über das Individuum.

Einige Menschen, die zu mir kommen, sind seelisch nicht darauf vorbereitet, sich körperlich zu zeigen. Wenn sie den aufrichtigen Wunsch verspüren, sich selbst kennenzulernen, kann ich als Therapeut analytisch mit ihnen arbeiten, denn der Körper gibt, wie wir hier gesehen haben, selbst dann, wenn er bekleidet ist, viele Signale. Ich würde aber in diesem Fall auch analytisch mit dem Problem der Scham oder Angst, sich zu zeigen, arbeiten. Die Abneigung, sich selbst und den eigenen Körper in einer therapeutischen Situation zu zeigen, ist ein Ausdruck von Widerstand und Übertragung, da die Therapie nicht mehr körperliche Entblößung fordert als an einem öffentlichen Strand, wo der Patient sich wohl damit fühlen würde. Deswegen muß diese Abneigung als Mißtrauen gegen den Therapeuten behandelt werden. Leider ist dieses Mißtrauen in einigen Fällen gerechtfertigt, da Therapeuten manchmal nicht frei von Gegenübertragung sind und den Körper nur unter sexuellen Aspekten betrachten. Andererseits lassen auch Therapeuten, die aufgrund der sexuellen Natur des Körpers Angst haben, ihn eingehend zu betrachten, eine negative Gegenübertragung erkennen. Wenn der Therapeut sich mit seinem eigenen Körper und dessen Empfindungen unwohl fühlt, wird er es bewußt oder unbewußt vermeiden, sich mit dem Körper des Patienten auseinanderzusetzen. Wenn sein eigener Körper rigide ist, tendiert er dazu, die Rigidität im Körper des Patienten zu ignorieren. Ist sein Gesicht verspannt und eine Maske, wird er auf einen deutlich ähnlichen Gesichtsausdruck des Patienten nicht eingehen. Ist sein eigener Körper nicht im Fluß und ohne Anmut, wird er eine Abneigung dagegen haben, sich auf das gleiche Phänomen beim Patienten zu konzentrieren. Denn wenn er das täte, müßte er sich auch seinen eigenen körperlichen Mängeln ernsthaft stellen. In dem Maße, wie er seine eigenen körperlichen Probleme ignoriert, ist er unweigerlich blind für die seiner Patienten.

So zeigt sich die Gegenübertragung, denn sie bedeutet, daß der Therapeut den Patienten auf der Grundlage seiner eigenen Werte betrachtet. Wenn ein Therapeut glaubt, daß Emotionen kontrolliert werden sollten, wird er diesen Glauben explizit oder implizit auf seine Patienten projizieren. Der flache und kontrollierte Tonfall seiner Stimme vermittelt eine Botschaft, die der Patient nicht ignorieren kann. Ein Therapeut kann auch in das andere Extrem gehen und die Haltung ›das alles ist möglich‹ projizieren, was natürlich seine Patienten ebenfalls beeinflussen wird. Ich habe von vielen Patienten gehört, daß sie ihre intensiven Gefühle in ihren früheren Therapien nicht ausdrücken konnten, weil der Therapeut damit nicht zurechtkam. Da das gleiche für ihre Kindheit zutraf, waren sie in dem gleichen Dilemma und Konflikt gefangen wie damals. Das Problem der Gegenübertragung beinhaltet also zwei Aspekte: zum einen die Unfähigkeit, den Patienten so zu sehen, wie er wirklich ist, zum anderen die unbewußte Projektion der Werte des Therapeuten auf den Patienten und die Therapie. Beide beruhen auf demselben Problem des Therapeuten: daß er nämlich durch seinen eigenen persönlichen Hintergrund und seine Erziehung geprägt worden ist, die ihm seine Unschuld nahmen und seine Freiheit zerstörten. Das passiert jedem Menschen in unserer Kultur, und viele von uns reagieren darauf mit dem Versuch, aus ihrer Unterwerfung eine Tugend zu machen. Wir bemühen uns, einen Sinn darin zu finden, daß wir gut und vernünftig sind und anderen verzeihen. Diese positiven Werte verkehren sich zu negativen, wenn wir auf Kosten von uns selbst an ihnen festhalten: wenn unsere Güte im Grunde Unterwerfung ist, unsere Vernunft auf der Verleugnung unserer Gefühle beruht und Verzeihen für uns heißt, daß wir unseren Schmerz hinnehmen. Therapeuten sind diesem Prozeß ebenso ausgesetzt wie alle anderen Menschen auch und haben damit die gesellschaftliche Sicht übernommen, nach der Kultiviertheit, Wissen und Kontrolle als höhere Werte im Leben gelten.

Eine Psychotherapie, die glaubt, die Kraft des rationalen Verstandes könne die kranke Seele des modernen Menschen heilen, ist unrealistisch. Sie ignoriert die machtvolle Rolle, die Emotionen im menschlichen Leben spielen sowie die Tatsache, daß Emotionen das Leben des Körpers sind, so wie Gedanken das Leben des Geistes ausmachen. Wir können durch geistige Prozesse keine Gefühle produzieren. Niemand kann sich durch einen bewußten Verstandesakt verlieben. Wir können nicht willentlich zornig werden. Und Gedankenakrobatik verschafft uns mit Sicherheit keine Freude. Das Bewußtsein kann Gefühle verdrängen, aber nicht auslösen. Durch einen Willensakt können wir Leben zerstören, aber nicht schaffen. Das soll nicht heißen, daß der Verstand im analytischen Prozeß keine Rolle spielt, aber diese Rolle ist begrenzt auf das Verstehen des Geschehens. Dieses Verstehen kann dann zu Veränderungen führen, wenn genügend emotionale Kraft aktiviert wird, um die Fesseln zu sprengen, die den Geist gefangenhalten. Diese Fesseln sind physischer Natur und existieren im Körper als chronische Muskelverspannungen, die den vollen Fluß der Erregung im Körper und den vollen Gefühlsausdruck blockieren. Durch den Abbau dieser Spannungen verändert der Körper seine Form und Beweglichkeit, er wird schöner, und seine Bewegungen werden anmutiger. Nur in dem Maße, wie wir diese Veränderungen im

Körper des Patienten wahrnehmen, können wir von bedeutsamen Fortschritten sprechen.

Das der Gegenübertragung zugrundliegende Problem besteht in der Unfähigkeit des Therapeuten, die Realitäten des körperlichen Lebens zu sehen und zu begreifen. Aber dieses Problem bringt auch der Patient in Form von Übertragung mit. Ein Aspekt zeigt sich in seiner Überzeugung, daß der Therapeut ein besonderer Mensch mit gewissen Zauberkräften sei, der das Leben des Patienten verändern kann. Aber auch wenn Verständnis und Liebe sehr mächtige Kräfte für Heilung und Wachstum sind, können sie die erforderlichen Veränderungen in der therapeutischen Situation nur begrenzt beeinflussen. Zu diesen Veränderungen kann es nur kommen, wenn der Patient sich selbst begreifen lernt und echte Selbstliebe entwickelt. Dafür sind das Verständnis und die Anteilnahme des Therapeuten zwar notwendig, aber sie allein können das gewünschte Ergebnis nicht bewirken. Der Patient kann auf die Liebe und das Verständnis des Therapeuten nicht reagieren oder sie nicht annehmen, weil er aufgrund von schweren Muskelverspannungen verschlossen ist und sich nicht öffnen kann. Ein gutes Beispiel dafür ist die verbreitete Verspannung von Kiefer und Mund, die ausdrückt: »Ich werde mich dir nicht öffnen, denn du tust mir weh.« Diese Haltung manifestiert sich in der Unfähigkeit des Patienten, mit den Lippen ungehindert zuzugreifen, ohne dabei das Kinn trotzig vorzuschieben. Die Kiefer bergen verdrängten Zorn, der freigesetzt werden muß, bevor die Lippen voll zugreifen können. Das Verständnis des Therapeuten hilft dem Patienten, mit den Verspannungen in Berührung zu kommen, die verdrängten Emotionen zu spüren und angemessen zum Ausdruck zu bringen. Im Falle der verspannten Kiefer sollte der Zorn sowohl mit Worten als auch durch Beißen ausgedrückt werden, und wahrscheinlich muß das oft wiederholt werden, bevor sich die Verspannungen völlig aufgelöst haben. Wenn das der Fall ist, ist der Weg offen für den ungehinderten Strom liebevoller Gefühle. Und wenn die Liebe des Patienten fließen kann, empfindet er Freude.

Patienten können ihre Liebe auch blockieren durch Verspannungen im Brustkorb, die ihre Atmung behindern. Vielleicht spüren sie

Liebe im Herzen; aber sie können sie nicht angemessen zum Ausdruck bringen, solange ihr Brustkorb eingeengt und ihr Hals zusammengezogen ist. Mein Verständnis kann ihnen wahrscheinlich helfen, das Problem zu fühlen, aber nur ihr eigenes Begreifen versetzt sie in die Lage, sich effektiv damit auseinanderzusetzen. Meine Anteilnahme mag sie darin unterstützen, sich dem Schmerz des großen Kummers, der in ihrem eingeengten Brustkorb festsitzt, zu stellen, aber nur wenn sie diesen Schmerz erleben und daraufhin tief schluchzen, wird ihr Brustkorb weicher, so daß die Liebe ungehindert durchdringen kann.

Die Herausforderung für den Patienten besteht darin, sich mit dem Schmerz seiner Vergangenheit auseinanderzusetzen, der sich seinem Körper eingeprägt hat. Um sich diesem Schmerz stellen zu können, brauchen sie meine moralische Unterstützung und Ermutigung; aber alles, was ich für sie tun kann, besteht darin, daß ich den Schmerz ihres Kampfes um Gesundheit lindere, wenn er sie überfordert. Sollten sie mich bitten, sie zu halten, wenn der Schmerz ihnen angst macht, tue ich das. Aber diese Geste von meiner Seite kann den Patienten zum Kind machen, das von mir abhängig ist und bleibt. Wenn ich einen Patienten halte, fühlt er sich vorübergehend vielleicht sicher, aber es nimmt ihm die Möglichkeit, reifer zu werden und Freude und Erfüllung in seinem Erwachsensein zu finden.

Viele Patienten verspüren das Bedürfnis, liebevoll gehalten und umsorgt zu werden. Dieses Bedürfnis spiegelt ihre Erfahrung wider, daß sie als Kind nicht die Liebe und emotionale Unterstützung bekommen haben, die sie brauchten. Die am meisten verbreitete Klage in der Therapie lautet, daß Vater oder Mutter oder beide nicht für den Patienten »da« waren. Dieses Bedürfnis wird auf den Therapeuten oder, in einer Ehe, auf den Partner übertragen. Unglücklicherweise kann es, wenn das Individuum erst einmal erwachsen geworden ist, nicht mehr von einem anderen Menschen erfüllt werden. Der Grund dafür ist, daß die Natur dieses Bedürfnisses sich verändert hat, während das Individuum allmählich von der Kindheit ins Erwachsenenleben hineingewachsen ist. Realistisch oder metaphorisch gesprochen, heißt das, ein Erwachsener muß nicht mehr am Nuckel oder an der Brustwarze saugen wie als kleines Kind. Das würde ihm nicht helfen, auf eigenen Füßen zu stehen, denn das ist es, wozu er imstande sein muß. Wenn ein Mensch auf seinen eigenen Füßen steht und sich selbst versorgt, wird er liebenswert, und das heißt auch liebesfähig. Wenn er liebt, findet er Freude. Indem er Liebe gibt, wird er Liebe finden. Ich gestehe dem Patienten das Gefühl der Bedürftigkeit zu, aber ich weise ihn auch darauf hin, daß das, was er braucht, mehr von ihm selbst kommt. Ein Mensch, der sich selbst besitzt, fühlt sich nicht bedürftig. Er wird den Wunsch verspüren, anderen und besonders einem Menschen nahe zu sein, aber dieser Wunsch hat nichts Verzweifeltes an sich wie im Falle eines Menschen, der glaubt, andere zu brauchen.

Das Gefühl der Bedürftigkeit hängt zusammen mit einem mangelnden Selbstgefühl und kommt direkt aus dem Empfinden einer innerer Leere im Körper. Was diesen Individuen fehlt und was sie brauchen, ist eine starke Aufladung oder Erregung im Körper. Wenn der Körper durch die Therapie lebendiger wird, fühlt der Patient besser, verhält sich spontaner, identifiziert sich stärker mit seinem Verhalten und kann es besser kontrollieren. Der Schlüssel für diesen Prozeß ist die Atmung. Eine tiefe und volle Atmung liefert die Energie und erzeugt die Erregungsströme, die den Körper mit Gefühl und Leben füllen. Wenn die Atmung flach ist, ruft der Mangel an Gefühl in einigen Körperteilen das Empfinden von Leere hervor, das übersetzt wird in den Gedanken: »Ich brauche jemanden.« In den meisten Fällen sitzt das Gefühl von Leere im unteren Bauch und kann als »Loch« gespürt werden, wenn man mit der Faust an dieser Stelle leichten Druck ausübt. Wenn der Bauch »voll« ist, leistet er wie ein aufgeblasener Ballon Widerstand gegen den Druck. Ein »leerer« Bauch hingegen fühlt sich an wie ein Ballon, aus dem die Luft herausgelassen wurde. Dabei geht es nicht darum, Luft in den Bauch zu bekommen, sondern zuzulassen, daß die Erregungswelle, die mit der Atmung einhergeht, bis in den Bauch fließen kann. Dadurch wird das Gewebe in diesem Bereich aufgeladen und entspannt. Ein »leerer« Bauch weist darauf hin, daß dieser Bereich kontrahiert und sein Gewebe schlaff ist.

Die Richtigkeit dieser Vorstellungen wurde mir 1946 von einem Tierarzt demonstriert, der kam, um meiner Frau und mir mit einem Wurf von zehn neugeborenen Hündchen zu helfen. Wir wußten mit dem Füttern nicht mehr weiter, denn wenn sie alle zur gleichen Zeit zu saugen versuchten, nahmen die stärkeren Welpen die kräftigsten Brustwarzen in Beschlag und drängten die schwächeren beiseite. Der Tierarzt löste dieses Problem, indem er die Jungen in zwei Gruppen einteilte, die starken und die schwachen. Die Schwachen durften zuerst saugen. Wenn sie fertig waren, kamen die Stärkeren an die Reihe und bekamen, da sie besser saugen konnten, immer noch genug Milch. Die Folge war, daß alle zehn Welpen wohl gediehen und zu gesunden Hunden heranwuchsen. Der Tierarzt traf seine Entscheidung, indem er nachprüfte, wie voll die Bäuche der Jungen sich anfühlten, wenn er hineindrückte. Als ich sah, was er tat, leuchtete mir das sofort ein, denn die tiefe Bauchatmung war eine der Methoden, die Reich bei mir eingesetzt hatte, damit ich lernte, mich meinem Körper zu überlassen.

Wie wichtig der Bauch für das Selbstgefühl ist, wurde in der östlichen Kultur, besonders von den Japanern, schon vor langer Zeit erkannt. Wenn ein Mensch gefühlsmäßig mit seinem Bauch in Kontakt ist, sagt man von ihm, er habe ein »Hara«[2]. Das Wort Hara bedeutet auf Japanisch Bauch, weist aber auch darauf hin, daß ein Individuum mit seinem »primären Zentrum« in Verbindung ist. Dürckheim beschreibt die Qualitäten eines solchen Individuums mit folgenden Worten: »Beglückt erfährt der Mensch im Zunehmen von Hara das Geschenk einer neuen Nähe zu sich und zur Welt, zu Mensch und Ding... Es ist eine Nähe, die den Menschen vor dem quälenden Gefühl der Isoliertheit bewahrt, auch dort, wo er als Ich in der Welt sich auf sich selbst zurückgeworfen oder alleingelassen fühlt. Er fühlt sich nicht von diesem oder jenem aufgenommen oder verneint, sondern im Leben als Ganzem liebevoll aufgehoben und geborgen. So strömt er selbst etwas Gütiges aus.«[3] Die Praxis von Hara, das Erreichen dieser Verbindung, beruht auf der Atmung. Sie erfordert die Entwicklung der Fähigkeit, sich Ebbe und Flut des Lebens, wie sie in der vollen und freien Atmung zum Ausdruck kommen, hinzugeben, das heißt, einer natürlichen Atmung, die weder bewußt noch unbewußt kontrolliert wird. Das ist auch das Ziel der bioenergetischen Analyse.

Die Therapie hilft dem Patienten sowohl durch die Analyse als auch durch spezielle Übungen, sich bewußt zu machen, was es heißt, mit seinem vitalen Zentrum in Kontakt zu sein. Wenn wir den Patienten anweisen, gegen den Druck der Faust zu atmen, die wir in seinen Bauch pressen, wird dieser Bereich aktiviert, und das Gefühl von Leere verschwindet vorübergehend. Durch das volle und tiefe Atmen können die Erregungswellen tief in das Becken fließen, was zu einem Gefühl von Fülle im Unterleib führt – ganz erfüllt im Innersten des eigenen Seins.

Einige Therapeuten reagieren auf die Bedürftigkeit des Patienten, indem sie ihm anbieten, für ihn »da« zu sein. Mit dieser Haltung zeigt der Therapeut, daß er sich mit der Bedürftigkeit des Patienten identifiziert, weil sie seine eigene Bedürftigkeit weckt. Therapeuten, die bedürftig sind, benutzen ihre Patienten, um ihre eigene innere Leere zu füllen. Das ist Gegenübertragung übelster Art, denn sie führt zu einer Verwicklung, bei der der Patient auf den Therapeuten fixiert ist und seine Unabhängigkeit verliert, die so wesentlich für die Entwicklung eines reifen Selbst ist. Oft werden die Rollen in der therapeutischen Beziehung ebenso getauscht wie im Leben des Patienten. Die Bedürftigkeit des Therapeuten spürend, bietet der Patient ihm in der einen oder anderen Form sein Liebe an. Beispiele dafür wären: »Ich werde mich bemühen, es mir besser gehen zu lassen, damit Sie zu Ihrer Arbeit mit mir ein gutes Gefühl haben können«, oder »Ich kann mit der Therapie nicht aufhören, weil Sie sonst verletzt sind.« Wie oft habe ich das von Patienten gehört! Diese Besorgnis um den Therapeuten ist eine Übertragung der Haltung, die der Patient zu seinen Eltern hatte. Dieser Rollentausch ist in der Kindheit sehr verbreitet. Kleine Mädchen werden zu Müttern für ihre Mütter und – noch häufiger – Ehefrauen für ihre Väter. Kleine Kinder sind sehr sensibel für die Gefühle und Bedürfnisse ihrer Eltern. Wenn ein Elternteil depressiv, krank oder unglücklich ist, verspürt das Kind den natürlichen Impuls, dafür zu sorgen, daß es Vater oder Mutter besser geht. Sind die Eltern glücklich, ist auch das Kind glücklich. Das Sorgen für andere kann einem Leben, in dem es keine Freude gibt, Sinn verleihen, wie wir im vorigen Kapitel gesehen haben. Da Therapeuten als Ersatzeltern betrachtet werden, geschieht es sehr leicht, daß ein Patient seine Sorge um die Eltern auf seinen Therapeuten überträgt.

Diese Form von Übertragung stellt eine schwere Behinderung der Therapie dar, weil sie den Patienten davon abhält, sich auf seine eigenen Probleme zu konzentrieren. Tatsächlich ist sie ein Hauptproblem in der Persönlichkeit des Patienten, denn sie beruht darauf, daß er Schuldgefühle hat, wenn er die Erfüllung seiner eigenen Bedürfnisse verlangt. Die meisten Patienten glauben, sie hätten nicht das Recht zu fordern, was sie haben wollen. Sie haben das Gefühl, sich Liebe, Zuwendung und Respekt verdienen zu müssen. Selbstausdruck beinhaltet das Recht, die Erfüllung der eigenen Bedürfnisse und Wünsche energisch zu verfolgen. Zu sagen, was man will, und danach zu greifen, ist Zeichen eines gesunden Selbst. Der Patient muß in der Therapie zu diesem Verhalten ermutigt werden, denn sämtliche Patienten haben Schwierigkeiten, sich selbst auszudrücken. Und dieses Verhalten muß auch in der Beziehung zum Therapeuten unterstützt werden. Was der Patient im allgemeinen und ganz speziell vom Therapeuten will, sind wichtige Fragen, die dem Patienten gestellt werden müssen. Es sollte nicht überraschen, daß es den meisten Patienten schwerfällt, darauf zu antworten.

Wenn der Patient seine besorgte Haltung auf den Therapeuten überträgt, ist es sehr wichtig, darauf einzugehen und dieses Verhalten zu analysieren, denn darunter verbirgt sich sehr viel Feindseligkeit und Zorn. In Wirklichkeit ist der Patient um sein Geburtsrecht betrogen worden, nämlich das Recht, sein eigenes Glück zu verfolgen. Seine Schuldgefühle entsprechen direkt dem Ausmaß seines verdrängten Zorns und können daher solange nicht überwunden werden, wie der Zorn nicht gespürt und zum Ausdruck gebracht wird. Das wichtigste Ziel dieses Zorns ist der Therapeut. Jeder Patient empfindet im Zusammenhang mit seinen Übertragungsgefühlen heftigen Zorn gegen den Therapeuten. Und selbst wenn der Patient spürt, daß dieser Zorn ein Übertragungsphänomen ist, muß er verstanden und ausgedrückt werden. Ein Psychiater, mit dem ich arbeitete, hatte in seiner Therapie beträchtliche Fortschritte gemacht und dachte daran aufzuhören, als ihm plötzlich der Wunsch kam, mich umzubringen. Er regte sich nicht darüber auf, aber ihm wurde klar, daß die Therapie noch nicht zum Abschluß gekommen war. Sein Wunsch, mich zu töten, stellte eine Übertragung des Wunsches dar, seinen Vater umzubringen, und war durch irgend etwas in der Therapie wachgerufen worden. Da ich wußte, daß dieser Wunsch mit seiner ödipalen Situation zu tun hatte, fragte ich ihn, ob er sich für einen besseren Psychiater hielte als mich. Seine Antwort lautete: »Natürlich bin ich das.« Als Professor für Psychiatrie galt er als überlegene Kapazität auf seinem Gebiet, aber da er meine Hilfe für seine persönlichen Probleme gesucht hatte, mußte er sich meiner Autorität unterwerfen, was ihn wütend machte. Als sein Zorn ans Licht gebracht wurde, konnte sich dieser Patient seinem neurotischen Bedürfnis nach Überlegenheit stellen. Aber er mußte seinen Zorn auf mich und seinen Vater auch körperlich ausdrücken, indem er auf das Bett einschlug. Die Analyse der Übertragung hilft, sich auf das Thema zu konzentrieren, verändert aber nicht die Dynamik der Probleme des Patienten. Nur die Freisetzung des Zorns ermöglicht, daß der natürliche, aggressive Impuls frei fließen kann.

Gut ausgebildeten Therapeuten ist die Tatsache der Übertragung und Gegenübertragung in der analytischen Situation bekannt. Leider erstreckt sich ihr Wissen lediglich auf die psychologische Seite dieser Phänomene. Sie begreifen nicht, daß Übertragung und Gegenübertragung Teil der Charakterstruktur eines Individuums sind. Das macht sie blind dafür, wie heimtückisch Übertragung und Gegenübertragung in der therapeutischen Situation ausagiert werden. Ganz deutlich wird das an der Charakterstruktur des »guten« Menschen, der als Patient versucht, dem Therapeuten zu gefallen. Das war der Fall mit Anna, mit der ich mehrere Jahre arbeitete. Sie war eine berufstätige Frau, klug und mit guter Ausbildung, aber sie hielt ihre Gefühle zurück. In ihrer Kindheit war sie von einem älteren Mann und einem älteren Bruder sexuell mißbraucht worden, was dazu führte, daß sie als Teenager und junge Frau zahlreiche sexuelle Affären hatte. Als sie Therapie machte, lebte sie mit ihrem Mann und ihrem Kind zusammen. Ihr größtes Problem war ihre

Unfähigkeit, sich für sich selbst einzusetzen und nein zu sagen. Uns beiden war klar, daß ihr Selbstgefühl nur schwach entwickelt war. Aggressionen waren bei ihr stark eingeschränkt. In der Therapie half ich ihr regelmäßig zu weinen, zu treten und das Neinsagen zu üben, und unterstützte sie darin, mit etlichen Problemen in ihrem Leben zurechtzukommen: sich gegen ihre Vorgesetzten zur Wehr zu setzen, ihre Schwiegermutter aus ihrem Leben herauszuhalten und sich ihrem Mann nicht sexuell zu unterwerfen. Auf all diesen Gebieten machte sie langsame, aber stetige Fortschritte und freute sich darüber. Auf der körperlichen Ebene waren die Veränderungen nicht so prägnant, obwohl sie sich sehr viel besser fühlte und mehr Energie hatte.

Nach einer mehrmonatigen Unterbrechung setzte sie die Therapie mit dem Gefühl fort, noch intensiver an sich arbeiten zu müssen. Sie hatte einen wichtigen Schritt getan und sich beruflich selbständig gemacht. Einerseits fand sie diese Entwicklung aufregend, aber andererseits spürte sie eine Verzweiflung, die sie früher nicht gekannt hatte. Die Therapie war in Hinsicht auf die praktischen Fragen ihres Lebens ziemlich erfolgreich gewesen, aber sie hatte Anna nicht allzuviel Freude oder Erfüllung gebracht. In dieser Sitzung erzählte sie folgendes: »Ich habe mein Leben lang das Gefühl gehabt, in Ungnade gefallen zu sein. Das war der Grund dafür, daß ich versucht habe, bei anderen einen guten Eindruck zu machen und etwas zu leisten. Das bezog sich auf meine Eltern und auf Sie. Ich habe die Übungen nicht gemacht, die Sie mir vorgeschlagen haben, und war trotzig und ängstlich. Ich hatte Angst vor Ihrem Zorn und vor meinem Zorn auf Sie. Ich wollte heute gar nicht kommen.

In der Schule wurde ich wegen mangelnder Reife nicht versetzt. Ich war nicht gut in Mathe und Latein. Es gab da eine Nonne, die alle für eine Hexe hielten, und als ich ihr erzählte, daß die Klasse sich über sie beklage, zwang sie mich, alle Kinder zu ihr zu bringen und fragte sie über ihre Gefühle aus. Die Hälfte von ihnen kam, machte aber einen Rückzieher und sagte nichts. Ich wurde ein Jahr nicht versetzt. Ich schämte mich und fühlte mich häßlich und als Versagerin.

Ich hatte einen Traum, in dem ich Sie gegen das Bein trat.« Ich ließ sie den Traum ausagieren, und sie trat mich gegen das Bein und sagte dann: »Sie haben recht. Ich komme gegen Sie nicht an. Sie haben immer recht. Ich kann nicht gewinnen. Genauso war es auch mit meinem Vater. Ich hatte schreckliche Angst vor ihm. Er konnte so gewalttätig werden und schlug meinen Bruder brutal. Er schrie und wütete im ganzen Haus herum. Ich habe gedacht: ›Sie sehen mich nie, wenn ich attraktiv bin. Sie sehen immer nur diese häßliche Frau.‹ Als Kind wurde ich ›Sonnenschein‹ genannt. Ich brauchte die Liebe meines Vaters.«

Während sie auf dem Hocker lag, begann sie zu weinen: »Ich bin überhaupt nicht glücklich. Ich kann keine angenehmen Gefühle in mir entdecken. Ich empfinde mich immer als unglücklichen Menschen.«

Ich fragte Anna: »Was hätte Sie denn glücklich gemacht?« Sie antwortete: »Ich weiß noch, wie ich als Kind spielte und mich einfach sein ließ. Das war eine glückliche Zeit für mich. Das Leben hat für mich gar keinen Reiz mehr. Wenn ich etwas Angenehmes erlebte, dann mußte ich immer dafür arbeiten. Es kam nicht von selbst. Ich bin darauf aus, meine Widerstände aufzugeben. Vielleicht haben sie meine Integrität geschützt, aber sie haben mich zur Außenseiterin gemacht.«

Ich muß gestehen, daß ich bis zu diesem Punkt keine Widerstände bei ihr wahrgenommen hatte, und auch sie selbst hatte bislang keine empfunden. Ich wußte, daß sie da waren, da jeder Patient Widerstände hat. Es sind die Widerstände gegen die Hingabe. Aber ich fordere den Widerstand von Patienten nicht heraus, solange ich spüre, daß sie Fortschritte machen und sich öffnen. Doch in jeder Therapie kommt eine Zeit, wo die Fortschritte aufhören, und plötzlich ein Gefühl von Versagen und Verzweiflung aufsteigt. Der Patient bekommt Angst, und auch wenn er sich dessen nicht bewußt sein mag, manifestiert sich diese Angst als Widerstand gegen jede Form von intensiver Körperarbeit. Ich glaube, es ist eine Regel, daß jede Therapie fehlschlagen muß, bevor sie gelingen kann. Ursache für dieses Scheitern ist die Tatsache, daß die Reaktionen des Patienten zum Teil aus seinem Wunsch und seinem Versuch herrühren, mir zu gefallen und zu tun, was wir beide als notwendig erachten. Aber der Versuch, dem Therapeuten zu gefallen oder sich um ein Gelingen der Therapie zu bemühen, stellt auch eine Abwehr gegen Hingabe und Loslassen dar. Solange man versucht, befindet man sich unter Kontrolle. Wenn die Therapie also offensichtlich fehlschlägt, was ein Gefühl von Hoffnungslosigkeit weckt, entwickelt sich Widerstand, da die Möglichkeit eines starken und wichtigen Durchbruchs bevorsteht.

Ich fragte Anna, was sie befürchtete, wenn sie ihren Widerstand aufgäbe. Sie sagte: »Ich würde meine Grenzen verlieren. Ich würde verschwinden.« Sie hatte an früherer Stelle gesagt, daß sie sich durch Widerstand ihre Integrität bewahrte. Sie erläuterte: »Ich war glücklich, wenn ich Vaters Sonnenschein und sein kleiner Liebling war. Ich konnte ihn zum Lächeln bringen. Ich saß immer auf seinem Schoß, und er konnte mir nicht widerstehen. Das alles ging mit meiner sexuellen Reife, als ich Brüste bekam, verloren.

Ich hatte erst Sex mit meinem Freund, nachdem mein Vater gestorben war.« Anna brachte die Tatsache zum Ausdruck, daß sie an ihren Vater gebunden war und erst nach seinem Tode etwas freier wurde – frei, eine sexuelle Beziehung einzugehen. Aber diese Freiheit hatte sie auf Kosten der tiefen Liebesgefühle gewonnen, die sie ihrem Vater entgegenbrachte. Ihre Verzweiflung bezog sich darauf, nie eine sexuelle Beziehung mit dem Mann haben zu können, den sie liebte, oder den Mann zu lieben, dem sie sich sexuell hingab. Deswegen hatte ihre Sexualität einen unterwürfigen Aspekt. Was hatte das mit mir und ihrer Therapie zu tun?

Anna sagte: »Ich empfand in meinem Herzen Ihnen gegenüber Liebe und Sehnsucht, aber ich ließ diese Gefühle nicht zu, weil ich mich schämte und Angst hatte. Wenn ich zeigte, daß ich sexuelle Wünsche an Sie habe, würde ich mich angreifbar und schwach machen.«

Als Anna zwei Wochen später zu ihrer nächsten Sitzung kam, sagte sie: »Ich habe aus der letzten Sitzung zwei Dinge gelernt. Ich habe etwas über meinen Widerstand erfahren und ihn mir zum erstenmal eingestanden. Und ich habe auch erlebt, daß Neinsagen und Widerstand nicht identisch sein müssen. Im Gegenteil – wenn ich meine

Meinung deutlicher sage, ist mein Widerstand gegen das Leben schwächer. Ich habe immer Angst zu sagen, was ich denke, weil ich glaube, dann werde ich verlassen. Wenn ich den Menschen nicht gefalle, ziehen sich sich von mir zurück.
Ich hatte nach dieser Sitzung das Gefühl, daß sich eine Tür öffnet und alles an seinen Platz rückt. Ich habe davon geträumt, ein Baby zu haben und den Kontakt mit ihm zu genießen. Dann habe ich an das Baby gar nicht mehr gedacht. Ich habe erfahren, daß es sexuell mißbraucht worden ist. Weil ich mißbraucht worden bin, habe ich aufgehört, meinen eigenen Körper zu lieben. Da ich meinen Körper ablehnte, habe ich auch mich abgelehnt und bin zum Leistungsmenschen geworden.«
Dieser Durchbruch bedeutete nicht, daß Annas Problem ganz gelöst worden war. Die Tür hatte sich geöffnet, und sie hatte begriffen, wo ihre Schwierigkeiten lagen, aber – wie sie selbst sagte – die Tür schloß sich wieder. Sie hatte eine Einsicht gewonnen, aber um diese Einsicht praktisch nutzen zu können und sich zu befreien, mußte sie üben, sich auszudrücken. Eine der Übungen, die ich für diese Zwecke benutze, besteht darin, zu treten und allen zu sagen, sie sollen zur Hölle gehen. In Wirklichkeit sagen wir damit: »Ich brauche nichts von dir.« Solange wir bedürftig sind, können wir nicht frei sein. Auf dem Bett liegend, begann Anna zu treten und zu sagen: »Geh zur Hölle!« Nachdem sie das ein paarmal geübt hatte, bat ich sie, die Namen der Menschen zu nennen, die sie gern zur Hölle schicken wollte. Sie begann mit ihrem Vater, dann folgten ihre Mutter, ihr Mann, ihr Chef, einige Freundinnen und Freunde und ihr Kind. Ich wies sie darauf hin, daß sie eine Person ausgelassen hatte, weil sie fürchtete, sich von ihr zu trennen: mich. Sie nahm die Herausforderung an und begann zu treten, wobei sie sagte: »Ich brauche nichts von Ihnen, Dr. Lowen.« Und dann schrie sie: »Sie können zur Hölle gehen!« Bei diesem Schrei schoß eine starke Aufladung durch ihren Körper. Sie lächelte mich an und sagte: »Ich glaube, ich werde erwachsen.«
Wirklich lieben heißt, die Freude, die wir empfinden, mit anderen zu teilen. Wir können nicht lieben, wenn wir nicht frei sind, und ohne innere und äußere Freiheit gibt es keine Freude. Aber ein Kind kann

nicht frei sein, wenn es sich nicht geliebt fühlt. Die meisten Patienten möchten vom Therapeuten geliebt werden, um das Gefühl der Ablehnung zu überwinden, das ihre Eltern ihnen vermittelt haben. Einige werden sich um diese Liebe bemühen, indem sie »gute« Patienten sind, während andere sich aus dem gleichen Grund dem Therapeuten oder der Therapeutin gegenüber vielleicht verführerisch verhalten. Gleichzeitig aber mißtraut der Patient dem Therapeuten, weil kein Patient wirklich glaubt, daß er um seiner selbst willen geliebt wird. Im allgemeinen wird das Mißtrauen zugunsten der positiven Übertragung verleugnet, aber es ist immer da. Nach und nach wird es wie bei Anna als Gefühl zutage treten, vom Therapeuten abgelehnt zu werden, wenn man ihm gegenüber irgendwelche negativen Gedanken oder Gefühle zum Ausdruck bringt. Dieses Zurückhalten von negativen Gefühlen, die sich gegen den Therapeuten richten, wirkt wie eine Bremse auf den therapeutischen Prozeß und wird ihn allmählich zum Stillstand bringen. An diesem Punkt können die negativen Gefühle zum Vorschein kommen, und wenn damit angemessen umgegangen wird, kann der Patient einen befreienden Durchbruch haben. Er macht die Erfahrung, nicht abgelehnt zu werden, wenn er sich widersetzt und seine Stimme erhebt.

Innerlich sind alle Patienten zornige Menschen. Das Versprechen, das bedingte Liebe beinhaltet, nämlich als gutes Kind mit Freude belohnt zu werden, wird niemals erfüllt. Das Kind wird betrogen durch die Verführung, die dieses Versprechen darstellt, verleugnet diesen Betrug aber, um überleben zu können. Jeder Patient glaubt, daß die Therapie ein ähnliches Versprechen birgt – wenn er ein guter Patient ist, sich Mühe gibt und seine Übungen macht, wird er die Freude und Erfüllung finden, die er sucht. Natürlich ist das nicht der Fall, denn niemand kann dadurch Erfüllung finden, daß er sich anstrengt, zu tun oder zu sein, was der Therapeut vorschlägt. Wenn seine Versuche fehlschlagen, erlebt der Patient das als eine Art Betrug, den er sich in Hinsicht auf seine Eltern nicht hat spüren lassen. Dieser Betrug ist mit enorm viel Zorn verbunden, der freigesetzt werden muß, bevor der Patient zur Hingabe an sich selbst und seinen Körper imstande ist. Wird der Zorn dem Therapeuten gegenüber nicht zum Ausdruck gebracht, kann das ein Grund dafür

sein, daß der Patient die Therapie frühzeitig abbricht. Aber wenn er diesen Zorn erst einmal spürt, kann er mit den Versuchen aufhören, dem Therapeuten gefallen und seine Liebe gewinnen zu wollen. Dadurch erst wird die Hingabe an den Körper möglich.
Der Ausdruck von negativen Gefühlen ist nur dann sinnvoll, wenn der Patient sich in einer positiven Übertragung befindet, das heißt, die Liebe des Therapeuten zu gewinnen versucht. Einige Patienten sind zu Beginn der Therapie offen mißtrauisch und negativ. Solche Patienten finden an der Therapie oder am Therapeuten ständig etwas auszusetzen. Auch wenn es wichtig ist, daß sie ihre negativen Gedanken offen ausdrücken können, fördert das die Entwicklung von Freude nicht, solange ihre Negativität nicht aufgelöst wird. Sie ist in Wirklichkeit eine weitere Form von Widerstand, unter der sich Abwehr gegen Hingabe und Angst zu lieben verbirgt. Aber wir können einem Patienten dieses Verhalten nicht zum Vorwurf machen. Wir müssen verstehen, warum der Patient Angst hat zu lieben. Diese Angst wird sich immer als Angst vor Sexualität herausstellen.
Lucille ist ein gutes Beispiel für Patienten, deren Mißtrauen sich zu Beginn der Therapie deutlich zeigt. Als sie zur ersten Beratung kam, hatte ihr Gesicht einen mißtrauischen Ausdruck. Dieser Ausdruck verschwand erst nach mehreren Jahren Therapie, die in einem vierzehntägigen Rhythmus stattfand, unterbrochen von den Ferien in ihrem Heimatland Kalifornien. Als ich sie auf ihren Gesichtsausdruck ansprach, gab sie ihr Mißtrauen gegen mich offen zu. Aber sie traute überhaupt niemanden und hielt Distanz zu anderen Menschen. Sie war außerdem extrem kritisch mit anderen und hatte ständig etwas an ihnen auszusetzen. Wenn ich in ihre Nähe kam oder versuchte, sie zu berühren, zog sie sich zurück und verkrampfte sich. Es war klar, daß ihr Mißtrauen mit der Angst vor sexueller Belästigung zusammenhing.
Lucille war das mittlere von drei Mädchen und das Lieblingskind ihres Vaters. Sie wußte, daß er sich ihr gegenüber verführerisch verhielt und nahm an, daß er sie auch sexuell mißbraucht hatte. Sein Verhalten konnte als Grund für ihr Mißtrauen gegen mich und andere Männer gelten. Sie hatte große Probleme, überhaupt Bezie-

hungen mit Männern einzugehen. Aber ich glaube, das hing eher mit dem Bild zusammen, daß ihre Schwestern und ihre Mutter sich von ihr machten. Sie mißtrauten Lucille in Hinsicht auf den Vater und betrachteten sie als die Verführerin. Ich bin sicher, daß sie als Kind in Gegenwart ihres Vaters aufdrehte, wie jedes kleine Mädchen es in aller Unschuld tun würde. Aber ihre Mutter und ihre Schwestern flößten ihr Scham und Schuldgefühle ein, wenn sie irgendwelche sexuellen Gefühle zeigte. Lucilles Abwehr bestand darin, daß sie sich verschloß und überhaupt keine Gefühle mehr zeigte. Sie hatte keine Freundinnen und keine wirklichen Interessen. Ihr Leben war nur ein Überleben: früh aufstehen, viel arbeiten und dann ins Bett gehen. Bei dieser Einstellung fiel es ihr schwer, einen Arbeitsplatz zu halten. Sie führte ein sehr einsames Leben. Ich war sicher, daß sie litt, aber lange Zeit war es unmöglich, sie zum Weinen zu bewegen. Sie hatte ein kräftiges, hartes Kinn, das sagte: »Du kriegst mich nicht soweit.«

Lucille wußte, wie verkrampft ihre Kiefer waren und nahm auch die schweren Verspannungen in ihrem Körper wahr, die jedes Gefühl blockierten. Diese Verspannungen verhinderten auch, daß sie zusammenbrach und weinte. Wenn sie zusammengebrochen wäre, hätte sie damit zugegeben, daß sie sexuelle Gefühle für ihren Vater empfand. Die dadurch ausgelöste Scham wäre unerträglich für sie gewesen. Es stand nicht in meiner Macht, ihr zu helfen, denn sie schaltete mich aus wie jeden anderen Menschen auch. Hilfreich war für sie die Erkenntnis, daß sie die bioenergetischen Übungen machen mußte, um die harte Schale aufzubrechen, die sie gefangenhielt. Sie kaufte sich sogar einen bioenergetischen Hocker, auf dem sie zu Hause Atemübungen machte. Und sie machte in den Sitzungen die Tretübung, wenn auch widerstrebend. Allmählich wurde sie weicher und ließ auch manchmal zu, daß sie weinte. Danach fühlte sie sich besser, aber sie kontrollierte ihr Weinen stark. Sie mußte sexuelle Gefühle entwickeln, aber das war am allerschwierigsten, denn diese Gefühle würden mir als ihrem Ersatzvater gelten. Ihr Widerstand war zugleich bewußt und unbewußt, und er war außerordentlich stark. Während der ganzen Therapie war sie immer auf der Hut vor mir. Ich unternahm keinerlei

Anstrengungen, zu ihr durchzudringen, sondern wies sie lediglich auf Ihre Abwehr hin und akzeptierte ihre negativen Gefühle. Und ganz allmählich begann sie sich zu verändern. Das Weinen fiel ihr leichter. Sie war ihren Arbeitskollegen gegenüber nicht mehr so kritisch und entwickelte sexuelle Gefühle. Sie sagte, es sei das erste Mal, daß sie einen Arbeitsplatz so lange habe halten können. Sie hatte jetzt ein Hobby – praktische Vogelkunde –, das ihr Spaß machte. Dann beschloß sie ohne jede Erklärung, die Therapie zu beenden. Sie rief einfach an, um mir zu sagen, daß sie nicht mehr käme, ohne ihren Entschluß zu erläutern.

Ich akzeptierte ihre Entscheidung, denn ich glaubte, daß sie aus eigenem Antrieb besser weiterkommen würde. Als ich über ihren Fall nachdachte, wurde mir klar, daß sie bei Fortsetzung der Therapie sexuelle Gefühle für mich entwickelt hätte, mit denen sie nicht hätte umgehen können. Ich nahm nicht an, daß sie nicht weiterwachsen würde; sie hatte angefangen, sich ihrem Selbst zu öffnen, und dieser Prozeß würde sich fortsetzen. Ich betrachte mich als Wegbegleiter, und als solcher kann ich den Patienten nur so weit mitnehmen, wie er es will. Ich ermutige Patienten niemals, in der Therapie zu bleiben, und fordere von ihnen kein Engagement. Ich glaube, Wachstum ist ohne Freiheit nicht möglich, und ich brauche in meiner Beziehung zu den Patienten ebensosehr meine Freiheit, wie sie sich in der Verbindung zu mir frei fühlen müssen. Ein Jahr später setzte Lucille ihre Therapie mit größerer Offenheit fort.

Die Probleme der Übertragung und Gegenübertragung hängen in jedem Fall mit der Sexualität zusammen. Bei Lucille beruhten die negativen Gefühle von Mißtrauen auf ihrer Angst, ich könne ihre Sexualität nicht respektieren und würde sie entweder verdammen oder zudringlich werden, wenn sie sexuelle Gefühle äußerte. Andere Patientinnen übertragen positive Gefühle wie Liebe und sexuelles Begehren. Auch Lucille hatte diese positiven Gefühle, aber sie waren verdrängt worden, um Scham, Demütigung und Ablehnung zu vermeiden. Die Patientinnen jedoch, die positiv auf mich zukommen, tun das, um ihre innere Scham und das Gefühl von Demütigung zu verleugnen. Sie glauben, wenn ich ihre sexuellen Gefühle für mich akzeptiere, könne ihnen ihre Scham genommen werden. Wenn ich ihre Gefühle für mich zurückweisen würde, würden sie sich natürlich noch mehr schämen und gedemütigt fühlen und sich gezwungen sehen, sich zu verschließen. Wenn wir auf einen Patienten anders als mit Verständnis und Unterstützung reagieren, entsteht eine Gegenübertragung, die negative Auswirkungen auf die Therapie hat und mich an den Patienten bindet. Meine Reaktion besteht darin zu bestätigen, daß Sexualität der natürliche Zustand des Menschen ist, das heißt, die Quelle für unsere größte Erregung, die bewirkt, daß die Welt sich dreht. Aber meine Sexualität ist nicht abhängig von einer anderen Person. Sie ist ebenso Teil meines Wesens, wie die Sexualität der Patienten zu ihnen gehört. Wenn ich jemanden brauche, der sie bestätigt oder weckt, bin ich kein ganzer Mensch. Die Schwierigkeit mit Patienten ist, daß sie keine ganzen Menschen sind. Sie sind nicht in ihrer Sexualität verwurzelt und brauchen ein anderes Individuum, das sie in ihrer sexuellen Identität bestätigt, und dadurch werden sie abhängig. Weder Anna, die versuchte, mir zu gefallen, noch Lucille, die mir mißtraute, war eine reife Frau. Aufgrund ihrer Traumen in der ödipalen Phase hatten sie ihre tiefsten sexuellen Gefühle verdrängt. Das ist keine Frage von genitaler Erregung, die bei den meisten Menschen eine lokale Empfindung ist und nichts über ihre Männlichkeit oder Weiblichkeit aussagt. Tiefe sexuelle Gefühle sind im Bauch lokalisiert und haben ihren Sitz im Hara, in den süßen Empfindungen, in denen Liebe und Begehren verschmelzen, im Gefühl der Leidenschaft. Um diese Gefühle empfinden zu können, müssen wir uns dem Körper hingeben.

Wenn der Therapeut sich seiner Männlichkeit nicht sicher ist, wird er auf die Patientin sein Bedürfnis projizieren, als Mann bestätigt zu werden. Vielleicht geht er auf ihre sexuelle Verführung ein, um sie dann dafür zu verdammen, oder er weist sie zurück, so daß sie Scham und Demütigung empfindet. Übertragung und Gegenübertragung sind nicht begrenzt auf unser bewußtes Verhalten. Wenn das bedürftige kleine Mädchen das Bedürfnis des Therapeuten spürt, als Mann bestätigt zu werden, ist ihr verführerisches Verhalten Ausdruck einer positiven Übertragung. Die mißtrauische Patientin wird ihre zornigen und negativen Gefühle auf ihn projizieren, wenn sie seine Schwäche wahrnimmt. Die Gegenübertragung ist eher eine Projektion dessen, was wir sind, als dessen, was wir tun. Der Therapeut muß ein ganzer Mann und die Therapeutin eine ganze Frau sein, sensibel für die sexuellen Nuancen jeder menschlichen Beziehung, um verständnisvoll auf die Probleme des Patienten eingehen zu können.

Die ödipale Situation ist primär ein Machtkampf und daher eine stark von Rivalität bestimmte Situation. In diesem Kampf gibt es Gewinner und Verlierer. Das Kind, Junge oder Mädchen, das aus dieser Situation mit dem Gefühl hervorgeht, Mutter oder Vater für sich gewonnen zu haben, fühlt sich überlegen und als etwas Besonderes. Für den Jungen bedeutet Gewinnen, daß er seinem Vater überlegen ist – keine geringe Leistung für einen Jungen. Das Mädchen fühlt sich der Mutter und in gewisser Hinsicht sämtlichen Frauen überlegen. Wer verliert, fühlt sich minderwertig, als Versager oder Versagerin, und hält Vater oder Mutter für stärkere, überlegene Individuen, denen man gehorchen und die man fürchten muß, weil sie die Macht haben. Die Verlierer gehen mit ängstlichem Respekt vor Autoritäten durch das Leben, während die ödipalen Gewinner sich Autoritäten überlegen fühlen. Aber die Gewinner sind ebenso verängstigt, nur daß diese Angst von der Großartigkeit übertüncht wird, die den Gewinner krönt.

Wenn ich sage, daß das ödipale Problem in dieser Gesellschaft endemisch auftritt, heißt das, daß es in Familien unterschiedlich stark verbreitet ist. In Familien, in denen die Eltern keinen Machtkampf ausfechten und ihre Beziehung von Liebe und Respekt geprägt ist, tritt der Ödipuskonflikt nur minimal auf. Aber solche Familien sind selten. In den meisten Familien sind Machtkämpfe ebenso vorherrschend wie in unserer Kultur überhaupt. Mütter verführen ihre Söhne, um Verbündete zu haben in ihrem Kampf gegen den Vater, der sich aus dem gleichen Grund der Tochter gegenüber verführerisch verhält. Die unerfüllte Mutter wendet sich an ihren Sohn, um bei ihm die sexuelle Erregung zu finden, die ihr in ihrer Beziehung mit ihrem Mann fehlt. Und der Vater verhält sich der Tochter gegenüber genauso. Diese Manöver der Eltern sind für sie selbst unproduktiv und rauben ihren Kindern die Unschuld und Freude, die ihnen die Chance geben würde, in ihrem Leben Erfüllung zu finden. Wenn das Kind heranwächst, wird es viele Probleme haben, die den Erwachsenen dann vielleicht in die Therapie bringen.

Wie der Patient auf den Therapeuten reagiert, hängt sehr stark vom Ausgang seines ödipalen Kampfes ab. Für den ödipalen Gewinner befindet sich der Therapeut in der überlegenen Position, was für diesen Patienten immer eine Herausforderung darstellt. Für den Verlierer scheint das kein Problem zu sein, da er die Tendenz hat, sich der Autorität des Therapeuten zu unterwerfen. Das gilt grundsätzlich für alle therapeutischen Situationen, in denen Therapeut und Patient gleichgeschlechtlich sind. Wir können jetzt die Probleme verstehen, die im Falle des Psychiaters aufkamen, der sich mir, seinem Therapeuten, überlegen fühlte. Der Machtkampf, der zwischen einem ödipalen Gewinner und dem Therapeuten entsteht, kann die Therapie leicht zunichte machen. Der unterwürfige Patient hingegen stört durch seine Nachgiebigkeit seinen eigenen Prozeß. Wenn der Therapeut diese Probleme erfaßt und sich nicht an seinen Patienten bindet, stehen die Chancen gut, daß dieser sein Verhalten und seine Gefühle verstehen und die zugrundeliegenden Konflikte durcharbeiten kann, um ein freies und reifes Individuum zu werden.

Diese Dynamik hat noch einen weiteren interessanten Aspekt. Wir alle nehmen andere Menschen in Hinsicht auf ihre Energie, Sexualität und Ich-Haltung intuitiv wahr. Wir spüren instinktiv, wer ein Macht- und Überlegenheitsgefühl besitzt und wem diese Eigenschaften fehlen; mit anderen Worten, wir wissen, ob jemand ein ödipaler Gewinner oder Verlierer ist. Deswegen kann ein Patient, der den Ödipuskampf gewonnen hat, nicht erfolgreich mit einem Therapeuten arbeiten, der ein ödipaler Verlierer ist. Aufgrund seines Überlegenheitsgefühls wird er alles durchkreuzen, was der Therapeut tut und sagt, alles, was ihm helfen soll, sich seine Persönlichkeit direkt anzuschauen oder sich damit zu konfrontieren, inklusive Körperarbeit. Ein bekannter New Yorker Analytiker, den ich wegen seiner Depressionen behandelte, sagte zu mir nach dem erfolgreichen Abschluß seiner Therapie, daß andere Analytiker ihn nicht erreichen konnten, weil er sich ihnen in bezug auf Wissen und Macht überlegen gefühlt habe. Konkret sagte er: »Sie hatten

Angst vor mir.« Er war ein großer, übergewichtiger Mann in den mittleren Jahren, mit einem Babygesicht und einem brillanten Verstand. Wenn man mit ihm auf der intellektuellen Ebene konkurrierte, war er ein Gigant. Aber wenn ich sein Babygesicht und seinen schwachen Körper sah, fragte ich mich, wie irgendein Mensch vor ihm Angst haben konnte. Seine scheinbare geistige Überlegenheit verdeckte und kompensierte die Angst vor seinem Vater, die er als Kind empfunden hatte. Für einen kleinen Jungen ist jeder Vater ein Riese. Wird das Kind durch die Mutter dazu gebracht, den Vater herauszufordern, riskiert es, kastriert zu werden. Der Erfolg der Therapie beruhte darauf, daß dieser Patient seine Kastrationsangst erlebte, die er als Kind in Verbindung mit seinem Vater empfunden hatte.

Mein Verständnis für diese Probleme beruht darauf, daß ich meine eigenen ödipalen Probleme verarbeitet habe. Ich war ein Gewinner. Meine Mutter zog mich meinem Vater vor, gab mir das Gefühl, überlegen zu sein, und weckte einen starken Ehrgeiz in mir. Sie verhielt sich mir gegenüber auf ihre Weise verführerisch, und ich wußte, daß ich ihr sexuelle Gefühle entgegenbrachte. In dieser Hinsicht unterschied ich mich von keinem anderen Jungen. Jeder kleine Junge hat sexuelle Gefühle für seine Mutter. Sie schenkte ihm das Leben und war damit die Quelle seiner ersten Freuden. Das gilt besonders für Kinder, die gestillt worden sind, was auch auf mich zutraf. Ich wurde etwa neun Monate lang gestillt. Als ich die Brust verlor, brach für mich die Welt zusammen, und mein Weinen nützte nichts. Das alles wurde dadurch noch schlimmer, daß meine Mutter auf mein Weinen sehr ärgerlich reagierte. Ihre Milch floß nicht mehr, und sie fühlte sich bedrängt durch meine beharrlichen Bemühungen, meine Welt wiederherzustellen. Das gelang mir nicht, und die Traurigkeit über diesen Verlust ist heute noch in meinen Augen zu lesen.

Meine Mutter war eine unglückliche Frau, unerfüllt und ehrgeizig. Mein Vater war ein unkomplizierter Mensch, der das Vergnügen liebte und mit seinen Geschäften keinen Erfolg hatte. Er gab ihr nie genug Haushaltsgeld, und sie gab ihm nie genug Sex, um sein Begehren zu stillen. Sie hatten ständig Streit miteinander, und ich stand zwischen ihnen. Als ich älter wurde, appellierten beide an mich, ihre jeweilige Lage zu verstehen. Ich weiß heute, daß ich den Auftrag erhielt, sie zu erlösen, und daß ich dadurch das Gefühl entwickelte, wichtig und besonders zu sein.

Meine Mutter wandte sich an mich, um von mir die Liebe, die sie brauchte, zu bekommen; sie versuchte, mich an sich zu binden. Um ihren Ehrgeiz zu befriedigen, mußte ich Erfolg haben. Ihre Gefühle für mich brachten mich dazu, mit meinem Vater zu konkurrieren. Ich überholte ihn in meinem Leben und wurde ziemlich erfolgreich. Ich wollte diese Herausforderung nicht unbedingt annehmen, aber ich konnte meiner Mutter nicht widerstehen. Ich brauchte ihre Liebe. Der Verlust der Brust hatte mir fast das Herz gebrochen, und ich konnte es nicht riskieren, ihre Liebe noch einmal zu verlieren. Der Gedanke, sie könne sich gegen mich wenden, versetzte mich in Panik. Aber sie verhielt sich mir gegenüber auch verführerisch, während sie mich gleichzeitig als Mann abwies.

Ich bin als Junge mit dem Gefühl aufgewachsen, anderen Jungen überlegen zu sein. Ich war intelligent und in der Schule sehr gut, aber auf anderen Gebieten war ich ängstlich und unsicher. Glücklicherweise stellte sich mein Vater niemals gegen mich, und ich habe ihm immer herzliche Gefühle entgegengebracht. Wenn meine Mutter mir einen starken Ehrgeiz und den Drang nach Überlegenheit einflößte, vermittelte mir mein Vater ein lustvolles Gefühl für meinem Körper und das Interesse an Sport und anderen körperlichen Aktivitäten. Ich habe in einem früheren Buch ausführlich darüber berichtet, daß ich eine gespaltene Persönlichkeit war. Ein Teil von mir identifizierte sich mit meiner Mutter und ihren Werten, ein anderer mit meinem Vater und seinen Wertvorstellungen. Was mich davor bewahrte, schizophren zu werden, war, daß ich an beiden Teilen festhalten konnte, so daß die Spaltung eher ein Bruch war als ein vollständiges Auseinanderfallen. Aber ich mußte diese Spaltung heilen, wenn ich zu mir selbst finden sollte. Ich hatte das große Glück, Wilhelm Reich zu begegnen, der die Beziehung zwischen Körper und Geist verstand und mir helfen konnte, diese beiden widersprüchlichen Aspekte meiner Persönlichkeit miteinander zu verbinden.

Bevor ich Reich begegnete, hatte ich die Psychoanalyse nicht als mögliche Hilfe für mich in Betracht gezogen. Ich hatte einiges von Freud gelesen, aber seine Schriften ließen mich kalt, denn sie waren mir zu intellektuell. Ich weiß jetzt seit vielen Jahren, daß die Psychoanalyse mich nicht erreicht hätte. Ich hätte mich niemals einer intellektuellen Haltung hingeben können, denn das wäre gleichbedeutend gewesen mit einer Hingabe an die Einstellung meiner Mutter. Und ich war zu arrogant, um mir vorstellen zu können, daß andere klüger waren ich. Ich hatte einen skeptischen Geist, den ich entwickelte, um den Argumenten meiner Mutter etwas entgegenzusetzen, und der mir gute Dienste geleistet hat. Er tat dies auch bei meinen ersten Kontakten mit Reich, als er an der New School for Social Research Vorlesungen hielt. Ich konnte seine starke Betonung der Sexualität nicht akzeptieren, obwohl ich Reichs Ansicht über den Körper und seine Prozesse als Grundlage des Lebens sehr schätzte und teilte. Meine Skepsis schwand im Laufe seiner Vorlesungen plötzlich, als ich Freuds Aufsatz über kindliche Sexualität las.

Als meine Skepsis erst einmal gewichen war, wußte ich, daß ich Reich folgen mußte, und begann 1942 eine Therapie bei ihm. In früheren Kapiteln habe ich einige meiner Erfahrungen in dieser Therapie beschrieben. Hier möchte ich besprechen, in welcher Form die Probleme der Übertragung und Gegenübertragung in meiner Therapie zutage traten. Reich war sich dieser Problematik sehr stark bewußt. In der ersten Phase unserer Arbeit bat er mich in jeder Sitzung, ihm meine negativen Gedanken über ihn mitzuteilen. Seine Erfahrungen hatten ihn in der Überzeugung bestärkt, daß alle Patienten dem Analytiker ein gewisses Mißtrauen entgegenbringen. Aber während er mir Woche um Woche diese Frage stellte, entgegnete ich immer nur, daß ich keine negativen Gedanken über ihn oder die Therapie hätte. Ich wußte, daß manche Menschen ihn als Scharlatan betrachteten, während andere in ihm einen Kultführer sahen. Ich hielt diese Sichtweisen für grobe Verzerrungen, die auf Angst beruhten. Für mich war er ein Genie mit einer Tiefe des Verständnisses, die vieles von der Verwirrung in unserer Kultur klärte. Als die Therapie dann Fortschritte machte und ich mich

offensichtlich immer mehr darauf einließ, fragte er mich nicht mehr nach meinen negativen Gedanken. Ich war tatsächlich sein Schüler geworden.
Obwohl ich ihn als meinen Lehrer akzeptierte, blieb ich in der Therapie nach einem großartigen Anfang stecken. Ich machte trotz meiner großen Anstrengungen keine Fortschritte mehr, und Reich schlug vor, die Therapie zu beenden. Plötzlich war ich mit der Tatsache konfrontiert, daß ich versagte und mein Traum von sexueller Erfüllung bedroht war. Ich brach zusammen und weinte. Ich erkannte, daß ich versuchte, Reich zu gefallen und mir wünschte, daß er mich als Sohn annahm. Er wäre der Vater gewesen, zu dem ich hätte aufschauen können und der sich um mich gekümmert hätte. Dieser Durchbruch, bei dem ich mir meine Sehnsucht eingestand, ein mir überlegener Mann möge sich meiner annehmen, öffnete die Tür zu weiteren Fortschritten. Zu meinem Vater habe ich niemals aufgeschaut; ich mußte ihm helfen. Die Erfahrung mit Reich jedoch erschütterte meine Position als ödipaler Gewinner und brachte meine Illusion der Überlegenheit zum Einsturz, was wiederum bewirkte, daß die Therapie vorangehen konnte. Sie endete damit, daß ich mich in den Therapiesitzungen meinem Körper hingeben und die Freude an dieser Hingabe erleben konnte.
Ich habe auch berichtet, daß die Freude nicht anhielt und daß ich all die Jahre an mir gearbeitet habe, um meine Seele zu finden. Diese Freude war unter anderem deswegen nicht von Dauer, weil meine Hingabe größtenteils Reich und der Tatsache galt, daß ich ihm nicht überlegen war und seine Hilfe brauchte. Leider endete die Therapie auch mit diesem Gefühl. Ich war zwar imstande, Reich um Hilfe zu bitten, da er in meinen Augen ein ganz besonderer Mensch war, aber anderen Menschen konnte ich mich weiter überlegen fühlen. Und da ich Therapeut wurde und ein Institut leitete, war diese Illusion für mich natürlich gerechtfertigt. Wie kam es, daß Reich, der doch so vertraut mit der negativen Übertragung war, das nicht bemerkte?
Die Antwort ist klar. Reich betrachtete sich ebenfalls als überlegenes Individuum, das mehr über die Probleme des Menschen wußte und sensibler dafür war als andere. Selbst wenn man akzeptiert,

daß er ein Genie war, ist die Überzeugung, überlegen zu sein, ein neurotischer Zug. Sie machte ihn blind für diejenigen seiner Schüler, die ihn ebenfalls für überlegen hielten und glaubten, daß auch sie aufgrund ihrer Identifikation mit ihm etwas Besonderes seien. Das überlegene Individuum ist nicht offen für Kritik, weil diese seine Sicherheit bedroht, die auf einer unflexiblen Haltung und körperlicher Rigidität beruht. Sein Selbstgefühl beruht auf seinen Ideen, statt fest im Körper verwurzelt zu sein.

Mit Reichs Unterstützung konnte ich die Ich-Kontrolle aufgeben und mich meinem Körper überlassen. Aber wie ich später feststellte, konnte ich mir diese Fähigkeit nicht aus eigener Kraft erhalten. Zu viele Probleme in meiner Persönlichkeit waren ungelöst geblieben. Zu viele körperliche Verspannungen bestanden weiterhin.

Fünfzig Jahre sind jetzt vergangen, seit ich meine Therapie mit Reich begann. Mein Überlegenheitsgefühl bescherte mir große Probleme, die mich zwangen, mich mit meinem neurotischen Charakter auseinanderzusetzen. Meine Frau spielte eine große Rolle dabei, mir die negativen Aspekte meiner Persönlichkeit vor Augen zu halten. Ich fuhr mit dem therapeutischen Prozeß der Selbstentdeckung fort, indem ich regelmäßig an meinem Körper arbeitete und Übungen machte, die meine Atmung vertiefen und mir helfen sollten, meine Gefühle auszudrücken, damit ich mich dem Strom der Erregung öffnete. Das Leben selbst wurde mein Therapeut, weil es dafür sorgte, daß ich in meinem Bemühen um Erfolg in der Arbeit und in der Liebe immer wieder versagte. Mit jedem Versagen ließ ich mein Leistungsstreben ein Stückchen los und entspannte mich, um lediglich zu sein. Auf dieser Ebene hat Überlegenheit keine Bedeutung, der Kampf fällt weg, und man kann Frieden und Freude empfinden. Als Therapeut hatte ich mich sehr darum bemüht, meine Patienten darin zu unterstützen, ihre neurotischen Verhaltensmuster zu ändern, freier zu werden und sich mehr auszusprechen. Ich glaube, ich habe vielen Menschen geholfen. Aber mein Bemühen war für die therapeutische Arbeit hinderlich. Es beruhte zum größten Teil auf meinem Bedürfnis, mich unter Beweis zu stellen. Einige Patienten fühlten sich durch meine Haltung kontrolliert und glaubten, ich wolle ihnen sagen, was sie zu tun hatten. Sie brachten ihren

Groll darüber auch zum Ausdruck, was ihnen half, sich mir gegenüber freier zu fühlen. Indem ich ihre Kritik annahm, konnte ich mein neurotisches Bedürfnis, mich selbst zu beweisen, aufgeben und wurde als Therapeut entspannter und freier. Ich betrachte mich heute als Wegbegleiter, der dem Patienten bei seiner eigenen Reise zur Selbstentdeckung hilft, und nicht als Retter verzweifelter Seelen. Patienten sind Verirrte, die den Weg nicht klar sehen, weil sie blind gemacht wurden durch ihre Eltern, die ihnen einredeten, sie würden ihnen nur im Namen der Liebe Schmerzen zufügen. Wenn der Therapeut ein vertrauenswürdiger Begleiter sein soll, muß er die Wahrheit sagen. Und um die Wahrheit aussprechen zu können, muß er sie sehen – nämlich die Wahrheit des Individuums oder des Patienten, wie sie sich in seinem Körper ausdrückt. Man muß den Schmerz wahrnehmen können, der sich in der Verspanntheit des Körpers offenbart, die Traurigkeit in den glanzlosen Augen, die Angst, die der behinderten Atmung zugrundeliegt, und den unterdrückten Zorn, der in den Verspannungen der Schultern, Arme und des Rückens festsitzt.

Erkennen heißt verstehen. Wenn wir diese körperlichen Anzeichen vor Augen haben, müssen wir begreifen, daß Patienten gestörte und gequälte Wesen sind, deren Leben ein Kampf zwischen Hoffnung und Verzweiflung ist, zwischen der Entschlossenheit, das Leben zu bewältigen, und der Angst zu versagen, zwischen einem mörderischen Zorn und der Angst, durch den Verlust der Kontrolle verrückt zu werden. Für die meisten Menschen ist das Leben ein bloßer Überlebenskampf mit wenig wirklichem Vergnügen und flüchtigen Augenblicken von Freude. Das ist das Terrain, das bei der Reise zur Selbstentdeckung durchquert werden muß. Der Wegbegleiter muß dieses Gebiet bei seiner eigenen Entdeckungsreise bereits durchquert haben, wenn er vertrauenswürdig sein soll. Ein Begleiter ist kein Retter. Wir können niemanden retten. Er ist auch kein Heiler, denn Heilung ist ein Prozeß, der auf natürliche Weise geschieht, wenn ein Individuum sich seinem Körper und seinen Gefühlen hingibt. Der wahre Heiler ist die Natur.

Wenn ein Patient eine Therapie beginnt, setzt die Übertragung ein. Sie besteht aus den Hoffnungen und Enttäuschungen des Patienten, aus seinem Vertrauen und seinem Mißtrauen, seinem Zorn und seiner Angst. Der Therapeut muß diesen Aspekt der Therapie kennen und verstehen, aber er muß auch wissen, daß sich hinter dem Phänomen der Übertragung oft mächtige und dämonische Kräfte verbergen, die der analytischen Rationalität nicht zugänglich sind. Was der Patient braucht, ist kein scharfsinniger Analytiker, der ihm zeigt, was er falsch macht, sondern ein warmherziger, klarsichtiger Freund. Ein Freund sein heißt mit dem Patienten mitfühlen, seinen Schmerz, seine Angst, seine Sehnsucht und seinen Kampf spüren. Dieses einfühlsame Empfinden ist die Basis für wahres Verständnis. Wenn der Patient das Gefühl hat, daß der Therapeut ihn versteht, wird er ihn als Begleiter akzeptieren, weil er spürt, daß er ein Freund ist. Vielleicht kann er dem Therapeuten nicht bis zum Ziel der Freude folgen, weil der Schmerz und die Angst zu groß sind und ihm der Mut versagt, aber er wird sich niemals verraten, betrogen oder im Stich gelassen fühlen, sollte die Therapie fehlschlagen. Übertragungsprobleme werden in der Therapie dann zum unüberwindbaren Hindernis, wenn der Therapeut die Gegenübertragungsprobleme nicht durchgearbeitet hat. Dann hat er sich selbst oder seine eigene Seele noch nicht gefunden, ist von seinem Weg abgekommen und sitzt in einem öden Land ohne jede Schönheit oder Freude fest. Man kann von einem Therapeuten allerdings nicht erwarten, daß er den Weg ganz bis zu Ende gereist ist. Das hat niemand, denn das Paradies ist wie die verlorene Welt von Shangri-la. Wir können die Unschuld oder Freiheit des animalischen Zustands nicht wieder herstellen. Aber wir müssen uns darauf verpflichten, dem Stern zu folgen, der uns dort hinführen könnte. Wir müssen, um mit Joseph Campbell zu sprechen, unserer Glückseligkeit folgen.

13. Sich auf den Körper einlassen

Die Psychoanalyse postuliert, daß ein Individuum aufgrund seiner traumatischen Kindheitserfahrungen emotional auf diese kindliche Entwicklungsebene fixiert bleibt. Ein Teil der Persönlichkeit wird erwachsen, während ein anderer Teil in der Kindheit verharrt. Die Einsicht in diesen Zustand ist notwendig, um die Integrität der Persönlichkeit wieder herstellen zu können, aber durch das bloße Erkennen dieses Problems wird diese Wiederherstellung nicht bewirkt. Die tiefgreifende Veränderung muß auf der körperlichen Ebene stattfinden. Man springt nicht über Nacht aus der Kindheit ins Erwachsenenleben. Das Kind wird nicht durch eine schnelle Transformation zum Mann oder zur Frau.
Obwohl es in der Therapie zu dieser Transformation kommen kann, ist sie nicht von Dauer. Ich hatte einmal ein erstaunliches Erlebnis mit einem Patienten, das ich niemals vergessen werde. Dieser Patient war ein depressiver 35jähriger Mann, der mit seinem Willen agierte. Die Kontrolle, die das erfordert, erschöpfte ihn, aber er konnte nicht loslassen. Es fiel ihm schwer, sich dem Schlaf zu überlassen, was seine Erschöpfung noch verstärkte. Manchmal sah er wie ein alter Mann aus, der bereit war, aufzugeben, aber dann riß er sich wieder zusammen, lächelte und machte weiter. Er litt auch unter starken Kopf- und Nackenschmerzen. Einige Jahre Analyse hatten ihm etwas geholfen, er hatte nicht mehr so schwere Depressionen, aber sein körperlicher Zustand blieb unverändert. Er verfügte über keine großen Kraftreserven, doch er machte sich mit großer Anstrengung immer wieder Mut.
Frank, wie ich ihn nennen will, war von seiner verführerischen Mutter beherrscht und gedemütigt worden. Sie hatte ihm wenig emotionale Unterstützung gegeben, aber von ihm verlangt, sich überlegen zu zeigen und Erfolg zu haben, was seinem Vater nicht gelang. Er konnte sich nicht gegen sie auflehnen, zum Teil aus Angst, Schuld und Mitgefühl mit ihrem Kummer und zum Teil,

weil er emotional von ihr abhängig war. Folglich hatte er seine ganze Energie – und er hatte nicht viel – darauf verwendet, so zu werden, wie sie ihn haben wollte. Er mußte dringend loslassen und sein Bemühen aufgeben, um seine Energie und seine Stärke zurückzugewinnen; aber Aufgeben hätte die Annahme seines Versagens bedeutet, und das konnte er nicht. Er mußte einen enormen Zorn auf seine Mutter haben, jedoch ohne ihn aktivieren zukönnen. Er konnte sich keinem starken Gefühl überlassen und auch nicht weinen. Um zu überleben, hatte er seine Gefühle nahezu total kontrollieren müssen, so daß er nur noch mit seinem Intellekt agierte. Diese Kontrolle wurde durch ein Band von Verspannungen am Schädelrand aufrechterhalten, das jede starke Erregung daran hinderte, in den Kopf zu fließen. Er war ein kühler Mensch und ein großartiger Vermittler, der niemals den Kopf verlor.

In einer Sitzung drückte ich, während er auf dem Bett lag und atmete, mit zwei Fingern gegen seinen Schädelrand in Höhe des Sehzentrums im Gehirn. Ich bat ihn, seine Augen weit zu öffnen und sich das Gesicht seiner Mutter vorzustellen, während ich fest gegen diese beiden Punkte drückte. Er konnte ihr Gesicht vor sich sehen und nahm dabei wahr, daß ihre Augen einen zornigen, haßerfüllten Blick hatten. Eine Woge von Zorn stieg in ihm auf. Er sagte mit einer Intensität, die ich nie zuvor an ihm erlebt hatte: »Schau mich nicht so an. Ich könnte dich umbringen.« Seine Augen funkelten vor Wut. Das Ganze dauerte nicht länger als ein, zwei Minuten. Als ich meine Finger wegnahm und er sich aufrichtete, war ich überrascht von seinem Aussehen. Seine Augen strahlten, und sein Gesicht war so lebendig, als wäre er fünfzehn Jahre jünger geworden. Ich traute meinen Augen nicht, so groß war die Verwandlung, die mit ihm vorgegangen war. Und auch er konnte den Unterschied spüren. Er machte sich große Hoffnungen, diesen Durchbruch halten zu können, aber das war nicht der Fall. Als er in der nächsten Woche zur Sitzung kam, war er wieder zu seinem alten, müden und erschöpften Ich zurückgekehrt.

Einige Jahre zuvor hatte ich bereits mit einem anderen Patienten eine ähnliche Erfahrung gemacht. Es handelte sich um einen jungen Mann von etwa siebzehn Jahren, der einen Workshop, den ich leitete, auf Video aufnahm. Er schielte, wobei sein linkes Augen sich selbständig machte, ein Zustand, den man auch als Wanderauge bezeichnet. Er erzählte mir, daß er als Kind mehrmals operiert worden war, um diesen Zustand zu beheben, aber sein Problem blieb bestehen. Bei diesem jungen Mann übte ich den gleichen Druck aus, wie oben beschrieben, und sagte ihm einfach, er solle atmen. Ich drückte etwa ein, zwei Minuten fest zu. Als ich meine Finger wegnahm, und er sich aufrichtete, schauten seine Augen vollkommen gerade und konzentriert. Ich hatte mit diesem Problem nie gearbeitet, obwohl ich diesen Druck bei vielen Menschen anwandte, um die Verspannungen am Schädelrand zu lösen, die den Erregungsfluß ins Gehirn blockieren. Deswegen war ich angesichts dieses Resultats ziemlich aufgeregt, aber es hielt nicht an. Einige Stunden später schielte er wieder.

Ein weiteres Beispiel dafür, daß eine transformative Erfahrung oder ein Durchbruch nicht zu einer dauerhaften Veränderung der Persönlichkeit führt, ist der Fall eines Psychologen, der mich vor vielen Jahren wegen seiner depressiven Zustände konsultierte. Er hatte bereits länger an Depressionen gelitten, aber sein Zustand besserte sich, nachdem er mit Fritz Perls, dem Begründer der Gestalttherapie am Esalen Institut, gearbeitet hatte. Er hatte sich in einer Gruppe, die Perls leitete, freiwillig gemeldet, um mit diesem vor den Teilnehmern einen Traum durchzugehen. Er hatte geträumt, in einem Gefängnis zu sitzen, ohne zu wissen, wie er seine Freiheit wiedererlangen konnte. Perls wies ihn an, die drei Hauptelemente des Traumes zu spielen: den Gefangenen, den Gefängniswärter und die Gitterstäbe. Während er jede dieser Rollen sprach, brach er zusammen und weinte heftig. Es war eine schmerzliche Erfahrung gewesen, aber als sie vorbei war, hatte er sich befreit und voller Freude gefühlt. Leider war seine Euphorie nicht von Dauer. Im gleichen Monat noch kehrten seine Depressionen zurück, so schlimm wie eh und je. Deshalb kam er in meine Praxis.

Als ich seinen Atem studierte, während er auf dem Hocker lag, sah ich, daß sein Brustkorb sehr verhärtet und seine Atmung stark reduziert war. Ich schlug ihm eine andere Interpretation seines Traumes vor – nämlich daß sein Herz in einem geschlossenen Käfig eingesperrt war, so daß es nicht mit der Außenwelt kommunizieren und Kontakt aufnehmen konnte. Seine Rippen waren die Gitterstäbe des Käfigs, sein Ich der Gefängniswärter und sein armes Herz der Gefangene. Damit er frei wurde zu lieben, mußte er begreifen, warum er sein Herz in einer Art Schutzhaft gefangenhielt. Aber dieses Verstehen würde nicht ausreichen, um seine Freiheit zu sichern. Die harten Stäbe seines Brustkorbs mußten weich werden, damit der Schmerz und die Sehnsucht seines Herzens ungehindert zum Ausdruck gebracht werden konnten. Dazu mußte er seine Atmung befreien und vertiefen, und zwar mit Hilfe der bioenergetischen Techniken, die ich in diesem Buch beschrieben habe. Dieser Vorschlag gefiel ihm jedoch nicht, denn er war auf der Suche nach einem schnellen Heilmittel, wie er es bei Perls gefunden hatte. Ich konnte ihm keines bieten, denn auch wenn ich Patienten ebenfalls zu wichtigen Durchbrüchen verholfen hatte, sagte ich ihnen immer, daß ein Durchbruch kein Heilmittel ist und sie kontinuierlich an sich arbeiten müssen, um das Erreichte zu festigen und das Wachsen ihres Selbstgefühls weiter zu unterstützen.

Jeder Durchbruch eines starken Gefühls stellt eine energetische Befreiung dar, die das Individuum vorübergehend belebt und verändert. Die Frage ist, warum diese Befreiung nicht anhält. In gewisser Weise ist dieser Prozeß vergleichbar mit einer Schlacht, in der es dadurch zu einem Durchbruch kommt, daß der Feind mit einem Überraschungsangriff überrumpelt wird. Meistens sammelt sich der Feind dann wieder und holt zum Gegenangriff aus, und solange man nicht die Kraft hat, seine Position zu halten, kann das Gewonnene wieder verlorengehen. Einzelne Schlachten können vielleicht durch Überraschungsangriffe gewonnen werden, aber Kriege werden durch Überlegenheit gewonnen. Ein Durchbruch schwächt die Position des Feindes und stärkt die Angreifer. Etwas Ähnliches geschieht in der Therapie. Durch den therapeutischen Prozeß werden die gesunden Kräfte in der Persönlichkeit des Patienten allmählich stärker, während die neurotischen Elemente fortlaufend abnehmen. Ich benutze eine einfache Analogie, um meinen Patienten zu helfen, diese Dynamik zu verstehen. Ein Mensch, der Angst hat, ins Wasser zu tauchen, beginnt nicht auf dem Zehnmeterbrett, um seine Angst zu überwinden. Er fängt auf dem niedrigsten Sprungbrett an und übt eine Zeitlang, bis er sich sicher fühlt, wenn er von hier aus ins Wasser springt. Dann kann er allmählich immer höher steigen und diesen Ablauf auf jedem Sprungbrett wiederholen. Jeder Schritt nach oben ruft erneut Angst hervor, die nur verschwindet, wenn wir uns ihr mit Hilfe eines Lehrers immer wieder stellen.

Mary, deren Fall ich bereits in Kapitel 10 besprochen habe, wußte, daß sie Angst vor ihren sexuellen Gefühlen hatte. Obwohl sie durch die Analyse und die Körperarbeit sehr viel Einsicht in ihr Problem gewonnen hatte, war ihre Angst immer noch sehr groß. In einer Sitzung hatte sie einen Durchbruch, den sie wie folgt beschrieb: »Als Sie Ihre Finger in mein Becken drückten, und ich da hineingeatmet habe, hatte ich das Gefühl, im Paradies zu sein. Aber ich konnte dieses Gefühl nicht halten. Das machte mich traurig, und ich weinte.« Ihre Angst vor sexuellen Gefühlen war nicht nur psychisch. Sie beruhte auf einer Kontraktion der Muskeln im Becken, die sie daran hinderte, tief zu atmen, das heißt, der Atemwelle zu erlauben, in das Becken zu fließen. Diese Muskelkontraktion ist die biologische Grundlage ihrer Angst. Sie stellt einen chronischen, langandauernden Zustand dar, der mit einer alten Gewohnheit verglichen werden kann. Wir alle wissen, wie schwer es ist, alte Gewohnheiten abzulegen, selbst wenn wir bereit dazu sind und es wollen. Wie alte Schuhe sind sie uns vertraut und sogar bequem. Das Neue ist dagegen fremd und beängstigend. Wir haben keine Kontrolle darüber, und insofern stellt es eine Bedrohung dar. Unsere Identität gerät ins Wanken. Dieses unangenehme, ja sogar erschreckende Gefühl erstreckt sich bis in das Gewebe unseres Körpers. Kontrahierte Zellen und kontrahiertes Gewebe sind nicht imstande, eine starke Aufladung zu wahren oder zu halten. Wie ein erfrorener Finger, den man nicht zu schnell der Hitze aussetzen soll, weil sonst die Zellen explodieren, fühlen kontrahierte Zellen und kontrahiertes Gewebe sich bei starker Aufladung an, als würden sie auseinanderspringen. Ich habe viele Patienten unter diesen Umständen ausrufen hören, daß sie das Gefühl hätten, als würde ihr Kopf oder Körper explodieren. Natürlich geschieht das nicht, denn das

Individuum reagiert, indem es seinen Atem anhält und damit die Aufladung vermindert; oder es kann die Spannung abführen, indem es schreit oder tritt. Ein Körper muß das energetische Gleichgewicht zwischen Aufladung und Entladung halten. Wir können erst dann ein höheres Maß an Aufladung halten, wenn wir die Entladung durch den Ausdruck von Gefühlen verstärken. Jedesmal jedoch, wenn ein Patient einen Prozeß von Aufladung und Entladung erlebt, wächst die Fähigkeit seines Gewebes, eine stärkere Aufladung und damit ein höheres Maß an Erregung zuzulassen. Das gleiche gilt für den Gesamtorganismus, der die Persönlichkeit ausmacht. Auch er entwickelt die Fähigkeit, eine größere Aufladung, ein wachsendes Maß an Erregung, intensivere Gefühle und Leidenschaft zuzulassen und damit umzugehen. Diese wachsende Toleranz bedeutet, daß das Individuum eine intensivere Erregung oder intensivere Gefühle halten und bewältigen kann, was darauf hinweist, daß seine Selbstbeherrschung wächst.

Auf der psychologischen Ebene bleiben die Themen immer die gleichen: Selbstwahrnehmung, Selbstausdruck und Selbstbeherrschung in wachsendem Maße. Selbstwahrnehmung heißt, sich selbst und seine eigenen Probleme und Schwierigkeiten zu verstehen. Das erfordert die kontinuierliche Analyse des gegenwärtigen Verhaltens des Individuums, damit man begreift, wie es mit seinen früheren Erfahrungen zusammenhängt. Sich selbst kennen heißt, seine eigene Vergangenheit zu kennen. Wenn wir tiefer in unsere Vergangenheit eindringen, lernen wir uns selbst besser kennen. Die Reise zur Selbstentdeckung hat kein Ende, denn das Selbst ist so unendlich wie das Universum. Wenn wir älter werden, wächst auch unsere Weisheit, die ich als Fähigkeit betrachte, das Universelle zu begreifen.

Mit wachsender Selbstwahrnehmung entwickelt sich auch die Fähigkeit, Gefühle auszudrücken und für sich zu bewahren. Das gilt sowohl für das normale Wachstum als auch für das neu angeregte Wachstum der Persönlichkeit, die in ihren frühen Jahren in ihrer Entwicklung behindert wurde. Der therapeutische Prozeß verläuft energetisch und psychologisch in Form einer Wachstumsspirale. Ein Mensch beginnt eine Therapie mit einem sehr begrenzten Energie- oder Erregungsniveau. Wenn er dann daran arbeitet, sich von körperlichen Verspannungen zu befreien, wächst das Selbst durch Wahrnehmung, Ausdruck und Beherrschung. Während man im Laufe dieses Prozesses immer lebendiger, energiegeladener und gefühlvoller wird, kommt in der Analyse das gleiche Problem immer wieder hoch und ist jedesmal begleitet von einem tieferen Verständnis und stärkeren Gefühlen. Dieser Prozeß des therapeutischen Wachstums kann als Diagramm wie folgt dargestellt werden:

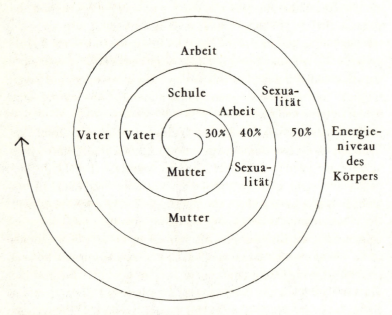

Die Spirale des therapeutischen Wachstums
Die Themen sind immer die gleichen, aber das Energieniveau, auf dem sie erfahren und durchgearbeitet werden, steigt kontinuierlich.

Diesem Diagramm können wir entnehmen, daß die Mutterbeziehung des Patienten im Verlauf der Therapie immer wieder hochkommt, jedesmal aus einer leicht veränderten Perspektive. So kann eine Patientin ihre Mutter anfangs für lieblos und distanziert halten. Schreitet die Therapie dann weiter fort, erkennt sie vielleicht, daß ihre Mutter sie für ihre eigenen Abhängigkeitsbedürfnisse benutzt hat. Noch später kann ihr klar werden, wie eifersüchtig ihre Mutter auf die Beziehung der Tochter zum Vater war und wie sehr sie selbst sich vor der Feindseligkeit ihrer Mutter fürchtete. Mary, deren Problem, die angenehmen Gefühle zu halten, ich oben besprochen habe, kam einige Monate später zu einer Sitzung und beklagte sich darüber, daß sie sich nicht mehr so wohl fühle. Sie war entmutigt von ihrer Tendenz, immer wieder zusammenzuklappen, nachdem sie sich zunächst soviel stärker gefühlt hatte. Sie wußte, daß sie beträchtliche Fortschritte gemacht hatte. Sie hatte ihre Abhängigkeit von Männern zu einem großen Teil verarbeitet und verhielt sich ihnen gegenüber nicht mehr verführerisch. Um zu verstehen, warum sie trotz ihrer Fortschritte immer wieder zusammenbrach, müssen wir erkennen, daß jeder Fortschritt in Richtung auf ein größeres und stärkeres Selbstgefühl verbunden ist mit einer Abwärtsbewegung, die zu tieferen Gefühlen führt. Wenn die Energie eines Menschen durch den therapeutischen Prozeß steigt, wird auch die pulsierende Aktivität im Körper stärker. Die Wellen der Atmung werden voller und dringen tiefer in den Körper vor, nach oben hin in den Kopf und nach unten hin in den Bauch. Dieser Abwärtsfluß hat tiefere Gefühle von Traurigkeit und Scham zur Folge. Mary kam in diese Sitzung mit einer anderen Haltung. Sie sagte: »Ich habe es satt, immer so besorgt und ängstlich zu sein. Ich möchte so nicht mehr weitermachen. Ich bin es müde zu kämpfen. Ich werde das Leben jetzt einfach so nehmen, wie es kommt. Ich bin sicher, daß ich überleben werde.« Sie war näher daran, sich dem Leben hinzugeben.

Diese neue Haltung kam aus einer tieferen, schmerzlicheren Einsicht. Sie sagte: »Ich habe nie gespürt, wie verkrüppelt ich bin und wie übel man mir mitgespielt hat. Ich spüre die Scham so stark, daß ich am liebsten mein Gesicht verbergen möchte.« Diese Scham bezog sich auf ihre Sexualität. Ihren Vater meinend, fügte sie hinzu: »Ich war immer seine kleine Kindfrau. Ich fühlte mich so besonders, so großartig. Dann löste sich das alles in Luft auf, und ich war nichts mehr, nur ein Stück Dreck.«

Marys letzte Bemerkung galt der Erfahrung, von ihrem Vater in der Kneipe seinen Kumpanen als attraktives Sexualobjekt vorgeführt worden zu sein. Sie hatte gespürt, daß die Männer sie mit lüsternen Augen betrachteten. Einige wollten sie auf den Schoß nehmen, was sie ablehnte. Aber sie konnte nicht gehen, weil sie aufgrund ihrer sexuellen Gefühle für ihren Vater an ihn gebunden war. Alles, was ihr blieb, war sich von dieser Scham abzutrennen. Wir hatten mit ihrer Scham im Verlauf der ganzen Therapie immer wieder gearbeitet. Sie ging einher mit dem Impuls, sich und ihre Gefühle verstecken zu wollen. Wenn ein Patient seine Scham spüren und äußern kann, verschwindet sie, und gleichzeitig werden die sexuellen Gefühle stärker. Genau das geschah jetzt.

Mary sagte: »Wenn ich durch die Scham hindurch bin, kann ich spüren, wie meine Augen zu strahlen beginnen. Das ist so ein wunderbares Gefühl! Ich spüre etwas Weiches und Süßes, wie ein Schmelzen. Oh Gott! In meinem Becken ist diese Süße, aber mein Kopf dreht durch.« Es war noch mehr Arbeit erforderlich, damit der Erregungsfluß oben in einem klaren Kopf und unten in einem sanft aufgeladenen Becken verankert blieb. Das ist nur möglich, wenn die Angst vor Hingabe sich ganz aufgelöst hat.

Als Mary zur nächsten Sitzung kam, hatte sie inzwischen an einem Wochenendworkshop teilgenommen. Sie begann mit der Mitteilung, daß es ihr innerlich widerstrebt habe zu kommen, und daß sie sich nur ungern irgendeinem Gefühl öffne. Sie berichtete, daß sie mit einer Therapeutin an der Beziehung zu ihrer Mutter gearbeitet und sehr geweint habe, als sie spürte, wie sie sich nach ihrer Mutter sehnte. Dann beschrieb sie, wie sie nach dem Workshop auf dem Weg nach Hause ein »kleines Mutti-Lied« gesungen habe, wie sie es nannte, als wäre sie ein kleines Mädchen. Für mich war klar, daß sie regrediert war und die reifere Position, zu der sie gelangt war, aufgegeben hatte. Dieser Schritt zurück wies darauf hin, daß sie mit einer tiefen Angst in Berührung gekommen war. Diese war aus einem Traum entstanden, den sie unmittelbar nach dem Workshop hatte. In diesem Traum war sie mit einem Mädchen zusammen, das Mary mit einem Messer töten wollte. Als das Mädchen versuchte, ihr das Messer ins Herz zu stoßen, hatte Mary das Gefühl, sich schützen zu können, aber als es dann auf ihr Becken losging, fühlte sie sich hilflos. Es war, als würde das Mädchen sie in jedem

Fall auf die eine oder andere Weise töten. Als ich Mary fragte, wer das Mädchen ihrer Meinung nach sei, antwortete sie prompt: »Meine Mutter.« Dann berichtete sie, sie habe immer das Gefühl gehabt, daß ihre Mutter sie nicht wollte, weil sie ein Mädchen war. Die Feindseligkeit ihrer Mutter spürend, hatte sie bei ihrem Vater Akzeptanz und Liebe gesucht und auch bekommen. Aber aufgrund seines sexuellen Interesses wurden seine Gefühle für sie dann pervertiert. Mit der Unschuld des kleinen Mädchens nahm sie sein Interesse und seine Zuneigung von ganzem Herzen an, was sie rettete, aber auch den Boden dafür bereitete, daß sie verraten wurde. Sie erkannte diesen Verrat erst, als ihre Illusion, ein besonderes und hübsches Mädchen zu sein, zusammenbrach und zwar aufgrund der Demütigung, als er sie seinen trinkenden Freunden vorführte. In ihrer Verzweiflung gab sie ihre Sexualität auf, wandte sich ihrer Mutter und der Kirche zu und wurde eine ergebene Tochter und eine sehr fromme Katholikin. Und sie war voller Scham und fühlte sich häßlich.

In diesen verheerenden Zustand wäre sie nicht geraten, wenn ihre Mutter für sie da gewesen wäre. Wenn sie die Liebe der Mutter erfahren hätte, hätte sie sich nicht an ihren Vater verloren und wäre nicht seine Kindfrau geworden. Die Beziehung der Eltern war ziemlich gestört. Ihre Mutter war eine kalte, harte, sehr religiöse und antisexuelle Frau. Ihr Vater war sexuell locker, sah gut aus und war auf Vergnügen aus. Gegensätze ziehen sich an. Diese beiden Menschen hatten sich attraktiv gefunden, weil jeder von ihnen brauchte, was der andere hatte. Aber weil sie dieses Bedürfnis nicht akzeptieren und sich ihm nicht hingeben konnten, griffen sie sich gegenseitig an. Mary wurde zum Opfer, das zwischen ihnen stand und die Schläge auf sich nahm – vor allem von der Mutter, die wegen der sexuellen Erregung, die Mary in der Beziehung zu ihrem Vater erlebte, neidisch war und ihre Tochter haßte. Und Mary hatte aufgrund ihrer sexuellen Erregung in Verbindung mit ihrem Vater so große Schuldgefühle, daß sie verwirrt und hilflos war.

Durch die Angst vor ihrer Mutter war Marys Integrität als Person zerstört worden, und diese Angst war immer noch in ihr. Um sich in ihrem Wachstum und ihrer Sexualität gefestigt zu fühlen, mußte sie sich dieser Angst stellen und sich von ihr befreien, indem sie ihren Zorn mobilisierte. Meine Erklärung der Situation leuchtete ihr ein. Während sie auf dem Bett lag und mit ihren Händen ein Handtuch zusammendrehte, öffnete sie ihre Augen, um ihre Mutter anzuschauen und sagte: »Du hast mich wirklich gehaßt, stimmt's?« Dabei sah sie das Gesicht ihrer Mutter und den Ausdruck ihrer Augen vor sich, was ihr Angst machte. Sie sagte: »Ich bekomme immer Angst, wenn ich jemandem in die Augen schaue, besonders wenn es sich um Frauen handelt. Jahrelang konnte ich meiner Mutter nicht in die Augen sehen. Als ich dann erwachsen war, konnte ich mich an ein Bild von ihr erinnern, das ich als vierjähriges Kind immer vor mir sah. Mir fielen diese kalten Augen ein, sie schaute mich an, als wollte sie mich umbringen. Ich fühlte mich wie gelähmt und konnte nicht atmen.«

Um Mary zu helfen, diese Angst aufzulösen, wies ich sie an, die Rollen bei der Übung zu vertauschen. Während sie das Handtuch zusammendrehte, schrie sie ihre Mutter an: »Ich hasse dich! Ich könnte dich umbringen!« Während sie diese Gefühle äußerte, bemerkte sie: »Ich fühle mich hübsch dabei. Ich habe mich immer so häßlich gefühlt.« Und zornig fügte sie hinzu: »Schau mich nicht so an. Das macht mir solche Angst.« Mary hatte nie zuvor einen so mörderischen Zorn gegen ihre Mutter aktiviert. Sie hatte sich wegen der sexuellen Verwicklung mit ihrem Vater zu schuldig gefühlt und zu große Angst vor ihrer Mutter gehabt. Fast drei Jahre Therapie waren nötig gewesen, um sie an den Punkt zu bringen, wo sie von ihren Schuldgefühlen und ihrer Scham soweit befreit war, daß sie für sich selbst einstehen konnte. Sie hatte genügend Stärke und Vertrauen in ihre Fähigkeit gewonnen, allein zu überleben und auf eigenen Füßen zu stehen. Aber es wäre falsch zu denken, daß dieser Durchbruch das Ende ihrer Therapie anzeigte. Begriffe wie »Stärke« und »mehr Selbstvertrauen« sind relativ. Sie mußte noch viel mehr an ihrem Körper arbeiten, damit seine Energie wuchs und die Integration weiter gefördert wurde. Wenn es in ihren Beziehungen zu viel Streß oder Enttäuschungen käme, konnte sie immer noch zusammenbrechen. Wir überwinden die Auswirkungen der frühen Traumen im Leben niemals ganz. Sollten wir aber erneut verletzt werden, können wir unsere Kraft schneller mobilisieren und den Zustand von lustvollem Wohlbefinden im Körper schneller wiederherstellen. Jede Krise im Leben wird dann zu einer Gelegenheit für weiteres Wachsen unseres Selbstgefühls. In Wirklichkeit geht der therapeutische Prozeß immer weiter. Unsere Reise zur Selbstentdeckung ist niemals zu Ende, denn jede Erfahrung im Leben kann die Fülle unseres Wesens vermehren.

Bedeutet das, daß Mary und andere Patienten ihr ganzes restliches Leben lang Therapie machen müssen? Neue Patienten fragen mich oft, wie lange die Therapie dauern wird, und die meisten sind schockiert, wenn ich sage: »Den Rest Ihres Lebens.« Aber wenn ich erläutere, wie der therapeutische Prozeß aussieht und daß ein Patient nur solange in der Therapie bleibt, wie er auf seiner Reise einen Begleiter braucht, sind sie erleichtert. Wenn sie an den Punkt gelangen, wo sie sich nicht mehr verloren fühlen und ihren Weg wissen, setzen sie die Reise allein fort. Die Entscheidung, allein weiterzureisen, ist keine plötzliche. Wenn der Patient mehr Verständnis für sich und mehr Selbstbewußtsein entwickelt, kommt er nicht mehr so häufig zu den Sitzungen. Er wird allmählich immer unabhängiger vom Therapeuten, bis er völlig selbständig ist. Diese Entwicklung wird vom Therapeuten ebenso sehr begrüßt wie vom Patienten. Aber die Tür fällt niemals endgültig ins Schloß. Wenn der Patient das Bedürfnis verspürt, kann er sich immer den Rat und die Hilfe des Menschen holen, der sich als weiser und zuverlässiger Lehrer erwiesen hat. Aber vielleicht sollte ich die Bezeichnung des Therapeuten als Lehrer modifizieren, denn tatsächlich lehrt er gar nicht, außer durch sein Beispiel. Es stimmt, daß die Therapie ein Lernprozeß ist, aber es geht um Lernen durch Erfahrung. Der Patient erlebt sich in der therapeutischen Situation in Beziehung zum Therapeuten und, was noch wichtiger ist, zu seinem eigenen Körper und seinen eigenen Gefühlen. Ein Mensch existiert nicht ohne seinen Körper, aber die meisten Menschen leiden darunter, mehr oder weniger stark von ihrem Körper abgetrennt zu sein. Sie neigen dazu, im Kopf zu leben und identifizieren sich eher mit ihrem Denken und ihrem Selbstbild als mit dem unmittelbaren Erleben ihrer Gefühle und ihrer Selbstwahrnehmung. Sie sind Gefangene eines sozialen Systems, das ihre Unterwerfung unter seine materialistischen Werte fordert, und werden zu Sklaven der ökonomischen Maschine, eingespannt für die Produktion von Wohlstand und belohnt durch Macht. Man verspricht ihnen Vergnügen, wenn sie Macht gewinnen. Dann können sie mit dem Leben spielen wie Kinder, aber das alles ist völlig unrealistisch. Für Erwachsene ist das Leben kein Vergnügen, und ihre Vergnügungen sind nicht lustvoll, sondern eine Flucht in die Kindheit, um der schmerzlichen Realität ihrer freudlosen Existenz aus dem Weg zu gehen.

Die Realität ist der Körper, oder, um es deutlicher auszudrücken, Ihr Körper ist Ihre Realität. Wenn er gesund, das heißt frei von Verspannungen und Schuldgefühlen ist und erregt wird durch die Schönheit des Lebens, empfinden Sie Freude. In einem nicht allzu erregten Zustand fühlt man sich gut, das heißt, angenehm. Das Leben erlaubt uns nicht, ständig in einem angenehmen Zustand oder voller Freude zu leben. Nur kleine Kinder können in dieser paradiesischen Verfassung existieren, obwohl die meisten von ihnen leider bereits aus dem Garten Eden verbannt werden, wenn sie noch unschuldige Kinder sind. Für Erwachsene gibt es kein Paradies. Wir sind nicht unschuldig. Wir erfahren Schmerz und Kummer. Aber können wir auch Freude erleben? Denn ohne Freude verliert das Leben seinen Sinn. Menschen können einen irrealen Sinn in Wohlstand, Macht und Ruhm finden, aber dieser Sinn ist nicht in der Realität des Körpers verwurzelt. Im Hinblick auf Krankheit verlieren Wohlstand, Macht und Ruhm ihren Sinn, der sich wie Rauch im Wind auflöst. Freude dagegen, die in guter Gesundheit wurzelt, ist kein verführerischer Traum, sondern die tiefe Erfahrung der Lebendigkeit des Körpers.

Wenn ein Patient die bioenergetische Therapie beendet, sollten ihm das Verständnis und die Techniken zugänglich sein, die ihm erlauben, seinen Prozeß der Selbstwahrnehmung, des Selbstausdrucks und der Selbstbeherrschung weiterhin zu fördern. Er sollte die Beziehung zwischen Körper und Geist begreifen und wissen, daß seine chronischen Verspannungen mit ungelösten emotionalen Konflikten zusammenhängen, die aus der Kindheit stammen. Diese Konflikte wirken in der Gegenwart so lange weiter, wie die Verspannungen im Körper bestehen bleiben. Deswegen arbeitet er an seinem Körper, um diese Verspannungen zu mindern und sogar ganz abzubauen. Das bedeutet, er fährt mit den grundlegenden bioenergetischen Übungen im Rahmen seiner normalen Gesundheitspflege fort. Ich mache diese Übungen fast jeden Morgen so regelmäßig, wie ich meine Zähne putze, und das nunmehr seit über dreißig Jahren. Diese Übungen sind sehr einfach und konzentrieren sich darauf, zu atmen, zu vibrieren und auf die Erde zu kommen. Für das Atmen benutze ich den bioenergetischen Hocker. Ich liege drei bis fünf Minuten auf dem Hocker und lasse meinen Atem tiefer werden. Um diesen Prozeß zu unterstützen, benutze ich auch meine Stimme, gebe einen lauten Ton von mir und halte ihn, ohne mich dabei anzustrengen. Meistens wird dadurch ein Schluchzen eingeleitet. Wenn ich erst einmal zu weinen beginne, atme ich müheloser und tiefer. Weinen ist für mich deswegen wichtig, weil ich mich immer dagegen gesträubt habe, genau wie andere Menschen auch. Ich war immer ein entschlossener Mensch, der versucht hat, über seine Probleme erhaben zu sein. Auch wenn das nicht funktioniert hat, war ich nicht imstande und willens aufzugeben. Weinen heißt aufgeben, und das bedeutet versagen. Aber aufgeben ist das zentrale Thema von Therapie, und ich habe im Verlaufe der Jahre die Erfahrung gemacht, daß ich jedesmal, wenn ich in irgendeinem Bereich meines Lebens aufgebe, mehr Freiheit gewinne. Aber mein neurotischer Charakter hat sich meiner Persönlichkeit so tief eingeprägt, daß das ein kontinuierlicher Prozeß ist. Ich gebe jedesmal nur ein Stückchen auf.

Das Weinen dient noch einer anderen verwandten Funktion in meinem Leben. Ich bleibe dadurch in Kontakt mit meiner Traurigkeit, der Traurigkeit aus den Jahren, in denen ich nicht frei war, wirklich ich selbst zu sein, und der Traurigkeit darüber, daß ich niemals den Zustand der Unschuld zurückgewinnen werde, der die reine Freude war – das, was man Glückseligkeit nennt. Anders als die Tiere, leben wir mit dem Wissen um Kampf, Leiden und Tod. Das ist die tragische Seite der menschlichen Natur. Die andere Seite ist, daß wir imstande sind, die Herrlichkeit des Lebens zu erfahren, wie es kein Tier kann. Nach religiösen Begriffen ist das die Herrlichkeit Gottes. Für mich ist beides identisch. Diese Herrlichkeit zeigt sich sowohl in der Schönheit einer Blüte, eines Kindes oder einer Frau als auch in der Majestät von Bergen, Bäumen oder Menschen. Diese Herrlichkeit zu sehen, ist ein erhabenes Erlebnis, das in den künstlerischen Werken des Menschen und vor allem in der Musik seinen Ausdruck findet. Eine grundlegende These meiner Philosophie besagt, daß man die beiden Seiten des Lebens nicht voneinander trennen kann, ohne das Ganze zu zerstören. Wir können keine Herrlichkeit erleben, wenn wir den tragischen Aspekt des Lebens nicht akzeptieren. Es gibt keinen Glanz im Leben, wenn wir die Realität verleugnen oder ihr zu entkommen suchen. Ich muß weinen, um mir meine Menschlichkeit zu bewahren. Ich weine nicht nur um mich, sondern um meine Patienten und die ganze Menschheit. Wenn ich den Kampf und den Schmerz meiner Patienten sehe, steigen mir oft Tränen in die Augen. Befreien sie sich dann von ihrem Schmerz, indem sie weinen und den Kampf aufgeben, sehe ich, wie ihre Augen und ihr Gesicht zu strahlen beginnen und freue mich von Herzen für sie. Aber ich kann diese Freude nur empfinden, wenn auch ich bereit bin, den Kampf aufzugeben, und um das zu können, muß ich weinen.

Eine weitere Übung, die ich regelmäßig mache, seit ich die bioenergetische Methode erfunden habe, ist die Erdungsübung. Nachdem ich auf dem Hocker daran gearbeitet habe, meine Atmung zu vertiefen, kehre ich die Haltung um, indem ich mich nach vorne beuge und mit meinen Fingern den Boden berühre. Diese Übung wird in Kapitel 2 ausführlich beschrieben und erläutert. Wenn ich diese Position halte, vibrieren meine Beine meistens, während Erregungswellen durch sie hindurch strömen. Diese Vibrationen vertiefen nicht nur meine Atmung, sondern verbinden mich auch fester mit dem Boden, und das heißt, mit der Realität meines Körpers. Wir sind Geschöpfe dieser Erde, belebt vom Geist des Universums. Unsere Menschlichkeit hängt von dieser Verbindung zur Erde ab. Wenn wir diese Verbindung verlieren, werden wir zur destruktiven Kraft. Wir verlieren aus den Augen, daß wir mit anderen Menschen und Geschöpfen identisch sind, und verleugnen unseren gemeinsamen Ursprung. Wir ziehen uns in unseren Kopf zurück, in eine selbsterschaffene Welt, in der wir uns als besondere, omnipotente und unsterbliche Wesen betrachten. Je weiter wir uns von der Erde entfernen und nach oben zurückziehen, desto höher steigt unser Selbstbild. In diesen luftigen Höhen gibt es weder Traurigkeit noch Freude, weder Schmerz noch Herrlichkeit. Es gibt dort keine realen Gefühle, sondern lediglich Sentimentalität.

Ich bin, wie viele andere Individuen auch, zu ichbezogen, zu narzißtisch gewesen. Ich mußte von meinem Sockel herunterkommen, den ich bestiegen hatte, um zu verleugnen, welchen Demütigungen ich als Kind ausgesetzt gewesen bin. Auf diesem Sockel thronend, hatte ich Angst, herunterzufallen oder zu versagen, denn meine Identität beruhte auf meiner Überlegenheit. Glücklicherweise bewahrte ich mir eine gewisse Identifikation mit meiner Körper, was mich erkennen ließ, daß ich Freude nur im Bereich des Körpers und seiner Sexualität finden würde. Es war für mich ein langer und schwieriger Prozeß, auf die Erde herunterzukommen, aber als ich spürte, daß meine Füße fest mit dem Boden verbunden waren, erlebte ich ein Gefühl von Freude.

Im Laufe der Jahre habe ich im Rahmen meiner Übungen auch immer wieder regelmäßig auf das Bett eingeschlagen. Diese Übung diente nicht dazu, meinen Zorn herauszulassen, denn ich war zu der Zeit gar nicht immer zornig. Ich schlug fünfzig- bis fünfundsiebzigmal auf das Bett ein, manchmal mit beiden Fäusten gleichzeitig, manchmal abwechselnd mit der einen und der anderen Faust. Ich wollte mit dieser Übung meine Schultern und meinen Rücken von Verspannungen befreien, damit ich ungehindert und fließend zuschlagen konnte. Diese Übung hatte auch den Zweck, Angst abzubauen. Wir können nicht gleichzeitig zornig und ängstlich sein, und nach der gleichen Logik können wir auch nicht gleichzeitig laufen und kämpfen. Es war damals sehr viel Zorn in mir, mit dem ich nicht in Kontakt war, aber das Schlagen hatte die gewünschte Wirkung. Ich war in allen Lebenssituationen weniger ängstlich, weil ich spürte, daß ich besser imstande war, Schläge zu verteilen und mich zu verteidigen. Im Laufe der Jahre ist es mir immer leichter gefallen, meinen Zorn sofort zum Ausdruck zu bringen. Ich weiß noch genau, in welcher Situation mein Zorn von mir abfiel.

Ich bekam eine Massage, und als ich mich umdrehte, damit die Masseuse mir den Rücken massieren konnte, sagte ich: »Ich bin ziemlich verspannt im Nacken, da ich hier sehr viel Zorn festhalte.« Dann fügte ich spontan hinzu: »Aber ich muß gar nicht mehr zornig sein.« Bei dieser Bemerkung spürte ich, wie mein Rücken losließ. Menschen, die zornig sind, haben einen Buckel, als wollten sie angreifen wie ein wütender Hund.

Warum war ich so zornig? Ich hatte immer geglaubt, der Grund und die Rechtfertigung dafür wären, daß viele Menschen so destruktiv mit der Umwelt und dem Leben umgehen. Ich wußte auch, daß mein Zorn auf dem Verlust meiner Freiheit in der Kindheit beruhte. Mir war aber nicht klar, daß ich auch deswegen zornig war, weil ich mich augenblicklich unfrei fühlte. Ich war nicht frei, denn ich mußte ständig meine Überlegenheit beweisen. Ich wußte, was richtig und falsch war, und wenn die Menschen auf mich hören würden, wäre die Welt ein besserer Ort. Genauso war meine Mutter mit mir umgegangen. Sie wußte immer alles besser, oder zumindest dachte sie, daß das der Fall wäre. Ich konnte nicht offen protestieren. Ich mußte zuhören und mich ihr unterwerfen. So verhielt ich mich nach außen hin. Innerlich leistete ich Widerstand gegen sie, indem ich meinen Rücken versteifte und ihre Werte ablehnte. Dadurch wurde meine Persönlichkeit stark gespalten, was sich erst aufzulösen begann, als ich Reich begegnete und mich mit seinen Werten identifizierte. Aber das war eine intellektuelle und keine körperliche Lösung. Mein Rücken und mein Nacken blieben weiterhin ridige. Ich war wie meine Mutter geworden – diese kleine Frau, die ein so gerades und steifes Rückgrat hatte, als hätte sie einen Stock verschluckt, und die sich für besser hielt als andere.

Ich vertauschte die Rollen und wurde Therapeut. Nachdem ich mit Reichs Hilfe die Freuden der Hingabe an den Körper entdeckt hatte, würde ich jetzt Menschen erklären, was ich für richtig hielt und wie man danach handelte, das heißt, sich dem Körper hingab. Natürlich leisteten sie Widerstand, obwohl sie glaubten, daß ich recht hatte. Aber niemand will gesagt bekommen, was er zu tun hat. Das nimmt dem Menschen die Freiheit. Meine Patienten waren ebenso in der Zwickmühle, wie ich es mit meiner Mutter gewesen war. Sie nahmen mir meine überlegene Haltung und meine Rechthaberei übel, aber sie spürten auch, daß ich etwas wußte und mich ernsthaft darum bemühte, ihnen zu helfen. Die meisten von ihnen machten zwar Fortschritte, aber nur wenige konnten ihre tiefen seelischen Konflikte lösen, da ich diese auch für mich nicht gelöst hatte. Und selbst heute, wo ich dies schreibe und wo fast fünfzig Jahre vergangen sind seit dem Tag, an dem ich meine Therapie bei Reich begann, muß ich zugeben, daß ich mein Ziel nicht ganz erreicht habe, auch wenn ich ein tiefes Verständnis für die menschliche Natur gewonnen habe. Und ich bin zu der Erkenntnis gekommen, daß ich und andere niemals völlig frei von neurotischen Tendenzen sein werden. Wenn das wie das Eingeständnis eines Versagens klingt, dann sei es so. Ich glaube, daß wir zum Scheitern verurteilt sind, wenn wir versuchen, uns über unser Menschsein zu erheben, das geschwächt wird durch den Konflikt zwischen Ich und Körper.

Wenn wir Therapie als eine Reise zur Selbstentdeckung betrachten, ist diese Reise erst dann zu Ende, wenn das Leben selbst endet. Setzen wir diese Reise kontinuierlich fort, begegnen wir Empfindungen, die wir bislang nicht kannten, und dringen in Gefühlstiefen vor, die uns bislang fremd waren. Auch wenn wir mit dem Älterwerden nicht unbedingt bessere Menschen werden, können wir das Leben mehr schätzen und respektieren lernen. Das ist der Kern der Weisheit. Ich habe meine persönlichen Konflikte nicht hundertprozentig gelöst, ich habe sie weitgehend verringert. Mein Ich ist ziemlich geschrumpft, und mein Überlegenheitsgefühl hat merklich abgenommen. Wenn meine Ichbezogenheit ihr häßliches Gesicht zeigt, kann ich das zugeben. Auch wenn ich sehe, was falsch ist, kann ich jetzt akzeptieren, daß das, was ich für richtig halte, vielleicht nichts bewirkt. Ich bin zu der Erkenntnis gelangt, daß der Mensch trotz der enormen Macht, die er durch seine Maschinen und seine Technologie angehäuft hat, auf dieser Erde ein relativ hilfloses Geschöpf ist. Gerade diese Macht ist es, die sein Leben und mit Sicherheit sein Wohlbefinden bedroht. Sie steigt ihm zu Kopf, so daß er sich allen anderen Kreaturen und seinen Mitmenschen überlegen fühlt. Sie hindert ihn daran, einen guten Kontakt zur Erde und zu seinem Körper zu haben. Sie untergräbt seinen Sinn für die Realität.

Ich habe eine stärkere Verbindung zu meinem Körper als je zuvor und bin mir seiner Verspannungen und Schwächen deutlicher bewußt. Und ebenso kann ich meine Gefühle leichter wahrnehmen. So kommt schneller Zorn in mir auf, wenn ich provoziert oder verletzt werde, aber ich kann ihn auch angemessener zum Ausdruck bringen. Die Folge ist, daß ich weniger ängstlich und besorgt bin als je zuvor. Wenn man keine Angst hat, kann man das Leben so nehmen, wie es kommt. Das gibt mir ein Gefühl von innerem Frieden, das die Basis für Freude ist. Und oft erlebe ich, daß die natürliche Schönheit der Menschen und Dinge, die mich umgeben, mir Freude bereiten.

Wenn man lebt, um zu überleben, liegt der Sinn in Verhaltensweisen und Dingen, die dieses Überleben fördern. Man will gut und stark sein, Macht haben und so fort. Da es in der Natur des menschlichen Geistes liegt, nach Sinn zu suchen, finden Menschen, die nach Freude streben, Sinn in Einstellungen und Verhaltensweisen, die die Freude fördern. Deswegen messe ich Haltungen wie Würde, Aufrichtigkeit und Sensibilität Sinn bei. Ich versuche so zu handeln, daß ich stolz auf mich sein kann, und möchte jedes Verhalten vermeiden, das Scham und Schuld in mir hervorruft. Würde beruht auf dem Gefühl, daß ich mit erhobenem Haupt gehen und jedem Menschen direkt in die Augen sehen kann. Aufrichtigkeit ist eine Tugend, aber auch ein Ausdruck von Respekt für die eigene Integrität. Wenn wir lügen, ist unsere Persönlichkeit gespalten. Der Körper kennt die Wahrheit, die durch die gesprochenen Worte verleugnet wird. Diese Spaltung ist sehr schmerzhaft und nur dann gerechtfertigt, wenn das Leben oder die Integrität durch das Aussprechen der Wahrheit bedroht sind. Viele Menschen lügen, ohne daß es ihnen wehtut, aber das weist lediglich darauf hin, daß sie mit ihrem Körper und ihren Gefühlen nicht in Kontakt sind.

Ein Mensch, der vollkommen lebendig ist, ist auch sensibel. Wenn wir uns abtöten, verlieren wir unsere Sensibilität. So sind Kinder die sensibelsten Wesen, wie wir alle wissen. Wir müssen im Umgang mit anderen, aber auch mit uns selbst, sensibel sein. Wenn wir uns gegenüber nicht sensibel sind, können wir es auch anderen gegenüber nicht sein. Das Problem ist, daß ein unsensibler Mensch seinen Mangel nicht wahrnimmt. Ich spreche nicht von Wachsamkeit, die einen Zustand erhöhter Spannung darstellt. Sensibilität ist die Fähigkeit, die feinen Nuancen des Ausdrucks einschätzen und würdigen zu können, die mit menschlichen und anderen Lebensformen einhergehen. Diese Form von Sensibilität beruht auf einem inneren Frieden, der eintritt, wenn wir nicht mehr kämpfen oder uns anstrengen. Das sind die Werte, die dem Leben echten Sinn verleihen, denn sie fördern die Freude.

14. Die Hingabe an Gott

Der Gott in uns

In diesem Kapitel werde ich meine persönliche Lebensphilosophie vorstellen und erläutern. Sie ist für den therapeutischen Prozeß natürlich wichtig, denn das, was der Therapeut lebt und glaubt, bestimmt Ziel und Form seiner Zusammenarbeit mit dem Patienten. Selbst wenn ein Therapeut aus Angst, den Patienten zu beeinflussen, seine Werte nicht bewußt äußert, so werden diese sich doch in allem, was er tut oder sagt, zeigen und sich auf den Patienten auswirken. Ich glaube an den Körper und die Wahrheit seiner Sprache, auch wenn ich – wie so viele andere – die Wahrheit meines Körpers verleugnet habe. Glücklicherweise wurde ich mit dieser Verleugnung konfrontiert und war gezwungen, mich selbst mit den Augen anderer zu betrachten. Ich sage »glücklicherweise«, weil ich dadurch zu einem reiferen, verständnisvolleren und einfühlsameren Menschen heranwachsen konnte, was mir mit aller Willenskraft der Welt nicht möglich gewesen wäre. Ich hatte ein mächtiges Ego und einen starken Willen, so daß die Hingabe an meinen Körper, an das Leben und an Gott für mich nicht einfach oder leicht gewesen ist. Ich hatte keinen religiösen Hintergrund, was es mir äußerst schwermachte, die Vorstellung von Gott zu akzeptieren, wie viele Menschen es tun. Aber ich bin zu der Erkenntnis und dem Gefühl gelangt, daß es etwas Größeres in mir und jedem Menschen im Universum gibt. Der Glaube und das Gefühl, Teil eines größeren Ganzen zu sein, hat sehr positive Auswirkungen auf das Individuum.
Ich glaube nicht an einen persönlichen Gott, auch wenn die alten Griechen und die Römer Gottheiten verehrten, die dem Menschen insofern ähnlich waren, als sie einen Körper und Gefühle besaßen. Darüber hinaus aber waren sie unsterblich und konnten den Verlauf des menschlichen Lebens beeinflussen. Aber ich habe sehr wohl das Gefühl, daß es im Universum eine Kraft oder ein Prinzip gibt,

welches das Leben auf der Erde geformt hat und folglich auch steuert, wenn auch nicht auf bewußte Weise. Ich spüre, daß diese Kraft, die mich geschaffen hat, sowohl in mir als auch außerhalb von mir ist. Ich verkörpere sie durch mein Sein, und deswegen bin ich Teil dieser umfassenderen Kraft, zugleich aber auch als Individuum getrennt davon.[1] Ich spüre meinen Geist und weiß, daß er Teil des ›Großen Geistes‹ ist, der mich umgibt. Es ist nicht so wichtig, ob man diese universelle Kraft oder dieses universelle Prinzip nun als »Gott« oder ›Großen Geist‹ bezeichnet. Ausschlaggebend ist das Gefühl, damit verbunden zu sein. Ohne dieses Verbundenheitsgefühl verliert das Leben seinen Sinn, und das heißt, daß wir keine Freude finden können.

Als ganz kleine Kinder, die, wie wir wissen, Freude empfinden können, waren wir mit dieser Kraft verbunden. Auf der physischen Ebene war diese Verbundenheit identisch mit der Beziehung zu liebevollen Eltern, deren Anwesenheit oder Berührung im Kind Freude hervorrief. Die Mutter ist die Lebensspenderin, die Große Erdenmutter, aus der das Leben entspringt und von der es abhängig ist. Solange wir mit ihr verbunden sind, fühlen wir uns sicher. Aber ihre Fürsorge beruht auf der Zusammenarbeit mit den himmlischen Mächten, Regen und Sonne, die sie befruchten. Als heranwachsendes Kind betrachteten wir auch unseren Vater als Versorger und Beschützer, und auch er war von einer gottähnlichen Aura umgeben. Aber als diese liebevollen Verbindungen abrissen und unser Vertrauen in die Güte, in die Göttlichkeit oder in unsere Eltern zerstört wurde, fühlten wir uns verraten. Wir fühlten uns in unserer Unschuld nicht mehr sicher und verloren die Freuden der Liebe. Der Verlust dieser existentiell notwendigen Verbindungen ist lebensbedrohlich für ein kleines Kind, das sich nur helfen kann, indem es sich im Interesse seines Überlebens von seinen Gefühlen abtrennt. Ohne starke positive Gefühle müssen wir durch das Ich mit dem Willen agieren. Der Wille ist ein Überlebensmechanismus, und wenn ein Individuum lernt, sich auf ihn zu stützen wie auf eine Krücke, fällt es ihm sehr schwer, ihn aufzugeben. Wenn das Überleben zum vorherrschenden Lebensmuster wird, identifiziert man sich eher mit dem Ich als mit dem Körper, eher mit Kontrolle als mit Spontaneität, eher mit Denken und Logik als mit Gefühlen und Leidenschaften.

Das Ich als solches ist keine destruktive Kraft. Seine Funktion besteht darin, das Verhalten des Menschen im Interesse eines gesteigerten Lustgewinns den Bedingungen der Umgebung anzupassen. Es repräsentiert in der menschlichen Persönlichkeit das Realitätsprinzip. Das gleiche können wir vom Willen sagen. Als Überlebensmechanismus sollte er nur im Notfall eingesetzt werden. Leider hat die Entwicklung der modernen Zivilisation mit ihrer Betonung von Wissen und Macht eine Umgebung geschaffen, die eine ständige Wachsamkeit gegenüber möglichen Gefahren fordert. Ein einfaches Beispiel dafür ist das Autofahren. Es ist, als ob die Sicherheitskräfte eines Landes in ständiger Alarmbereitschaft wären, um einem Angriff oder Aufruhr sofort begegnen zu können. In dieser Situation haben diese Kräfte die Tendenz, die Kontrolle über das Land zu übernehmen. Auf ähnliche Weise ist das Ich, das einmal der Wächter und der Diener des Herzens und des Körpers war, jetzt zu deren Meister und Diktator geworden. Durch die Entwicklung eines bewußten Ich ist in der menschlichen Persönlichkeit ein Widerspruch entstanden zwischen Körper und Geist oder dem Willen des Menschen und dem Willen der Natur, der in primitiven Gesellschaften als der Wille Gottes gilt. Dieser Widerspruch ist jetzt zum Konflikt geworden, der das Individuum, die menschliche Gesellschaft und sogar die Erde zu zerstören droht, wenn die Diktatur des Ich nicht gestürzt und von der Hingabe an Gott abgelöst wird.

Als mein Sohn etwa sechs Jahre alt war, versuchte ich ihn zu bewegen, die Sonntagsschule zu besuchen. Mein Argument war, daß er dort etwas über Gott erfahren würde. Er sagte: »Ich kenne Gott.« Als ich ihn fragte, was er denn über ihn wisse, zeigte er auf die Blumen, die in unserem Garten wuchsen, und sagte: »Dort ist er.« Ich spürte, daß er ein Gefühl von Gott hatte, das viel wichtiger war als alles, was er in einer Schule lernen konnte, und gab meine Bemühungen auf, ihn zum Besuch einer solchen zu überreden. Ich bin sicher, wenn er spürte, daß Gott in den Blumen war, fühlte er ihn auch in seinem Körper. Der Glaube, daß alle Lebewesen Gott ähnlich sind, ist eines der Grundprinzipien der Religion der Hindus, die behaupten, daß allen Geschöpfen das Wesen des Brahma zu eigen ist. Der ursprüngliche Naturmensch glaubte, daß alle Dinge, lebende wie leblose, einen Geist haben, der respektiert werden muß. Flüsse, Seen, Berge, Wälder und alles, was in ihnen ist, sind ebenso von einem Geist beseelt wie der Mensch. Der Animismus, wie dieses Glaubenssystem genannt wurde, war die erste Religion. Unter der Voraussetzung, daß kleine Kinder so denken wie Angehörige eines Naturvolks, überrascht es nicht, daß mein Sohn Gott spontan in sämtlichen Lebewesen sah.

In frühester prähistorischer Zeit lebte der Mensch ganz in der natürlichen Welt wie ein Tier unter vielen anderen. Das war das Zeitalter der Unschuld und der Freiheit. In der Mythologie gilt es als paradiesische Zeit, weil die Augen der Menschen strahlten, und ihre Herzen voller Freude waren. Es gab auch Schmerz und Kummer, denn diese Gefühle können von Lust und Freude so wenig getrennt werden wie die Nacht vom Tag oder der Tod vom Leben. Aber wenn in einem Leben Lust und Freude wohnen, sind Schmerz und Kummer erträglich. Solch ein Dasein steht in scharfem Kontrast zur Existenz des heutigen Menschen, der nur ein Minimum an äußeren Vergnügungen und wenig oder gar keine Freude kennt. Man muß blind sein, wenn man diese Realität nicht an den Gesichtern und Körpern der Menschen abliest, die einem auf der Straße oder an anderen öffentlichen Orten begegnen. Die meisten Gesichter sind hart und angespannt, das Kinn schiebt sich grimmig vor, und die Augen blicken stumpf, verängstigt oder kalt drein. Das ist offensichtlich trotz der Maske, die Menschen tragen, um ihren Schmerz und ihre Traurigkeit zu verbergen. Der Körper ist erstarrt oder verzerrt, total übergewichtig oder zu dünn, rigide oder zusammengebrochen. Es gibt auch viele Ausnahmen von dieser Beschreibung, aber wahre Schönheit ist selten, und wirkliche Anmut existiert fast gar nicht. Das ist eine tragische Situation. Im Gegensatz dazu stand das Bild eines Mädchens, das ich in einer Fernsehsendung sah. Sie stammte aus einem der ärmsten Nomadenstämme, die in der Sahara leben. Das Mädchen trug ein Bündel Holz auf dem Rücken, das sie gesammelt hatte und für das Abendfeuer ins

Lager trug. Da die Nächte in der Sahara bitter kalt sind, war das Holz ihr Beitrag für ihre Leute, ein Ausdruck ihrer Liebe – und ihr Körper spiegelte die Freude wider, die sie empfand. Ihre Augen leuchteten, und ihr Gesicht strahlte. Ich habe dieses Bild niemals vergessen.

Ich habe solch ein Gesicht seit vielen Jahren nicht gesehen, aber ich weiß noch, daß ich als Junge in New York jungen Frauen mit solchen Gesichtern begegnet bin. Das war eine andere Zeit, und ich könnte sagen: eine andere Welt. Damals gab es keine Autos und keine Kühlschränke. Eis wurde von einem Eismann gebracht und Kohlen von einem Pferdefuhrwerk. Es war eine bedächtigere und ruhigere Zeit. Die Menschen hatten Muße, auf den Stufen vor ihren Häusern zu sitzen und miteinander zu reden. Das war bei weitem nicht das Paradies, und ich war kein glückliches Kind. Aber ich kann mich daran erinnern, wieviel Freude wir Kinder hatten, wenn wir in den Straßen spielten. Verglichen mit diesen Zeiten, hat die New Yorker Innenstadt, wo ich immer noch meine Praxis habe, heute eine irreale und fast alptraumhafte Atmosphäre.

Ältere Menschen sprechen von der Vergangenheit meistens positiver als von der Gegenwart. Das galt auch für die Zeit, als ich noch jung war. Vielleicht ist das der Tatsache zuzuschreiben, daß wir unser Leben früher mit jugendlichen Augen und damit aufgeregter und hoffnungsvoller betrachteten. Aber auch wenn das stimmt, gilt zugleich, daß die Lebensqualität sich im Laufe meines Lebens beträchtlich verschlechtert hat. Auch wenn ich heute mehr Freude empfinde als je zuvor, glaube ich, daß die Qualitäten, die dem Leben Freude verleihen, in jeder größeren Stadt fortlaufend abgenommen haben, und zwar in direktem Verhältnis zum Anwachsen von Wohlstand und Macht. Wir sind zu einer materialistischen Gesellschaft geworden, die beherrscht wird von einer ökonomischen Aktivität, welche ausschließlich auf Machtgewinn und die Produktion von materiellen Dingen abzielt. Diese Konzentration auf Macht und materielle Güter untergräbt die Werte der inneren Welt – Werte wie Würde, Anmut und Schönheit. Ich glaube, daß der Verlust moralischer und spiritueller Werte direkt mit dem wachsenden Wohlstand zusammenhängt. Es heißt, daß eher ein Kamel durch ein Nadelöhr gelangt als ein reicher Mann in das Himmelreich. Aber jenes Reich ist das Königreich Gottes hier auf Erden, wo Freude möglich ist.

Im ersten Kapitel habe ich den Verlust der Freude mit der Vertreibung des Menschen aus dem Garten Eden, dem irdischen Paradies, in Zusammenhang gebracht. Der Garten Eden war Gottes Reich auf Erden. Der Mensch wurde verbannt, weil er zu der Erkenntnis von Gut und Böse gelangte, indem er die verbotene Frucht aß. Er wurde sich auch seiner Geschlechtlichkeit bewußt, das heißt, er wußte, daß er nackt ist und sexuelle Begierden hat, und er verurteilte diese Begierden, wenn sie unkontrolliert waren, als schlecht. »Du sollst nicht begehren deines Nächsten Weib.« Er konnte nicht mehr frei seinen Impulsen folgen, wie alle anderen Tiere es tun. Er konnte nicht länger das Leben des Körpers leben. Sein Leben wurde der Ich-Kontrolle und den Verboten des Über-Ich unterworfen. Da er in seinem Kopf lebte, entfremdete er sich seinem eigenen Körper.

Dieser Aufbruch aus dem rein animalischen in den menschlichen Zustand war der erste Schritt zur Umwandlung des Menschen in ein zivilisiertes Geschöpf. Es war ein langer erster Schritt. Die Zivilisation entwickelte sich erst vor einigen zehntausend Jahren. Der Homo sapiens in Gestalt des Cromagnon-Menschen existierte mindestens dreißig- bis vierzigtausend Jahre. Der zweite, dritte und vierte Schritt geschah schneller. Vom Steinzeitalter bis zur Bronzezeit dauerte es vier- bis fünftausend Jahre, und von der Bronzezeit bis zur Eisenzeit weniger als zweitausend Jahre. Die Entwicklung der Zivilisation beschleunigte sich in dem Maße, wie das menschliche Wissen wuchs, und parallel zur Entwicklung dieses Wissens veränderte sich auch das Gottesbild. Die Vorstellung von einem allmächtigen, männlichen Gott, Gott dem Vater, ist mit Sicherheit relativ jung und auf die Religionen der westlichen Zivilisation begrenzt. In der frühesten Religion, dem Animismus, wurde der Geist in allen Erscheinungsformen der Natur verehrt. Der Polytheismus vertrat die Anbetung von Göttern und Göttinnen, die mit bestimmten Aspekten des menschlichen Lebens in Zusammenhang standen. Der Aufstieg eines einzigen überlegenen Gottes ging damit einher, daß ein männlicher Regent zur Macht aufstieg, der allmächtige König, der als Nachfolger oder Repräsentant Gottes betrachtet wurde. Gott oder die Götter residierten nicht mehr auf Erden. Zuerst zogen sie auf einen Berggipfel – den Olymp –, wo die griechischen Götter lebten, und dann wurde der allerhöchste Gott an einen entfernten Platz im Himmel versetzt, wo er für normale Sterbliche unerreichbar ist.

Dieser Prozeß, in dessen Verlauf Göttlichkeit und Sexualität getrennt wurden, steht für eine fortlaufende Entmystifizierung der Natur und des Körpers. Die Erde wurde als materielle Masse betrachtet, die, wenn sie durch die Sonnenenergie aktiviert wird, Pflanzen produzieren kann. Der Mensch lernte dann, dieses natürliche Phänomen durch die Landwirtschaft zu steuern, so daß er eine zuverlässige Nahrungsquelle gewann. Mit der Einführung von Maschinen und chemischen Düngemitteln schien seine Macht auf diesem Gebiet keine Grenzen mehr zu kennen. Diese Geschichte ist uns allen bekannt. Aber uns ist auch bewußt geworden, daß dieser Prozeß eine Gefahr birgt. Wir machen die Erfahrung, daß wir in das ökologische Gleichgewicht eingreifen und damit unsere eigene Existenz bedrohen. Und genauso sind wir auch mit unserem Körper umgegangen. Wir haben ihn auf einen biochemischen Prozeß reduziert und ihn damit seiner gottähnlichen Natur beraubt. Der moderne Mensch in der westlichen Kultur hat seine Seele verloren, wie Jung ausführte.[2]

Man könnte einwenden, daß das Wachstum der Zivilisation die größte Errungenschaft des Menschen ist, die Krönung seines Ruhms. Ich würde das zugleich bejahen und verneinen. Die Zivilisation wird mit dem Leben in den großen Städten gleichgesetzt. Aber wenn die heutigen großen Städte dem Menschen zum Ruhm gereichen sollen, sind sie doch zugleich auch seine Schande. Die wenigsten sind frei von Luftverschmutzung, hektischem Verkehr, Lärm, Gewalt und Schmutz. Es gibt einige ruhige, schöne Ecken, aber sie werden beherrscht von der Häßlichkeit moderner Werbung, in der die Besessenheit von materiellen Gütern und Sex zum Ausdruck kommt.

Durch Entmystifizierung wird ein Gegenstand oder Vorgang aus dem Bereich des Heiligen in den des Vulgären verbannt. Ein heiliger Gegenstand wird zum Ding, ein heiliger Vorgang zum mechanischen Prozeß. Das wurde in der zweiten Hälfte des zwanzigsten Jahrhunderts das Schicksal des menschlichen Körpers und seiner Sexualität. Der sexuelle Akt als Vereinigung zweier Menschen, die den heiligen Tanz des Lebens tanzen, ist für viele Menschen zu einem Leistungs- und Egotrip geworden. Vielleicht müssen wir aus bestimmten Gründen die Körperfunktionen objektiv als biochemische oder mechanische Prozesse sehen, aber wir dürfen nicht aus den Augen verlieren, daß allen lebendigen Prozessen eine tiefere Realität zugrunde liegt. Liebe kann niemals biochemisch oder mechanisch erklärt werden. Sie ist der höchste Ausdruck des Lebens, denn sie verbindet das Individuum mit dem Kosmos und schenkt ihm den tiefsten Sinn, nämlich Freude.

Wir müssen uns klarmachen, daß die östliche Philosophie und das östliche religiöse Gefühl Gott nicht von der Natur oder vom Körper trennt oder abspaltet. Die östlichen Völker haben keinen abstrakten Gott verehrt, der an einem abstrakten Ort lebt, der als Himmel bezeichnet wird. Und vor allem haben sie Macht nicht als etwas Heiliges angebetet. Die östlichen Kulturen sind respektvoller mit der Natur, sowohl der menschlichen als auch der nichtmenschlichen, umgegangen. Alles Leben galt als heilig, da allem Leben die Eigenschaften des Buddha oder das Wesen des Brahmanen zu eigen sei. Deswegen birgt alles Leben Aspekte Gottes und der Liebe, was auch heißt, daß die Menschen nicht die einzigen Geschöpfe sind, die eine Seele besitzen. Wenn wir eine menschliche Seele haben, haben Hunde eine Hundeseele. Axel Munthe, Autor von *Das Buch von San Michele* [3], erklärte, er wolle nicht in den Himmel kommen, wenn Hunde dort nicht zugelassen wären. Da Hunde uns so seelenvoll anschauen können, müssen wir einfach glauben, daß sie einige menschliche Qualitäten mit uns gemein haben. Das östliche Denken wurzelt in der Überzeugung, daß der Mensch nicht Meister seines Lebens ist, sondern Kräften ausgesetzt ist, die er niemals kontrollieren kann und die Schicksal oder Karma genannt werden können. Im Gegensatz dazu gibt es für das westliche Wissenschaftsdenken im Hinblick auf die mögliche Kontrolle und Macht des Menschen über das Leben keine Grenzen. Diese Sicht beruht auf unserer Identifikation mit dem Verstand und seinen imaginativen Prozessen, die in bezug auf Zeit, Raum und mögliches Handeln unbegrenzt sind. Die Identifizierung mit den Körperkräften hingegen würde den Menschen zwingen, die Grenzen seines Seins und die relative Ohnmacht seines Handelns zu realisieren.

Die östliche Lebenseinstellung wurde als fatalistisch bezeichnet. Demnach hat der Mensch nicht die Macht, den Gang der Ereignisse zu ändern. Deswegen rät der gesunde Menschenverstand dazu, alles so hinzunehmen, wie es ist. Die meisten Menschen im Westen würden diese Haltung ablehnen und als defätistisch betrachten. Der westliche Mensch wird ermutigt zu kämpfen und sich anzustrengen in dem Glauben, wo ein Wille ist, ist auch ein Weg. Bei richtigem Einsatz ist der Wille ein sehr wertvolles Instrument im Leben. Er hat seinen Platz jedoch in Notfallsituationen, wo im Interesse des Überlebens enorme Anstrengungen unternommen werden müssen. Aufgabe der Ich-Kontrolle ist, die Dinge im Griff zu behalten und nicht in Panik zu geraten. Wenn wir in einer gefährlichen Situation den Kopf verlieren, ist das lebensbedrohlich. Um einen Feind zu bekämpfen, müssen wir unseren Willen einsetzen, denn der Körper hat in dieser Situation die Tendenz zu fliehen. In diesem Licht betrachtet, ist der Wille eine positive Kraft. Aber er ist nicht angebracht in Situationen, in denen keine Gefahr besteht und das Handeln lustvoll sein sollte. Hier wird er zur negativen Kraft. Stellen Sie sich vor, Sie wollten mit Hilfe Ihres Willens eine sexuelle Beziehung genießen! Wie ich in diesem Buch ausgeführt habe, kommt es bei der Freude darauf an, daß wir den Willen und das Ich aufgeben.

Wenn der Mensch auf diese Weise sein Ich aufgibt, kann er sich nach innen wenden, um die Stimme Gottes zu hören. Meditation, wie sie in den östlichen Religionen praktiziert wird, ist ein Mittel, um den Lärm der äußeren Welt auszuschalten, damit das Individuum seine innere Stimme, die Stimme Gottes in sich hören kann. Um den äußeren Lärm auszuschalten, müssen wir den Gedankenfluß, der als Bewußtseinsstrom bezeichnet wird, anhalten. Dieser Strom des Bewußtseins entsteht durch die kontinuierliche Stimulierung des Vorderhirns, die auf sublimen muskulären Verspannungen beruht. Er reißt ab, wenn wir in eine tiefe körperliche Entspannung kommen, bei der der Atem voll und tief ist. Damit läßt man auch die unbewußte Kontrolle los, die mit einem Zustand ständiger innerer Wachsamkeit einhergeht. Wenn das geschieht, breitet sich ein Gefühl von innerem Frieden im Körper aus. Das Bewußtsein ist völlig ungetrübt. Man ist ganz wach, aber diese Wachheit ist nicht auf etwas Bestimmtes konzentriert. Man ist nicht unbewußt in Angriffsbereitschaft, um möglichen Gefahren zu begegnen.

Ich habe diesen Zustand selbst erlebt, und das war eine wunderschöne Erfahrung. Sie kommt dem Gefühl von Freude sehr nahe, oder man könnte sie auch als gedämpfte Freude bezeichnen. Ich hatte dieses Erlebnis, als mein Arzt mich für eine Woche buchstäblich flachlegte und zwar wegen eines Ischiasanfalls, der sich in einem beharrlichen Schmerz im Kreuz, Gesäß und im rechten Bein äußerte und bei dem auch ein Nerv in Mitleidenschaft gezogen war. Als dieser Schmerz trotz Behandlung mehrere Monate lang anhielt, rief ich einen Kollegen an, der als Orthopäde auch mit der bioenergetischen Analyse vertraut war. Er riet mir, mich mit angezogenen Knien auf den Boden zu legen und meine Füße auf einer Bücherkiste ruhen zu lassen. Ich sollte auf dem Boden essen, schlafen und lesen. Für den Fall, daß ich zur Toilette mußte, riet er mir zu krabbeln. Diese Haltung auf dem Boden entlastete mein Kreuz, so daß die hier verhärteten Muskeln sich entspannen konnten. Aber mit den Auswirkungen auf meinen inneren Zustand hatte ich nicht gerechnet. Ich wurde immer ruhiger. Am fünften Tag saß ich draußen auf einem Stuhl in der Sonne, die Hände im Schoß. Ich dachte an nichts. Ich konnte die tiefe innere Pulsation meines Körpers spüren, während ich ohne jede bewußte Anstrengung tief atmete. Ich meditierte nicht. Ich saß einfach da wie eine Katze und betrachtete meine Umgebung. Es war himmlisch.

Meine Ischiasbeschwerden wurde ich nach dieser Woche auf dem Boden nicht los, obwohl der Schmerz abnahm. Vielleicht hätte ich noch länger liegen bleiben sollen, aber es gab viel zu erledigen, und zehn Tage später wollte ich nach Griechenland fliegen. Im nächsten Monat bekam ich eine Massage und mehrere Akupunkturbehandlungen, die aber nur vorübergehend halfen. Trotzdem ging es mir

allmählich besser. Eines Tages dann realisierte ich, daß ich völlig frei von Schmerzen war, und das bereits seit mehreren Tagen. Als ich versuchte, mich zu erinnern, wann der Schmerz aufgehört hatte, fiel mir nur eine Begebenheit ein. Ich hatte mich sehr über einen Kollegen geärgert und hatte ihm diesen Ärger direkt und offen gezeigt. Mein Streß, der, wie ich wußte, die Ursache für meine Ischiasbeschwerden war, hing mit diesem Mann zusammen. Als ich mit ihm sprach, flammte Zorn in mir auf. Eine Erregungswelle schoß durch meinen Körper und entlud sämtliche Verspannungen in meinem Rücken, so daß ich schmerzfrei wurde. Durch dieses Ereignis bin ich zu dem Schluß gekommen, daß Zorn, wenn er angemessen zum Ausdruck gebracht wird, eine heilende Kraft ist.
Dieser Zorn war die Stimme Gottes in mir. Mein Ausbruch war kein bewußtes und vorsätzliches Handeln gewesen. Er geschah einfach. Irgendeine Kraft in meinem Körper brandete als eine Welle von Zorn auf. Ich habe in anderen Situationen auch erlebt, wie eine Welle von Liebe in mir hochschoß und mich verwandelte. Tatsächlich ist jede Emotion – Angst, Traurigkeit, Zorn, Liebe – ein Pulsschlag des Lebens, eine Gefühlswelle aus dem innersten Kern unseres Wesens. Dieser Kern pulsiert ständig und sendet kontinuierlich Impulse aus, die den Lebensprozeß erhalten. Er ist das energetische Zentrum des Organismus, so wie die Sonne das energetische Zentrum des Sonnensystems ist. Er ist verantwortlich für den Herzschlag, das rhythmische Ein und Aus des Atems, die peristaltische Tätigkeit des Darms und anderer schlauchförmiger Strukturen im Körper. Die Hindus haben einige energetische Zentren ausgemacht, die sie Chakren nennen, aber ich glaube, daß es ein einziges ursprüngliches oder grundlegendes Zentrum gibt, das die Integrität des komplexen Organismus von Säugetieren erhält. Die großen religiösen Mystiker haben dieses Zentrum im Herzen angesiedelt, das sie als Gottes Sitz im Menschen betrachten. Mit Sicherheit geht der Liebesimpuls, der Urquell des Lebens und die Quelle von Freude, vom Herzen aus.[4]
In meinem Buch *Liebe, Sex und dein Herz* habe ich Liebe als die Kraft definiert, die den Kontakt zu einem Menschen, einem Gegenstand oder einem Ort herstellt, die Lust verheißen. Wir lieben das,

was uns ein gutes Gefühl gibt, und ziehen uns von allem zurück, was uns Schmerzen bereitet. Das ist das Grundprinzip des Lebens, das Freud als Lustprinzip bezeichnete. Es besagt auch, daß wir eine schmerzliche Situation akzeptieren können, wenn sie das Versprechen auf zukünftige Lust enthält. Dieses zweite Prinzip, bekannt als Realitätsprinzip, gilt für menschliches Verhalten und beruht auf der Entwicklung eines Ich. Es stellt eine Variation des Lustprinzips dar, ohne diesem zu widersprechen. Wenn Lust so wichtig ist, daß sie die Motivation für Liebe und die Quelle des Lebens darstellt, ist es wichtig, daß wir sie biologisch verstehen.[5] Auf dieser Ebene ist sie die Wahrnehmung eines Zustands von positiver Erregung im Körper, des Zustands der Ausdehnung. Schmerz hingegen geht einher mit einer negativen Erregung, die mit einem Zustand der Kontraktion verbunden ist.
Der Körper pulsiert, und jede Zelle im Körper pulsiert, das heißt, daß sie sich rhythmisch ausdehnt und wieder zusammenzieht. Das Herz dehnt sich aus und zieht sich zusammen, während es schlägt, und das gleiche gilt für die Lungen, während wir atmen. Wenn diese rhythmische Pulsation frei und ungehindert verläuft, empfinden wir Lust. Wir sind lustvoll erregt. Steigt die Erregung, so daß die Pulsation intensiver wird, verspüren wir Freude. Erreicht die Intensität der Erregung ihr Maximum oder ihren Höhepunkt, erleben wir Ekstase. Ohne Erregung oder Pulsation ist der Organismus tot. Erregung ist die Folge eines energetischen Prozesses im Körper, der mit dem Stoffwechsel zusammenhängt. Eine Energiequelle, Nahrung, wird verarbeitet oder verbrannt, um die Energie freizusetzen, die für den Lebensprozeß notwendig ist. Wenn wir das Leben als Feuer betrachten, das kontinuierlich im Element Wasser brennt, kann die Liebe als seine Flamme bezeichnet werden. Dichter und Liedkomponisten haben diese Metapher seit Jahrhunderten benutzt. Aber es ist mehr als eine Metapher. Ein verliebter Mensch strahlt tatsächlich, die Flamme seines Gefühls scheint in seinen Augen wider. Diese Intensität des Fühlens oder der Erregung bezeichnen wir als Leidenschaft.
Liebe, Leidenschaft, Freude und Ekstase sind auch Begriffe, mit denen wir die Beziehung des Menschen zu Gott beschreiben, dem inne-

ren und dem äußeren Gott. Auch im Universum existieren ein Feuer und eine energetische Pulsation, die mit Ausdehnung und Zusammenziehung verbunden sind. Da unser Leben diesem Prozeß entspringt und Teil von ihm ist, fühlen wir uns eins damit. Einige Mystiker können die Verbindung zwischen ihrem Herzschlag und dem Puls des Universums tatsächlich fühlen. Ich habe einmal gespürt, wie mein Herz im gleichen Rhythmus schlug wie das von Vögeln. In einer Stadt sind sie die einzigen freien Geschöpfe. Das Phänomen der Empathie, bei dem wir die Gefühle eines anderen Menschen spüren, tritt auf, wenn zwei Körper auf der gleichen Wellenlänge vibrieren. Empathie ist das Hauptwerkzeug des Therapeuten.
Menschen, deren Körper so rigide und erstarrt ist, daß er kaum oder nur wenig pulsiert, mangelt es an Einfühlungsvermögen. Wenn unser Körper lebendig ist, sind wir auch sensibel für andere und deren Gefühle und empfinden natürlich auch mehr Liebe und Freude.
Liebe ist zwar die Quelle des Lebens, schützt dieses aber nicht. Es wäre naiv zu glauben, wir bräuchten nur ein liebevoller Mensch zu sein, um sicherzugehen, daß wir im Leben nicht verletzt werden. Alle Individuen beginnen ihr Leben als liebevolle und liebenswerte Wesen, was sie nicht vor den Angriffen und Traumen schützt, denen so viele Menschen als Kinder ausgesetzt sind. Die Seiten dieses Buches zeugen von dem Schmerz und den Verletzungen, die sie erleiden. Ein lebender Organismus würde nicht lange überleben, wenn er keine Abwehrmöglichkeiten hätte. Bei den meisten Organismen nimmt diese Abwehr die Form von Zorn an. Normalerweise reagieren wir mit Zorn, wenn unsere Integrität oder Freiheit angegriffen wird. Zorn ist ein Aspekt der Leidenschaft des Lebens. Ein leidenschaftlicher Mensch wird das Recht jedes Individuums auf Leben, Freiheit und Glück leidenschaftlich verteidigen. Ein gerechter Gott würde es nicht anders wollen.

Leidenschaft und die Hingabe an Gott

Freude ist für Erwachsene, deren Leben um gewöhnliche Aktivitäten und Dinge kreist, ein außergewöhnliches Gefühl. Die alltägli-

chen Verrichtungen sind nicht lustvoll, und die damit verbundene Erregung ist selten so groß, daß sie an Freude heranreicht. Der Hauptgrund für diese mangelnde Freude bei gewöhnlichen Tätigkeiten besteht darin, daß sie vom Ich gesteuert und kontrolliert werden. Kleine Kinder können bei alltäglichen Beschäftigungen ohne weiteres Freude empfinden, weil ihr einfaches Handeln nicht ich-gesteuert ist. Ein Kind handelt spontan nach seinen natürlichen körperlichen Impulsen, ohne zu überlegen oder zu planen. Im Gegensatz zu den Erwachsenen, deren Schritte größtenteils vom Ich gesteuert und überwacht werden, wird das Kind von Gefühlen oder Kräften bewegt, die von seinem Bewußtsein unabhängig sind. Es ist ein Unterschied, ob wir uns von einem bewußten Zentrum aus bewegen, oder von einer Kraft bewegt werden, die aus einem unbekannten Zentrum im Körper aufsteigt. Hier scheidet sich das Gewöhnliche vom Außergewöhnlichen, das Weltliche vom Heiligen und Lust von Freude. Als ich meinen kleinen Sohn vor Freude springen sah, wurde mir klar, daß er nicht bewußt sprang, sondern von einer Welle positiver Erregung emporgetragen wurde. Er hatte ein »bewegendes« Erlebnis. Alle außergewöhnlichen Erfahrungen haben die Qualität von »bewegenden« Erlebnissen. Das gilt auch für tief religiöse Erfahrungen, die religiöse Menschen als Manifestationen der Gegenwart oder Gnade Gottes betrachten. Das ist durchaus eine richtige Interpretation, denn die Kraft, die den Menschen bewegt, muß größer sein als er selbst.
Zu tief bewegenden Erfahrungen kann es aber auch in Situationen kommen, die nicht direkt mit Religion oder einer Gottesvorstellung verbunden sind. Das am meisten verbreitete bewegende Erlebnis ohne religiösen Zusammenhang ist für die Menschen, sich zu verlieben. Und wieviel Freude empfinden wir, wenn wir verliebt sind! Wir verlieben uns, wenn unser Herz von einem anderen Menschen berührt oder bewegt wird. Herzliche Liebe für irgendein Geschöpf oder Individuum kann ebenfalls als Manifestation der Gnade Gottes angesehen werden. Indem wir uns der Liebe hingeben, geben wir uns dem Gott in uns hin. Durch Liebe wird ein Individuum bewegt, die Nähe des geliebten Menschen zu suchen. Liebe fördert körperliche Nähe und Kontakt und – in der Sexualität – eine energetische

Verschmelzung der beiden Organismen. Das Gefühl, das zwei Menschen in Liebe zusammenbringt, nennen wir Leidenschaft, und auch der Wunsch nach Nähe zu Gott kann leidenschaftlich sein. Leidenschaft weist auf eine Intensität von Gefühlen hin, die das Individuum bewegt, die Grenzen seines Selbst oder Ich zu transzendieren. Ein sexueller Orgasmus, der mit seinen konvulsiven Bewegungen den ganzen Körper erfaßt, ist eine beispielhafte transzendente Erfahrung. Menschen in unserer Gesellschaft machen diese Erfahrung nicht allzu häufig, weil Sex und Sexualität vom Heiligen zum Gewöhnlichen und Weltlichen herabgewürdigt wurden. Man hat Sex, um sich zu entspannen, und nicht, um Leidenschaft auszudrücken.

Es gibt noch eine andere Betätigung, die die Qualität einer »bewegenden« Erfahrung hat, wenn auch nicht so ausgeprägt wie Sex, und das ist das Tanzen. Normalerweise werden wir von Musik zum Tanzen bewegt. Unsere Füße und Beine können nicht stillhalten, wenn wir Tanzmusik hören. Und wenn der Rhythmus stark und kontinuierlich ist, kann er uns mitreißen und wegtragen. Diese Art zu tanzen ist eine bewegende Erfahrung, die uns in transzendente Zustände versetzen kann. Wie schon erwähnt, habe ich das einmal bei einer Wodu-Zeremonie in Haiti gesehen, wo der Tänzer von dem kontinuierlichen Rhythmus der Trommeln so weit weggetragen wurde, daß er sich unkontrolliert um sich selbst drehte. Bei den meisten Naturvölkern ist der Tanz ein Bestandteil sämtlicher religiöser Zeremonien. Aber ob mit Religion oder einer Romanze verbunden, Tanzen löst immer Freude aus und oft auch Liebe. Der Schlüssel für die Transzendierung des Selbst besteht darin, daß wir unser Ich aufgeben.

Alle Religionen verkünden, daß die Hingabe an Gott der Weg zur Freude ist. Sri Daya Mata, ein berühmter indischer Guru und spiritueller Leiter der Self-Realization Fellowship, einer Organisation, die von Paramahansa Yogananda gegründet wurde, sagt: »Keine menschliche Erfahrung kommt der vollkommenen Liebe und Glückseligkeit gleich, die das Bewußtsein durchflutet, wenn wir uns Gott wirklich hingeben.« Auch wenn er mit dieser Äußerung eine Grundidee der Hindu-Religion wiedergibt, finden wir ähnliche

Überzeugungen in sämtlichen anderen Religionen. Auch ich glaube, daß das der wahre Weg ist. Aber die Menschen haben ihren Weg zu Gott verloren, sonst brauchten sie keine Führung und Beratung. Kleine Kinder können ohne jede Anleitung Freude empfinden, denn sie sind mit dem Gott in sich in Berührung. Für die Erwachsenen, die diesen Kontakt verloren haben, ist es keine leichte Aufgabe, ihn wieder herzustellen. Sri Daya Mata gibt uns einige gute Ratschläge, wie wir dabei vorgehen können, aber der beste Rat nützt nichts, wenn wir ihm nicht folgen können. Wie wir an den Fällen gesehen haben, die in den Kapiteln dieses Buches besprochen wurden, sind die Menschen blockiert durch unbewußte Ängste, die die Hingabe zu einem gefährlichen Unterfangen machen.

Die östliche Religion liefert uns Praktiken, die uns helfen, unsere Hingabe an Gott zu fördern. Die bekannteste ist Meditation. Durch Meditation kann das Individuum sich nach innen wenden und Kontakt mit dem Gott in sich aufnehmen. Wenn dabei ein Mantra oder ein Ton gesungen wird, kann der Lärm der äußeren Welt ausgeschaltet und die mentale Aktivität ruhiggestellt werden. Meditation ist im Westen zu einer weit verbreiteten Entspannungsmethode geworden, mit der der enorme Streß abgebaut werden kann, dem so viele Individuen in der industrialisierten Welt ausgesetzt sind. Um zur Hingabe an den inneren Gott zu gelangen, muß Meditation über einen langen Zeitraum praktiziert werden. Die meisten Mönche, die diese tiefe Verbindung anstreben, ziehen sich für lange Zeit von der Welt zurück und entsagen allen weltlichen Vergnügungen. Der Rückzug aus der äußeren Welt ist auch Teil der christlichen Religion, und zwar für Menschen, die ein tief religiöses Leben leben möchten, ohne von den Anforderungen und Sorgen der äußeren Welt gestört zu werden. Beten, Singen und Kontemplation sind die Übungen, mit denen Christen den Kontakt zu ihrem inneren Gott fördern. Ebenso wie viele Menschen im Osten, haben auch viele im Westen Meditation zu einem Bestandteil ihres täglichen Lebens gemacht. Aber in dem Maße, wie der Druck und die Geschwindigkeit des Lebens mit dem Wachstum der Technologie steigen, scheint das religiöse Leben sowohl im Osten als auch im Westen immer mehr abzunehmen. Diese Entwicklung fällt zusammen mit dem schwindenden Verhältnis zur Natur, zum Körper und zum spirituellen Aspekt des Lebens.

Spiritualität ist keine bestimmte Handlungs- oder Denkweise, sondern das Leben des Geistes. Maschinen können zwar agieren, Dinge produzieren und sogar denken, sind aber nicht imstande zu fühlen. Nur lebende Geschöpfe haben Gefühle, denn das Gefühl ist das Leben des Geistes. Wenn der Geist schwach ist, sind auch die Gefühle schwach. Ein hochentwickelter Geist zeigt sich in starken Gefühlen. Dieser Geist in uns bewegt uns zu lieben, zu weinen, zu tanzen und zu singen. Der Geist im Menschen ist es, der nach Gerechtigkeit schreit, um Freiheit kämpft und sich an der Schönheit der ganzen Natur erfreut. Der Geist entflammt auch unseren Zorn. Wie stark der Geist eines Menschen ist, zeigt sich an der Intensität seiner Gefühle. Wenn der Geist stark ist, ist der Mensch leidenschaftlich. In diesen Individuen brennt die Flamme des Lebens hell, und sie spüren, daß ihr Geist die Liebe Gottes widerspiegelt.

Der Geist ist keine mystische Idee. Er manifestiert sich in der Lebendigkeit des Menschen, dem Strahlen seiner Augen, dem Tonfall seiner Stimme und der Leichtigkeit und Anmut seiner Bewegungen. Diese Eigenschaften beruhen auf einem hohen Maß an Energie im Körper. Das kann eine maschinenbesessene Gesellschaft, die Energie mit Antrieb und der Macht zu handeln gleichsetzt, nicht begreifen. Die Lebensenergie verhält sich anders. Sie ist darauf aus, das Wohlbefinden des Organismus zu schützen und zu fördern und den Fortbestand der Art zu sichern. Das Wohlbefinden des Organismus schlägt sich nieder in den angenehmen Gefühlen des Individuums, deren Spektrum von Lust bis zu Freude und höchster Ekstase reicht. Diese angenehmen Gefühle spiegeln den Grad positiver Erregung im Körper wider und manifestieren sich in der pulsierenden Aktivität des Körpers. Wenn die Pulsation stark und tief verläuft, ist sie meistens auch ruhig und gezügelt, was wir am ruhigen Schlagen des Herzens und einer tiefen und mühelosen Atmung ablesen können. Diese stetige, rhythmische Aktivität wird als Lust erlebt. In dem Augenblick, in dem das Individuum auf ein Ziel zudrängt, gerät der Körper unter Druck, und der leichte, stetige Rhythmus der lustvollen Bewegungen geht verloren. Bei Angst und Besorgnis wird dieser Rhythmus rasch und flach.

Ein Mensch setzt sich unter Druck und treibt sich an, wenn er das Bedürfnis verspürt, für eine bestimmte Aufgabe extra Energie zu mobilisieren. Diese Mobilisierung erfordert den Einsatz des Willens, was im Organismus Streß hervorruft. Individuen mit viel Energie sind bei ihren normalen Aktivitäten relativ frei von Streß. Ihr Körper ist entspannter, ihre Bewegungen sind anmutiger, und ihr Verhalten verläuft in ruhigeren Bahnen. Wie ein hochmotoriger Wagen können sie eine Steigung mit relativ geringer Anstrengung nehmen. Individuen mit wenig Energie müssen sich antreiben, was ihnen aufgrund des damit verbundenen Stresses Energie nimmt, so daß sie erschöpft sind und das Gefühl haben, sich noch mehr anstrengen zu müssen, um Erfolg zu haben oder ein Ziel zu erreichen. Sie haben oft Angst, langsamer zu machen oder aufzuhören, weil sie glauben, dann zu versagen oder nicht noch einmal von vorn beginnen zu können. Viele machen immer weiter, um nicht depressiv zu werden. Die häufigsten Beschwerden von Menschen in der Industriewelt sind Müdigkeit und Depression.

Jeder, der das moderne Leben kennt, weiß, daß das Handlungstempo in diesem Jahrhundert parallel zur wachsenden Geschwindigkeit des Reisens und der Kommunikation enorm zugenommen hat. Wie sollen wir uns hingeben können, wenn wir so schnell voranschreiten, daß wir nicht innehalten können? Wie sollen wir Gott in uns spüren, wenn wir mit hundert Stundenkilometern oder mehr über die Autobahn rasen? Und trotzdem sind in dieser hektischen und getriebenen Gesellschaft einige Leute noch stolz darauf, sich auf der Überholspur zu befinden. Je schneller sie vorangehen und je mehr sie tun, desto weniger Zeit haben sie, wahrnehmen zu können, warum sie dauernd so beschäftigt sind, als hätten sie kaum noch Zeit zum Atmen. Und tatsächlich atmen nur die wenigsten Menschen tief oder mühelos, und viele haben mir erzählt, sie ertappten sich manchmal dabei, daß sie gar nicht atmen.

Wohin rasen die Menschen auf der Überholspur? Wenn sie versuchen, ins Paradies zu gelangen, hetzen sie in die falsche Richtung, denn es existiert nicht außerhalb von ihnen. Sie laufen vor sich selbst weg, vor ihren Gefühlen und vor dem Gott in ihnen. Wie Adam und Eva fühlen sie sich schuldig, weil sie von der verbotenen Frucht (der Erkenntnis) gegessen haben, und wollen sich verstecken. Aber wir können vor dem Gott in uns nicht weglaufen. Wir können nur seine Stimme zum Schweigen bringen, indem wir nicht atmen. Wenn wir das tun, töten wir das Leben ab.

Atmen ist der Schlüssel zum Leben, sowohl in körperlicher als auch in spiritueller Hinsicht. Im Yoga werden verschiedene Atemtechniken benutzt, um das spirituelle Bewußtsein des Individuums zu steigern. Die Lebensenergie, die die Hindus »Prana« nennen, ist identisch mit dem Atem. Eine ähnliche Entsprechung finden wir im Schöpfungsmythos der westlichen Religionen, wo es heißt, daß Gott einen Klumpen Lehm nahm, ihm Leben einhauchte und so den Menschen erschuf. Wir alle wissen, wie wichtig der Atem für das Leben ist, denn ohne das kontinuierliche Einatmen von Sauerstoff würde die Lebensflamme erlöschen. Wir brauchen Sauerstoff für den Stoffwechselprozeß, bei dem durch die Oxydation von Nahrung Energie produziert wird. Aber nicht jeder lebende Organismus produziert Energie durch Oxydation. In der Tiefe der Meere sind in der Nähe kleiner Luftlöcher Bakterien entdeckt worden, die durch einen Prozeß ohne Oxydation Energie gewinnen. Und Pflanzen beziehen ihre Energie direkt vom Sonnenlicht. Aber alle Lebewesen müssen durch pulsierende Aktivität in der einen oder anderen Form Energie zu sich nehmen, um ihre Lebensfunktionen aufrechtzuerhalten. Das wichtigste Kennzeichen des Lebens ist, daß es atmet oder pulsiert. Wenn seine pulsierende Aktivität zum Stillstand kommt, kann keine Kraft der Welt sie wieder in Gang setzen. Einmal tot, immer tot.

Die pulsierende Aktivität des Lebens ist bei Quallen deutlich zu sehen. Hier erzeugt die Pulsation innere Wellen, mit deren Hilfe sich das Tier durch das Wasser bewegt. Die gleiche wellenförmig pulsierende Aktivität können wir bei Würmern oder Schlangen wahrnehmen, die sich auf diese Art fortbewegen. Bei höher entwickelten Tieren ist die Pulsation eher eine innere Aktivität, die sich zum Beispiel in den peristaltischen Wellen zeigt, die die Nahrung durch den Darm befördern. Da das Herz das Organ im Körper ist, das am stärksten pulsiert, wird es von vielen Mystikern als Sitz

Gottes betrachtet. Wir könnten uns jedoch fragen, ob Gott die Kraft ist, die die Pulsation hervorbringt, oder ob er diese Pulsation selbst ist. Wenn wir die spontan pulsierende Aktivität des Körpers spüren, können wir zu dem Glauben gelangen, daß sie eine innere Manifestation des Geistes ist. Auch im Kosmos existiert eine pulsierende Aktivität, die sich im periodischen Ausstoß von Licht und radioaktiven Wellen äußert. Wenn wir spüren, daß die innere Pulsation des Körpers mit der des Kosmos in Harmonie ist, fühlen wir uns eins mit dem Universum und mit Gott.

Da die Pulsation ein Aspekt der natürlichen Welt ist, kann der Mensch wohl glauben, daß allen Dingen ein heiliger Geist innewohnt. Dieser Glaube bildet die Grundlage der animistischen Religion. In dem Maße, wie Wissen, Objektivität und Macht gewachsen sind, hat das menschliche Ego den göttlichen Geist in der Natur und in anderen Geschöpfen verleugnet und sich selbst zum einzigen gottgleichen Wesen erklärt. Einige Individuen sind tatsächlich an dem Punkt angelangt, wo sie jegliche Verbindung zum Göttlichen oder zu dem Gott in sich verneinen. Zu diesem Schluß kann man nur kommen, wenn man jeden Kontakt mit der pulsierenden Aktivität des eigenen Körpers verloren hat. Für solch einen Menschen schlägt das Herz, weil es Signale vom Gehirn empfängt, das genetisch programmiert wurde, diese Signale auszusenden, so wie ein Computer ein ganzes System steuern kann, nachdem er einmal programmiert wurde. Daß unser Gehirn durch Erbmasse und Erfahrung programmiert wurde, die komplexen Operationen des Körpers zu koordinieren, kann nicht bezweifelt werden. Trotzdem bleibt die Frage offen, wer denn den Menschen programmiert hat. Die religiöse Antwort lautet: Gott, der den Menschen schuf, was die Existenz einer aktiven Gotteskraft impliziert, die die Evolution erklärt. Eine mechanistische Sicht des Lebens läßt keinen Raum für einen göttlichen Geist und schließt damit auch jede Möglichkeit einer bewegenden Erfahrung aus, die dem Leben Sinn verleiht. Wenn wir erkennen, daß der lebende Geist innerhalb eines Organismus gottähnlich ist, können wir den Konflikt zwischen einer mystischen, religiösen Sicht des Lebens und einer mechanistischen Betrachtungsweise vermeiden.

Die Verleugnung des Geistes ist typisch für das narzißtische Individuum unserer Zeit. Der Narzißt betrachtet die Welt und das Leben nach mechanistischen Gesichtspunkten: Reiz und Reaktion, Impuls und Aktion, Ursache und Wirkung. In dieser Charakterstruktur gibt es keinen Raum für das Fühlen. Gefühle sind ungenau, nicht meßbar, oft unberechenbar und mit Sicherheit nicht rational. Der Narzißt kennt das Leben des Geistes nicht und verleugnet es. Er existiert bewußt in seinem Kopf, steht nicht in Verbindung mit seinem Körper und lebt mit seinem Verstand. Der Narzißt ist, wie der Name schon sagt, ausschließlich mit seinem Selbstbild beschäftigt. Er sucht andere mit seiner vielfachen Überlegenheit zu beeindrucken, und zwar durch Aussehen, Macht, Klugheit und sexuelle Potenz. Er fährt ein teures Auto, bemüht sich darum, in den besten Kreisen zu verkehren und der neuesten Mode zu folgen. Das sind die Werte des Egos, und der Narzißt ist ein Egoist. Da auch unsere Gesellschaft von den Werten des Ich beherrscht wird, betrachtet er seinen Lebensstil als Zeichen für seinen Erfolg im Leben. Erfolg haben ist Sinn und Maßstab seines Lebens. Er konzentriert sich auf Leistung und betrachtet alles, was er tut, als eine Vorstellung, die Beifall findet oder nicht. Da Gefühle für diesen Lebensstil störend sein könnten, werden sie unterdrückt. Aber es wäre genauer, wenn man sagte, daß dieser Lebensstil überhaupt nur möglich ist, wenn Gefühle unterdrückt werden.

Wir alle sind bis zu einem gewissen Grade Narzißten und entsprechend unfähig, zu lieben und Freude zu finden, denn wir leben in einer narzißtischen Gesellschaft. Aufgrund dieses Mangels an Freude und Gefühlen ist das narzißtische Individuum anfällig für Depressionen, die eintreten, wenn der Erfolg sich als Illusion erweist, da er keine Erfüllung im Leben bringt. Der Narizßt wird depressiv, wenn er Erfolg hat und feststellt, daß sein Leben leer ist. Aber er bekommt auch Depressionen, wenn er versagt, denn er hat keine inneren Quellen und Werte, die ihn stützen. Depressionen sind in unserem Kulturkreis weit verbreitet, und die meisten meiner Patienten leiden an dieser Krankheit. Kinder, deren Leben um die Erfüllung von Wünschen, die Freude an der Freiheit und die Lust am Selbstausdruck kreist, kennen keinen Narzißmus. Kinder möchten bewundert werden, wie wir alle, aber sie opfern ihre Gefühle nicht, um etwas Besonderes darzustellen oder anderen überlegen zu sein. Kinder wetteifern miteinander und wollen die ersten sein, weil sie sehr selbstbezogen sind. Sie sind voller Leidenschaft und wollen alles, aber sie sind nicht selbstgefällig. Sie lieben und möchten geliebt werden, denn ihr Herz ist offen. Ein Elternpaar sagte von seiner neun Monate alten Tochter: »Sie ist ein wahres Freudenbündel.« Genau darum geht es in der Kindheit. Kinder, die geliebt werden, spüren Lebensfreude und geben diese Freude an andere weiter. Sie sind die Unschuldigen und die Machtlosen und zugleich so anfällig für die Negativität und Feindseligkeit, die die Erwachsenen – einschließlich ihrer Eltern – ihnen entgegenbringen. Menschen, die die Freude verloren haben, können es nicht ertragen, sie bei anderen zu erleben.

Wir haben in diesem Buch gesehen, wie die Unschuld von Kindern zerstört wird und ihre Freiheit verlorengeht. Abgehetzte Eltern können es nicht aushalten, wenn ihr Baby schreit, und drohen ihm. Frustrierte Eltern, die die Freude verloren haben, können nicht zulassen, daß ihr Kind sich freut, und bestrafen es. Rigide Eltern können den Überschwang und die Spontaneität des jungen Lebens nicht ertragen und zerstören es. Nicht alle Kinder überleben die Unsensibilität und Grausamkeit ihrer Betreuer. Kindesmißbrauch führt in vielen Fällen zum Tode des Kindes. Die meisten Eltern sind ambivalent. Sie lieben ihr Kind, hassen es aber auch. Ich habe in meiner Praxis gesehen, wie eine Mutter ihre Tochter mit so schwarzen, haßerfüllten Augen anschaute, daß ich entsetzt war. Aber im allgemeinen ist auch Liebe da. Kinder verstehen diese Ambivalenz jedoch nicht, die viel zu kompliziert für ein junges Gemüt ist. Wenn sie den Haß spüren, können sie die Liebe nicht fühlen oder an sie glauben. Wenn sie die Liebe spüren, vergessen sie den Haß. Aber sie machen ihre Erfahrungen mit der Ambivalenz ihrer Eltern und werden allmählich selbst ambivalent.

Wenn ein kleines Kind den Haß und die Gewalttätigkeit seiner Eltern spürt, denkt es zwangsläufig, daß sein Leben in Gefahr ist. Diese Bedrohung ist ein Schock, von dem der Organismus sich vielleicht nie wieder völlig erholt. Das Kind wird tatsächlich auf zweierlei Weise bedroht: Zum einem durch die Möglichkeit von Gewalt, die sein Leben ganz konkret gefährdet, was eine Woge von Entsetzen auslöst, die durch den Körper des Kindes strömt. Diese Erinnerung kann auf der körperlichen Ebene niemals ganz ausgelöscht werden. Zum anderen besteht die Bedrohung darin, abgelehnt und allein gelassen zu werden, was für ein Kind ebenfalls eine tödliche Vorstellung ist. Auch wenn diese Drohungen nicht wahr gemacht werden, kann sich ein ganz kleines Kind nicht vorstellen, daß sie ihm nur einen Schrecken einjagen sollen. Es muß sich unterwerfen, es muß seine Aggressionen drosseln, seine Erregung dämpfen und, um das tun zu können, seine Atmung einschränken.

Die Patienten, die mich im Laufe von 45 Jahren aufgesucht haben, litten alle unter einer eingeschränkten Atmungsaktivität. Das Ausmaß dieser Einschränkung variiert, aber im allgemeinen ist sie sehr ausgeprägt. Ein Mensch, dessen Atmung frei und voll ist, braucht keine Therapie. Aber ich glaube, daß diese Einschränkung in der modernen Gesellschaft fast ein allgemeines Phänomen ist. Das moderne Individuum ist kein freies Lebewesen. Es wird in eine ökonomische Produktionsmaschinerie eingespannt. In der ganzen Geschichte haben Menschen Güter produziert, um ihr Leben zu erhalten, zu fördern und zu bereichern, aber in vorindustriellen Zeiten war die Produktion eine individuelle und kreative Angelegenheit. Die Werkzeuge und simplen Maschinen, die der Mensch benutzte, waren Verlängerungen seiner Person. Der moderne Mensch hingegen steht im Dienste der Maschine. Im ökonomischen Leben dieses Menschen ist kein Raum für den Ausdruck von Gefühlen oder der eigenen Persönlichkeit. Mehrere meiner Patientinnen, die in der Unternehmenswelt tätig waren, haben mir erzählt, man habe ihnen gesagt, Weinen oder Tränen seien hier nicht angebracht.

Patienten dazu zu bringen, daß sie tief atmen, ist eine schwierige Aufgabe. Das Atmen ist ein aggressiver Akt, denn man saugt dabei Luft in die Lungen, aber Aggression wird bei Kleinkindern nicht gefördert. Viele sind von Geburt an gestört, weil man sie der emotional befriedigenden Erfahrung, gestillt zu werden, beraubt hat. Man gibt ihnen die Flasche und bringt sie damit in eine passive Situation, da es nicht viel Anstrengung erfordert, an die Milch zu gelangen. Gestillte Babys saugen kräftiger und atmen tiefer. Andererseits habe ich festgestellt, daß gestillte Babys ein schweres Trauma erleiden, wenn sie zu früh entwöhnt werden. Meiner Ansicht nach sollten Kinder bei uns in der Regel, wie bei den Naturvölkern, drei Jahre lang gestillt werden. Das kommt in unserer Gesellschaft sehr selten vor, da Frauen zu sehr unter Druck stehen, als daß sie einem Kleinkind soviel Zeit widmen könnten. Viele müssen kurz nach der Geburt wieder arbeiten, um die Familie mit zu ernähren. Dieser Mangel an Befriedigung zeigt sich bei Patienten darin, daß ihre Atmung flach ist und sie sich darüber beklagen, daß sie sich leer, unsicher und depressiv fühlen. Das frühe Abstillen ist aber nicht der einzige Grund für ihre Traurigkeit und Verzweiflung. Das Bedürfnis des Kindes nach liebevollem Kontakt mit der Mutter kann von Müttern nicht erfüllt werden, die selbst unzufrieden sind und deren Körper keine starke positive Erregung vermittelt, die den kindlichen Körper stimulieren und erregen kann. Mütter fühlen sich gestreßt von Babys, die mehr Kontakt fordern, und Babys sind gestreßt von Müttern, die auf diese Forderung nicht eingehen können. Bei diesem Konflikt zwischen beiden fühlt das Baby sich in seiner Existenz bedroht. Um zu überleben, muß es sich anpassen, das heißt, das Kind lernt, auf einem niedrigeren Energielevel und mit eingeschränkter Atmung zu agieren. Wenn wir solche Patienten anleiten, tief zu atmen, haben sie meistens Angst, daß sie sterben könnten. Ich hatte mehrere Patienten, die, wenn sie tiefer atmeten, darüber klagten, daß ihnen schwarz vor Augen werde und sie befürchteten, in Ohnmacht zu fallen. Sie hatten das Gefühl, gleich zu sterben – eine sehr angsterregende Erfahrung. Doch diese Angst ist irrational. Man stirbt nicht, wenn man tief atmet. Vielleicht fällt man in Ohnmacht, aber das ist ungefährlich. Doch selbst dazu kommt es nicht, wenn man trotz der Angst weiteratmen kann. Die Atemunterbrechung ist verantwortlich dafür, daß die Blutzufuhr zum Gehirn abgeschnitten wird, was das Gefühl von Dunkelheit hervorruft und schließlich zur Ohnmacht führt. Ich rate meinen Patienten deshalb, sich weiterhin auf ihre Atmung zu konzentrieren. Eine Patientin, eine sehr verängstigte Frau, fand den Mut, weiterzuatmen, und zu ihrem Erstaunen wurde es nicht dunkel um sie, und sie fiel auch nicht in Ohnmacht. Sie war darüber sehr aufgeregt und rief immer wieder aus: »Ich hab's geschafft! Ich hab's geschafft!« Sie verließ meine Praxis in einem euphorischen Zustand. Ich bin davon überzeugt, daß wir alle uns unserer Todesangst stellen müssen, wenn wir das himmlische Königreich, das in uns ist, betreten möchten. Auch der Engel mit dem Flammenschwert, der den Eingang zum Garten Eden, dem ursprünglichen Paradies, bewacht, ist in uns. Er zeigt sich auch in dem Vater oder der Mutter mit den kalten, haßerfüllten Augen, die uns vernichtend anschauen, wenn wir nicht gehorchten. Er ist die Stimme der Schuld, die sagt: »Du hast gesündigt. Du hast kein Recht darauf, glücklich zu sein.« Und schließlich äußert er sich in dem Zorn, den wir aufgrund von Schuld, Scham und Angst nach innen und gegen uns richten. Die oben beschriebene Erfahrung einer Patientin ist keine Garantie dafür, daß diese Frau von der Angst vor dem Tod befreit ist. Im Grunde war es ein erster Schritt in das Tal des Todes, den die Patientin ohne Angst tat. Sie wird sich ihrer Angst noch in vielen weiteren Sitzungen stellen müssen, während sie das Recht verfolgt, sie selbst zu sein. Jeder Schritt in diese Richtung, jeder tiefe Atemzug stärkt die Lebenskraft in ihr und unterstützt sie in ihrem Wunsch, mehr in die Tiefe zu gehen. Leben und Tod sind polare Seinszustände, das heißt, wenn wir total lebendig sind, haben wir keine Angst vor dem Tod. Der Tod eines Individuums existiert lediglich als zukünftiges Ereignis. Als solches ist er ein logischer Gedanke und kein Gefühl. Wir können jede Angst in uns diesem zukünftigen Ereignis zuschreiben, aber wenn die Persönlichkeit ohne Angst ist, hat auch der Tod nichts Beängstigendes. Tapfere Menschen sterben ohne Angst. Oder, wie das Sprichwort sagt: »Ein tapferer Mensch stirbt nur einmal, aber ein Feigling stirbt tausend Tode.« Wenn der Strom des Lebens ungehindert durch den Körper fließt, kann es keine Angst geben, denn Angst ist ein Zustand von Kontraktion im Körper.

Durch die Hingabe an Gott überwinden wir die Angst vor dem Tod, denn sie aktiviert den Lebensstrom, der durch das Ich und seinen Versuch, die Angst und andere Gefühle zu kontrollieren, behindert wurde. Aber die Hingabe an Gott macht es möglich, daß er das Leben und die Heilung fördert. Ich hatte zwei Patienten, die an der Schwelle zum Tode standen, der eine aufgrund einer Blutvergiftung, der andere bei einer Operation am offenen Herzen. Beide erzählten mir, daß sie ihr Leben in Gottes Hand gaben, als sie die Möglichkeit des Todes spürten. Beide wurden wieder gesund und sagten, daß sie diesen Schritt für einen Wendepunkt in ihrer Krankheit hielten. Dieses Phänomen hat überhaupt nichts Mystisches. Wenn wir unser Ich aufgeben, räumen wir die Abwehr beiseite, die den Fluß des Lebens blockiert, und das kann sich auf unseren Körper nur wohltuend auswirken. Das Ich aufgeben heißt auch, den Willen aufgeben, auch den Willen zu leben. Das Leben ist keine Aktion, die wir wollen könnten. Der Wille zu leben ist eine Abwehr gegen den unterschwelligen Wunsch zu sterben.[6] Er steht für den vergeblichen Versuch, die Angst vor dem Tod zu überwinden. Nicht der Wille sorgt dafür, daß das Leben weitergeht, sondern der kontinuierliche Zustand positiver Erregung im Körper, der sich in dem Wunsch zu leben äußert. Diese Erregung wird erzeugt durch die pulsierende Aktivität des Körpers, die gottgegeben ist.

Eines Morgens erwachte ich mit einem äußerst angenehmen Gefühl im Körper. Es war, als ob mein ganzer Körper aus Zucker oder Honig bestünde. Während ich diesem Gefühl nachspürte, kam mir der Gedanke: »Wenn du ehrlich vor dir bist, hast du keine Angst vor dem Tod.« Diese Erfahrung war so schön und ungewöhnlich, daß ich mich fragte, was sie hervorgerufen hatte. Ich konnte mich an keinen Traum erinnern. Dann fielen mir die Ereignisse des letzten Abends ein. Ich hatte mir den Film *Platoon* auf Video angeschaut, die Geschichte einer Gruppe von amerikanischen Soldaten während des Vietnam-Krieges. In diesem Film hatten einige Soldaten der Truppe gnadenlos vietnamesische Zivilisten umgebracht. Mehrere andere waren empört über dieses Vorgehen, und zwischen den Männern brach ein Streit aus. Er endete damit, daß zwei Mitglieder der Truppe von ihren eigenen Männern umgebracht wurden. Während ich über den Film nachdachte, kam ich zu dem Schluß, daß die sinnlose Gewalt der Soldaten auf Angst beruhte oder, genauer, auf der Verleugnung von Angst. Sie fürchteten sich zu Tode, aber statt sich ihre Angst einzugestehen, verleugneten sie sie und töteten andere.

Angst ist eine natürliche Emotion, die allen Geschöpfen gemeinsam ist. Wer seine Angst verleugnet, verleugnet seine Menschlichkeit. Sich fürchten bedeutet nicht, daß man ein Feigling ist. Wahrer Mut ist, trotz der Angst mutig zu handeln. Wenn wir unsere Angst verleugnen, erheben wir uns über die natürliche Welt. Da die Unterdrückung von Gefühlen auf der Abtötung des Körpers beruht, werden mit der Unterdrückung von Angst auch Zorn, Traurigkeit und sogar Liebe unterdrückt. Wir verlieren Gottes Gnade und werden zu Monstern, das heißt, zu unrealen Wesen. Wenn jemand mit dem Gewehr auf mich zielen würde, hätte ich Angst, er könne mich umbringen. Aber die Angst, getötet zu werden, ist nicht gleichzusetzen mit der Angst vor dem Tod. Der Tod ist Teil der natürlichen Ordnung und kann vom Leben nicht getrennt werden. Wenn er als Teil dieser natürlichen Ordnung eintritt, können wir ihn mit Gleichmut annehmen. Wenn ein Individuum Angst vor dem Tod hat, heißt das, daß es sich zu Tode fürchtet. Wenn ein Mensch also ehrlich vor sich selbst ist, ist er frei von Angst, einschließlich der Angst vor dem Tod. Und umgekehrt gilt, daß wir ehrlich vor uns selbst sein können, wenn wir keine Angst vor dem Tod haben.

Wenn wir aufrichtig mit uns sind, sind wir innerlich so frei, daß wir unsere Gefühle spüren, sie akzeptieren und zum Ausdruck bringen können. Das bedeutet auch, daß wir wegen unserer Gefühle keine Schuld empfinden. Wenn ein Individuum Schuldgefühle hat, kann es sich nicht offen und direkt äußern, denn sein Verstand überwacht alles, was es zum Ausdruck bringen will. Das heißt nicht, daß wir immer nach unseren Gefühlen handeln sollen. Wir sind keine Kleinkinder, die kein Ich besitzen. Wir wissen, welches Verhalten gesellschaftlich angemessen ist und welches nicht. Wir verfügen über Selbstbeherrschung oder sollten sie zumindest haben. Sie versetzt uns in die Lage, Gefühle so auszudrücken oder umzusetzen, daß es angemessen und für unsere Bedürfnisse förderlich ist. Diese Form von bewußter Kontrolle beruht nicht auf Angst. Angst lähmt uns, so daß unser Handeln zögernd und ineffektiv wird. Wir verlieren die anziehende Spontaneität, die unserem Handeln Anmut und Liebenswürdigkeit verleiht. Selbstbeherrschung ist Kennzeichen eines Individuums, dessen Äußerungen und dessen Handeln aus einer tiefen Sensibilität für das Leben und für andere hervorgehen.

Freude ist die Erfahrung jener liebenswerten Spontaneität, die typisch ist für das Verhalten von Kindern, deren Unschuld und Freiheit nicht zerstört wurde. Wie wir gesehen haben, verlieren Kinder ihre Unschuld und Freiheit unter dem Druck der rauhen Wirklichkeit des modernen Familienlebens ziemlich früh. Überleben, nicht Freude, wird dann zum zentralen Thema ihres Lebens. Überleben erfordert Gerissenheit, Täuschung, Manipulation und eine ständige Wachsamkeit, die auf Angst beruht. Aber diese Überlebenstaktiken bewirken das Gegenteil und erfordern, daß der Mensch seine Selbstwahrnehmung, seinen Selbstausdruck und seine Selbstbeherrschung aufgibt. Das Leben wird zum Kampf, und obwohl die Situation des Erwachsenen keine tödliche Bedrohung darstellt, kämpft der Durchschnittsmensch weiter, als wäre das doch der Fall. Immer wieder sagen Patienten zu mir: »Ich kann Ihnen nicht zeigen, was ich denke oder fühle. Ich habe Angst, daß Sie mich dann ablehnen.« Eine Patientin äußerte: »Ich kann Ihnen nicht sagen, daß ich Sie liebe. Sie werden mich zurückweisen.« Und eine andere sagte: »Ich kann nicht zornig auf Sie werden, sonst schicken Sie mich weg.« Aber wenn Patienten diese Dinge sagen, machen sie bereits einen Schritt in Richtung Freiheit. Sich einem Therapeuten gegenüber offen zu äußern, erfordert beträchtlichen Mut, selbst wenn der Therapeut die Patienten ermutigt, sich auszudrücken. Durch den bioenergetischen Prozeß steigt dieser Mut bei Patienten langsam aber stetig, und parallel dazu wachsen ihre Energie, ihr Selbstausdruck und ihr Verständnis für ihre Probleme.

In der Therapie geht es nicht darum, Selbstbehauptung zu lernen. Damit würden wir nur zu einer Pseudo-Aggression ermutigen, die ein gewolltes und kein spontanes Handeln darstellt. Patienten haben mir erzählt: »Wissen Sie, was passiert ist? Mein Chef hat herablassend mit mir gesprochen, und ohne nachzudenken, habe ich zu ihm gesagt: ›Sprechen Sie nicht so mit mir.‹ Er hat sich entschuldigt.« Die Formulierung lautete: ...»was passiert ist«, und nicht: »Wissen Sie, was ich getan habe?« Die Patientin, die mir das erzählt hat, war von ihrer eigenen Unverblümtheit noch überraschter als ihr Chef. Wenn die Barriere der Angst erst einmal durchbrochen ist, wird es leichter, die Tür zur Freiheit wieder zu öffnen. Der einleitende Durchbruch ist eine freudige Erfahrung, die aus der Welle des Lebens kommt, welche durch den Körper fließt. Das können wir auch erleben, ohne eine Therapie zu machen. Ein Mensch, dem man eröffnet, daß eine Biopsie erforderlich ist, um festzustellen, ob ein bestimmtes Gewächs oder eine Wunde Krebs ist, erlebt die gleiche Freude und das gleiche Gefühl der Befreiung von Angst, wenn ihm mitgeteilt wird, daß sein Befund negativ ist. Auch in diesem Fall beruht die Freude auf einer Welle von Leben. Der Unterschied zwischen diesen beiden Situationen besteht darin, daß die therapeutische Erfahrung sich nicht zufälligen glücklichen Entdeckungen verdankt, sondern die logische Folge eines Selbstfindungsprozesses ist. Wir verspüren immer mehr Freude, während wir uns selbst immer besser kennenlernen. In einem Workshop wandte sich eine Teilnehmerin kürzlich aufgeregt an mich und sagte: »Ich spüre zum erstenmal, wie mein Körper das macht!« Damit meinte sie das Pulsieren. Ihr Körper war als selbständige Kraft lebendig geworden, und zwar so stark, daß sie das Gefühl verlor, er sei ein Objekt, das sie mit ihrem Verstand kontrollierte. Diese Erfahrung machte sie, nachdem wir sehr viel daran gearbeitet hatten, ihre Atmung zu vertiefen, ihre Stimme einzusetzen und Gefühle zum Ausdruck zu bringen. Diese Übungen wirkten wie das Anlassen einer Pumpe, die dann selbständig laufen konnte.

Wenn der Körper aus eigenem Antrieb völlig organismisch agiert, so ist das eine bewegende Erfahrung. Das geschieht, wenn ein Kind vor Freude hüpft. Nicht daß es Freude empfindet und dann hüpft, oder zuerst hochspringt und sich dann freut. Eine Woge von lustvoller Erregung fließt durch den Körper des Kindes und bewirkt, daß es hüpft. Man hüpft nicht bewußt. Der Körper wird vom Boden hochgehoben, und man empfindet das als eine freudige Erfahrung. Vor einigen Jahren wanderte ich einmal ganz entspannt eine Landstraße entlang. Während meine Füße den Boden berührten, spürte ich, wie vom Boden aus ein Strom durch meinen Körper lief und fühlte mich fünf Zentimeter größer. Ich merkte, wie mein Körper sich aufrichtete, und mein Kopf sich erhob. Das war ein wunderbares Erlebnis. Ich kann nicht sagen, wodurch es ausgelöst wurde, aber es ging einher mit einer Woge von Freiheit und Freude.

Freiheit ist die Grundlage von Freude. Dabei geht es nicht nur um die Freiheit von äußeren Einschränkungen, obwohl auch diese wichtig ist, sondern vor allem um die Freiheit von inneren Zwängen. Diese Zwänge beruhen auf Angst und zeigen sich in den chronischen Muskelverspannungen, die uns in unserer Spontaneität behindern, unsere Atmung einschränken und unseren Selbstausdruck blockieren. Wir werden durch diese Zwänge im wahrsten Sinne des Wortes gefesselt. Jeder Durchbruch, der sich in einer Gefühlswelle äußert, führt uns auch zu größerer Freiheit. Zu diesen befreienden Durchbrüchen kommt es im Verlauf der Therapie immer wieder, wenn die Aufladung, die hinter dem Impuls steht, sich jemandem zuzuwenden, sich zu öffnen oder ein Gefühl zu äußern, stark genug ist. Ich erinnere mich an eine Sitzung mit Reich, die solch eine befreiende Wirkung auf mich hatte. Vielleicht erinnern Sie sich als Leserin oder Leser daran, daß es in der Therapie mit Reich unter anderem darum ging, sich der Atmung zu überlassen, so daß sie tiefer, freier und voller werden konnte. Während ich auf dem Bett lag und mich meinem Körper überließ, spürte ich, wie ich mich plötzlich aufsetzte. Die Kraft in mir, die diese Bewegung hervorrief, drehte mich um und brachte mich auf die Füße. Ohne zu wissen, was ich weiter tun würde, stellte ich mich vor das Bett und begann mit meinen Fäusten darauf einzuschlagen. Dabei sah ich das Gesicht meines Vaters auf dem Laken, und ich erinnerte mich, daß er mir einmal den Hintern versohlt hatte, weil ich eines Abends zu spät nach Hause gekommen und meine Mutter damit in Sorge versetzt hatte. Ich muß etwa neun oder zehn Jahre alt gewesen sein. Ich hatte draußen mit meinen Freunden gespielt. Diesen Vorfall hatte ich bis zu dem Augenblick, wo ich auf das Bett einschlug, völlig vergessen. Auch wenn das nicht die erste spontane, bewegende Erfahrung in meiner Therapie mit Reich war, flößte sie mir Respekt ein und machte mich gleichzeitig ganz aufgeregt. Es war, als ob sich in mir etwas Verborgenes geöffnet hatte, so daß ich in eine größere Dimension des Seins eintreten konnte.

Philip, dessen Fall ich im sechsten Kapitel besprochen habe, kam eines Tages in die Therapie und berichtete folgendes: »Eines Nachts bin ich mit dem wundervollen Gefühl aufgewacht, daß ich allein sein kann, auf eigenen Füßen stehen kann und keine Frau brauche. Ich hatte das Gefühl, ganz integriert zu sein, mit mir selbst verbunden zu sein. Ich hatte anderen gegenüber keine Schuldgefühle mehr.« Philip hatte in einer co-abhängigen Beziehung gelebt, in der beide Partner wenig sexuelle Erregung oder Erfüllung fanden. Dann hatte er sich auf eine andere Frau eingelassen, und diese Beziehung schenkte beiden Liebe und sexuelle Erfüllung. Das war ein wichtiger Durchbruch für ihn. Er hatte sich in früheren Beziehungen niemals erfüllt gefühlt. Sie waren von gegenseitiger Abhängigkeit geprägt gewesen und stellten eine Wiederholung der Beziehung zu seiner Mutter dar. Aber er entdeckte, daß er sich der Frau, mit der er zusammenlebte, immer noch verpflichtet fühlte. Er konnte sie nicht verlassen, denn – so glaubte er – das würde ihr das Herz brechen. Er sagte: »Ich bin ihr verpflichtet, und genauso habe ich in bezug auf meine Mutter empfunden.« Er hatte Schuldgefühle. Er war nicht frei, und die Freude, die er aufgrund seiner neuen Liebe empfand, konnte nicht anhalten.

Warum fühlte er sich seiner Partnerin und seiner Mutter gegenüber schuldig? Warum war er ihnen verpflichtet? Was hatte er verbrochen?

Schuldgefühle haben zwei Ursachen, die miteinander zusammenhängen. Die eine ist das sexuelle Interesse und Begehren, das der kleine Junge der Mutter entgegenbringt. Eines der Zehn Gebote lautet: Du sollst nicht ehebrechen. Das sexuelle Begehren als solches ist weder falsch noch eine Sünde. Es ist die Grundlage für den Trieb, sich mit einem Partner zusammenzutun und Kinder zu zeugen. Ohne dieses zwingende Bedürfnis würde das Leben aufhören zu existieren. Das sexuelle Begehren eines Kindes, das sich auf den gegengeschlechtlichen Elternteil richtet, birgt nicht die Gefahr sexueller Intimität, wenn der Erwachsene darauf nicht eingeht. Leider lassen viele Erwachsene sich auf das sexuelle Interesse ihrer Kinder ein, und manche fordern das Kind sogar zu sexuellem Kontakt auf. Damit steigt die Erregung auf die Ebene des Erwachsen, was das Kind spürt und was seine Unschuld zerstört. Die Sexualität von Erwachsenen ist nicht unschuldig. Die schuldbewußten Eltern projizieren dann diese Schuld auf das Kind, das sich jetzt dem Vater oder der Mutter verpflichtet fühlt. Es ist nicht unüblich, daß ein Mann sich der Frau verpflichtet fühlt, mit der er eine sexuelle Beziehung hat.

Das Gefühl von Verpflichtung ist eine Quelle von Zorn. Wir hassen diejenigen, die uns unsere Freiheit nehmen, unsere kostbarste Gabe. Das Gefühl von Verpflichtung kann in einem Menschen leicht eine mörderische Wut hervorrufen. Jedes Kind, das sich Vater oder Mutter aufgrund von Schuldgefühlen verpflichtet fühlt, hat eine mörderische Wut auf sie. Leider erstrecken sich die sexuellen Schuldgefühle auch auf diesen Zorn, der dann unterdrückt werden muß. Durch Unterdrückung wächst die Schuld.[7] Diesen Zorn muß Philip zum Ausdruck bringen und auflösen, um ganz frei zu werden.

Hingabe an Gott heißt Hingabe an den Lebensprozeß im Körper, an die Gefühle und die Sexualität. Wenn der Erregungsfluß im Körper nach unten strömt, erzeugt er sexuelle Gefühle, wenn er nach oben steigt, spirituelle Gefühle. Dieser Fluß pulsiert, das heißt, er kann in der einen Richtung nicht stärker sein als in der anderen. Ich habe in meinem letzten Buch darauf hingewiesen, daß die Spiritualität eines Menschen nicht stärker ausgeprägt sein kann als seine Sexualität, und umgekehrt gilt das gleiche.[8] Sexualität ist ebensowenig gleichzusetzen mit dem Koitus, wie Spiritualität mit Kirchenbesuchen oder einer bestimmten Religion. Sexualität beinhaltet die Gefühle der Erregung in bezug auf einen Menschen des anderen Geschlechts, während Spiritualität sich auf die Gefühle oder die Erregung bezieht, die der Natur, dem Leben und dem Universum gelten. Die größte Hingabe an Gott kann sich im sexuellen Akt vollziehen, wenn der Höhepunkt so intensiv ist, daß er den Menschen in die Umlaufbahn der Sterne schickt. Im totalen Orgasmus transzendiert der Geist das Selbst, um eins zu werden mit dem pulsierenden Universum.

Eine meiner früheren Patientinnen schrieb mir von einem Erlebnis mit Hingabe, das die Natur des Erregunsprozesses verdeutlicht. Sie hatte den Abend mit einem Freund verbracht. Sie waren zusammen essen gegangen und hatten dann bei ihm zu Hause über seine Probleme gesprochen. Er hatte vor einigen Monaten eine sehr schwere Phase durchgemacht. Ihr fiel auf, daß er sich immer noch nicht davon erholt hatte. Sie schrieb:»Ich machte mir Sorgen, weil er ständig traurig vor sich hinblickte und sich sehr langsam bewegte. Er sah nicht gesund aus. Er war noch nicht wieder der alte. Er sagte nicht viel. Wir wünschten uns eine gute Nacht, und dann ging er in sein Zimmer.

Morgens kam er in mein Zimmer, was ungewöhnlich für ihn war, und fragte, ob er mit mir kuscheln könne. Im Haus war es so kalt, daß wir beide etwa sechs Schichten Kleidung trugen, also sagte ich: ›Gut.‹ Er legte sich mit dem Rücken zu mir, und ich umfaßte ihn mit meinen Armen. Er sagte: ›Wenn du einen Freund hättest, der tot wäre, was würdest du ihm raten?‹ Ich sagte: ›Nun, wenn er tot wäre, könnte ich ihm nichts sagen. Aber wenn er sich tot fühlte, würde ich ihm raten, seine Arbeit zu tun, sich Hilfe zu besorgen und auf sich aufzupassen; also das gleiche, was ich dir sage.‹ Er sagte, er wisse, daß er in Schwierigkeiten sei, weil seine Hände und Füße sich wie erstarrt anfühlten. Seine kürzliche Erfahrung habe ihn am Boden zerstört. Er habe sich über Ungerechtigkeiten ausgesprochen, aber das sei für ihn sehr schwer, weil er sich im Konflikt befände. Als Kind sei er mißhandelt worden, wenn er die Dinge beim Namen nannte. Er sagte: ›Wenn man mich doch nur nicht so gemein behandelt hätte!‹ Er brach zusammen und weinte. Ich streichelte ihn und sagte, er brauche Hilfe. Er sagte, er habe einige Therapeuten aufgesucht, aber wenn er in Wut geraten sei, hätten sie Angst bekommen. Er teilte mir sehr viel von sich mit. Schließlich drehte er sich um, schaute mich an und legte seine Arme um mich. Eine starke Aufladung ging durch meinen Körper. Ich vibrierte. Er sagte, es sei, als hielte er eine große, schnurrende Katze im Arm. Die Aufladung baute sich kontinuierlich weiter auf, und dann begann auch er sie zu spüren. Unsere Körper machten sich einfach selbständig, vibrierten, pulsierten und bewegten sich. Einmal sagte ich: ›Ich mache das nicht, es geschieht einfach.‹ Mein Gott! Wir hatten beide einen unglaublichen Orgasmus im ganzen

Körper, und dabei waren wir dick angezogen. Für mich war das in Ordnung. Ich machte mir keine Gedanken. Ich war vollkommen präsent. Mein Körper schenkte mir dieses außerordentliche Erlebnis. Es kam völlig unerwartet. Die Erfahrung summt und schnurrt auf eine schöne Weise immer noch in mir. Jetzt weiß ich, was Sie gemeint haben, als Sie davon sprachen, sich dem Körper zu überlassen. Es war eine sehr belebende Erfahrung.
Nun, ich weiß nicht, was das langfristig bedeutet. Ich versuche einfach, mein Leben so gut ich kann zu leben und zu genießen. Das war eines meiner interessantesten Wochenenden.«
Diese Patientin hatte viele Jahre Therapie gemacht und an sich gearbeitet. Sie hat auch beruflich mit Beratung zu tun. Damit besaß sie die Voraussetzung dafür, verstehen zu können, was geschah, und mitzugehen. Sie hatte einen Glauben an das Leben und Vertrauen in ihren Körper entwickelt. Dieser Glaube und dieses Vertrauen erstrecken sich auch auf Gott.
Sexuelle Erregung versetzt den Körper in eine kreisende Bewegung. Dies erleben wir am eindringlichsten, wenn sich der Körper in den konvulsiven Bewegungen des Orgasmus unkontrolliert dreht und wendet, was im Individuum Gefühle von Ekstase hervorruft. Bei intensiver sexueller Erregung kann sich uns tatsächlich der Kopf drehen, was ein angenehmes Gefühl ist, wenn wir keine Angst davor haben. Auch das Liebesgefühl selbst kann uns bewegen, uns im Kreis oder um den geliebten Menschen zu drehen.
Reich hatte die brillante Idee, daß der energetische Prozeß des sexuellen Kontakts dem kosmischen Prozeß ähnelt, den er Überlagerung nannte. Seine Theorie lautete, daß zwei Energiesysteme, die sich anziehen, beginnen, sich umeinander zu drehen, während sie zu einander hingezogen werden.[9] Diesen Prozeß der kosmischen Überlagerung können wir auf Fotos von Galaxien sehen, die zeigen, wie die Sterne sich spiralenförmig bewegen, während sie umeinander kreisen.
Reich betrachtete die beiden Arme des Spiralnebels als energetische Stromwellen, die die Sterne des Nebels näher zueinander hinziehen, während sie sich umeinander drehen. Die aktive Kraft, die diese Sterne einander näher bringt, ist die der Schwerkraft, das heißt,

wenn sich Objekte im Raum nahe genug kommen, werden sie zueinander hingezogen. In der Tierwelt nennen wir die Kraft, die zwei Individuen zueinander hinzieht, Liebe oder Sexualität. Bei Säugetieren, wo das Männchen das Weibchen beim sexuellen Akt besteigt, ähnelt die sexuelle Aktivität diesem Phänomen der Überlagerung. Die Bewegungen der Erregungswellen der beiden Individuen gleichen dem oben beschriebenen kosmischen Ereignis, wie in der folgenden Abbildung dargestellt.

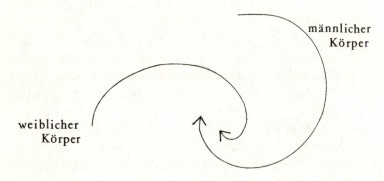

Die Vorstellung, daß lebende Prozesse den kosmischen Prozessen entstammen und diese widerspiegeln, erscheint mir sinnvoll. Jede andere Sicht würde leugnen, daß wir mit dem Universum eins sind. Das Leben auf der Erde ist ein kosmisches Ereignis, das sich von Geburt und Tod der Sterne nicht unterscheidet, auch wenn die Ausmaße hier unendlich sind. Wenn wir uns mit Gott am Kreisen der himmlischen Sphären freuen, können wir uns auch mit ihm daran freuen, daß unsere Körper beim sexuellen Akt leidenschaftlich umeinander herumwirbeln. Das geschieht jedoch nur, wenn die sexuelle Erregung den ganzen Körper erfaßt und nicht auf den Genitalbereich beschränkt ist. Wenn wir uns dieser Leidenschaft hingeben, geben wir uns dem inneren und dem äußeren Gott hin. Auch wenn Sex für die meisten Menschen lustvoll ist, eröffnen sich die wirklichen Freuden sexuellen Erlebens doch nur jenen, die ihr Ich aufgeben können.

Anhang

Anmerkungen

1. Die Entwicklung der Bioenergetik

1 Meine Erfahrungen mit Reich habe ich in einem früheren Buch beschrieben. Vgl. Alexander Lowen, *Bio-Energetik. Therapie der Seele durch Arbeit mit dem Körper*, Reinbek, Rowohlt 1988.
2 Friedrich Schiller, »An die Freude«, in: *Schillers Werke*, Bd. 1, hrsg. v. J. Petersen und F. Beißner, Weimar, Hermann Bohlaus Nachfolger 1943, S. 169.
3 Rabindranath Tagore, *Sadhana: The Realization of Life*, New York, Macmillan Publishing Co. 1916, S. 99 und 116.
(Die deutsche Ausgabe erschien unter dem Titel *Sadhana*, Freiburg, Hyperion 1960.)
4 Alexander Lowen, *Körperausdruck und Persönlichkeit. Grundlagen und Praxis der Bioenergetik*, München, Kösel 1991.
5 ders., *Narzißmus. Die Verleugnung des wahren Selbst*, München, Kösel 1986.
6 ders., *Körperausdruck und Persönlichkeit. Grundlagen und Praxis der Bioenergetik*, a.a.O.

2. Die Hingabe an den Körper

1 Vgl. mein Buch *Narzißmus. Die Verleugnung des wahren Selbst*, a.a.O., in dem ich die narzißtische Persönlichkeit eingehend analysiert habe.
2 Alexander Lowen, *Bio-Energetik. Therapie der Seele durch Arbeit mit dem Körper*, a.a.O.
3 Alexander und Leslie Lowen, *Bioenergetik für jeden. Das vollständige Übungshandbuch*, München, Goldmann 1991.
4 Vgl. *Fury on Earth* von Myron Scharaf, eine ausgezeichnete Biographie von Reich, die sowohl seine Errungenschaften als auch seine persönlichen Konflikte und Probleme aufzeigt.

3. Oh Gott!

1 William James, *Die Vielfalt religiöser Erfahrungen. Eine Studie über die menschliche Natur*, Olten und Freiburg im Breisgau, Walter 1979, S. 255.
2 Alexander Lowen, *Liebe, Sex und dein Herz*, München, Kösel 1989.

4. Widerstand gegen das Weinen

1 Alexander Lowen, *Liebe, Sex und dein Herz*, a.a.O.

5. Ich bin so zornig

1 Alexander Lowen, *Narzißmus. Die Verleugnung des wahren Selbst*, a.a.O.

6. Die Hingabe an die Liebe

1 Alexander Lowen, *Narzißmus. Die Verleugnung des wahren Selbst*, a.a.O.
2 James Hilton, *Der verlorene Horizont*, Frankfurt am Main, Fischer 1991.
3 Vgl. Alexander Lowen, *Angst vor dem Leben. Über den Ursprung seelischen Leidens und den Weg zu einem reicheren Dasein*, München, Kösel 1986, für eine vertiefte soziologische und psychologische Analyse des ödipalen Themas.
4 ders., *Narzißmus. Die Verleugnung des wahren Selbst*, a.a.O.
5 Das Wesen von Scham und Schuld habe ich analysiert in meinem Buch *Lust – Der Weg zum kreativen Leben*, München, Kösel 1983. Ich nenne sie hier die verurteilenden Emotionen, denn beide beruhen auf Selbstverurteilung.

7. Der Verrat an der Liebe

1 Sigmund Freud, »Jenseits des Lustprinzips«, in: *Gesammelte Werke*, Bd. 13, Frankfuhrt am Main, Fischer 1987, S. 17ff.
2 Wilhelm Reich, *Charakteranalyse*, Köln, Kiepenheuer & Witsch 1989, S. 280 ff.
3 Vgl. Alexander Lowen, *Lust – Der Weg zum kreativen Leben*, a.a.O., für eine vollständige Analyse dieser Wechselbeziehungen.
4 ders., *Körperausdruck und Persönlichkeit. Grundlagen der Praxis der Bioenergetik*, a.a.O.

8. Sexueller Mißbrauch

1 Vgl. dazu Reichs Beschreibung des Masochismus in seinem Buch *Charakteranalyse*, a.a.O.
2 Alexander Lowen, *Bio-Energetik. Therapie der Seele durch Arbeit mit dem Körper*, a.a.O.
3 ders., *Spiritualität des Körpers. Innere Harmonie durch Bioenergetik*, München, Heyne 1991.
4 Vgl. ders., *Liebe und Orgasmus. Ein Weg zu menschlicher Reife und sexueller Erfüllung*, München, Kösel 1983.
5 Vgl. ders., *Bio-Energetik. Therapie der Seele durch Arbeit mit dem Körper*, a.a.O., für eine ausführliche Erläuterung der Energieabläufe im Körper bei dieser Übung. Die Anwendung einer Fallübung, um Hingabe zu lernen, wird erläutert in meinem Buch *Angst vor dem Leben. Über den Ursprung seelischen Leidens und seine Überwindung*, a.a.O.

9. Du machst mich noch verrückt

1 Arthur Janov, *Der neue Urschrei. Fortschritt in der Primärtherapie*, Frankfurt am Main, Fischer 1993.
2 Daniel Casriel, *Die Wiederentdeckung des Gefühls – Schreitherapie und Gruppendynamik*, München, Bertelsmann 1972, S. 10.
3 Ebd., S. 11.
4 Vgl. auch Alexander und Leslie Lowen, *Bioenergetik für jeden. Das vollständige Übungshandbuch*, a.a.O.

10. Die Angst vor dem Tod

1 Vgl. Alexander Lowen, *Liebe, Sex und dein Herz*, a.a.O.
2 Eine vollständige Analyse dieses Atemmusters beim schizoiden Individuum finden Sie in meinem Buch *Der Verrat am Körper*, Bern/München, Scherz 1980.
3 Vgl. ders., *Depression. Unsere Zeitkrankheit – Ursachen und Wege der Heilung*, München, Kösel 1987, für eine ausführliche Analyse der Rolle, die Illusionen bei der Genese von Depressionen spielen.
4 Vgl. Alexander und Leslie Lowen, *Bioenergetik für jeden. Das vollständige Übungshandbuch*, a.a.O.

11. Die Beziehung zwischen dem Ich und der Sexualität

1 Vgl. Alexander Lowen, *Liebe und Orgasmus. Ein Weg menschlicher Reife und sexueller Erfüllung*, a.a.O., für eine vollständige Erörterung dieser Ideen.
2 Wilhelm Reich, *Charakteranalyse*, a.a.O.
3 Sigmund Freud, »Das Unbehagen in der Kultur«, in: *Gesammelte Werke*, Bd. 14, Frankfurt am Main, Fischer 1976.

12. Übertragung und Gegenübertragung

1 Alexander Lowen, *Körperausdruck und Persönlichkeit. Grundlagen und Praxis der Bioenergetik*, a.a.O.
2 Karlfried Graf Dürckheim, *Hara – Die Erdmitte des Menschen*, Bern/München/Wien, Otto Wilhelm Barth Verlag 1992.
3 Ebd. S. 179.

14. Die Hingabe an Gott

1 Alexander Lowen, *Spiritualität des Körpers. Innere Harmonie durch Bioenergetik*, a.a.O.
2 Vgl. Carl Gustav Jung, *Modern Man in Search of a Soul*, London, Paul, Trench, Trubner & Co. 1933.
(Das ist ein englischsprachiger Sammelband mit ausgewählten Schriften von Jung. Die deutsche Entsprechung – aber nicht identisch – ist »Zivilisation im Übergang«, *Gesammelte Werke*, Bd. 10, Olten und Freiburg im Breisgau, Walter 1991.)
3 Axel Munthe, *Das Buch von San Michele*, München, List 1991.
4 Vgl. Alexander Lowen, *Liebe, Sex und dein Herz*, a.a.O., für eine vollständigere Analyse dieser Gedanken.
5 ders., *Lust. Der Weg zum kreativen Leben*, a.a.O.
6 ders., *Liebe, Sex und dein Herz*, a.a.O.
7 Vgl. ders., *Lust. Der Weg zum kreativen Leben*, a.a.O., für eine Erörterung des Wesens von Schuld.
8 ders., *Spiritualität des Körpers. Innere Harmonie durch Bioenergetik*, a.a.O.
9 Wilhelm Reich, *Ether, God and Devil – Cosmic Superimposition*, New York, Farrar, Strauss & Giroux 1973, S. 62.

Alexander Lowen
Erfolgsautor im Kösel-Verlag

Angst vor dem Leben
Über den Ursprung seelischen
Leidens und den Weg zu
einem reicheren Dasein
332 Seiten. Kartoniert

Depression
Unsere Zeitkrankheit –
Ursachen und Wege der
Heilung
327 Seiten. Kartoniert

Körperausdruck und Persönlichkeit
Grundlagen und Praxis der
Bioenergetik
464 Seiten. Kartoniert

Liebe und Orgasmus
Ein Weg zu menschlicher
Reife und sexueller
Erfüllung
416 Seiten. Kartoniert

Narzißmus
Die Verleugnung
des wahren Selbst
271 Seiten. Kartoniert

Lust
Der Weg zum kreativen
Leben
304 Seiten. Kartoniert

Liebe, Sex und dein Herz
240 Seiten. Kartoniert

Seelischer Schmerz führt oft zu Herzleiden, sexuelle
Erfüllung und glückliche Liebesbeziehungen hingegen
sind reinster Balsam für das Herz. Ein faszinierendes
Buch zu einem ewig aktuellen Thema.

Stanislav Grof / Hal Zina Bennett

Die Welt der Psyche
Neue Erkenntnisse
aus Psychologie und Bewußtseinsforschung
318 Seiten. Gebunden

Grofs langjährige Arbeit mit veränderten Bewußtseinszuständen verlief wie eine abenteuerliche Reise in unentdeckte Gebiete des menschlichen Geistes. Aufgrund von Ergebnissen, die er in über 20.000 Therapiesitzungen gewann, formulierte er ein neues psychotherapeutisches Modell sowie eine erweiterte Sichtweise des Bewußtseins.

In seinem neuen Buch gibt Stanislav Grof einen populären Überblick über seine langjährige Arbeit mit veränderten Bewußtseinszuständen. Seine Ergebnisse zwingen zu einer revolutionären, neuen Sichtweise vom Bewußtsein und der menschlichen Psyche. Grof eröffnet der Psychotherapie neue Wege der Heilung, die bisher undenkbar waren.